DICCIONARIO DE LA FORMACIÓN
DE PALABRAS ESPAÑOLAS

西班牙语词根宝典

颜羽章 编著

东华大学 出版社 · 上海

图书在版编目 (CIP) 数据

西班牙语词根宝典 / 颜羽章编著 . —上海：东华大学出版社，2024.1
ISBN 978-7-5669-2255-7

I. ①西… II. ①颜… III. ①西班牙语—词汇—自学参考资料 IV. ① H343

中国国家版本馆 CIP 数据核字 (2023) 第 151464 号

西班牙语词根宝典
Diccionario de la formación de palabras españolas

颜羽章　编著

策　　划：东华晓语
责任编辑：沈　衡
版式设计：莉莉安
封面设计：纽春皓

出版发行：东华大学出版社
社　　址：上海市延安西路 1882 号，200051
出版社官网：http://dhupress.dhu.edu.cn/
天猫旗舰店：http://dhdx.tmall.com
发行电话：021-62373056
营销中心：021-62193056　62373056　62379558
投稿及勘误信箱：83808989@qq.com

印　　刷：常熟大宏印刷有限公司印刷
开　　本：890 mm×1240 mm　1/32
印　　张：14.125
字　　数：826 千字
印　　数：0001- 3000 册
版　　次：2024 年 1 月第 1 版　2024 年 1 月第 1 次印刷

ISBN 978-7-5669-2255-7
定价：68.00 元

视听课资源获取方式

需要扫二维码才能进入小程序：扫描二维码进入小程序，根据提示获取对应课程。

刮开兑换码输入小程序后免费获取视听课

前言
PREFACIO

　　语言不只是人类交流最重要的工具，也是社会现象的反映；语言的演化史就是人类文明进程的缩影。

　　在语言学习的过程中，要记住浩如烟海的单词是一大难点。词汇量在听、说、读、写各方面都起到至关重要的作用。目前记单词的两大主流方法是词根记词和泛读。社会上一些学者对这两种方法褒贬不一，往往把它们看成两门互相对立的武学宝典，只能修炼其中一门，否则会走火入魔。其实，两者是相辅相成的，我们可以通过词根词缀法快速扩大阅读词汇量，同时以泛读加深记忆、巩固已经背过的单词，在语境中更准确地理解单词的词义并积累用法。

　　我们在这本书中主要用词根词缀法来分析国内常见的西班牙语考试所要求掌握的词汇。和其它同类英语词根书不同，这本书更加强调理论的重要性。一般词根书先介绍常见的词根形式（如 ag-、act- 做），然后引出列举派生词 agente、acto、activo、actual，却不提及为什么不是 *actente、*ago、*agivo、*agual 等。其实这里涉及拉丁语构词法中词根和后缀的搭配关系，如果我们掌握这种搭配关系的理论知识，那么通过词根词缀法记词时，将大大减轻记忆负担。如果把词根词缀法比作一辆跑车，那么理论知识就是润滑油，没有润滑油的跑车也能行驶，但是若想跑得风驰电掣，润滑油必不可少。因此本书的理论部分将重点介绍拉丁语和语言学的术语和概念；同时考虑到多数读者没有拉丁语和相关语言学的背景，书中已简化和公式化处理相关理论知识。在正式定稿前，我们已通过网络授课培训近两百名学生，从得到的反馈来看，A2 水平的学生已经能很好地理解这些理论内容。如果读者能在掌握理论知识后，再开始正式记忆词汇，会达到事半功倍的效果。

选词范围：

《高等学校西班牙语专业高年级教学大纲》(专四、专八)、《西班牙语三级翻译口笔译考试大纲》《西班牙语二级翻译口笔译考试大纲》和 *Plan curricular del Instituto Cervantes:Niveles de referencia para el español*(仅收录 A1-B2 级别考试词汇) 中包含高频词根的单词。

词义：

以 *Diccionario Clave:Diccionario de uso del español actual* 和《新西汉词典》为蓝本，再结合 *Diccionario del estudiante* 对词义进行适度删减，以保证词义的准确性和实用性。

主要结构：

A、理论

B、词根详解 (动词性词根、名词性词根、其它词源词根、印欧词根)

感谢程历、范纯波、刘曦、马雪清、王磊、严雪、颜艳帮忙收集和整理资料，感谢钮春皓女士和东华大学出版社沈衡编辑在编写和排版过程中提供宝贵的意见，感谢好友 Benjamin 的鼓励与支持。

虽然我们反复修改书稿，但限于编者的水平和经验，书中必定存在一些谬误错漏，欢迎广大读者、专家指正并提出宝贵意见。

编者

2023 年 7 月

目录
CATÁLOGO

第一章 理论

一、单词的构词成分

1.1 初识构成成分

目的： 掌握单词构词成分 (前缀、词根、后缀) 的作用。

汉字的形旁和西语的词根

(注：对汉字构成法不熟悉的读者可以把形旁概括性地理解成偏旁部首)

汉字是表意文字，其常用象形法、指事法、会意法创造词汇。在这三种构词法的基础上又创造了形声法：由表示字义范围的形旁和提供字音的声旁构成形声字。我们借助含有言字旁 " 讠 " 的形声字来理解形旁的作用。

评 píng： 意从言，音从平 píng → 本义：议论是非高下
议 yì： 意从言，音从义 yì → 本义：商议，讨论
谋 móu： 意从言，音从某 mǒu → 本义：考虑；谋划
询 xún： 意从言，音从旬 xún → 本义：询问，请教
订 dìng： 意从言，音从丁 dīng → 本义：评议
诗 shī： 意从言，音从寺 sì → 本义：诗歌

上述六个汉字都是形声字，均含有言字旁，所以它们的本意都和 "说" 这个动作有关，而它们的读音都和各自的声旁相似。

以下西语单词都含有词根 dec- 说，请说出汉字形旁和西语词根的相似之处。
decir *tr.* 说
ben**dec**ir *tr.* 祝福
mal**dec**ir *tr.* 诅咒
pre**dec**ir *tr.* 预言，预报
contra**dec**ir *tr.* 反驳
词根的作用： 西语的词根和汉字的形旁一样，都确定了单词 / 字的意义范围，如祝福就是说好话，诅咒表示说恶毒的话。

形声字除了形旁外还有声旁，上述西语单词除了词根外，其前后还存在字母，它们是什么？
前缀： 位于词根前的字母为前缀
后缀： 位于词根后的字母为后缀
注：严格来说，这种划分法显得不严谨，但适用于多数单词。

请参看下列单词，并说出单词的构词成分 (前缀、词根和后缀) 的作用。

bendecir【前缀：ben- 好 + 词根：dec- 说 + 后缀：-ir 表动作⇒对……说好话】 *tr.* 祝福

maldecir【前缀：mal- 坏 + 词根：dec- 说 + 后缀：-ir 表动作⇒对……说恶毒的话】 *tr.* 诅咒

predecir【前缀：pre- 先前 + 词根：dec- 说 + 后缀：-ir 表动作⇒提前说出】 *tr.* 预言，预报

contradecir【前缀：contra- 相反 + 词根：dec- 说 + 后缀：-ir 表动作⇒和……说反话】 *tr.* 反驳

predicción【见 predecir: dec-=dict- → dicc- 说 + 后缀：-ión 名词后缀】 *f.* 预言，预报

contradictor, ra【见 contradecir: dec-=dict- 说 + 后缀：-or 表主动、人】 *s.* 反驳的人

词根： 确定了字 / 单词意义的意义范围，如上述单词都和"说"有关
前缀： 提供详细语义，如 contradecir 的词根"dec- 说"表明这个词的基本意义和"说"有关，前缀 "contra- 相反" 具体化"dec- 说"：说反话，即反驳。
后缀： 确定或改变单词的词性：-ir 是第三变位动词词尾 / 后缀，因此以 -ir 结尾的单词多为动词。-ión 是常见的名词后缀，所以 predicción 为名词。注：虽然有些后缀也具有一定的语义，但也仅提供次要信息，如 -or 做名词后缀时常表示"做……的人"，所以 contradictor 中的 -or 表明这个词表示做出"contradecir 反驳"这个动作的人，即"反驳的人"。

中缀： 西语里的中缀多出现在单词或词根和后缀连接处，无语义，有时仅便于发音。

panadero, ra【pan 面包 +-ad-+-ero 表人】 *s.* 面包师

suavecito【suave 轻微的 +-c-+-ito 指小词后缀】 *adj.* 轻微的

llamarada【llama 火焰，火苗 +-ar-+-ada 名词后缀】 *f.* 火焰，火苗

escupitajo【escupir 吐唾沫 +-t-+-ajo 名词后缀，常含有贬义或指小物体】 *m.* (吐出的) 唾沫

manecilla【mano 手 +-ec-+-illa 指小词后缀】 *f.* (钟表等仪器的) 指针

bravucón, na【bravo 夸口的 +-uc-+-ón 指大词后缀】 *adj.* 〈口〉夸口的

dormilón, lona【dormir 睡觉 +-l-+-ón 指大词后缀】 *adj.* 贪睡的

我们在关联单词的构词成分和词义时，不妨用以下口诀：**词根为主，前缀为辅，后缀改变词性。**

请把下列单词的构词成分和语义联系到一起：

1. ámbito【amb- 两边，从一边到另一边 +-it 走 +-o 名词后缀⇒？？？】 *m.* 范围

2. disculpar 【dis- 否定 +culp- 过错 +-ar 动词后缀⇒？？？】 *tr.* 原谅

3. acusar 【a- 表方向 +cus- 原因 +-ar 动词后缀⇒？？？】 *tr.* 指控，指责

4. excusar 【ex- 向外 +cus- 原因 +-ar 动词后缀⇒？？？】 *tr.* 辩解

5. decidir 【de- 向下 +cid- 切割 +-ir 动词后缀⇒？？？】 *tr.* 决定

6. suicidio 【sui- 自己 +cid- 切割 +-io 名词后缀】 *m.* 自杀

7. ramera 【ramo 树枝 +-era 人⇒？？？】 *f.* 妓女

8. conservatorio 【conservar 保存，保管 +-(t)orio 表地方⇒？？？】 *m.* 公立艺术院校

参考答案：

1. ⇒在两点之间走

2. ⇒不再认为某人有过错

3. ⇒把事故的原因推向他人

4. ⇒把原因往身外推

5. ⇒切断或打消顾虑去做某事

6. 字面意思

7./8. 见下

> 　　我们只要稍加思考便可以把上述前 6 个单词的构词成分和词义联系到一块。然而最后两个单词的构成成分似乎和词义毫无关联。这两个词类似于汉语中的执牛耳，我们知道该成语中每个字的意思，但却很难把它们和词义联系到一块。我们只要查阅典故词典，便很容易理解该词：古代诸侯签订盟约时，要求每人尝血以示诚意。由主盟国的人亲自割牛耳取血，所以用"执牛耳"指做盟主，后指在某方面处于领导地位。西语单词也有类似于汉语典故的小故事，我们称之为词源。如以前的妓女会把树枝挂在门口以做暗示；conservatorio 在 16 世纪时的意大利表示孤儿院（保管、看管、照顾孤儿的地方），因为人们在院里给孩子教授音乐等相关知识，故逐渐引申为音乐学院等。

1.2 深入了解词根

"词根为主，前缀为辅，后缀改变词性"这一口诀有助于我们把构词成分和词义挂钩，但我们在理论部分旨在探讨异体词根的变化规律，所以我们不得不从更深的角度来认识词根。

词根形态和含义：西语词根来自拉丁语**基本词**的**词干**，而其含义来为该基本词的**本义**。(注：西语单词源于拉丁语、希腊语、阿拉伯语等，但大体上来自拉丁语，所以我们在理论部分主要讨论拉丁语源的西语词根)

结合上述概念，找出下列几组同根词中能够被认定为西语词根来源的动词。

第一组：

拉丁语	对应西语	基本词义
sentīre	sentir	感觉
assentīre	asentir	赞成
cōnsentīre	consentir	同意
dissentīre	disentir	不同意
praesentīre	presentir	预感

第二组：

拉丁语	对应西语	基本词义
flīgere	无	击打
afflīgere	afligir	折磨
īnflīgere	infligir	处罚

第三组：

拉丁语	对应西语	基本词义
adscrībere	adscribir	把……归于
scrībere	escribir	写
īnscrībere	inscribir	刻写
dēscrībere	describir	描述
praescrībere	prescribir	规定
subscribĕre	subscribir	签署
transcribĕre	transcribir	抄写

三组单词都分别包含 sentīre、flīgere 和 scrībere，所以它们毫无疑问是这三组单词的基本词，而我们也附上了它们的基本词义。现在只需找出这个三个单词

的词干，我们就能得知这三组拉丁语单词在西语中产生的词根。

词干：

拉丁语 amāre 的主动态直陈式现在时变位		西语 amar 的陈述式现在时变位	
amo	amamuos	amo	amamos
amas	amatis	amas	amáis
amat	amant	ama	aman

我们可以借助拉丁语 amāre 对应的西语 amar 及其变位引出词干的概念。amar 为第一变位动词，而陈述式现在时第一变位动词的词尾为: -o、-as、-a、-amos、-áis、-an。西语变位动词的结构为: 词干 + 词尾 (按照词法学，此处的词干应当表述为词根，为了帮助读者区分，在本书中涉及词尾时我们叫做词干，而在关联单词的构词成分和语义时称为词根)。此外动词后缀又称为动词词尾，我们通过倒推法和类比法不难得知原形动词 amar 的词干为 am-，同理拉丁语 amare 的词干也为 am-。

结论： 无论在西语还是拉丁语中，去掉原形动词的词尾或动词后缀可得到的词干，即: 原形动词 - 动词后缀 = 原形词干 (在拉丁语中叫做**现在词干**)

所以上述三组拉丁语单词在西语中所产生的词根是:
"sentīre 感觉"去掉词尾 -īre= 现在词干 sent- →西语词根: sent- 感觉
"flīgere 击打"去掉词尾 -ere= 现在词干 flig- →西语词根: flig- 击打
"scrībere 写"去掉词尾 -ere= 现在词干 scrib- →西语词根: scrib- 写

西语动词词尾 -ar、-er、-ir 对应的拉丁语形式 -āre、-ēre、-ĕre、-īre 中的第一个元音为**构干元音** (vocal temática)，-re 为不定式词尾。按照去掉词尾得到词干，sentīre、flīgere、scrībere 的词干应该为: sentī-、flīge- 和 scrībe-。考虑到国内外常见的西语教科书几乎都没有提及构干元音，而把它们和 -r 看成一个整体，即动词词尾或后缀，所以为了方便读者学习，本书中关于拉丁语现在词干的判断也仿照常见西语教科书，即去掉 -āre、-ēre、-ĕre、-īre 得到现在词干 sent-、flig-、scrib-。我们在下文也会基于这种做法得到现在词干来介绍它们对应的分词词干。

下列三组单词 (标色字体为词根) 分别包含我们推导出的词根 sent-、flig- 和 scrib-，请说每组词根的相似之处。

第一组：sent-，sens- 感觉 【拉丁语 sentīre 感受，分词为 sēnsus】

sentir 【sent- 感觉 +-ir 动词后缀】 *tr.* 感到，觉得

sentido 【sent- 感觉 +-ido 名词后缀】 *m.* 感官，感觉

sensible 【sens-=sent- 感觉 +-ible 能……的】 *adj.inv.* 有感觉的

第二组：flig-，flict- 击打 【拉丁语 flīgere 击倒，分词为 flīctus】

afligir 【a- 表方向 +flig- 击打 +-ir 动词后缀】 *tr.* 折磨

aflictivo, va 【flict-=flig- 击打 +-ivo……的】 *adj.* 折磨的

infligir 【in- 向内 +flig- 击打 +-ir 动词后缀】 *tr.* 处罚

conflicto 【con- 加强语气 +flict-=flig- 击打】 *m.* 战争

第三组：scrib-，script- 写 【拉丁语 scrībere 写，分词为 scrīptus】

escribir *tr.* 写（注：e 为音变现象）

describir 【de- 向下 +scrib- 写 +-ir 动词后缀⇒写下⇒记录】 *tr.* 描述，描绘

descripción 【scrib- 写→过去分词词干 scrib- 写 +-ión 名词后缀，并使前面的 t 腭化为 c】 *f.* 描述，描绘

inscribir 【in- 向内 +scrib- 写 +-ir 动词后缀⇒在木头里面写字⇒雕刻】 *tr.* 雕刻，刻写

inscripción 【scrib- 写→过去分词词干 scrib- 写 +-ión 名词后缀，并使前面的 t 腭化为 c】 *f.* 铭刻；铭文

> 上述三组单词的词根都存在变体，即异体词根，如 sent- 的变体为 sens-、flig- 的变体为 flict-、scrib- 的变体为 script-。接触过词根词缀法的读者多会被异体词根所困扰，主要原因是一个词根往往含有两个以上的形式，且这种变化看起来毫无关联。我们在下一章节主要从拉丁语内部现象和音变两大方面探讨西语异体词根的变化规律。

二、异体词根的变化规律

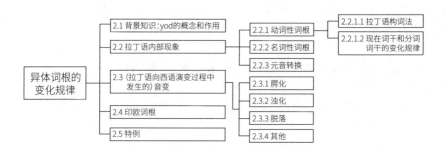

2.1 背景知识：yod 的概念和作用

yod 的概念及形式： 双重或多重元音中字母 i 的名称，如 aceite，bien 中的 i 的名称为 yod。

请判断下列哪些单词含有 yod：

afeitar	cafeína	leído	peine	reina
reír	ciego	cielo	cliente	paciente

答案：afeitar、peine、reina、ciego、cielo、cliente、paciente

yod 的作用： 使前面的 t 腭化为 c（在音系学中 yod 有很多作用，此处我们仅需掌握此条作用）

拉丁语	英语	西语
āctiōnem	**acti**on	**acci**ón
fōrmātiōnem	**formati**on	**formaci**ón

这解释了为什么英语中的 -tion 对应的西语形式为 -ción，如 action、acción、formation、formación。就词根部分而言（标色部分），英语单词和拉丁语更相似，所以我们在理论部分有时会列举西语对应的英语单词，以便读者作为参照。

已知下列单词中标色字母为前缀，含有下划线的为后缀，且均不含中缀，请写出下列单词所包含的词根：

inscrip<u>ción</u>　　　词根：

interrup<u>ción</u>　　　词根：

dicc<u>ió</u>n   词根:

milic<u>ia</u>   词根:

答案: script-、rupt-、dict-、milit-。上述单词后缀前的 c 都由 t 因 yod 腭化而来，所以我们在写出其词根时，需把 c 变回 t，具体见下:

拉丁语	英语	西语
īnscr<u>ī</u>pti<u>ō</u>nem	**in**scrip<u>tion</u>	**in**scrip<u>ció</u>n
interrupti<u>ō</u>nem	**inter**rup<u>tion</u>	**inter**rup<u>ció</u>n
dicti<u>ō</u>nem	dic<u>tion</u>	dicc<u>ió</u>n
m<u>ī</u>lit<u>ia</u>	mili<u>tia</u>	milic<u>ia</u>

特例: 在音素 /s/，即字母 s 或 x 后和在字母 n 后，t 不发生腭化:

拉丁语	英语	西语
mixti<u>ō</u>nem	无	mixti<u>ó</u>n *f.* 混合，混合物
d<u>ī</u>gesti<u>ō</u>nem	digestion	digesti<u>ó</u>n *f.* 消化
quaesti<u>ō</u>nem	question	cuesti<u>ó</u>n *f.* 问题
b<u>ē</u>stia	beast	bestia *f.* 牲畜

注: n 后的 t 多数情况下也不会受 yod 的影响腭化成 c，由于其多出现在西语构词法中，所以我们不在此处分析，如:

cuantioso   【西语 cuantía+-oso 多……的】 *adj.* 大量的

manantial   【西语 manantío 涌流的 +-al……的】 *adj.* 泉水的

特例中的特例 (罕见): 有些单词不满足以上条件，但 yod 也不会使 t 腭化为 c，如: sitio 地点、patio 庭院

2.2 拉丁语内部现象

2.2.1 动词性词根: 现在词干和分词词干

我们在前文从三组拉丁语同根词中推导出三组词根:

第一组: sent-，sens- 感觉 【拉丁语 sent<u>ī</u>re 感受，分词为 se<u>ē</u>nsus】

第二组: flig-，flict- 击打 【拉丁语 fl<u>ī</u>gere 击倒，分词为 fl<u>ī</u>ctus】

第三组: scrib-，script- 写 【拉丁语 scr<u>ī</u>bere 写，分词为 scr<u>ī</u>ptus】

这三组词根的基本形式 sent-、flig- 和 scrib- 分别来自拉丁语原形动词 sent<u>ī</u>re、fl<u>ī</u>gere 和 scr<u>ī</u>bere 的现在词干，而它们的异体形式则来自分词 s<u>ē</u>nsus、fl<u>ī</u>ctus 和

scrīptus 的词干。它们表明**动词性词根（来自拉丁语动词的西班牙语词根）一般来说最少有两种形式，分别来自现在词干和分词词干：**

现在词干（形式）= 原形动词去掉词尾

分词词干（形式）= 分词去掉词尾（多数情况下分词词尾为 -us）

仅观察这三个拉丁语动词的现在词干和分词词干，我们无法找出这两种词干之间的变化规律，也就是说西语异体词根的变化看起来毫无规律可言。但只要我们观察更多组例子，我们不难找出其变化规律，如：

agere，**āct**us 做   西语词根：ag-，act- 做

legere，**lēct**us 挑选 / 阅读   西语词根：leg-，lect- 挑选 / 阅读

regere，**rēct**us 使变直   西语词根：reg-，rect- 使变直

tegere，**tect**us 覆盖   西语词根：teg-，tect- 覆盖

通过观察上述几个动词，我们可以发现以 g 结尾的现在词干对应的分词词干往往只需要把 g 变成 ct。在 2.2.1 动词性词根这一小节中，我们将主要介绍现在词干和分词词干的变化规律。此外，我们还需要掌握拉丁语构词法。两者相结合能够极大地提高单词的拼写准确性，减轻我们的记忆负担。

2.2.1.1 拉丁语构词法（后缀和现在词根 / 分词词干的搭配关系）

原形后缀	异体后缀
-ión	-ción (cantar, canción), -cción (elegir, elección)
	-sión (decidir, decisión)
-or	-tor (conducir, conductor), -dor (amar, amador)
	-sor (invadir, invasor)
-orio	-torio (orar, oratorio), -sorio (sentir, sensorio)
-ivo	-tivo (elegir, electivo), -sivo (adherir, adhesivo)
-ura	-tura (avenir, aventura), -sura (incidir, incisura)

在不少读者看来，后缀和词根一样存在异体形式。但按照拉丁语构词法，上述所谓的异体后缀严格上并不是后缀，因为它们都包含了词根。只有原形后缀才是地地道道的后缀。

拉丁语构词法：拉丁语动词常用现在词干或分词词干添加上固定的后缀派生新单词，常见搭配如下：

现在词干：-or 表抽象，如 -nte、-ncia、-mento (-men，-miento)

分词词干：-or 表主动（做名词可以表示人、机器等），如 -ión、-orio、-ivo、-ura

两者皆可： -(元音)ble、-il

注：

1. 存在特例，我们将在特例一节作说明。

2. 存在不少有固定搭配关系的后缀，但需要拉丁语知识才可以掌握，所以此处只列举常见的后缀。

练习： 请按照拉丁语构词法，写出 leer 对应的派生词。

词根： leg-，lect- 挑选；阅读 【拉丁语 legere，lēctus 挑选；阅读】

leer 【来自拉丁语 legere，此处请先忽视西语中 g 脱落的现象】 *tr.* 阅读

_____ ivo, va *adj.* (时间) 有课的，安排课的

_____ or, ra *adj.* 阅读的 *s.* 读者

_____ ura *f.* 读；读物

_____ ible *adj.inv.* (笔迹) 清楚易读的

答案： 按照拉丁语构词法，后缀 -ivo、-or(表主动)、-ura 需要和分词词干搭配使用，所以不难写出前三题的答案：lectivo, lector, lectura；-(元音)ble 无固定搭配，所以在此之前如果我们没有遇到 leer 的 -ble 派生词，我们无法知道答案，此时我们只能借助词典确定其书写形式为 legible。

笔者在"动词性词根"小节中否认异体后缀，也是我们学习现在词干 / 分词词干和拉丁语构词法的原因：

a. 帮助读者记忆异体词根，如一个以 g 结尾的现在词干多数情况下只需把 g 变成 ct 就可得到分词词干，如 reg-、rect- 等；

b. 拉丁构词法能够帮我们减轻记忆负担，提高记词速度和拼写准确率：当我们知道单词的词根 (原形词干形式和分词词干形式) 后，我们便能根据词根不同形式和后缀的搭配原则 (拉丁语构词法) 写出其相应的派生词，如：已知"elegir 挑选"来自词根"leg-, lect- 挑选；阅读"，我们不难写出其派生词 elección、electivo、elector 等；elección 也表明了我们所认为的异体后缀为什么在拉丁语中并不是后缀。因为 -cción 中的 -cc- 来自词根 leg- 的分词词干形式 lect- 中的 -ct-：t 因后缀中的 yod(双重元音中的 i) 而发生腭化变成 c。如果没有相关知识的读者，在记忆 elegir 的 -ión 形式时，可能会受到所谓异体后缀、语音等原因的影响，把 elección 错拼成 *elegión、*eleción、*elesión 等。

我们在掌握拉丁语构词法后，需要进一步学习拉丁语现在词干和分词词干的变化规律，我们希望读者在记忆两种词干的变化规律时，注意观察后缀和现在词干 / 分词词干的搭配关系。

2.2.1.2 现在词干和分词词干的变化规律

清辅音 t 和拉丁语动词分词词干的构成关系十分密切，虽然有时会出现字母的增减或清音化等现象，但大体上都可以用公式 **"现在词干 +t= 分词词干"** 来表示，具体公式如下：

1) 现在词干 +t= 分词词干

doc-，doct- 教育，引导　【拉丁语 docēre，doctus 教育，教授】

- **docto, ta**　【拉丁语 docēre 教育，教授 → 分词 doctus　注：拉丁语分词词尾 -us 在西语中变成 o】　*adj.* 博学的 >>> *s.* 学者
  - **doctor, ra**　【-or 表主动，和分词词干搭配使用　注：doctor 在拉丁语中表示老师】　*s.* 博士；医生
  - **docente**　【-ente 形容词兼名词后缀，和现在词干搭配使用】　*adj.inv.* 教育的；从事教育的 >>> *s. com.* 从事教育的人
    - **docencia**　【docente+-ia 名词后缀】　*f.* 教育
  - **documento**　【-u-+-mento 名词后缀，和现在词干搭配使用】　*m.* 文件；证件
  - **dócil**　【-il 形容词后缀，无固定搭配】　*adj.inv.* 易管教的；（人等）温和的

duc-，duct- 引导　【拉丁语 dūcere，ductus 带领，引导】

- **conducir**　【拉丁语 condūcere，conductus：con- 加强语气 +duc- 引导 +-ir 动词后缀】　*tr.* 传输 *tr. /intr.* 驾驶　*prnl.* 行为，表现，为人
  - **conducción**　【-ión 名词后缀，和分词词干搭配使用】　*f.* 传输，运输；驾驶
  - **conductor, ra**　【-or 表示人，和分词词干搭配使用】　*s.* 司机；领导（指人）

- **producir**　【拉丁语 producere，productus：pro- 向前 +duc- 引导 +-ir 动词后缀 ⇒引出某物⇒产出某物】　*tr.* 生产
  - **producto**　【拉丁语分词 productus】　*m.* 产品，产物
  - **producible/productible**　【-ble 能（被）……的，无固定搭配】　*adj.inv.* 可生产的
  - **producción**　【-ión 名词后缀，和分词词干搭配使用】　*f.* 生产
  - **productivo, va**　【-ivo……的，和分词词干搭配使用】　*adj.* 生产的
  - **productor, ra**　【-or 表主动，和分词词干搭配使用】　*adj.* 生产的 >>> *s.* 生产者

2) 现在词干 + 构干元音 +t= 分词词干

pet-，petit- 寻求　【拉丁语 petere，petītus 寻求】

- **pedir**　【拉丁语 petere，请先忽略 t 变 d 的现象】　*tr.* 要求，请求（注：我们会在音变中介绍此处 t 变 d 的原因）

- **petición** 【-ión 名词后缀，和分词词干搭配使用】 *f.* 请求，要求
- **petitorio, ria** 【-orio 形容词后缀，和分词词干搭配使用】 *adj.* 申请的 *m.* 申请单

dorm-，dormit- 睡觉 【拉丁语 dormīre，dormitus 睡觉】

- **dormir** 【dorm- 睡觉 +-ir 动词后缀】 *intr.* 睡觉
  - **dormitorio** 【-orio 可表地方，和分词词干搭配使用】 *m.* 寝室，宿舍
  - **dormitivo, va** 【-ivo 形容词兼名词后缀，和分词词干搭配使用】 *adj.*〈医学〉催眠的 >>> *m.* 催眠药
  - **dormitar** *intr.* 打瞌睡 (这个词涉及到拉丁语中的 " 反复动词 "，请读者先思考反复动词的构成方式)

am-，amat- 爱 【拉丁语 amāre，amātus 爱】

- **amar** 【am- 爱 +-ar】 *tr.* 爱
  - **amor** 【-or 名词后缀，表示抽象概念时和现在词干搭配使用】 *m.* 爱
  - **amación** 【-ión 名词后缀，和分词词干搭配使用】 *f.* 恋爱，爱情
  - **amativo, va** 【-ivo…… 的，和分词词干搭配使用】 *adj.* 性爱的
  - **amatorio, ria** 【-orio…… 的，和分词词干搭配使用】 *adj.* 有关爱情的
  - **amador, ra** 【来自拉丁语 amātor：-or 表主动，和分词词干搭配使用 **注：**请先忽略 t 变 d 的现象】 *adj.* (人) 爱上 …… 的 >>> *s.* 爱好者

3) 以 v 结尾的现在词干，常见的分词词干为
3.1) v+t=ut

solv-，solut- 松开 【拉丁语 solvere，solūtus 松开】

- **solvente**【拉丁语 solvere, solūtus 松开：-nte 形容词后缀，和现在词干搭配使用】 *adj.inv.* 解决性的
  - **solución** 【-ión 名词后缀，和分词词干搭配使用】 *f.* 溶解；解决方案

  - **resolver** 【拉丁语 resolvere, resolūtus：re- 加强语气 +solv-+-er 动词后缀⇒松开心中疑虑 → 解决心中的疑问】 *tr.* 解决 (问题等)；决定，下决心
  - **resoluble** 【见 resolver：-ble 能 (被)…… 的，无固定搭配 **注：**19 世纪以前 v 和 u 混用，所以此处 solu- 为现在词干 solv- 的变体】 *adj.inv.* 可以解决的
  - **resoluto, ta** 【拉丁语分词 resolūtus】 *adj.* 坚决的
  - **resolución** 【-ión 名词后缀，和分词词干搭配使用】 *f.* 解决；决定，决心
  - **resolutivo, va** 【-ivo 形容词后缀，和分词词干搭配使用】 *adj.* 解决问题的

volv-，volut- 卷，转 【拉丁语 volvere，volūtus 卷】

- **volver** 【拉丁语 volvere 卷⇒使转回来 → 归还，回来】 *intr.* 返回，回来
  - **volumen** 【-men 名词后缀，和现在词干搭配使用 **注：** 19 世纪以前 v 和 u 混用，所以此处 volu- 为现在词干 volv- 的变体】 *m.* 本，册；音量
  - **volvible** 【volv- 转 +-ible 能 (被)…… 的，无固定搭配】 *adj.inv.* 可翻转的

- **devolver** 【de- 向下 +volv- 卷，转 +-er 动词后缀⇒把借来的东西转向物主】 *tr.* 还；回报，报答
  - **devolutivo, va** 【-ivo 和分词词干搭配使用】 *adj.* 可归还的
  - **devolución** 【-ión 和分词词干搭配使用】 *f.* 归还

3.2) 把 v 变成 t

mov-，mot- 移动 【拉丁语 movēre，mōtus 移动】

- **mover** 【mov- 移动 +-er】 *tr.* 使移动
  - **movimiento** 【-imiento 名词后缀表动作、结果及相关，和现在词干搭配使用】 *m.* 动，移动
  - **motivo** 【-ivo…… 的，和分词词干搭配使用】 *m.* 动机，理由
  - **motor** 【-or 表主动，常指人或机器，和分词词干搭配使用】 *m.* 马达，发动机

- **promover** 【拉丁语 prōmovēre, prōmōtus: pro- 向前 +mov-+-er】 *tr.* 促进
  - **promoción** 【名词后缀 -ión 和分词词干搭配使用】 *f.* 促进
  - **promotor, ra** 【-or 表主动，和分词词干搭配使用】 *adj.* 推动的，倡导的 >>> *s.* 推动的人，倡导人

4) 以 l/r/n 结尾的现在词干，常见的分词词干为

4.1) l/r/n=l/r/n+t

sal-，salt- 跳跃 【salīre，saltus 跳跃】

- **salir** 【拉丁语 salīre, saltus 跳跃: sal- 跳跃 +-ir ⇒跳走】 *intr.* 出去；离开
  - **salto** 【拉丁语分词 saltus】 *m.* 跳跃
  - **saltar** *intr.* 跳 (**注：** saltar 来自 salir 对应的拉丁语的反复动词，请再次思考拉丁语反复动词的构词方式)

mor-，mort(u)- 死 【拉丁语 morī/morīre，mortuus 死】

- **morir** 【拉丁语 morī/morīre, mortuus 死: mor- 死 +-ir 动词后缀】 *intr.* 死，死亡

- **muerto, ta** 【拉丁语分词 mortuus　音变：词根中的 o 变 ue】　*s.* 死人
- **mortuorio, ria** 【-orio 形容词兼名词后缀，和分词词干搭配使用】*adj.* 死人的；
  葬礼的

ven-，vent- 来 【拉丁语 venīre，ventus 来】

- **venir** 【拉丁语 venīre, ventus 来：ven- 来 +-ir 动词后缀】　*intr.* 来
- **ventura** 【-ura 名词后缀，和分词词干搭配使用】*f.* 幸福；运气；风险

- **provenir** 【拉丁语 prōvenīre, proventus：pro- 向前 +ven-+-ir】*intr.* 来自，源自
  - **proveniente** 【-nte→-iente 和现在词干搭配使用】*adj.inv.* 来自……的
  - **provento** 【拉丁语分词 proventus】*m.* 产品；收益

4.2) l/r/n=l/r/n+s

fal(l)-，fals- 欺骗、失败 【拉丁语 fallere，falsus 欺骗，失败】

（**注：**现在词干 fall- 在西语中可能保留两个 ll 也可能脱落其中一个，我们将在音变一
章讨论，此处只需关注词干和后缀的搭配关系。）

- **fallir** 【拉丁语 fallere, falsus 欺骗，失败：fall- 欺骗 +-ir 动词后缀】*intr.* 欺骗；
  弄错
  - **falso, sa** 【拉丁语分词 falsus】*adj.* (货币等) 假的，伪造的
  - **falencia** 【-encia 名词后缀：由 -nte 和 -ia 构成，所以也和现在词干搭配使用】
    f. 错误
  - **falible** 【-ible 能 (被)…… 的，无固定搭配】*adj.inv.* 可能出错的
  - **falaz** 【-az…… 的，无固定搭配】*adj.inv.* 欺骗的

curr-，curs- 跑 【拉丁语 currere，cursus 跑】

- **correr** 【拉丁语 currere, cursus 音变：u 变 o】*intr.* 跑
  - **curso** 【拉丁语分词 cursus】*m.* 进展，进程；年级
  - **cursivo, va** 【-ivo…… 的，和分词词干搭配使用】*adj.* 草书的 >>> *m.* 草书字
    adj. 斜体的 >>> *m.* 斜体字
  - **cursar** 【拉丁语反复动词 cursāre】*tr.* 经常去 (某地)，(经常做) 某事

- **discurrir** 【拉丁语 discurrere, discursus 东奔西跑：dis- 远离 +curr- 跑 +-ir】
  intr. 走过；思考
  - **discurso** 【拉丁语分词 discursus】*m.* 思考 (力)；谈话
  - **discursivo, va** 【-ivo 和分词词干搭配使用】*adj.* 思考的；推理的

man-，mans- 停留 【拉丁语 manēre，mānsus 停留】

- **manir** 【拉丁语 manēre，mānsus：man- 停留 +-ir 动词后缀】 *intr.* 留下
  - **manso, sa** 【拉丁语分词 mānsus】 *m.* 牧师的住宅及土地；温顺的（来自另一个词根）
  - **mansión** 【-ión 名词后缀，和分词词干搭配使用】 *f.* 停留；府邸

- **remanente** 【re- 加强语气 +man- 停留 +-ente 表主动，和现在词干搭配使用】 *m.* 剩余物，残留物

- **permanente** 【per- 完全，加强语气 +man- 停留 +-ente 表主动，和现在词干搭配使用】 *adj.inv.* 持久的

5) 现在词干 +ct= 分词词干

tra-，tract- 拉 【拉丁语 trahere，tractus 拉】

（**注：** 现在词干中的 h 在西语中脱落语中脱落）

- **traer** 【拉丁语 trahere，tractus：tra- 拉 +-er 动词后缀】 *tr.* 带来；吸引
  - **tracto** 【拉丁语分词 tractus】 *m.* 间隔，距离；期间
  - **tractor, ra** 【-or 表主动和分词词干搭配使用】 *m.* 拖拉机

- **abstraer** 【拉丁语 abstrahere，abstractus：abs- 远离 +tra- 拉 +-er】 *tr.* 把……抽象地概括出来；分开思考
  - **abstracto, ta** 【拉丁语分词 abstractus】 *adj.* 抽象的；深奥的，难懂的
  - **abstracción** 【-ión 名词后缀，和分词词干搭配使用】 *f.* 抽象；全神贯注
  - **abstractivo, va** 【-ivo 和分词词干搭配使用】 *adj.* 抽象性的

stru-，struct- 建造 【拉丁语 struere，strūctus 堆积，建造】

- **estructura** 【来自拉丁语 structūra：-ura 名词后缀，和分词词干连用 **注：** 请先忽略西语词首中的 e】

- **construir** 【con- 共同，加强语气 +stru-+-ir】 *tr.* 建造（房屋等）
  - **construcción** 【-ión 名词后缀，和分词词干搭配使用 **注：** 分词词干中的 t 受后缀中的 yod 影响变成 c】 *f.* 建设；建设物
  - **constructor, ra** 【-or 表主动，和分词词干搭配使用】 *adj.* 建造的，建设的 >>> *s.* 建设者，制造者
  - **constructivo, va** 【-ivo 表主动，和分词词干搭配使用】 *adj.* 建设性的

- **destruir** 【de- 向下 +stru-+-ir】 *tr.* 毁坏；破坏
  - **destrucción** 【-ión 名词后缀，和分词词干搭配使用】 *f.* 毁坏；破坏
  - **destructivo, va** 【-ivo 形容词后缀，和分词词干搭配使用】 *adj.* 破坏性的
  - **destructor, ra** 【-or 表主动，和分词词干搭配使用】 *adj.* 破坏的 >>> *s.* 破坏者 *m.* 驱逐舰
  - **destructible / destruible** 【-ble 无固定搭配】 *adj.inv.* 可破坏的

6) 以浊辅音 g/b 结尾的现在词干，先把浊辅音变成对应的清辅音再加上分词标志 t：现在词干 -g/b →分词词干 -c/p+t

ag-，act- 做 【拉丁语 agere，āctus 做】

- **agente** 【拉丁语 agere 做 +-ente 表主动，和现在词干搭配使用】 *adj.inv.* 〈语〉主动的 *s.com.* 代理人
  - **agencia** 【agente+-ia 名词后缀】 *f.* 办事处
  - **ágil** 【ag- 做 +-il 形容词后缀，无固定搭配⇒做事灵活的】 *adj.inv.* 灵活的
  - **acto** 【拉丁语 agere 做 (无对应西语) →分词 actus】 *m.* 行动
  - **acción** 【-ión 名词后缀，和分词词干搭配使用】 *m.* 行动，活动
  - **actor** 【-or 表主动，和分词词干搭配使用】 *m.* 男演员
  - **activo, va** 【-ivo 和分词词干搭配使用】 *adj.* 活动的
  - **agitar** 【拉丁语 agere 的反复动词】 *tr.* 摇晃

扩展：反复动词

概念： 拉丁语动词可以派生出反复动词，常含有反复意义，有时也仅加强语气，如表反复：agěre 驱使，做→反复动词：agitāre 搅动；表加强语气：dicěre 说→反复动词：dictāre 口授 (西语 decir、dictar)

构成： 多数情况下反复动词来自基础动词的分词，如：
基础动词 dormīre →分词 dormītum →反复动词 dormitāre (西语 dormir、dormitar)
基础动词 salīre →分词 saltus →反复动词 saltāre (西语 salir、saltar)
基础动词 currere →分词 cursus →反复动词 cursāre (西语 correr、cursar)
这是反复动词较为常见的构词方式，但也存在不少特例：
基础动词 agěre →分词 āctus →反复动词 agitāre 搅动 (agěre 没有进入西语，但分词在西语中为 acto；agitar)
基础动词 volāre →分词 volatus →反复动词 volitāre (西语 volar、volitar)
注： 在拉丁语中，上述例子并非特例，考虑到多数读者没有拉丁语知识，我们只

好把它们归类为特例。

反复动词的分词词干： 反复动词的现在词干 + 构干元音 +t

基础动词 salīre →分词 saltus →反复动词 saltāre →反复动词的分词 saltātus

基础动词 habēre →分词 habitus →反复动词 habitāre →反复动词的分词 habitātus

所以我们不难写出来自拉丁语反复动词的西语 saltar 和 habitar 的 -ión 形式派生词：

saltación、habilitación

leg-，lect- 挑选 / 阅读 【拉丁语 legere，lēctus 挑选 / 阅读】

· **leer** 【拉丁语 legere, lēctus 挑选 / 阅读 音变：元音间 g 有可能脱落】 *tr.* 阅读
  · **lección** 【-ión 名词后缀，和分词词干搭配使用】 *f.* 阅读
  · **lector, ra** 【-or 表主动，和分词词干搭配使用】 *s.* 读者
  · **lectura** 【-ura 名词后缀，和分词词干搭配使用】 *f.* 阅读；读物
  · **lectivo, va** 【-ivo 和分词词干搭配使用】 *adj.* 上课的，有课的

· **elegir** 【拉丁语 ēligere, ēlēctus: e- 向外 +leg- 挑选 +-ir 动词后缀】 *tr.* 挑选，选择；选举
  · **electivo, va** 【-ivo 形容词后缀，和分词词干搭配使用】 *adj.* 选任的，由选举产生的
  · **electo, ta** 【拉丁语分词 ēlēctus】 *adj.* 当选 (但尚未上任) 的
  · **elector, ra** 【-or 表主动，和分词词干搭配使用】 *adj.* 有选举权的 >>> *s.* 有选举权的人
  · **elección** 【-ión 名词后缀，和分词词干搭配使用】 *f.* 挑选，选择；选举

scrib-，script- 写 【拉丁语 scrībere，scrīptus 写】

· **escribir** 【拉丁语 scrībere: scrib- 写 +-ir 动词后缀 **注：** 请先忽略词首的 e】 *tr. / intr.* 写

· **describir** 【拉丁语 dēscrībere, dēscrīptus: de- 向下 +scrib-+-ir 动词后缀】 *tr.* 描述，描绘；绘 (图)
  · **descripción** 【-ión 名词后缀，和分词词干搭配使用】 *f.* 描述，描绘
  · **descriptivo,va** 【-ivo 形容词后缀，和分词词干搭配使用】 *adj.* 描述性的
  · **descriptible** 【-ble 无固定搭配】 *adj.inv.* 可描述的，可以形容的

7) 现在词干：以 t/d 结尾→分词词干：把 t/d 变成 s

cid-，cis- 切割 【拉丁语 caedere，caesus 切】

- **cisión** 【拉丁语 caedere, caesus 切：-ión 名词后缀，和分词词干搭配使用】 *f.* 切口

  - **cisoria** 【-orio 的阴性形式，和分词词干搭配使用】 *adj.* 用于短语 arte isoria 刀工、用于切割食品的手艺
  - **cisura** 【-ura 名词后缀，和分词词干搭配使用】 *f.* 裂纹

- **decidir** 【拉丁语 dēcīdere, dēcīsus̆ de- 向下 +cid- 切割 +-ir⇒切断顾虑, 打消顾虑】 *tr.* 决定

  - **decisión** 【-ión 名词后缀，和分词词干搭配使用】 *f.* 决定
  - **decisivo, va** 【-ivo……的，和分词词干搭配使用】 *adj.* 决定性的

- **circuncisión** 【circun- 周围 + 分词词干 cis-+-ión 名词后缀】 *f.* 割包皮

ced-，ces- 走 【拉丁语 cēdere，cessus 离去】（注：按照西语正字法，西语中仅保留一个 s)

- **ceder** 【拉丁语 cēdere, cessus: ced- 走 +-er】 *intr.* 放弃；屈服；减弱，平息
  - **cesible** 【-ible 能 (被)……的，无固定搭配】 *adj.inv.* 〈法〉可转让的
  - **cesión** 【-ión 名词后缀，和分词词干搭配使用】 *f.* (财产等的) 转让
  - **cesar** 【拉丁语 cēdere(西语 ceder) → 分词 cessus → 反复动词 cessare, cessātus】 *intr.* 停止，终止
  - **cesación** 【-ión 和分词词干搭配使用，见下】 *f.* 停止，终止
  - **cesamiento** 【-miento 名词后缀，见下】 *m.* 停止，终止
  - **cesante** 【-nte 表主动，见下】 *adj.inv.* 被解职的 >>> *s. com.* 被解职的公务员 / 官员

  注: cesante、cesación、cesamiento 来自反复动词的 cesar(拉丁语 cessāre, cessātus) 的现在词干 ces- 和分词词干 cesat-，所以它们符合拉丁语构词法。

- **acceder** 【拉丁语 accēdere, accessus: ac- 表方向 +ced- 走 +-er 动词后缀】 *intr.* 进入 (大厅等)
  - **acceso** 【拉丁语分词 accessus】 *m.* 接近；入口
  - **accesible** 【-ible 能 (被)……的，无固定搭配】 *adj.inv.* 可到达的
  - **accesorio, ria** 【-orio 形容词后缀，和分词词干搭配使用】 *adj.* 附属的；次要的
  - **accesión** 【-ión 名词后缀，和分词词干搭配使用】 *f.* 附属物

· **exceder** 【拉丁语 exceder, excessus: ex- 向外 +ced- 走 +-er 动词后缀】 *tr.* 超过，超出 *prnl.* 过分，过度
  · **excedente** 【-nte 表主动，和现在词干搭配使用】 *adj.inv.* 多余的，剩余的
  · **exceso** 【拉丁语分词 excessus】 *m.* 过分，过量，过度
  · **excesivo, va** 【-ivo 形容词后缀，和分词词干搭配使用】 *adj.* 过分的，过量的，过度的

8) 现在词干：以 ct 结尾→分词词干：ct 变成 x

nect-，nex- 连接 【拉丁语 nectere，nexus 绑、打结】

· **nexo** 【拉丁语 nectere 绑、打结→分词 nexus】 *m.* 联系

· **conectar** 【拉丁语 connectere, connexus: co- 共同，加强语气 +nect- 连接 +-ar】 *tr.* 连接
  · **conexo, xa** 【拉丁语分词 connexus】 *adj.* 有关系的
  · **conexión** 【-ión 名词后缀，和分词词干搭配使用】 *f.* 连接
  · **conexivo, va** 【-ivo……的，和分词词干搭配使用】 *adj.* 联系的，连接的
  · **conectivo, va** 【-ivo……的】 *adj.* 用来连接的，用来结合的 (**思考：**为什么在这个词中，-ivo 和现在词干搭配使用？在学习过程中如果遇到类似的情况，最有效的方法是什么？)

flect-，flex- 折叠，弯曲 【拉丁语 flectere，flexus 折叠，弯曲】

· **flexo** 【拉丁语 flectere 折叠，弯曲→分词 flexus】 *m.* 可以弯曲的台灯
  · **flexible** 【-ible 能 (被)……的，无固定搭配】 *adj.inv.* 易弯曲的；可变通的
  · **flexión** 【-ión 名词后缀，和分词词干搭配使用】 *f.* 弯曲
  · **flexivo, va** 【-ivo 形容词后缀，和分词词干搭配使用】 *adj.* 曲折的，词尾变化的
  · **flexor, ra** 【-or 表主动，和分词词干搭配使用】 *m.* 可弯曲的
  · **flexura** 【-ura 名词后缀，和分词词干搭配使用】 *f.* 皱褶

· **reflexión** 【拉丁语 reflectere, reflexus: re- 加强语气，向后 +flex-=flect-+-ión 名词后缀，和分词词干搭配使用】 *f.* 反射
  · **reflexible** 【-ible 能 (被)……的，无固定搭配】 *adj.inv.* 可反射的
  · **reflexivo, va** 【-ión 名词后缀，和分词词干搭配使用】 *adj.* 反射的
  · **reflector** 【-or 表主动：人，机器】 *m.* 聚光灯 (**思考：**后缀 -or 表主动时，需和分词词干搭配使用，为什么这个词不是 *reflexor？)

9) 以流音加 c 或 g 结尾的现在词干，需把 c/g 变成 s，即：现在词干 r/l + c/g →分词词干 r/l+s

merg-，mers- 浸入，潜入 【拉丁语 mergere，mersus 浸入，潜入】

· **emerger** 【e- 向外 +merg- 浸入，潜入 +-er】 *intr.* 浮现 (指物体露出水面或事物出现)
  · **emergente** 【-nte……的，和现在词干搭配使用】 *adj.inv.* 浮现的，露出的
  · **emersión** 【见 emerger: -ión 名词后缀，和分词词干搭配使用】 *f.*〈天〉复现

· **sumergir** 【拉丁语 submergere，submersus: su- 在下面 +merg- 浸入，潜入 +-er】 *tr.* 使沉没 >>> *prnl.* 沉没
  · **sumergible** 【-ble 能 (被)……的，无固定搭配】 *adj.* 可沉入水中的 *m.* 潜水艇
  · **sumergimiento** 【-miento 名词后缀，和现在词干搭配使用】 *m.* 沉没
  · **sumersión** 【-ión 名词后缀，和分词词干搭配使用】 *f.* 沉没

· **inmerso, sa** 【拉丁语 immergere，immersus 淹没: in- 在 / 向内 +mergere 浸入，潜】 *adj.* 浸没的，沉浸的
  · **inmersión** 【-ión 名词后缀，和分词词干搭配使用】 *f.* 浸没，沉浸

10) 现在词干中的鼻音 m/n 在分词词干中脱落

注：拉丁语中的鼻音 m/n 出现在现在词干中，而其它词干则没有，所以鼻音的作用类似于添音。在这条规律中，我们只需了解：鼻音不仅在分词词干中会脱落，有时也体现在现在词干中。此外，分词词干的变化还有可能体现我们之前所学的规律。

fund-，fus- 倒 / 倾泻 【拉丁语 fundere，fūsus 倒 / 倾泻 解析：n 在分词词干中脱落，此外以 d 结尾的现在词干对应的分词词干需把 d 变成 s】

· **fundir** 【拉丁语 fundere, fūsus 倒 / 倾泻】 *tr.* 使 (冰、雪) 融化，使 (金属) 熔解
  · **fusión** 【-ión 名词后缀，和分词词干搭配使用】 *f.* 融化，熔化
  · **fusible** 【-ble 能 (被)……的，无固定搭配】 *adj.inv.* 易熔化的，可熔化的

· **confundir** 【拉丁语 cōnfundere，cōnfūsus: con- 共同，加强语气 +fund-+-ir ⇒ 倒到一块】 *tr.* 弄混，弄乱；弄错，混淆
  · **confuso, sa** 【拉丁语分词 cōnfūsus】 *adj.* 混乱的，杂乱的
  · **confusión** 【-ión 名词后缀，和分词词干搭配使用】 *f.* 混乱；混淆
  · **confundible** 【-ble 能 (被)……的，无固定搭配】 *adj.inv.* 可弄混的

frang-，fract- 打破 【拉丁语 frangere，frāctus 打破】

- **frangir** 【拉丁语 frangere，frāctus：frang- 打破 +-ir 动词后缀】 *tr.* 打破，弄碎
  - **frangible** 【-ble 能（被）……的，无固定搭配】 *adj.inv.* 易碎的
  - **frágil** 【-il……的，无固定搭配 注：现在词干 frang- →（n 脱落）→ frag-】 *adj. inv.* 易碎的；弱的，虚弱的
  - **fragor** 【拉丁语 frangere → fragor：-or 表抽象、概念，和现在词干搭配使用 **注：**现在词干 frang- →（n 脱落）→ frag-】 *m.* 巨响
  - **fragmento** 【-mento 名词后缀，和现在词干搭配使用 注：现在词干 frang- →（n 脱落）→ frag-】 *m.* 碎片；（文章或书籍的）片断
  - **fractura** 【-ura 名词后缀，和分词词干连用】 *f.* 破裂；骨折；裂缝
  - **fracción** 【-ión 名词后缀，和分词词干搭配使用】 *f.* 分割

- **infringir** 【拉丁语 īnfringere，īnfrāctus：in- 向内，加强语气 +frang- →（元音转换 a 变 i)→ fring- 折断 +-ir 动词后缀】 *tr.* 违反，违犯（法律等）
  - **infracción** 【-ión 名词后缀，和分词词干搭配使用】 *f.* 违反，违犯，违法
  - **infractor, ra** 【-or 表主动，和分词词干搭配使用】 *adj.* 违法的，犯规的 >>> *s.* 违法的人，犯规的人

2.2.2 名词性词根

词根形态和含义：西语词根来自拉丁语的基本词的词干，而其含义为该基本词的本义。

注：拉丁语的基本词包含动词、名词、形容词等。我们在 2.2.1 中分析动词性词根的变化规律，接下来我们将介绍来自拉丁语名词、形容词、副词等词性的西语词根，为了方便我们统称为名词性词根。

结合下列例句，试着说出你对语法学中"格"这一术语的印象。

Ella es profesora. 她是老师。

La invité a cenar. 我请她吃晚饭。

Le regalé un libro a Laura. 我送了一本书给劳拉。

Quiero hablar con **ella**. 我想和她谈一谈。

解析：代词"她"在上述句子中分别充当主语、直接补语、间接补语和前置词补语。根据西语的语法规则，代词在句子中充当不同成分时，需要发生相应的变化，所以"她"应当分别用主格 ella、宾格 la、与格 le 和夺格 ella。基于此我们不难理解"格"

在语法学中指的是名词、代词、形容词等的变化形式，不同的变化形式表明该词在句子中和其它成分的关系。西语中仅代词保留格的概念，而拉丁语的名词、形容词等都存在变格，如：

corpus(西语 cuerpo) 的变格

主格：corp**us**

属格：corpor**is**

与格：corpor**ī**

宾格：corp**us**

夺格：corpor**e**

标色部分为词尾，黑色为词干，所以名词 corpus 有两个词干：corp- 和 corpor-。拉丁语现在词干和分词词干使西语动词性词根产生异体词根，而变格决定名词性词根存在异体形式。由于拉丁语的变格过于复杂，如果读者没有拉丁语知识，我们很难公式化地表达它们的变化关系，所以我们建议读者遇到名词性异体词根时，无需深究其变化规律。

cor-，cord- 心 【拉丁语 cor，cordis 心】

· **corazón** 【cor- 心 +-azón 名词后缀】 *m.* 心脏；内心

· **coraje** 【cor- 心 +-aje 名词后缀⇒促使下决心的勇气】 *m.* 勇气

· **cordial** 【cordi-=cor- 心 +-al 表相关 注：有时词尾中的元音和词干一起加上后缀派生新词，如 cordial 中的 i 来自 cordis 词尾 -is】

· **recordar** 【re- 加强语气 +cord- 心 +-ar】 *tr.* 记住

pect-，pector- 胸 【拉丁语 pectus，pectoris 胸膛】

· **pecho** 【拉丁语 pectus 音变：-ct- 腭化成 -ch-】 *m.* 胸，胸膛；内心

· **pectoral** 【pector-=pect- 胸膛 +-al 表相关】 *adj.inv.* 胸部的

· **expectorar** 【ex- 向外 +pector-+-ar 动词后缀⇒从胸里咳出】 *tr.* 咳出，吐掉(痰等)

corp-，corpor- 身体 【拉丁语 corpus，corporis 身体】

· **cuerpo** 【拉丁语 corpus 音变：o 变 ue】 *m.* 身体

· **corporal** 【corpor-=corp- 身体 +-al 表相关】 *adj.inv.* 身体的

· **incorporar** 【in- 向内 +corpor-+-ar】 *tr.* 并入 *prnl.* 加入

练习：请试着写出 recordar、expectorar 和 incorporar 的 -ión 派生词。

答案：recordación、expectoración、incorporación

解析：名词性词根派生的拉丁语动词的现在词干和分词词干的变化公式常为：**现在词干 + 元音 +t= 分词词干**，如：

拉丁语名词 cor，cordis 心→拉丁语动词 **recordārī** →分词 **recordāt**us →名词 recordātiōnem

拉丁语名词 pectus，pectoris 胸膛→拉丁语动词 **expectorāre** →分词 **expectorāt**us →名词 expectorātiōnem

拉丁语名词 corpus，corporis 身体→拉丁语动词 **incorporāre** →分词 **incorporāt**us →名词 incorporātiōnem

2.2.3 元音转换

概念：词根添加上前缀或其它构词成分时，其内部的元音可能会变成其它元音，这个现象叫做元音转换，因为变化的总体趋势是元音的开口程度下降 (a 变 e/i/u、e/o 变 i/u 等)，因此也叫做元音降级。

---

an- 年 【拉丁语 annus 年】

· **año** 【拉丁语 annus 音变：-nn- 腭化成 ñ】 *m.* 年
  · **anual** 【an(u) -+-al 形容词后缀】 *adj.inv.* 年度的，一年一度的
  · **centenario, ria** 【cent-=ciento 百 +an- 年→ (元音转换：a 变 e) → en-+ -ario……的】 *adj.* 百年的
  · **milenario, ria** 【mil- 千 +an- 年→ (元音转换：a 变 e) → en-+-ario……的】 *adj.* 千年的

---

arm- 武器 【拉丁语 arma 器具，工具】

· **arma** *f.* 武器
  · **inerme** 【in- 否定 +arm- → (元音转化：a 变 e) → erm- 武器 +-e】 *adj.inv.* 徒手的，没有武器的

---

can-，cant- 唱歌 【拉丁语 canere，cantus 唱歌】

· **canción** 【cant- 唱 +-ión 名词后缀，和分词词干搭配使用】 *f.* 歌曲
  · **acento** 【拉丁语 accentus：a- 表方向 +cant- → (元音转换：a 变 e) → cent- 唱⇒单词里被唱出 / 重读的音节】 *m.* 重音
  · **incentivo, va** 【拉丁语 incentīvus：in- 向内 +cant- → (元音转换：a 变 e) → cent- 唱 +-ivo……的⇒唱入人心，挑起情绪的】 *adj.* 刺激的，激励的
  · **encantar** 【拉丁语 incantāre：en- 向内 +cant- 唱 +-ar 动词后缀⇒唱入人心】 *tr.* 迷惑，使着迷

注： encantar 表明并不是所有词根添加上前缀或其它构词成分后都会发生元音转化。此外，我们想借此说明本书中的所有理论都不是绝对的（也就是存在特例），希望读者在学习本书时不要绝对化这些公式化后的语言现象。

词根：curr-，curs- 跑 【拉丁语 currĕre，cursus 跑】

· **correr** 【拉丁语 currĕre】 *intr.* 跑
  · **incurrir** 【拉丁语 incurrere: in- 向内 +curr-+-ir】 *intr.* 陷入（困境）、犯（错）
  · **recurrir** 【拉丁语 recurrere: re- 加强语气 +curr-+-ir ⇒跑去寻求帮助】
    intr. 求助

> 正如前文所说，词根添加上前缀不一定发生元音转换，如 incurrir 和 recurrir。但 correr 这个词并没有前缀，为什么词根 curr- 中的元音还是发生了变化？其实这里涉及到音变，即拉丁语向西班牙语演变过程中在语音上发生的变化。我们在此留个悬念，相信读者学完以下知识，肯定会有一个明确的答案。

2.3（拉丁语向西语演变过程中发生的）音变

概念： 西班牙语由拉丁语演变而来，语言在演变的过程中，单词的读音会发生变化，我们把这一现象称之为音变。本书所指的音变尤指**词根在语音上发生的变化。**

为什么要学习音变？

拉丁语"dare, datus 给"在西语中产生词根的两个基本形式：现在词干（形式）d-，分词词干（形式）dat- 给（分别派生出 dar 给、dato 数据），当添加前缀时进一步产生变体 dit-，如：

adición 【a- 表方向 +dat- → (元音转换：a 变 i) → dit- 给 +-ión】 *f.* 附加

edición 【e- 向外 +dat- → (元音转换：a 变 i) → dit- 给 +-ión】 *f.* 出版

拉丁语动词 dare 因拉丁语内部原因在西语中产生词根的三个形式：d-，dat- 和 dit-。当拉丁语向西班牙语演变的过程中，这三个形式有可能进一步产生新的异体词根，如：

dádiva 【拉丁语 datīva: dat- 给→ dad-+-iva 名词后缀】 *f.* 礼品

dado, da 【拉丁语 datus: dat- 给→ dad-+-o】 dar 的过去分词

注： 我们一般不把因元音转换或音变产生的异体词根列入词根栏中，如在"d-，

dat- 给 【拉丁语 dare，datus 给】"中，我们不再列举 dit- 和 dad- 等形式。

为什么 dat- 在西语中的另一个变体是 dad-，这种变化的条件是什么？

拉丁语向西语演变过程中，元音间的 t 有可能浊化成 d，所以我们不难解释为什么 dat- 在西语中变体为 dad-。我们介绍音变的目的类似于总结现在词干和分词词干的变化规律，都是为了帮助读者记忆异体词根，减轻记忆负担，如：

estado 【拉丁语 status(英语 state) **注：**请先忽视西语词首字母 e】 *m.* 国家

estatal 【拉丁语 statālis: -al……的】 *adj.inv.* 国家的

moneda 【拉丁语 monēta】 *f.* 货币

monetario, ria 【拉丁语 monētārius: -ario……的】 *adj.* 货币的

todo, da 【拉丁语 totus】 *adj.* 全部的，整个的

total 【拉丁语 tōtālis: -al……的】 *adj.inv.* 全体的

vida 【拉丁语 vita】 *f.* 生命

vital 【拉丁语 vītālis: -al……的】 *adj.inv.* 生命的

学习目标：

a. 了解民间词汇和书翰词汇

b. 了解同源对偶词

c. 掌握常见的音变现象

罗马人到伊比利亚半岛之前，当地大部分居民为伊比利亚人、凯尔特人和凯尔特伊比利亚人，他们主要使用伊比利亚语等(注: 此时半岛上的居民不使用拉丁语)。公元前 218 年罗马入侵伊比利亚半岛，并在 12 年后占领伊比利亚半岛。罗马人为了同化当地居民，把罗马帝国的宗教、法律、语言 (拉丁语) 等带到伊比利亚半岛。罗马时期的伊比利亚半岛上主要存在三种拉丁语，即古体拉丁语、书翰拉丁语和民间拉丁语：

拉丁语形式	学名	地位	使用对象
书面语	古体拉丁语 / 书翰拉丁语	官方用语	教士、学士等
口语	民间 / 通俗拉丁语	民间用语	老百姓

前两者是少数教士和学士使用的书面语，由于他们都接受过良好教育，也注重语言的纯正性，所以该时期半岛上的书翰拉丁语的语音几乎没有发生变化。而流行于民间的通俗拉丁语，是市井百姓日常交流用语，他们受到母语——伊比利亚语等的影响，所说的拉丁语和教士的有所不同。民间拉丁语除了受到伊比利亚语等本土语言的影响外，还受到后来统治者所带来语言（哥特语和阿拉伯语等）的影响，多种因素使后来的民间拉丁语和罗马时期的民间拉丁语有明显的差异。语言学家结合史料推断，民间拉丁语在 10 世纪左右演变成西班牙语。随着社会的发展，拉丁语演变而来的西语词汇已经无法满足人们（尤其是文人）的表达需求，所以人们直接从成熟的拉丁语或希腊语中借词。这就导致了一个有趣的现象，百姓使用民间拉丁语演变的西语词汇，这些词的特点是音节少、语义具体，在拼写上和拉丁语相差较大，如 hijo(拉丁语 filius)，puño(拉丁语 pugnus) 等。我们把这些经过音变的词汇称之为**民间词汇**；而上层社会则使用经过 " 西语化 " 的拉丁语借词，简称**书翰词汇**。所谓的西语化就是改造不符合西语拼读规则等的借词，最常见的就是添加或舍弃前缀和词根连接处的辅音字母或省略词尾，affiliāre → afiliar，prōpūgnāre → propugnar 等。对比上述民间词汇和书翰词汇，我们不难发现书翰词汇和拉丁语保持高度相似，尤其是词根(fil- 子女; pugn- 拳头)几乎没有发生变化；而民间词汇的变化更多地体现在词根处，这也能说明音变会产生异体词根。

书翰词汇和民间词汇的关系图：

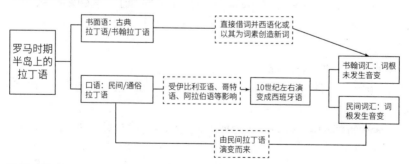

同源对偶词：

来自同一个拉丁语的两个西语词汇，其中一个发生音变（民间词汇），另外一个没有（书翰词汇），如：

拉丁语：laĭcus 世俗的

书翰词汇：laico, ca *adj.* 世俗的

民间词汇：lego, ga *adj.* 世俗的；无知的

拉丁语：fingere 使成型
书翰词汇：fingir *tr.* 伪造
民间词汇：heñir *tr.* 和，揉（面）
拉丁语：pensāre 称重，衡量
书翰词汇：pensar *intr.* 想，思考
民间词汇：pesar *tr.* 称量，给……称重

我们将在这一章节介绍常见的 28 条音变，分为四大类:

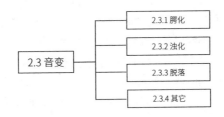

2.3.1 腭化

1) ct 腭化成 ch

· **noche** 【拉丁语 noctis】 *f.* 夜晚，晚上
  · **nocturno, na** 【noct- 夜晚 +-urno 形容词后缀，表时间】 *adj.* 夜晚的，夜间的
  · **pernoctar** 【per- 完全 +noct- 夜晚 +-ar 动词后缀】 *intr.* 过夜

· **ocho** 【拉丁语 octo】 *m.* 八
  · **octavo, va** 【拉丁语 octāvus：oct- 八 +-avo……分之一】 *adj.* 八分之一的 >>>
  m. 八分之一
  · **octogenario, ria** 【act(o)- 八 +gen- 十倍 +-ario……的 / 人】 *adj.* 八十岁的 >>>
  s. 八旬老人

学习建议: 仅观察上述两组同根词，不难发现相较于书翰词汇（没有发生音变的单词）而言，我们往往先认识民间词汇（发生音变的单词）。我们希望大家能够通过简单词来记忆相关理论知识。比如我们在初学理论阶段，看到 noche 不仅要知道其意思，还要了解其体现的音变规律，再通过倒推法记住原形词根 noct-。

如果 -ct- 前面为元音 a，腭化使 a 变成 e，即：-act- 变为 -ech-

· **leche** 【拉丁语 lactis 音变：-act- 腭化为 -ech-】 *f.* 牛奶；乳汁

· **lactífero, ra** 【lact- 乳汁 +-ífero 具有的，产生的】 *adj.* 分泌或输送乳汁的

· **lácteo, a** 【lact- 乳汁 +-eo……的】 *adj.* 乳的，奶的

· **lactar** 【lact- 乳汁 +-ar】 *tr.* 给……喂奶

2) 词首的 cl 可能会腭化成 ll

· **llave** 【拉丁语 clavis 钥匙】 *f.* 钥匙

· **clave** 【和 llave 为同源对偶词】 *f.* 密码

· **llamar** 【拉丁语 clamāre 叫喊】 *tr.* 叫，呼唤

· **clamar** 【和 llamar 为同源对偶词】 *tr.* 呼吁

· **exclamar** 【拉丁语 exclāmāre：ex- 向外，往外 +clam- 叫喊 +-ar 动词后缀】 *intr.* 喊叫，大喊大叫

· **proclamar** 【拉丁语 prōclāmāre：pro- 向前 +clam- 叫喊 +-ar 动词后缀】 *tr.* 宣布

3) 词首的 fl 可能会腭化成 ll

· **llama** 【拉丁语 flamma 火焰】 *f.* 火焰

· **flama** 【和 llama 为同源对偶词】 *f.* 火焰

· **flamígero, ra** 【flam-+-ígero 携带】 *adj.* 发出火焰的

· **flamear** 【flam-+-ear 动词后缀】 *intr.* 发出火焰

4) 词首的 pl 可能会腭化为 ll

· **llano, na** 【拉丁语 planus 平的】 *adj.* 平坦的

· **plano, na** 【和 llano 为同源对偶词】 *adj.* 平的，平坦的

· **planicie** 【plan- 平的 +-icie 名词后缀】 *f.* 平原

· **explanar** 【ex- 向外 +plan- 平的 +-ar】 *tr.* 平整 (地面)

5) nn/mn 腭化成 ñ

· **año** 【拉丁语 annus 年】 *m.* 年；岁

· **anual** 【拉丁语 annuālis：an(u)- 年 +-al 表相关】 *adj.inv.* 一年一度的，年度的

· **aniversario** 【an- 年 +-i-+vers- 转动 +-ario 名词后缀⇒每年都会转到某一特定的日子】 *m.* 周年纪念，周年纪念日

· **perenne** 【per- 完全，加强语气 +ann- 年→ (元音转换 a 变 e) → enn-+-e 形容词后缀】 *adj.inv.* 永久的

· **dañar** 【拉丁语 damnare】 *tr.* 伤害；损坏

· **damnificar** 【damn- 损害 +-ificar 做】 *tr.* 伤害，损伤

· **indemne** 【in- 否定前缀 +damn- 伤害→元音转换：a 变 e → demn-+-e 形容词后缀】 *adj.inv.* 未受损伤的

6) gn/ng 腭化成 ñ(如果辅音字母群前的元音为 i，其常变成 e)

· **signo** 【拉丁语 signum 符号，对照英语 sign】 *m.* 标志

· **seña** 【signum 符号→复数 signa】 *f.* 记号

· **significar** 【sign- 符号 +-ificar 做】 *tr.* 标志着，意味着
　　拉丁语 dēsignāre 【de- 向下 +sign- 符号 +-are 动词后缀】→书翰词汇 (designar *tr.* 指定，指派)；→民间词汇 (diseñar *tr.* 设计，对照英语 design)

7) l 和双重或多重元音中的 i 一起腭化成 j，即 l+yod=j

· **alien** 【英语词汇，来自拉丁语 aliēnus 另外的】 *s.* 外星人 *adj.* 外国的 >>> *s.* 外国人；华侨

· **ajeno, na** 【和 alien 为同源对偶词】 *adj.* 外来的，外国的；别人的

· **folio** 【拉丁语 folium 叶子】 *m.* (书等的) 页

· **trifolio** 【tri-=tres 三 +folio】 *m.* 三叶草

· **foliar** 【foli- 叶 +-ar……的】 *adj.inv.* 叶的

· **hoja** 【folium →复数 folia 音变：词首 f 变 h】 *f.* 叶子

8) x 腭化成 j

· **complex** 【英语词汇，来自拉丁语 complexus】 *adj.* 复合的；复杂的

· **complejo, ja** 【和英语 complex 为同源对偶词】 *adj.* 复合的；复杂的

· **luxury** 【英语词汇，来自拉丁语 luxuria ← luxus 过度】 *n.* 豪华；奢侈品

· **lujo** 【拉丁语 luxus 过度】 *m.* 豪华；奢侈品

9) -cul-/-cl- 或 -gul-/-gl- 腭化成 j

· **ojo** 【拉丁语 oculus】 *m.* 眼睛

· **ocular** 【ocul- 眼睛 +-ar 形容词后缀】 *adj.inv.* 眼睛的

· **oculista** 【ocul- 眼睛 +-ista 表示人】 *s. com.* 眼科医生

· **artículo** 【拉丁语 artus 连接→指小词 articŭlus：art- 连接 +-i-+culo 指小词后缀】 *m.* 指关节 (此词义现被 artejo 代替，见下)；(书籍等的) 章，节；〈语〉冠词

· **artejo** 【和 artículo 为同源对偶词 音变：i 变 e；-cul- 变 j】 *m.* 指关节

- **proteger** 【prōtegere 覆盖在前面、保护：prō 前 +tegere 覆盖】 *tr.* 保护
  - **teja** 【拉丁语 tegere 覆盖→ tegula：-ula 名词后缀】 *f.* 瓦，瓦片

10) t+yod=z (注：发生音变后 yod 不再保留)

- **alto, ta** 【拉丁语 altus 被滋养的，高的】 *adj.* 高的
  - **alzar** 【拉丁语 altus 被滋养的，高的→通俗拉丁语 *altiāre 音变：t+yod=z】 *tr.* 举起，抬起

- **fuerte** 【拉丁语 fortis 强壮的】 *adj.inv.* 健壮的
  - **fuerza** 【拉丁语 fortis 强壮的→通俗拉丁语 fortĭa 音变：o 变 ue；t+yod=z】 *f.* 力量

注： yod 可以使 t 分别腭化成 c 和 z，但两者有所区别：
t+yod=c+yod (保留 i)：
- **anciano, na** 【通俗拉丁语 *antiānus：ant- 前，在前 +-iano=-ano 形容词兼名词后缀，可表人】 *adj.* (人) 老的，年老的 >>> *s.* 老年人

t+yod=z (不保留 i)：
- **avanzar** 【通俗拉丁语 *abantiāre：ab-=av- 表方向 +ant- 前⇒向前】 *tr.* 使向前移动

2.3.2 浊化
1) 元音间的 c、p、t 分别浊化成 g、b、d
- **agua** 【拉丁语 aqua 水 音变：元音间 -qu-/k/ 浊化成 /g/】 *f.* 水
  - **acuario** 【拉丁语 aquārium：acu- 水 +-ario 表地方】 *m.* 水族馆
  - **acueducto** 【拉丁语 aquaeductus：acu- 水 +-e-+duct- 引导 +-o 名词后缀】 *m.* 排水管

- **cabo** 【拉丁语 caput 头⇒头是人体的顶端】 *m.* 顶端，末端
  - **capital** 【拉丁语 caput → capitālis：capit-=cap- 头 +-al 表相关】 *adj.inv.* 头部的

- **todo, da** 【拉丁语 totus】 *adj.* 全部的
  - **total** 【拉丁语 totus → tōtālis：tot- 所有的 +-al 表相关】 *adj.inv.* 全体的

2) 流音中的 c、p、t 分别浊化成 g、b、d
- **ácido, da** 【拉丁语 acidus：ac- 酸 +-ido……的】 *adj.* 酸的，酸味的
  - **agrio, gria** 【拉丁语 acrus 酸味的 音变：流音中的清辅音 c 浊化成 g】 *adj.* 酸味的

· **piedra** 【拉丁语 petra 石头 音变: e → ie; 流音中的 t 浊化成 d】 *f.* 石头
　　· **petroso, sa** 【petr- 岩石 +-oso 多……的】 *adj.* (某地) 多石头的
　　· **petróleo** 【petr- 岩石 +óleo 油】 *m.* 石油; 煤油

· **doble** 【拉丁语副词 duple: du- 二 +ple- 卷 音变: u 变 o; 流音中的 p 浊化成 b】
adj.inv. 两倍的
　　· **duplicar** 【拉丁语 duplicāre: du- 二 +plic- 卷 +-ar 动词后缀】 *tr.* 使加倍

2.3.3 脱落

1) 元音间 b/v、d 和 g 脱落

· **río** 【拉丁语 rivus】 *m.* 江, 河
　　· **rival** 【riv- 河 +-al 表相关⇒在河岸两边的人都需要水来灌溉农作物⇒为水而
　　竞争】 *s. com.* 对手

· **caer** 【拉丁语 cadere: cad- 落下】 *intr.* 掉, 坠落
　　· **cadencia** 【cad- 掉落 +encia 名词后缀】 *f.* 节奏, 节拍
　　· **caduco, ca** 【cad- 掉落 +-uco】 *adj.* 衰老的

· **legal** 【拉丁语 legalis: leg- 法律 +-alis 表相关】 *adj.inv.* 合法的, 法律规定的
　　· **leal** 【和 legal 同源于拉丁语 legalis】 *adj.inv.* 忠心的, 忠诚的

2) 辅音字母群 -pt- 中的 p 可能脱落, 即: pt → t

· **captar** *tr.* 得到, 赢得
　　· **catar** 【和 captar 同源于拉丁语 captāre 抓住】 *tr.* 品尝

· **rato** *m.* 一会儿, 片刻
　　· **rapto** 【和 rato 同源于拉丁语 "rapere 抢夺" 的分词 raptus】 *m.* 劫持, 绑架

3) 辅音字母群 -ns- 中的 n 可能脱落, 即: ns → s

· **mesa** 【拉丁语 mensa 桌子】 *f.* 桌子; 饭桌
　　· **comensal** 【co- 共同 +mens- 桌子 +-al 名词后缀】 *s.com.* 同桌共餐的人

· **mes** 【拉丁语 mensis 月】 *m.* 月, 月份
　　· **mensual** 【mens- 月 +-u-+-al 表相关】 *adj.inv.* 每个月的; 为期一个月的

4) 辅音字母群 -ct- 中的 c 可能脱落，即：ct → t

· **fruto** 【fructus 欢乐 / 水果】 *m.* 果实

  ·**fructífero, ra** 【fruct- 水果 +-i+-fero 运送】 *adj.* 产果实的；有成效的

  ·**fructuoso, sa** 【fruct(u)- 水果 +-oso……的，多……的】 *adj.* 有成果的，有成效的

5) (非重读)i 脱落

· **cálido, da** *adj.* (地区等) 炎热的

  ·**caldo** 【和 cálido 同源于拉丁语 calidus 温暖的：cal- 热 +-idus……的】 *m.* 汤，汤汁

6) (非重读)u 脱落

· **regla** 【拉丁语 regula 木棒，尺子：reg- 引导，统治 +-ula 指小词后缀】 *f.* 尺子；规则

  · **regular** 【拉丁语 rēgulāris：regula 见 regla+-ar 形容词后缀】 *adj.inv.* 有规律的

· **niebla** 【拉丁语 nebula 音变：e 变 ie；u 脱落】 *f.* 雾，雾气

  · **nebuloso, sa** 【nebul- 雾 +-oso 多……的】 *adj.* 多云雾的

· **vocablo** 【拉丁语 vocabŭlum：voc- 声音 +-abulum 名词后缀，表器械、方法和手段】 *m.* 词

  · **vocabulario** 【vacabul- 见 vocablo+-ario 表示地方、汇集】 *m.* 词汇表

注：5) 和 6) 这两条音变在拉丁语中或拉丁语向西语、法语、葡语等语言演变的过程都有可能发生。

2.3.4 其它

1) 词首 f 变哑音 h

· **hijo** 【拉丁语 filĭus 儿子 音变：词首 f 变 h；l+yod=j】 *m.* 儿子

  · **filial** 【fili- 子女 +-al 表相关】 *adj.inv.* 子女的

  · **afiliar** 【a- 表方向 +fili- 子女 +-ar 动词后缀⇒作为子女→成为家庭等组织中的一员】 *tr.* 使参加

· **hacer** 【拉丁语 facere】 *tr.* 做，制作

  · **fácil** 【fac- 做 +-il 易……的】 *adj.inv.* 容易的，简单的

  · **haz** 【拉丁语 facĭes, 对照英语 face】 *f.* 脸

前缀和词根连接处的 f 也有可能变成哑音 h：

· **defender** 【拉丁语 dēfendere, dēfēnsus：de- 向下、远离 +fend- 攻击 +-er】 *tr.* 保护

　· **defensor, ra** 【-or 表主动】 *s.* 保护人

　· **dehesa** 【拉丁语阴性分词 defensa ⇒被保护 / 被围起来的地方】 *f.* 牧场

2) 词首添音：以 s+ 辅音为词首的拉丁语向西语演变的过程中，在 s 前添加 e 以便发音，即拉丁语 (词首)s+ 辅音→→西语 es+ 辅音

	拉丁语	西语	英语
sp[sp]	speciālis	especial	special
st[st]	statĭo, - ōnis	estación	station
sc[sk]	schola	escuela	school
sque[sk]	schema	esquema	scheme

3) 非重读音节中 e 可能双重元音化成 ie

bien 【拉丁语 bene】 *adv.* 好

beneficio 【bene- 好 +-i-+fic- 做 +-io 名词后缀⇒】 *m.* 恩惠；利益

如果发生音变后的 ie 位于词首，需要把 i 变成 y（以下为陈述式现在时变位）：

erguir *tr.* 竖起，使竖立　　　　　　**errar** *intr.* 犯错

yergo　　erguimos　　　　　　**y**erro　　erramos

yergues　erguís　　　　　　　　**y**erras　erráis

yergue　yerguen　　　　　　　　**y**erra　yerran

4) 重读音节中 o 可能双重元音化成 ue

· **bueno, na** 【拉丁语 bonus】 *adj.* 好的

　· **bondad** 【bon- 好 +-dad 名词后缀】 *f.* 好

　　如果发生音变后的 ue 位于词首，需要在 u 前添加上 h：

　· **hueso** 【拉丁语 ossum】 *m.* 骨头

　　· **óseo, a** 【os- 骨 +-eo】 *adj.* 骨骼的

　· **huevo** 【拉丁语 ovum】 *m.* 鸡蛋；卵

　　· **ovario** 【ov- 卵、蛋 +-ario 表地方】 *m.* 卵巢

　　· **oval** 【ov- 卵、蛋 +-al 表相关⇒蛋状的】 *adj.inv.* 椭圆形的

5) 拉丁语中 ll 在西语中的情况

背景知识： ll 在拉丁语中分属两个音节，而 ll 在西语中代表音素 /ʎ/，如拉丁语 pallidus 音节的划分为 pal-li-dus。其在向西语演变的过程中，为了保证 ll 的发音，西语对应的书翰词汇仅保留一个 l，即 pálido。

拉丁语： pellicŭla(pelli- 皮 +-cula 指小词后缀)：pel-li-cŭ-la

书翰词汇： película *f.* 薄膜；电影

民间词汇： pelleja *f.* 兽皮

mil　【拉丁语 mille】*adj.inv.* 千的 >>> *m.* 千

millar　【mill- 千 +-ar 表相关】*m.* 千；大量

millón　【mill- 千 +-ón 指大词后缀】*m.* 百万

6) 法语音变：c 变 ch

思考： 为什么部分英语单词中的 ch 在对应的西语单词中有时变成 c，如：

英语	西语
en**ch**ant	en**c**antar
champion	**c**ampeón
charge	**c**argar
…	

上述三组单词都分别来自拉丁语 in**c**antare、**c**ampionem、**c**arricare。仅加粗字母而言，西语和拉丁语保持一致，而英语则发生了变化。原因是这些英语单词都来自法语民间词汇，也就是说这三个拉丁语单词先经过口语演变成法语民间词汇 (发生音变 c 变 ch)，再进入英语。而对应的西语单词直接源于拉丁语，故 c 没有变成 ch。

掌握这条音变的好处：

a. 有利于我们准确地把英语转换成西语，如：

　英语：tou**ch**、**ch**ain、**ch**ange、**ch**annel...

　西语：to**c**ar、**c**adena、**c**ambiar、**c**anal...

b. 西语同根词中，有的由拉丁语直接进入西语，有的则经法语进入西语 (发生此条音变），所以会出现异体词根。

书翰词汇：**marcar** *tr.* 做记号

民间词汇：**marchar** 【marc- 边界，记号⇒士兵在边界上巡逻】*intr.* 行走；行进

书翰词汇：【capit- 头 +-al 表相关】 *adj.inv.* 头部的 *f.* 首都

民间词汇：【chapit-=capit- 头 +-el 指小词后缀】 *m.* 塔尖

7) 元音化：辅音变成弱元音 i 或 u

辅音元音化成 i：

afectar 【a- 表方向 +fact- 做→（元音转换：a 变 e）→ fect-+-ar 动词后缀】*tr.* 影响

afeitar 【和 afectar 同源于拉丁语 affectare 音变：c 元音化成 i⇒男人每天早上都要去做的事】 *tr.* 刮，剃（胡须）>>> *prnl.* 刮脸

辅音元音化成 u：

· **presente** 【pre- 在前 +s-=es- 存在 +-ente 形容词后缀】 *adj.inv.* 在场的

　· **ausente** 【拉丁语 absentem，对照英语 absent：ab- 远离 +s-=es- 存在 +-ente 形容词后缀】 *adj.inv.* 不在场的，缺席的

8) 位移：指词中的音段或字母换位，也叫移位，音位转换等

(注：位移有可能导致位移字母旁的元音脱落；这条音变在这本书中常见于辅音字母 r 或 l，且无论是在拉丁语内部还是拉丁语向西语、葡语等语言演变的过程中都十分常见)

词根：cern-，cert- 分开 / 搞清 【拉丁语 cernere，certus 分开 / 搞清，分词的变体为 crētus】

· **cerner** *tr.* 筛，箩

　· **cierto, ta** 【拉丁语规则分词 certus 音变：e 变 ie】 *adj.*（用在名词后面）确定的;（用在名词之前）某个

　· **concertar** 【con- 共同，加强语气 + 规则分词词干 cert-+-ar 动词后缀⇒分开不协调的事物】 *tr.* 调整，使协调

　· **secreto, ta** 【se- 远离 + 不规则分词词干 cret-+-o 形容词后缀⇒远离大众视野的】 *adj.* 秘密的

9) 插音

· **generar** 【拉丁语 generāre：gener- 生产 +-ar 动词后缀】 *tr.* 生育，繁殖

　· **engendrar** 【拉丁语 ingenerāre：in-=en- 向内 音变：e 脱落；d 为插音】 *tr.* 生育；产生，引起

这条音变常见于变位动词中：

poner—pon**d**ré, pondrás, pondrá, pondremos, pondréis, pondrán

salir—sal**d**ré, saldrás, saldrá, saldremos, saldréis, saldrán

tener—ten**d**ré, tendrás, tendrá, tendremos, tendréis, tendrán

valer—val**d**ré, valdrás, valdrá, valdremos, valdréis, valdrán

venir—ven**d**ré, vendrás, vendrá, vendremos, vendréis, vendrán

10) 部分词根的异体形式以 g 结尾

（注：这条音变过于复杂，建议直接记住现象，以下分析仅做了解）

通俗拉丁语常用古典拉丁语名词等和动词词尾 -icāre 构词，如：

古典拉丁语 fūr 小偷→通俗拉丁语 fūricāre 搅动

古典拉丁语 carrus 马车→通俗拉丁语 carricāre 装载

古典拉丁语 caballus 马→通俗拉丁语 caballicāre 骑（马）

请结合所学过的音变知识，试着分析下列单词的演变过程：

1. 通俗拉丁语 fūricāre 搅动→西语 hurgar *tr.* 翻动，搅动

2. 通俗拉丁语 carricāre 装载→西语 cargar *tr.* 装载

3. 通俗拉丁语 caballicāre 骑（马）→西语 cabalgar *intr.* 骑（马）

答案：

1. 词首 f 变 h、元音间 c 浊化成 g、i 脱落

2. 元音间 c 浊化成 g、i 脱落、两个 rr 在辅音前无法发音，脱落其中一个

3. 元音间 c 浊化成 g、i 脱落、两个 ll 在辅音前无法发音，脱落其中一个

11) 字母群 ge 位于词首时，g 有可能变成 h

· **helar** 【拉丁语 gelāre 冻结】 *tr.* 使冻结

 · **congelar** 【con- 加强语气 +gel- 冻结 +-ar】 *tr.* 使冻结

> 回顾我们所学的音变知识，仅从表面上看，相较于辅音音变规律而言，元音音变规律占比很低。实际上，拉丁语向西语演变的过程中，直接或间接和元音相关的音变占有很大的比率。我们在本书中没有介绍它们主要的原因有：
>
> **a.** 很多元音的音变现象基于拉丁语元音系统知识，所以我们难以公式化地

> 表达它们的变化规律。
> **b.** 不少元音音变所体现的单词不多，如专八词汇中体现"ai 变 e"这条音变的单词不超过三个：
> laico, ca *adj.* 世俗的
> lego, ga 【和 laico 为同源对偶词，均来自拉丁语 laicus】 *adj.* 世俗的

元音转换 vs 元音音变：

学名	范围	条件
元音转换	出现在拉丁语中	添加前缀等时，词根中的元音可能会发生变化
元音音变	拉丁语向西语演变过程中	无论是否添加前缀都有可能发生变化

correr 是经过拉丁语 currĕre 发生音变得来的民间词汇，所以我们无法用元音转换来分析此处的 u 变 o 的现象。

2.4 印欧词根

仿照生物学，通过同源词、语音和语法等，假设若干语种是由特定祖语演化而来，按照各个语种的亲属关系分为若干语系，语系下分语族，语族下分语支，语支下是语种，而语种下是方言。

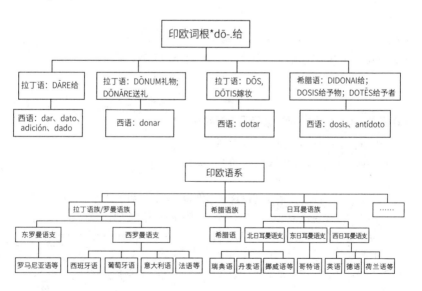

按照词根形态和含义，即西语词根来自拉丁语的基本词的词干，而其含义为该基本词的本义。上述几个拉丁语和希腊语单词可以在西语中分别产生词根: dare → d- 给; donum/donare → don- 礼物 / 送礼; dos/dotis → dos-、dot- 嫁妆; dosis/dotes → dos-、dot- 给。正常情况下，我们应该把它们划分成四栏词根，分别介绍它们的派生词。但是因为后三个词根在本书中的派生词较少，又因为这三个词根都和"d- 给"同印欧词源"*dō- 给"，所以我们把它们都归在第一个词根中。此时，我们无法用已学的理论知识解释各个词根之间的变化规律，我们只需要从语音上感受同印欧词源的词根的相似之处。

2.5 特例

需要掌握的背景知识:

1. 拉丁语现在词干和分词词干
2. 拉丁语构词法
3. 名词性词根派生出的动词的分词词干的构成公式
4. 音变: 元音间的 t 浊化成 d

请结合已知信息试着写出派生词:

par-，part- 生，生育 【拉丁语 parīre，partus 生，生育】

parir *intr.* 生，分娩

parto *m.* 生，分娩; 初生儿

-ión:

-orio:

met-，mens- 测量 【拉丁语 mētīrī，mēnsus 测量】

medir *tr.* 测量

-ura:

-ión:

nect-，nex- 打结 【拉丁语 nectere，nexus 绑，打结】

conectar 【con- 共同，加强语气 +nect- 连接 +-ar 动词后缀】 *tr.* 连接

conexión *f.* 连接; 联系，关系

-ivo, va:

错误答案： 1. parción, partorio 2. mensión 3. 见下

正确答案： 1. parición(牲畜的) 产仔期、paritorio 产房；

2. medición 测量；conexivo 或 conectivo。

上述单词不再遵循拉丁语构词法，这究竟是什么原因。笔者将在这一章节中，介绍与我们之前所学知识相反的例子。

1) 特例 1：西班牙语构词法

从单词派生的角度来看，我们可以把源自拉丁语的西语词汇称为**拉丁语派生词**，如拉丁语 actor →西语 actor、拉丁语 āctiōnem →西语 acción、拉丁语 actīvus →西语 activo、拉丁语 dormitorǐum →西语 dormitorio、拉丁语 ventura →西语 ventura 等。因为它们都来自拉丁语，所以毫无疑问都遵循拉丁语构词法，如这五个单词的后缀都和分词词干搭配使用。在西语单词的基础上派生的单词，可以称之为**西语派生词**，这类词的特点是没有对应的拉丁语形式，如 tenedor 和 vencedor 均由西语 tener 和 vencer 直接派生而来，它们没有对应的拉丁语形式。西语在创造单词时不再遵循拉丁语构词法，而是西语构词法。在正式介绍这一概念前，我们必须了解两个专业术语：共时分析法和历时 / 历史分析法。

观察分析下列两组单词构词成分的过程，请说出初学者会采用第几种分析法，而哪种方法更适合已经有一定词源学基础的读者？

共时分析法：

amador, ra　【amar 爱 +-dor 表主动 / 人】　*adj.* 爱好……的　*s.* 爱好者

animador, ra　【animar 鼓舞 +-dor 表主动 / 人】　*adj.* 令人鼓舞的　*s.* 鼓舞者

excitador, ra　【excitar 使兴奋 +-dor 表主动 / 人】　*adj.* 使兴奋的

历时 / 历史分析法：

amador, ra　【拉丁语 amāre(西语 amar) →分词 amātus → amātor　音变：元音间的 t 浊化成 d】　*adj.* 爱好……的　*s.* 爱好者

animador, ra　【拉丁语 animāre(西语 animar) →分词 animātus → animātor　音变：元音间的 t 浊化成 d】　*adj.* 令人鼓舞的　*s.* 鼓舞者

excitador, ra　【拉丁语 excitāre(西语 excitar) →分词 excitātus → excitātor　音变：元音间的 t 浊化成 d】　*adj.* 使兴奋的

没有词源学相关知识的人在分析单词的构词成分时，只能采用第一种方法。而有相关理论知识的读者可能会有不同的看法，有人觉得第一种方法简洁，适合背词，也有人会认为第二种方法通过单词的演变过程来记忆，更科学、更准确。其实这两种分析法分别涉及到共时分析法和历时 / 历史分析法。以分析单词的构词成分

为例，**共时分析法**主要基于当前认知来分析单词的形式和语义之间的关系。何为当前认知？没有学过词源学或拉丁语的人 (包括以西语为母语的人) 可能只知道 am- 是词根，而不知道异体形式 amat- (即分词词干形式)、拉丁语构词法和 t 浊化等知识，所以他们在分析 amador 的构成成分时，只能采用上述第一种办法。**历时 / 历史分析法**指分析单词的构词顺序、演变历史等，如 amador 来自拉丁语 amātor：amat-+-or 音变：元音间的 t 浊化成 d。

共时分析法：人们基于自己的语言学水平，来分析语料。

历时 / 历史分析法：基于语言演变的过程，结合语言现象 (如上述中的拉丁语构词法和音变) 分析语料。

> 本书在理论部分中介绍了拉丁语构词法等相关知识，所以我们在拆解单词时，应使用历史分析法。但是相较于共时分析法，历时 / 历史分析法过于复杂、信息量也较大。如果整本书都采用历史分析法，内容将十分冗长。我们本着记词为首要目的的原则，在确保词根正确的情况下，两种分析法混用。

原形后缀	异体后缀
- ión	-ción (cantar, canción), -cción (elegir、 elección), -sión (decidir, decisión)
- or	-tor (conducir, conductor), -dor (amar, amador), -sor (invadir, invasor)
- orio	-torio (orar, oratorio), -sorio (sentir, sensorio)
- ivo	-tivo (elegir, electivo), -sivo (adherir, adhesivo)
- ura	-tura (avenir, aventura), -sura (incidir, incisura)

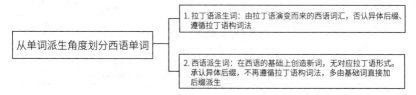

从单词派生角度划分西语单词

1. 拉丁派生词：由拉丁语演变而来的西语词汇，否认异体后缀、遵循拉丁语构词法

2. 西语派生词：在西语的基础上创造新词，无对应拉丁语形式。承认异体后缀，不再遵循拉丁语构词法，多由基础词直接加后缀派生

不难发现，不被拉丁语构词法所承认的异体后缀，其实是共时分析法的产物——在没有词源学基础的人看来 -ción、-dor 等常出现在派生词后面，所以把它们看成是 -ión 和 -or 的变体，即异体后缀。后来人们在西语的基础上创造派生词时，

便直接使用这些不被拉丁语构词法所承认的异体后缀，这样一来这些异体后缀在西语派生词中就变成一个不折不扣的西语后缀。

所以正确答案中的单词多为西语派生词：
西语 parir+ 异体后缀 -ción → parición(牲畜的)产仔期 (西语派生词, 无对应拉丁语)
西语 parir+ 异体后缀 -torio → paritorio 产房 (西语派生词, 无对应拉丁语)
西语 medir+ 异体后缀 -ción → medición 测量 (西语派生词, 无对应拉丁语)
西语 conectar+ 异体后缀 -ivo=conectivo (西语派生词, 无对应拉丁语)
拉丁语 connectere → 分词 connexus+-ivo=conexivo(拉丁语派生词 connexīvus)

西语中部分动词存在两个分词，常用于复合时态的为规则分词，属于西语派生词；而多用作形容词的不规则形式的为拉丁语派生词，源自对应的拉丁语分词。

原形动词	规则的	不规则的
abstraer 使抽象	haber abstraído	abstracto *adj.* 抽象的 (←拉丁语 abstractus)
confesar 坦白，承认	haber confesado	confeso *adj.* 坦白的，招供的 (←拉丁语 confessus)
invertir 使翻转	haber invertido	inverso *adj.* 逆向的 (←拉丁语 inversus)
suspender 使吊起	haber suspendido	suspenso *adj.* 吊着的 (←拉丁语 suspensus)
confundir 使模糊不清	haber confundido	confuso *adj.* 杂乱的，混乱的 (←拉丁语 confūsus)
atender 注意	haber atendido	atento *adj.* 全神贯注的 (←拉丁语 attentus)
soltar 松开	haber soltado	suelto *adj.* 松着的 (←拉丁语 solūtus)
convencer 说服	haber convencido	convicto *adj.* 被证明有罪的 (←拉丁语 convictus)
elegir 选择	haber elegido	electo *adj.* 当选的 (←拉丁语 electus)
manifestar 声明/显示	haber manifestado	manifiesto *adj.* 明显的；公开的 (←拉丁语 manifestus)
imprimir 印刷	haber imprimido	impreso *m.* 印刷品，出版物 (←拉丁语 impressus)

注：impreso 也用于复合时态 haber impreso

相较于拉丁语派生词而言，西语派生词所占比例较小。所以希望读者在记词时以拉丁语构词法为主，遇到特例时无需追根问底，记住结果即可。下面我们继续介绍产生特例的常见原因：

2) 特例 2：使役动词
duc-，duct- 引导 【拉丁语 dūcere，ductus 带领，引导】

西语动词	-ión 派生词	-or 派生词
1. conducir	conducción	conductor
2. introducir	introducción	introductor
3. producir	producción	productor
4. traducir	traducción	traductor
5. educir	educción	〈英〉eductor
6. edducar	educación	educador

【← 拉丁语 educātor：元音间清辅音 t 浊化成 d】

为什么 educar 的 -ión 和 -or 形式不是 *educción 和 *eductor？

educir 【拉丁语 ēdūcere，ēductus 导流：e- 向外 +dūcere 带领；引导】 *tr.* 推断
educir 的拉丁语分词 ēductus，就决定了在无特例的情况下，其 -ión 和 -or(表主动)
形式为 educción、eductor。

educar 【ēdūcere(西语 educir) → 使役动词 ēducāre，ēducātus】 *tr.* 教育
ēducāre 是 ēdūcere 的使役动词，在拉丁语中这类动词的构词方式主要把基础动词
的词尾换成 -āre，而它们的分词常添加上元音和 t。
所以从表面上看 educar 的派生词 educación、educador、educativo 是特例，但实
际上它们完全体现里拉丁语构词法。

3) 特例 3：在拉丁语中 -ión 也可以和现在词干连用构成名词。
leg-，lect- 挑选 / 阅读 【拉丁语 legere，lēctus 挑选 / 阅读】
现在词干 leg-：leer 阅读 (来自拉丁语 legere)；elegir 选举；colegir 收集；**legión**
军团 (← legiōnem ← 拉丁语 legere)
分词词干 lect-：lección 阅读；elección 选举；colección 收藏品

reg-，rect- 引导，使变直 【拉丁语 regere，rēctus 引导，使变直】
现在词干 reg-：regir 统治；erigir 创建；corregir 改正；dirigir 领导；**región** 地区
(← regiōnem ← 拉丁语 regere)
分词词干 rect-：erección 建立；corrección 改正；dirección 指导

lig-，ligat- 绑 【拉丁语 ligāre，ligātus 绑】
现在词干 lig-：ligar 绑；obligar 强迫，religar 捆紧；**religión** 宗教 (← religiōnem ←

拉丁语 religāre)

分词词干 ligat-： ligación 绑；obligación 义务；religación 捆紧

标色单词违背了拉丁语构词法。在拉丁语中 -ión 可以和现在词干连用构成具体名词（罕见），也可以和分词词干连用构成表示动作的抽象名词。但因两者出现的频率以及语义的转换的缘故，建议直接把它们看成特例。

特例 4：音变产生"特例"

fac-，fact- 做 【拉丁语 facere，factus 做】

分词词干 fact-： facción 帮派，派别；infección 传染，感染；confección 制作，manufactura 制造；afección 爱好，情感

现在词干 fac-： munificente 慷慨的；afición 爱好，兴趣

afición 和 afección 为同源对偶词，均来自拉丁语 affectiōnem。前者发生了音变，使其从字面上看违背了拉丁语构词法。

特例 5：名词性词根产生"特例"

grad-，gres- 走 【拉丁语 gradī, gressus 走】

- **agredir** 【拉丁语 regredī, regressus：a- 表方向 +grad- → 元音转换 a 变 e → gred-+-ir】 *tr.* 侵犯，攻击
  - · **agresión** *f.* 侵犯，攻击
  - · **agresivo, va** *adj.* 侵略性的
  - · **agresor, ra** *adj.* 侵略的 >>> *s.* 侵略者

- · **degradar** 【de- 向下 +grad- 走 +-ar 动词后缀⇒使向下走】 *tr.* 贬黜
  - · **degradación** *f.* 贬黜

解析： agredir 的派生词体现了拉丁语构词法规则，按理说 degradar 的 -ión 形式应该为 *degresión 但实际上为 degradación。原因是 degradar 来自拉丁语名词 gradus 脚步，它和拉丁语动词 gradī 为同源词。所以 degradar 来自名词性词根，它所对应的拉丁语分词为 dēgradātus，由此推导出 degradar 的 -ión 派生词为 degradación。

综上，不难看出若没有相关背景知识和材料，很多单词虽然从表面上看是特例，但实际上却严格遵循拉丁语构词法。此外，本书理论部分是公式化、简单化后的拉丁语知识，所以无法解释所有书中涉及的现象。为此，我们再三强调读者遇到特例时，无需过于关注其演化过程，只需把构词成分和词义构建联系以协助记词。

第二章　词根

一、动词性词根

a. 现在词干 + t = 分词词干

1. al-，alt- 滋养，养育　【拉丁语 alere，altus 滋养　注：词根中的元音常转换成 o 或 u，存在变体词根 ol- 或 ult-；分词 altus 还可以转义表示为形容词表示"高的"，由于其派生能力较强，我们把它单独列为另一个词根】

- **alimento**｛二级三级四级 A 级｝
  【-mento 名词后缀，表示器具，手段⇒用来喂养的东西】
  m. 食物；营养，养分；（维持某种感觉或念头的）基础，因素　*m.pl.* 赡养费
  - **alimenticio, cia**｛二级八级 B 级｝
    【-icio 形容词后缀，表相关】
    adj. 食物的；有营养的
  - **alimentar**｛二级三级四级 B 级｝
    【-ar 动词后缀⇒给某人喂食】
    tr. 喂养 >>> *prnl.* 吸收营养；以……为主食　*tr.* 抚养；给（机器）提供（燃料等）；助长（精神等）
    - **alimentación**｛二级三级 B 级｝
      【拉丁语 alimentāre(西语 alimentar) →分词 alimentātus+-ión 名词后缀】
      f. 饲养，抚养；食物，食品；进料（指为了使机器正常运转而给其加燃料等物质）

- **alumno, na**｛二级三级四级 B 级｝
  【拉丁语 alere 滋养，养育→alumnus 学生，小孩 -al- 滋养，养育⇒老师用知识养育的人】
  s. 学生
  - **alumnado**｛B 级｝
    【-ado 表集体】
    m. 〈集〉学生

- **adolescente**｛二级三级四级 A 级｝
  【ad- 表方向 +al- 滋养，养育→（元音转换 a 变 o）→ ol-+-esc 表示动作开始 +-ente 形容词兼名词后缀，……的（人）⇒被喂养，正在长身体的人】
  adj.inv. 青少年的，青春期的 >>> *s.com.* 青少年
  - **adolescencia**｛二级八级 B 级｝
    【-ia 名词后缀】
    f. 青春期，少年期

· **índole** ﹛二级三级四级﹜

【índ-=in- 在内，向内 +al- 滋养，养育→ (元音转换 a 变 o) → ol- ⇒一直在我们体内生长，发育的东西⇒性格】

f. 性格，性情；本质，属性，特性；类型，种类

· **adulto, ta** ﹛二级三级四级 A 级﹜

【ad- 表方向 +alt- 滋养，养育→ (元音转换 a 变 u) → ult-+ ⇒养到大的，长大成年的】

adj. 成年的 >>> *s.* 成年人　*adj.* (制度、社会等) 成熟的

· **adúltero, ra**

【-ero……的（人）】

adj. 通奸的 >>> *s.* 通奸者

· **adulterio** ﹛二级八级﹜

【-erio 名词后缀】

m. 私通，通奸；伪造，造假

· **adulterar** ﹛二级三级﹜

tr. 掺杂，掺假；篡改，伪造

· **coalición** ﹛二级三级八级﹜

【简化记忆：co- 共同 +alt-=alit- 滋养，养育 +-ión 名词后缀】

f. (国家、政党或政治人物间的) 联合，联盟

· **prole**

【拉丁语 prōlēs: pro- 向前 +alere 生长，滋养】

f. 子女；子孙，后代

· **proletario, rio** ﹛二级三级四级﹜

【见 prole 子女 +-t-+-ario 表相关　词源：prōlētārius 指罗马公民中的最低阶级，人们认为他们最大的用处就是生儿育女，给国家增加人口，扩充军队】

adj. 无产阶级的，无产者的 >>> *s.* 无产者

· **proletariado** ﹛二级三级八级﹜

【-ado 表集体】

m. 无产阶级

· ***proliferación** ﹛二级三级八级﹜

【proliferar 激增；增生；繁衍: proli- 见 "prole 子孙" +fer- 带来，携带 +-ar 动词后缀】

f. 激增；〈生〉增生；繁衍

2. alt- 高的　【来自拉丁语 "alere 滋养" 的分词 altus ⇒被喂养的→长高的　注：由于分词此语义下派生能力较强，我们把其单独归为一个词根，其仍然遵循拉丁

语构词法】

· **alto, ta** ｛二级三级四级 A 级｝
【拉丁语 alere 滋养→分词 altus ⇒被喂养的→长高的】
adj. (在空间、价格等方面) 高的 >>> *m.* 高度 >>> *adv.* 在高处；高声地
adj. 高尚的；(罪行) 严重的
m. 停住 (和英语 "halt 使停止" 同源于中古高地德语 halten 使停止)
  · **altura** ｛二级三级四级 B 级｝
    【-ura 名词后缀】*f.* 高度；高地；高尚；天堂 *f.pl.* 高层领导人
  · **altitud** ｛二级八级 B 级｝
    【-itud 名词后缀】*f.* 海拔高度
  · **altavoz** ｛二级三级四级 B 级｝
    【voz 声音⇒扩大音量的仪器】
    m. 喇叭，扬声器
  · **altivo, va** ｛二级八级｝
    【-ivo……的】
    adj. 高傲的，傲慢的
  · **altanero, ra** ｛二级八级｝
    【-ano 表相关 +-ero……的】
    adj. (猛禽) 飞得高的；高傲的，傲慢的
  · **altar** ｛二级三级四级｝
    【-ar 表地方⇒高于地面用来祭祀的地方】
    m. 祭台，圣台；供桌

· **alzar** ｛二级三级四级 B 级｝
【拉丁语 altus 高的→通俗拉丁语 altiare】
tr. 使 (柱子等) 竖起，使竖立；提高，抬高 (价格，声音)；建造 (大楼等)；
建立，创立 (机构等)；撤销 (处分等)
tr. 使反抗 >>> *prnl.* 反抗
prnl. 超出，高出；(太阳等) 升起；站起来
  · **alza** ｛二级三级四级｝
    f. 涨价；上升；鞋衬

· **exaltar** ｛二级三级八级｝
【ex- 向外 +alt- 高 +-ar 动词后缀】
tr. 提升，提高……的地位；激励，鼓励，使兴奋；兴奋，激动

3. ap-, apt- 系牢→适应 【拉丁语 apere, aptus 系牢】

- **apto, ta** { 二级三级八级 B 级 }
  【apere 系牢→分词 aptus 被绑紧的⇒牢固的→恰当的】
  adj. 合适的，适宜的；(人) 有能力的
  - **aptitud** { 二级八级 }
    【-itud 名词后缀】
    f. 天资，才能
    - **actitud** { 二级三级四级 B 级 }
      【来自意大利语 attitudine，其和 aptitud 同源于拉丁语 aptitūdinem 能力 注：act- 是经过意大利语音变和西语正字法后的一个变体 联想：act- 做 +itud 名词后缀】
      f. 姿态，表情；态度

- **adaptar** { 二级三级四级 B 级 }
  【ad- 表方向 +apt- 系牢、适应 +-ar 动词后缀⇒使某人适应】
  tr. 使适合，使适应 >>> *prnl.* 适应，适合
  tr. 改编 (电影等)
  - **adaptación** { 二级三级四级 B 级 }
    【拉丁语 adaptāre(西语 adaptar) →分词 adaptātus+-ión 名词后缀】
    f. 适应，适合；(对音乐等文艺作品等) 改编，改写

- **atar** { 二级三级八级 }
  【apere 系牢→分词 aptus → aptāre 音变：辅音字母群 -pt- 变 -t-】
  tr. 绑，捆，系 >>> *prnl.* (把自己) 绑上，捆上，系上
  tr. 束缚，妨碍 >>> *prnl.* 局限于，受束缚
  prnl. 联系，连接
  - **desatar** { 二级三级四级 }
    【des- 否定】
    tr. 解开，松开 (绳结、包裹、被绑的人等)>>> *prnl.* (鞋带等) 解开，松开
    tr. 使发生，引发 (战争、抗议、掌声等)
    prnl. 发泄 (感情)；不再腼腆

4. cant- 唱歌 【拉丁语 canere, cantus 唱歌 注：现在词干 can- 的派生词多为低频词，如 canoro 啼声悦耳的】

- **canto** { 二级三级四级 }
  【canere 唱歌→分词 cantus】

m. 唱歌 (指唱歌的艺术或方法)；鸟鸣声，虫叫声 (指鸟或昆虫等动物发出的悦耳的声音)；诗歌

m. (物体的) 边缘 (来自另一个词根：cant- 边缘，同根词有 cantina 酒窖，cantón 墙角等)

· **canción** { 二级三级四级 A 级 }

【-ión 名词后缀】

f. 歌曲；〈口〉老调，老生常谈 (指反复说过，令人感到厌烦的话语)；抒情诗

· **cantar** { 二级三级四级 A 级 }

【拉丁语反复动词 cantare】

intr./tr. 唱 (歌)

tr. (文学用法) 歌颂

intr. (鸟) 鸣，(虫) 叫；〈口〉引人注目；〈口〉(车辆的零件运行时) 嘎吱作响；〈口〉发臭

  · **cantante** { 二级三级四级 A 级 }

  【-nte 施动者】

  s.com. 歌手，歌唱家

· **chantaje** { 二级三级八级 }

【拉丁语 cantare 唱歌→法语 chanter 唱→ chantage 敲诈⇒唱如人心→迷惑、蛊惑词根：cant- 唱歌→ (法语音变：c 变 ch → chant-+-aje 名词后缀】

 m. 敲诈，勒索

· **cantón** { 二级八级 }

 m. 墙角；(瑞士、法国或一些美洲国家的) 行政区；(军队外出行军的) 驻扎地

  · **cantina** { 二级三级四级 }

  f. 商店，食堂 (尤指公共场合内部的销售饮料等食物的地方，如学校或车站的小卖部)；(家用的) 酒窖

acento { 二级三级四级 }

【a- 表方向 +cant- → (元音转换：a 变 e) → cent- 唱⇒单词里被重读 (唱出) 的音节】

m. 〈语〉(音节的) 重音；〈语〉重音符号；口音；强调；声调，语气

· **acentuar** { 二级三级四级 }

【acento 重音 +-ar 动词后缀】

tr. 重读；给……加重音符号；强调；加重，加强

  · **acentuado, da** { 二级八级 }

  adj. 〈语〉重音的；(变化等) 明显的；(气味等) 强烈的

· **encantar** ｛二级三级四级 **A** 级｝

【拉丁语 incantāre 念符咒，施魔法（英语 enchant 使着魔）：in- 向内 + 反复动词 cantare(西语 cantar) ⇒唱入人心】

tr. 对……施魔法

intr. 使着迷，使非常喜欢（用法同 gustar，人为间接补语需要与格）

· **encanto** ｛二级三级四级｝

　　m. 吸引力，讨人喜爱的人（事物）

　　m./m.pl. （多用复数，尤指人外表所散发出的）魅力

· **encantado, da** ｛二级三级八级｝

　　adj. 十分高兴的，十分满意的；中邪的，着魔的

· **encantador, ra** ｛八级 B 级｝

　　【共时分析法：encantar+-dor 表主动】

　　adj. 迷人的，动人的

　　adj. 会施魔法的 >>> *s.* 巫师，魔法师

· **incentivo, va** ｛二级三级八级｝

【in- 向内 +cant- →（元音转换：a 变 e) → cent- 唱 +-ivo……的⇒唱入人的内心，挑起人的情绪的】

adj. 刺激的，鼓励的 >>> *m.* 刺激，鼓励

5. cap-，capt- 拿，握住　　【拉丁语 capere，captus 抓住→反复动词 captare　注：本栏词根因元音转换、浊化和脱落等音变而产生不少变体，请留心观察】

· **caber** ｛二级三级四级 B 级｝

【拉丁语 capere，captus 拿⇒拿住一定量的物体 音变：元音间的 p 浊化成 b】

intr. 可容纳，能被装在；进得去，能通过，能套进；（用第三人称单数）可能；（用 honor，satisfacción，suerte 等作主语）使碰上（运气等）；使落到……身上

· **cabida** ｛二级八级｝

　　f. 容量，容积；（土地的）面积

· **cupo** ｛二级三级八级｝

　　【来自西语 caber 的陈述式简单过去时第三人称单数变位】

　　m. 份额；配额

· **cable** ｛二级三级四级 B 级｝

　　【词源有争议：拉丁语 capere 抓→ capulum 长套索 音变：元音间 p 浊化，第一个 u 脱落】

　　m. 缆，索；电线；信号线；海底电缆

· **capaz** ｛二级三级四级 B 级｝

【cap- 拿 +-az 形容词后缀⇒能握住的】

adj.inv. 能，会（指有足够的能力做某事的）；敢于的；能容纳的，宽敞的（指某地有足够空间容纳其它物体的）；有才能的、能干的；（在法律上）有资格的（指可以合法做某事的）

- **capacidad** {二级三级四级 B 级}

【-idad 名词后缀 正字法：i 前面的 z 改写成 c】

f. 容量，容积；能力；法定的能力

- **discapacidad** {B 级}

【dis- 否定】

f. 残缺，生理缺陷

- **discapacitado, da** {二级三级八级}

【-ado……的】

adj. 残疾的，生理有缺陷的 >>> *s.* 残疾人

- **incapaz** {二级三级四级 B 级}

【in- 否定前缀 +capaz 能容下……的】

adj.inv. 没有能力（做某事）的；不能（做出某事的）的

adj.inv. 愚蠢的 >>> *s.com.* 愚蠢的人

- **incapacidad** {二级三级八级}

【-idad 名词后缀 正字法：i 前面的 z 改写成 c】

f. 无能力，无才能；（身体或心理上的）缺陷

- **capacitar** {二级三级八级}

【capaz 能容下……的 +-it-+-ar 动词后缀 正字法：i 前面的 z 改写成 c】

tr. 使获得资格，使人获得能力（指人获得做某事的能力或，使某人有资格做某事）>>> *prnl.* （人）获得资格，（人）获得能力

- **capacitación** {二级四级}

【-ación 名词后缀】

f. （使）获得资格，（使）具有能力

- **captura** {二级三级四级}

【-ura 名词后缀】

f. （对犯罪分子的）俘获；捕获（对动物等的捕捉）

- **capturar** {二级四级}

【-ar 动词后缀】

tr. 逮住，俘获（犯罪分子）；捕获（动物）

- **cautivo, va** {二级三级八级}

【capere 抓→分词 captus+-ivo 形容词后缀 音变：内爆破音 p 元音化成 u，对照英语 captive】

adj. 被俘虏的，被监禁的，被关着的 >>> *s.* 俘虏

adj. 被迷住的

· **cautivar** ｛二级 三级 八级｝

　【-ar 动词后缀】

　　tr. 俘获，俘虏；吸引，迷住

· **captar** ｛二级 三级 四级｝

　【拉丁语 capere 拿→分词 captus →反复动词 captare】

　tr. 听到，看到，感到，意识到（泛指通过感官或才智而获得信息）；接收（指接收到电视、电台的电波或这些电波带来的声音或画面。所以这个词义还可以理解成收听，收看）；汇集（水流），蓄（水）；赢得，博得（好感、支持等）

　· **catar**

　　【和 captar 为同源对偶词 音变：-pt- 中的 p 有可能脱落⇒抓住食物的滋味】

　　　tr. 品尝（食物）；尝试；看，观察（此语义已淘汰）

　　· **acatar** ｛二级 三级 八级｝

　　　【a- 构成派生词 +catar 看⇒向某人看齐，以某人为榜样】

　　　　tr. 尊敬；服从，遵守（法律、协议等）

　　　· **acatamiento** ｛二级｝

　　　　【-miento 名词后缀】

　　　　　m. 尊敬；服从，遵守

　· **percatarse** ｛二级 三级 八级｝

　　【per- 完全，加强语气】

　　　prnl. 发觉，察觉，意识到

· **cazar** ｛二级 三级 四级｝

　【拉丁语 capere 拿→分词 captus →反复动词 captare →通俗拉丁语 *captiare 打猎 音变：-pt- 变 -t-、yod（双重或多重元音中的 i）和 t 一同腭化成 z】

　tr. 打猎；搞到（指得到很难得到或意料之外的事物）；〈口〉意外地发现（指意外地发现某人的错误、想隐藏的事情）；理解快，一下子就明白（指在短时间内明白某事）

　· **cazador, ra** ｛二级 八级 A 级｝

　　【-dor 表主动】

　　　adj. 打猎的（出于职业要求或兴趣而打猎的)>>> *s.* 猎人

　　　adj.（动物）善捕捉的；（人）喜欢打猎的

　　　f. 夹克衫

　· **caza** ｛二级 三级 八级 B 级｝

　　　m. 歼击机

　　　f. 打猎；猎物（表示可以捕猎到或已经捕捉到的全部动物）；野味（猎物的肉）；（对人或物的）追捕

　　· **cacería** ｛二级 八级｝

　　　【-ería 名词后缀】

　　　　f. 行猎，打猎；〈集〉被打死的猎物

· **rechazar**｛二级三级四级｝

【古法语 rechacier 再次打猎，驱逐：re- 再次，加强语气 + 古法语 chacier= 现代法语 chasser 打猎 = 西语 cazar 音变：c 在法语中可能变为 ch】

tr. 拒绝；否定，否决；使弹回，挡开；击退

· **rechazo**｛二级八级｝

　m. 拒绝，否定；反弹，弹回；〈医〉排斥

· **acepción**｛二级八级｝

【拉丁语基础动词 accipere 接受：a- 表方向 +capere 拿（西语 caber，注：发生元音转换）→分词 acceptus+-ión 名词后缀⇒单词采用的意思】

f. 〈语〉词义

　· **aceptar**｛二级三级四级 B 级｝

　【简化记忆：a- 表方向 +capt-→（元音转换 a 变 e）→cept- 拿 +-ar 动词后缀⇒拿，接受】

　tr. 接受，领受；承认；容忍，忍受

　· **aceptable**｛二级八级 B 级｝

　【-ble 能（被）……的】

　adj.inv. 可接受的

　· **aceptación**｛二级八级｝

　【拉丁语反复动词 acceptāre(西语 aceptar) →分词 acceptatus+-ión 名词后缀】

　f. 接受，赞同，同意；欢迎；（票据等的）兑换

· **anticipar**｛二级三级八级｝

【拉丁语 anticipāre 提前采取：ante- 前→ anti-+capere 拿（元音转换 a 变 i）】

tr. 提前；预付（定金）、预支（薪水）；提前告知

prnl. 提前，提早

　· **anticipo**｛二级八级 B 级｝

　m. 提前；预支的钱

　· **anticipación**｛二级三级八级｝

　【拉丁语 anticipāre 提前采取（西语 anticipar 提前）→分词 anticipātus+-ión 名词后缀】

　f. 提前；预支

　· **anticipado**｛B 级｝

　adj. 常用于副词短语 por anticipado 提前，预先

　· **anticipada**

　f. 先下手，先发制人

· **concebir**｛二级三级四级｝

【拉丁语 concipere, conceptus: con- 共同，加强语气 +capere 拿 (元音转换 a 变 i) ⇒ 在心里拿定主意 音变: i 变 e; 元音间 p 浊化】

tr. 想出 (主意等)；抱有 (幻想等)；设想 (认为有可能性会发生某事)

tr./intr. 怀孕

· **concepto** ｛二级三级四级｝

【拉丁语分词 conceptus】

m. 概念，思想；意见，看法，见解；(账目等的) 项目，细目

· **concepción** ｛二级三级四级｝

【-ión 名词后缀】

f. 构思 (指思想形成的过程)；概念，观念；怀孕

· **anticonceptivo, va** ｛二级八级｝

【anti- 反 +conceptivo 有受孕能力的: 见 concepción 怀孕 +-ivo……的】

adj. 避孕的 >>> *m.* 避孕 (措施)、避孕药、避孕用具

· **decepción** ｛二级八级｝

【de- 向下 +cept- 拿 +-ión ⇒拿下⇒使高涨情绪下降】

f. 失望，扫兴

· **decepcionar**

【-ar 动词后缀】

tr. 使失望，使扫兴

· **decepcionado, da** ｛二级三级八级｝

adj. 失望的，扫兴的

· **emancipar** ｛二级三级八级｝

【词源: 按照罗马法，在买卖奴隶时，购买者需要把手放在奴隶身上，以表示自己是奴隶的新主人，这一动作在拉丁语中叫 mancipium: man- 手 +cip- 拿; emancipar 则是表示相反的动作: e- 向外⇒把手从奴隶身上放开→解放奴隶】

tr. 解放，使自由 (尤指使从奴役、压迫或束缚中解放出来)>>> *prnl.* 得到解放，得到自由

tr. 使摆脱 (使从困境中走出)>>> *prnl.* 摆脱 (困境等)

prnl. 独立 (尤指子女不在依赖父母，独自生活)

· **excepto** ｛二级三级四级｝

【ex- 往外 +cept- 拿⇒把某物拿出整体之外】

adv. 除……以外

· **excepción** ｛二级三级四级 B 级｝

【-ión 名词后缀】

　　　　　　f. 特例，例外；特殊情况

　　· **excepcional** ｛二级三级八级｝

　　　　【-al 表相关】

　　　　adj.inv. 特例的，例外的

· **recibir** ｛二级三级四级 A 级｝

【拉丁语 recipere，receptus：re- 加强语气 +capere 拿（元音转换 a 变 i) 音变：元音间 p 浊化成 b】

　　tr. 收到，接到；接见，会客

　　· **recibo** ｛二级三级四级 B 级｝

　　　　m. 收到；收据，回执

　　· **recipiente** ｛二级三级八级 B 级｝

　　　　【-iente 表主动】

　　　　m. 容器，器皿

　　· **receptor, ra** ｛二级三级八级｝

　　　　【-or 表主动】

　　　　adj. 接受的，接待的 >>> *s.* 接受者 >>> *m.* 接收机

　　· **recepción** ｛二级四级 B 级｝

　　　　【-ión 名词后缀】

　　　　f. 接待；（旅馆等出的）接待处，前台；聚会

　　　　· **recepcionista** ｛二级八级 B 级｝

　　　　　　【-ista 表示人】

　　　　　　s.com. （接待来客的）接待员

　　· **receta** ｛二级三级四级 A 级｝

　　　　【拉丁语 recipere(西语 recibir 收到)→分词 receptus →中性复数 recepta 音变：-pt-变 t ⇒从厨师，医生那里拿来的单子】

　　　　f. 药方，处方；（烹饪）配方；秘诀，办法；〈口〉罚款单

　　　　· **recetar** ｛二级八级｝

　　　　　　【-ar 动词词尾】

　　　　　　tr. 开药方，开处方

　　· **recaudar** ｛二级三级八级｝

　　　　【recipere(西语 recibir 收到)→分词 receptus →反复动词 receptāre →通俗拉丁语 *recapitāre 音变：元音间 t 浊化成 d；i 脱落；p 元音化成 u】

　　　　tr. 收取（泛指以任何手段收钱，所以可以翻译成"收税，募集"等）

　　　　· **recado** ｛二级三级八级 B 级｝

　　　　　　【古西语 recadar 收集，和 recaudar 为同源对偶词】

　　　　　　m. 采办，采购（买必需品）；便条，口信

· **percibir** { 二级三级四级 }

【拉丁语 percipere，perceptus：per- 完全 +capere 拿 (元音转换：a 变 i) 音变：元音间 p 浊化成 b】

tr. 收取，领取 (钱、租金、工资等)；发觉，觉察、感到 (通过感知器官感觉到，所以可以翻译成 "闻到，听到" 等)；领会，理解

· **percepción** { 二级三级八级 }

【-ión 名词后缀】

f. 领取；感觉；概念，理解

· **apercibir**

【a- 构成派生词】

tr. 提醒，告诫；警告，威胁；准备，安排

prnl. 察觉

· **apercibimiento**

【-miento 名词后缀】

m. 警告，告诫；纪律处分

· **susceptible** { 二级三级八级 B 级 }

【suscipere 收：sus- 在下 +capere 拿→分词 susceptus+-ble……能被……的】

adj.inv. 可能……的，可以……的；敏感的，易怒的，容易生气的

· **ocupar** { 二级三级四级 B 级 }

【拉丁语 occupāre，occupātus：ob- 表方向 +capere 抓 (元音转换 :a 变 u) ⇒拿住，握住】

tr. 占满；占有，占据 (空间)；住 (楼房)；担任 (职务)；雇佣；(某项活动) 花费 (时间)；吸引注意力

prnl. 忙于 (某事)；照顾 (某人)

· **ocupación** { 二级三级八级 B 级 }

【-ión 名词后缀】

f. 占有，占领；事务，工作；职业；(器物、地方等等的) 使用

· **ocupado, da** { 二级三级八级 B 级 }

adj. (空间等) 被占的，被占领的、(物) 正在使用的；(人) 忙碌的，不空闲的

· **desocupado, da** { 二级三级八级 B 级 }

【des- 否定】

adj. (地方) 空着的；无所事事的

adj. 失业的 >>> *s.com.* 失业者

· **preocupar** { 二级三级四级 A 级 }

【pre- 前 +ocupar 占领⇒消极想法提前占据内心】

tr. 使担心，使忧虑 >>> *prnl.* 担心，忧虑

prnl. 关心，担心

- **preocupación** ｛二级三级四级｝

  【-ción 名词后缀】

  f. 担心，忧虑；操心之事

- **preocupado, da** ｛A 级｝

  adj. 担心的，忧虑的

recuperar ｛二级三级四级｝

【拉丁语 recuperare，recuperātus 恢复：re- 加强语气 +capere 抓，元音转换：a 变 u】

tr. 重新得到；回收，重新利用（用过或者已经无用的事物）；通过（之前挂科的科目）；补偿（尤指加时工作以补偿之前落后的进度，宾语为表示时间的词）

prnl. 康复；复原（恢复到正常状态）

- **recuperación** ｛二级三级四级｝

  【-ión 名词后缀】

  f. 重新获得；回收，重新利用；补考；苏醒；复原

- **irrecuperable** ｛二级三级｝

  【in- 表否定→ ir-+recuperable 可恢复的：recuperar 恢复 +-ble 能……的】

  adj.inv. 不可恢复的，收不回来的

- **recobrar** ｛二级三级四级｝

  【和 recuperar 同源于拉丁语 recuperare 恢复 音变：u → o；元音间 p 浊化成 b；e 脱落】

  tr. 重新获得，失而复得；苏醒，恢复

  prnl. 康复，痊愈

  - **cobrar** ｛二级三级四级 B 级｝

    【为 "recobrar 恢复，重新得到" 的词首字母省略形式】

    tr. 收取（费用）、领取（工资等）；赢得，取得；拥有或开始产生（某种感情）；重新获得；收起，扯收（尤指把粗绳、麻绳卷起来）

    intr. 挨打，挨揍

    prnl. （作为补偿）索取报酬；造成（受害者）死亡

    - **cobrador, ra** ｛二级三级八级｝

      【-dor 表主动】

      s. 收款员；（公共汽车等的）售票员

    - **cobro** ｛A 级｝

      【cobrar 收取（费用）】

      m. 收款

· **rescatar** { 二级三级四级 }

【拉丁语 reexcaptare: re- 加强语气 +ex- 向外 → s-+ 分词词干 capt- 抓 → (音变: -pt- 变 t) cat-+-ar 动词后缀 ⇒ 向外抓取被夺走的东西】

tr. 夺回，赎回 (物品)；赎救，解救 (人质等)；使脱险，使摆脱 (困境等)；重新使用

　· **rescate** { 二级三级八级 }

　　m. 夺回；赎回；赎金；营救；(小孩玩的) 抓人游戏

· **regatear** { 二级三级八级 }

【最终源于拉丁语 *recaptāre 简化记忆: re- 加强语气 +capt- 抓 → cat- → gat-+-ear 动词后缀 ⇒ 反复拿起货物来看，和店家说价格过高】

tr. 讨价还价，讲价；〈口〉减少，吝啬 (常用于否定句，尤指在做某事上留有余力或试着不做某事)

intr. (体育) 闪躲，躲避

· **caja** { 二级三级四级 A 级 }

【拉丁语 capsa: 箱子，其和拉丁语 "capere 抓住" 同印欧词源 ⇒ 装有 (抓住) 物品的东西】

f. (有盖的) 盒子，箱；棺材；收款处；(乐器的) 共鸣箱

　· **cajero, ra** { 二级八级 A 级 }

　　【-ero 表人】

　　s. 出纳员

　　m. 自动取款机

　· **cajón** { 二级三级四级 }

　　【-ón 指大词后缀】

　　m. 大木箱；抽屉；(架子的) 格；(停车的) 车位

　· **encajar** { 二级三级八级 }

　　【en- 使动 +caja+-ar 动词后缀】

　　tr. 嵌，镶嵌；〈口〉(在交谈中) 不适时地插进；〈口〉接受 (消极之物)

　　intr. 〈口〉适应、合适；〈口〉相符，相一致

　　prnl. 〈拉〉〈口〉利用 (某人)

　· **cápsula** { 二级三级八级 }

　　【拉丁语 capsa 盒子、箱子 (西语 caja 盒子) → 指小词 capsula: -ula 指小词后缀】

　　f. 胶囊 (指用来包裹粉状或细小颗粒药物，通常用胶制成的皮)；药丸 (指胶囊和其包含的药物的物体)；太空舱，航天舱；蒸发皿；(解剖学上的) 囊，被膜

6. cit-，citat- 呼唤，激起 【拉丁语 ciere，citus 呼唤，激起 → 反复动词 citare，citltus 讲解: 拉丁语常由反复动词和其分词派生出词根】

· **citar** {二级三级四级 **B** 级}

【拉丁语 ciere 呼唤，激起→分词 citus →反复动词 citare ⇒激起别人见面的欲望】

tr./prnl. 约会（约好见面的时间、地点）

tr. 引证，引用（提及或提出某事作为支持、说明或证明的依据）;（法律上）传讯;

（在斗牛比赛中）挑逗（牛）

· **cita** {二级三级四级 A 级}

f. 约会，约定；引文，引语、语录

· **citado, da** {二级三级四级}

adj. 上述的，上文举例过的

· **excitar** {二级三级八级}

【ex- 向外 +cit- 呼唤，激起 +-ar 动词后缀⇒呼出不安情绪】

tr. 使紧张不安 >>> *prnl.* 紧张

tr. 使兴奋，使激动 >>> *prnl.* 兴奋，激动

tr. 刺激（欲望等），激发（热情等）

· **incitar** {二级三级四级}

【in- 向内 +cit- 呼唤，激起 +-ar 动词后缀⇒往内心呼唤】

tr. 刺激，煽动（指鼓动人去做某事）

· **recitar** {二级三级八级 **B** 级}

【re- 加强语气 +cit- 呼唤，激起 +-ar 动词后缀⇒为日后唤起记忆做准备】

tr. 背诵；朗诵（诗歌）

· **recitación** {二级八级}

f. 朗诵，背诵；朗诵课

· **recital** {二级三级八级}

【-al 表相关】

m. （诗人或作家的作品）朗诵会；独唱音乐会，独奏音乐会

· **rezar** {二级八级 **B** 级}

【和 "recitar 背诵" 为同源对偶词，同源于拉丁语 recitāre 读出：re-+citare 引述】

intr./tr. 祈祷，祷告

tr. 写道

intr. 咕哝，低声抱怨

· **solicitar** {二级三级四级 **B** 级}

【sol- 来自拉丁语 sollus 全部的 +-i-+cit- 呼唤，激起 +-ar 动词后缀⇒唤醒他人援助之心】

tr. 申请，请求；向……求爱

· **solicitud** {二级三级四级 **B** 级}

【-ud 名词后缀】

f. 申请书；殷勤；关怀，关心

· **solicitante** { 二级八级 }

【-nte 表主动】

adj.inv. 申请的，请求的 >>> *s.com.* 申请者，请求者

adj.inv. 求爱的 >>> *s.com.* 求爱者

· **suscitar** { 二级三级八级 }

【拉丁语 suscitāre：sub- 下 +citāre 激起 (西语 citar 引用；约会)】

tr. 引起，挑起

· **susto** { 二级三级四级 }

【拉丁语 suscitare(西语 suscitar 引起，挑起) →古西语 sustar 使惊吓，使恐慌⇒引起惊慌】

m. 惊慌，惊吓；害怕

· **asustar** { 二级三级四级 B 级 }

【a- 构成派生词 +susto+-ar 动词后缀】

tr. 使惊吓，使恐慌 >>> *prnl.* 受惊

· **resucitar** { 二级三级八级 }

【拉丁语 resuscitāre：re- 再次 +suscitāre(西语 suscitar 引起) 注：第二个 s 脱落】

tr. 使复活 >>> *intr.* 复活，起死回生

tr. 使恢复 >>> *intr.* 恢复

tr. 使重新振作

7. coc-，coct- 烹饪 【拉丁语 coquere，coctus 烹饪】

· **cocer** { 二级三级四级 B 级 }

【拉丁语 coquere 烹饪 (对照英语 cook)：coc- 烹饪 +-er 动词后缀】

tr. 煮，烧；烤，烧制 (把面包等食物炉中烤，把瓷器等放进窑炉中烧制)

intr. (液体) 煮开，烧开，沸腾 >>> *tr.* 把 (液体) 烧开，煮沸

prnl. 暗中准备，策划，酝酿；热得难受，感到十分热

· **cocido, da** {B 级 }

adj. 煮熟的；〈口〉喝醉的

· **cocina** { 二级三级四级 A 级 }

【-ina 名词后缀】

f. 厨房；炉灶；烹饪 (法)，烹调 (法)；(某个地方的) 菜肴

· **cocinar** { 二级三级四级 A 级 }

【-ar 动词后缀⇒用灶具来烹饪】

　　　　intr./ tr. 烹饪，烹调

　　　　tr. 配制（毒品）

　　　　· **cocinero, ra** ｛二级三级四级 A 级｝

　　　　　【-ero 表人，职业】

　　　　　s. 厨师，炊事员

· **precoz** ｛二级三级八级｝

　【pre- 先前 +coz- ← coc- 烹饪】

　adj. （人）发育早的；（水果）早熟的；（相较于以往的情况）提前发生；及早发现的（常修饰指疾病的名词）

　· ***precocidad**

　　【-idad 名词后缀】

　　f. 早熟；提早，提前

· **bizcocho** ｛二级三级四级 B 级｝

　【biz- 两次 + 拉丁语分词 coctus 音变：-ct- 腭化成 -ch- 词源：旧时的人们再次烤制已经烘烤好的面包，使其变干脆，以便解决海上长途旅行中的饮食问题）

　m. 饼干

· **culinario, ria** ｛二级三级八级｝

　【拉丁语 culina 厨房，和 coquere 同印欧词源 +-ario……的】

　adj. 烹饪的（和烹饪这门手艺 / 艺术有关的）

8. col-，cult- 耕作　【拉丁语 colere，cultus 耕作】

· **colono, na** ｛二级三级八级｝

　【拉丁语 colere 耕作→ colōnus 定居者】

　s. 早期殖民地居民；佃农，佃户

　· **colonia** ｛二级三级四级 A 级｝

　　【-ia 名词后缀】

　　f. 殖民地；居民点（指城市中由很多建筑风格相似的建筑群）；侨民地（侨民聚集生活的地方）；侨民（指来自一个国家但是在另一个国家定居的人群）；（鸟、昆虫或动物的）群落，集群；（提供给小孩的娱乐的）假期营地

　　f. 香水，古龙香水（来自另一个词根）

　　· **colonial** ｛二级三级四级｝

　　　【-al……的】

　　　adj.inv. 殖民的，殖民地的

· **colonialismo** ｛二级八级｝
【-ismo 名词后缀，常表示……主义】
m. 殖民主义
· **colonización** ｛二级三级八级｝
【colonia+-ar=colonizar 使成为殖民地；-ción 名词后缀】
f. 殖民；开拓殖民地

· **culto, ta** ｛二级三级四级｝
【colere 耕作→分词 cultus】
adj. (人) 有教养的，有文化的；(国家、地区等) 文明的，文化发达的；(语言)
文雅的
m. (对神的) 祭礼，敬拜、(对人等的) 崇拜
· **inculto, ta** ｛二级三级八级｝
【in- 否定 +-culto 来自拉丁语分词 (西语 culto 有教养的)】
adj. (土地) 未开垦的，未耕种的；(人) 没文化的，(社会等) 不文明的
· **cultivo** ｛二级三级四级 B 级｝
【-ivo 形容词兼名词后缀，表相关】
m. 耕种，耕作，栽培；农作物；(细菌) 培养；养殖；(对感情、兴趣、才能等的)
培养；致力于 (科学、艺术)
· **cultivar** ｛二级三级四级 B 级｝
【+-ar 动词后缀】
tr. 耕种，耕作，栽培；培养 (细菌)；养殖；发展，培养 (感情、兴趣、才能等)
· **cultivable** ｛二级八级｝
【-ble 能 (被)……的】
adj.inv. 可耕作的、可栽培的
· **cultura** ｛二级三级四级 B 级｝
【见 culto 有教养的，有文化的 +-ura 名词后缀⇒耕种文明】
f. 文化，文明；教养，修养
· **cultural** ｛二级三级四级 B 级｝
【-al 表相关】
adj.inv. 文化的，文明的 (和文化、文明有关的)
· **silvicultura** ｛二级三级八级｝
【silv- 森林 (如西语 selva 热带雨林)+-i-+cult- 耕作 +-ura】
f. 林业；林业学

9. dic-，dict-，说，宣称 【印欧词根 *deik- . 展示→ 1. 拉丁语 dicere，dictus 说
→反复动词 dictare，dictātus 讲；2. 拉丁语 dicare，dicatus 宣称；3. 拉丁语 index,

indices 食指】

decir ｛二级三级四级 A 级｝

【拉丁语 dicere，dictus 说 音变：i 变 e】

m. 名言、风趣的话；无稽之谈

tr. 说，告诉 >>> *prnl.* 自言自语

tr. 肯定，认定；把……叫做，把……称为；说明，表明

· **diccionario** ｛二级三级四级 A 级｝

【dicción 发音，用词：拉丁语 dicere(西语 decir 说)→分词 dictus+-ión；-ario 名词后缀，可以表示地方】

m. 字典，词典

· **dicho, cha** ｛二级三级四级｝

【拉丁语分词 dictus 音变：辅音字母群 -ct- 腭化为 -ch-】

adj. 上文提及到的

m. 话语；格言

· **dicha** ｛二级三级八级｝

【见 dicho ⇒被上帝祝福的事情】

f. 幸福；幸运

· **dichoso, sa** ｛八级｝

【-oso……的】

adj. 幸福的，高兴的；带来幸福的

· **desdicha** ｛二级八级｝

【des- 表否定】

f. 不幸，倒霉

· **dictar** ｛二级三级八级｝

【拉丁语 dicere 说 (西语 decir)→分词 dictus(西语 dicho)→反复动词 dictare，dictātus 讲，宣称⇒老师在课堂上反复的讲解知识】

tr. 口述，使听写；颁布 (法令等)；(受到心灵、理智、情感等) 启示，指使

· **dictado** ｛二级三级四级｝

m. 口述；听写，听写文；头衔，称号

· **dictador, ra** ｛二级八级 B 级｝

【共时分析法：dictar+-dor 表主动】

s. 独裁者，专政者；专横的人

· **dictadura** ｛二级三级八级 B 级｝

【共时分析法：dictar+-dura 名词后缀】

f. 独裁，专政；独裁期；独裁国家

· **dictamen** ｛二级八级｝

【-men 名词后缀】

m. 主张，意见

· **bendecir** ｛二级八级 B 级｝

【拉丁语 benedicĕre, benedictus: ben-=bien 好地 + 见 decir 说 注: bendecir 有两个过去分词，在复合时态中常用规则形式 bendecido，其不规则形式 bendito 用作形容词】

tr. 为……祝福；为……表示高兴；赞扬，赞美；（基督教中）为……祈福；使成为圣物

· **bendito, ta** ｛二级八级｝

【拉丁语分词 benedictus 音变: -ct- 变 t】

adj. 神圣的；使感到高兴的

s. 老实人，好人

· **bendición** ｛二级三级四级｝

【见 bendito+-ión 名词后缀】

f. 祈神赐福；（上帝的）赐福；祝福

· **maldecir** ｛二级三级八级｝

【拉丁语 maledīcere, maledictus: mal- 坏 + 见 decir 说】

tr. 诅咒，咒骂

intr. 议论；诋毁；抱怨

· **maldito, ta** ｛二级三级八级｝

【拉丁语分词 maledictus 音变: -ct- 变 t】

adj. 坏透的，存心不良的

adj. 该死的 >>> *s.* 该死的家伙

· **maldición** ｛二级三级八级｝

【见 maldito+-ión 名词后缀】

f. 诅咒，咒骂 >>> *f.* 咒骂语 >>> *interj.* （用来表示生气等）真不幸，真倒霉！

f. （超自然力的）惩罚

· **contradecir** ｛二级三级八级｝

【拉丁语 contradicĕre, contradictus: contra- 相反 + 见 decir 说⇒和别人说反话 / 说话前后相反】

tr. 反驳，否定

tr. 与……相矛盾 >>> *prnl.* 自相矛盾

· **contradicción** ｛二级三级八级｝

【-ión 名词后缀】

f. 不一致，相抵触；矛盾，对立

· **contradictorio, ria** ｛二级八级｝

【-orio……的】

adj. 矛盾的，相互对立的

· **predecir** ｛二级三级八级｝

【pre- 提前 + 见 decir 说⇒提前说】

tr. 预言

· **adicto, ta** ｛二级八级｝

【a- 表方向 +dict- 说，宣称⇒宣称永远追随某人】

adj. 信奉……的，追随……的；对 (他人) 信服的；对……上瘾的

· **teleadicto** ｛B 级｝

【tele 电视】

adj. 沉迷于电视的 >>> *s.* 电视迷

· **condición** ｛二级三级四级 B 级｝

【con- 加强语气 +dit- 说 +ión 名词后缀⇒描述的情况、状况 注：此词为拉丁语构词法的特例】

f. (社会) 地位；身份；本性，本质，特性；性格，脾气；条件，条款；才能，素质

f.pl. 状况，处境

· **condicional** ｛二级八级｝

【-al……的】

adj.inv. 有附加条件的，有前提的；(语法) 条件的

· **incondicional** ｛二级三级八级｝

【in- 表否定】

adj.inv. 无条件的，无保留的

acondicionar ｛二级八级｝

【a- 构成派生词 +condición+-ar 动词后缀】

tr. 使具有条件；调节 (封闭环境里的空气、温度、湿度等)

· **acondicionado, da** ｛A 级｝

【acondicionar 的分词】

adj. 有条件的 (常和 mal、bien 连用)；适用于……的

· **dedicar** ｛二级三级四级 A 级｝

【拉丁语 dēdicāre，dēdicātus：de- 完全、加强语气 + 印欧词根 *deik- 展示 → dicare，dicatus 宣称 简化记忆：de-+dic- 说 +-ar ⇒说出用途、目的】

tr. 把……用于；奉献，贡献

tr. 把……献给 >>> *prnl.* 献身于；从事 (工作)

· **dedicación** ｛二级三级八级｝

【-ión 名词后缀】

f. 奉献、献身；用于；献给

· **dedicatoria** ｛二级三级八级｝

【-orio……的】

adj. 有献词的，有题献的

f. 献词，题献

· **predicar** ｛二级三级八级｝

【pre- 前 + 拉丁语 dicare 宣称】

tr. 宣扬，公开声明；布道，讲道；作为……的谓语

· **predicado** ｛二级三级八级｝

m. 〈语〉谓语

· **índice** ｛二级三级四级 **B** 级｝

【印欧词根 *deik- 展示⇒用来指示的⇒拉丁语 index, indices 食指 简化记忆: in- 向内，加强语气 +dic- 说】

m. (钟表等的) 指针；目录；索引；(物价和工资等的) 指数

· **indicio** ｛二级三级八级｝

【见 índice 指针、索引 +-io 名词后缀】

m. 迹象，苗头；微量，残留物

· **indicar** ｛二级三级四级 B 级｝

【拉丁语 indicāre, indicātus: 见 índice 指针 +-ar 动词后缀】

tr. 指出，指明；说明，表明；(医生) 嘱咐

· **indicación** ｛二级八级｝

【-ión 名词后缀】

f. 指点，指示；标记；医嘱

· **indicativo, va** ｛二级三级八级｝

【-ivo……的】

adj. 指示性的，用来指示的

adj. 〈语〉陈述的 >>> *m.* 陈述式

· **contraindicar** ｛B 级｝

【contra- 相反 +indicar】

tr. 〈医〉禁忌 [表明 (某种疗法等) 的不可取性]

· **contraindicación** ｛B 级｝

【contra- 相反 +indicación】

f. 〈医〉(对某种药物或疗法的) 禁忌

10. doc–, doct– 教育，引导 【拉丁语 docere, doctus 教育 / 教授】

· **documento** ｛二级三级四级 A 级｝
【doc- 教育，引导 +-u-+-mento 名词后缀，可表工具⇒教学用具⇒文件】
m. 文件，证件；见证

· **documental** ｛二级三级八级 B 级｝
【-al 表相关】
adj.inv. 文件的，证书的
m. 纪录片

· **documentar**
【-ar 动词后缀】
tr. (用文件等) 证明

· **documentación** ｛二级八级｝
【-ción 名词后缀】
f. 证件；〈集〉文件；相关情况，相关知识

· **indocumentado, da** ｛二级三级八级｝
【in- 表否定 +documentar 的分词】
adj. 无身份证的 >>> *s.* 无身份证的人
adj. 不懂业务的 >>> *s.* 不懂业务的人
adj. (信息等) 没有记载在文献上的

· **docente** ｛二级三级八级｝
【doc- 教 +-ente 表主动，和现在词干搭配使用】
adj.inv. 教育的，教学的
adj.inv. 从事教学活动的 >>> *s.com.* 从事教学活动的人

· **docencia** ｛二级八级｝
【-ia 名词后缀】
f. 教育，教学活动

· **dócil** ｛二级三级八级 B 级｝
【doc- 教 +-il 可以和现在或分词词干搭配使用】
adj.inv. 温顺的，温和的；容易管教的

· **doctor, ra** ｛二级三级四级 B 级｝
【docere 教育→分词 doctus+-or 表示人，和分词词干搭配使用　注：doctor 在拉丁语中表示老师】
s. 博士；〈口〉医生

· **doctoral** ｛二级八级 B 级｝
【-al 表相关】
adj.inv. 博士的；一本正经的

· **doctorar** ｛B 级｝

【-ar 动词后缀】

tr. 给 (某人) 授予博士学位 >>> *prnl.* 获得博士学位

· **doctorado** ｛二级三级八级 B 级｝

【doctorar 的分词】

m. 博士衔；博士学位；取得博士学位必修课程

· **doctorando, da** ｛二级三级｝

【doctorar 授予博士 +-ando 副动词词尾】

adj. 即将获得博士学位的人

· **doctrina** ｛二级三级八级｝

【拉丁语 doctor 老师 +-ina 表相关 注：在拉丁语中 o 脱落】

f. 教诲；理论，学说；教义，主义

· **decente** ｛二级三级四级｝

【dec- 和 "doc- 教育" 同印欧词根 +-ente……的】

adj.inv. 得体的，正派的，规矩的；举止庄重的，不伤风化的；体面的，像样的，过得去的；干净的，整洁的

· **decencia** ｛二级三级八级｝

【-ia 名词后缀】

f. (言行举止) 合乎礼仪，得体；(尤指妇女的) 庄重，不伤风化；体面，像样

· **indecente** ｛二级三级八级｝

【in- 表否定】

adj.inv. (言行等) 下流的，有伤风化的；不体面的，不像样的；脏的

· **didáctico, ca** ｛二级三级八级 B 级｝

【希腊语 didaskein 教→ didac-+-tico 表相关 注：和 doctor 同印欧词根】

adj. 教学的

11. duc-, duct- 引导 【拉丁语 ducere, ductus 带领 / 引导】

· **duque** ｛八级｝

【拉丁语 dūcere 领导→ dux, ducem 领袖→古法语 duc】

m. 公爵；(小公国的) 君主

· **ducha** ｛二级三级四级 A 级｝

【拉丁语分词 ductus 音变：-ct- 腭化为 -ch- ⇒把水引出来，洗刷身体 注：ductus 先后经过意大利语和法语进入西语，拉丁语中的 -ct- 在意大利中也有可能腭化】

f. 淋浴；淋浴池，淋浴间；淋浴设备
- **duchar** { 二级三级八级 A 级 }

  【ducha 淋浴 +-ar 动词后缀】

  tr. 给……淋浴 >>> *prnl.* 淋浴

  tr. 浇湿，喷湿

- **aducir** { 二级八级 }

  【a- 表方向 +-duc- 引导 +-ir 动词后缀】

  tr. 举出 (理由)；引证

conducir { 二级三级四级 A 级 }

【拉丁语 condūcere, conductus: con- 加强语气 +duc- 引导 +-ir 动词后缀】

tr. 传导；输送；运输；驾驶；指挥，领导

tr. 带引，把……引向 >>> *intr.* 引向

prnl. 为人，表现

- **conducción** { 二级三级四级 B 级 }

  【+ión 名词后缀，和分词词干搭配使用】

  f. 驾驶；运输；〈集〉电线，管道；领导、指挥

- **conducto** { 二级三级八级 }

  【拉丁语分词 conductus】

  m. (气体或液体的) 管道，导管；渠道，途径

- **conducta** { 二级三级四级 B 级 }

  【见 conducirse 为人，表现】

  f. 行为，举动，表现

- **conductor, ra** { 二级三级四级 A 级 }

  【-or 表示人，和分词词干搭配使用】

  s. 司机；节目主持人；导体

  - **semiconductor** { 二级三级八级 }

    【semi- 半 +conductor】

    adj. 半导体的 >>> *s.* 半导体

deducir { 二级三级四级 B 级 }

【拉丁语 dēdūcere, dēductus: de- 远离 +duc- 引导 +-ir 动词后缀⇒分析问题时，推开 / 引开个人情感，理性分析】

tr./prnl. 推理，推断，推论；演绎；扣除，减去

- **deducción** { 二级八级 }

  【名词后缀 -ión 和分词词干搭配使用】

  f. 推理，推断，推论；演绎 (法)；扣除

educir

【拉丁语 ēdūcere，ēductus】

tr. 〈文〉推断 (=deducir)

· **educar** ｛二级三级四级 B 级｝

【拉丁语 ēdūcere(educir 推断) →使役动词 ēducāre，ēducātus 简化记忆：ex- 向 外→ e-+duc- 引导 +-ar ⇒把人引出无知的状态】

tr. 教育 >>> *prnl.* 受教育

tr. 培养训练；使有教养

· **educación** ｛二级三级四级 A 级｝

【-ión 名词后缀】

f. 教育；〈集〉教学法

· **educacional** ｛二级八级｝

【-al 表相关】

adj.inv. 教育的，教育方面的

· **educativo, va** ｛二级三级八级 B 级｝

【-ivo 表相关】

adj.inv. 教育的，教育方面的；有教育寓言的

· **educado, da** ｛二级三级八级 B 级｝

【西语 educar 的分词】

adj. 受过教育的，有教养的

· **maleducado, da** ｛B 级｝

【mal- 坏 +educado】

adj. 没有教养的 >>> *s.* 没有教养的人

· **inducir** ｛二级三级八级｝

【拉丁语 indūcere，inductus: in- 向内 +duc- 引导 +-ir 动词后缀】

tr. 怂恿，迫使；引起，导致；归纳出，推断出

· **introducir** ｛二级三级四级 B 级｝

【拉丁语 intrōdūcere，intrōductus: intro-=in- 向内，在内 +duc- 引导 +-ir 动词后缀 ⇒把某人引入某一集体】

tr. 放入，塞入；输入，引进；介绍，引荐，推荐；把……插入

prnl. 进入

· **introducción** ｛二级三级四级 B 级｝

【-ión 名词后缀，和分词词干搭配使用】

f. 放进，引进；介绍，引荐；插入；入门；引言，序言

producir｛二级三级四级 B 级｝

【拉丁语 prōdūcere，prōductus：pro- 向前 +duc- 引导 +-ir 动词后缀⇒引出某物⇒产出某物】

tr. 制作，制造；生产，出产；创作 (小说，电影等)；资助 (给艺术创作人必要的条件，以便完成作品)；盈利，赚钱

prnl. 发生

· **producción**｛二级三级四级 B 级｝

【-ión 名词后缀】

f. 生产；产品

· **productivo, va**｛二级八级｝

【-ivo……的，和分词词干搭配使用】

adj. 生产的、有产出的；有用的，有效益的；〈商〉生利的

· **productividad**｛二级三级四级｝

【-idad 名词后缀】

f. 生产能力；生产率

· **productor, ra**｛二级四级 B 级｝

【-or 表主动，和分词词干搭配使用】

adj. 生产的，制作的 >>> *s.* 生产者

f. 电影公司 >>> *s.* (电影，电视) 制片人

· **producto**｛二级三级四级 A 级｝

【拉丁语分词 prōductus】

m. 产品，产物；作品，成果，结晶；利益，利润；〈数〉乘积

· **subproducto**｛二级三级八级｝

【sub- 下、副】

m. 副产品 (在生产另外一种东西时附带产生的东西)；次品，质量低劣产品

· **reproducir**｛二级三级四级｝

【re- 再次，加强语气】

tr. 再产生，使再现 >>> *prnl.* 再产生，再现

tr. 重说，重申；重做；仿制，仿照；抄写，复制，复印

prnl. 繁殖

· **reproducción**｛二级八级｝

f. 复制品，仿制品；再产生，再现；繁殖

· **reducir**｛二级三级四级 B 级｝

【拉丁语 redūcere，reductus：re- 向后，加强语气 +duc- 引导 +-ir 动词后缀⇒向后引导→后退，衰退，衰减】

tr. 减少，缩减，缩小（强度、程度、体积等）>>> *prnl.* 减少，缩减，缩小

tr. 使变为（尤指使变得更小、价值更低、变得更难）

- **reducción**｛二级三级四级｝

  【-ión 名词后缀，和分词词干搭配使用】

  f.（强度、程度、体积等的）减少，缩减，缩小；制伏，征服；（单位的）换算；（汽车）减速

- **reducido, da**｛二级八级｝

  adj. 小的，少的，有限的

· **seducir**｛二级三级四级 **B** 级｝

【拉丁语 sēdūcere，sēductus: se- 远离 +duc- 引导 +-ir ⇒引开注意力】

tr. 诱惑，引诱；吸引（补语为人，指引起的注意力，喜爱之情等）；（尤指含有性爱目的地）勾引

- **seductor, ra**｛二级三级八级｝

  【-or 表主动，和分词词干搭配使用】

  adj. 有魅力的，诱惑人的 >>> *s.* 有魅力的人、引诱者

- **seducción**｛二级八级｝

  【-ión 名词后缀，和分词词干搭配使用】

  f. 诱惑，吸引；诱惑力，魅力

· **traducir**｛二级三级四级｝

【拉丁语 trādūcere，trāductus: tra- 穿过，通过 +duc- 引导 +-ir 动词后缀⇒把某种语言转向、引导成另一种语言】

tr. 翻译；（为了便于读者理解而）解释（文章）

tr. 使变成 >>> *prnl.* 变成

- **traductor, ra**｛二级三级四级 **B** 级｝

  【-or 表主动，和分词词干搭配使用】

  s. 翻译，译者

- **traducción**｛二级三级四级 **B** 级｝

  【-ión 名词后缀，和分词词干搭配使用】

  f. 翻译；译文，译本；（对文章等的）解释

- **intraducible**｛二级三级四级｝

  【in- 表否定 +traducible 可以翻译: traducir 翻译 +-ble 能被……的】

  adj.inv. 无法翻译的，难以翻译的

12. fac-，fact- 做　【拉丁语 facere，factus 做】

· **hacer**｛二级三级四级 **A** 级｝

【拉丁语 facere，factus 做 音变：词首 f 变 h】

tr. 做，制作 (物品)；做，干 (某事)；让，使得；收拾，整理

intr. (临时) 从事……工作；充当

tr. 使变成，使成为 >>> *prnl.* 变成，变得

intr. 佯装，假装 >> *prnl.* 装作

impers. (表示经过一段时间) 已逾，已满

- **quehacer** { 二级三级四级 }

  【来自 lo que hay que hacer】

  m. 事情，事务，工作

- **deshacer** { 二级三级四级 B 级 }

  【des- 否定】

  tr. 拆开，拆卸 >>> *prnl.* (物体等) 散开、散架

  tr. 毁坏，破坏；打败；放弃，毁弃 (契约等)；融化，使溶解

  prnl. 焦急；非常喜欢；极力 (奉承，讨好等)

- **hecho, cha** { 二级三级四级 B 级 }

  【拉丁语分词 factus 音变：-act- 腭化成 -ech-】

  hacer 过去分词

  adj. (植物灯) 长成的，成熟的，(人) 长大了的；(事情) 完成了的 (指动植物已经发展成熟的、事情完成了的)

  m. 行动；业绩 (指某人做过的事情)；(指发生了的) 事情，事件；问题

  - **fecha** { 二级三级四级 A 级 }

    【拉丁语阴性分词 facta，音变参考 hecho ⇒做某事的日子】

    f. 日期，日子；天，日

- **facción** { 二级三级八级 }

  【-ión 名词后缀，和分词词干搭配使用】

  f. (大团体中有一定倾向的) 派系，派别，小集团

  f.pl. 面貌，容貌

- **factible** { 二级三级八级 }

  【-ible 能 (被)……的】

  adj.inv. 可能的，行得通的

  - **factibilidad** { 二级八级 }

    【-idad 名词后缀】

    f. 可能性，可行性

- **factor** { 二级三级四级 }

  【-or 名词后缀】

  m. 因素，要素；乘数，被乘数；因数，因子，商

- **factura** { 二级三级八级 A 级 }

【名词后缀 -ura，和分词词干搭配使用】

f. 发票、账单，货单；制作，制造；做工；(为其行为的后果) 付出代价；(为做过的好事) 要求回报

- **facturar** ｛二级三级八级 B 级｝

  【-ar 动词后缀】

  tr. 托运；开 (商品) 的发票；把 (订货) 列入清单 / 货单

- **hacienda** ｛二级三级四级 B 级｝

【拉丁语 facere(西语 hacer)→复数中性副动词 facienda: fac- 做→(音变: 词首 f 变 h) hac-+ 副动词词尾 -ienda】

f. 农庄，庄园；财产，资产；〈拉〉畜牧场；〈拉、集〉牛

- **hacendado, da** ｛二级八级｝

  【西语 hacienda 庄园→ "hacendar 封给 (田产)" 的分词】

  adj. 拥有庄园的 >>> *s.* 庄园主，农场主；〈拉〉牧场主，牧主

- **faena** ｛二级三级四级｝

  【和 hacienda 为同源对偶词，经加泰罗尼亚语进入西语】

  f. (体力) 劳动；(脑力) 工作；损人行为；(刺死公牛前的) 系列斗牛动作；(在庄园里的) 加班，额外劳动

- **fácil** ｛二级三级四级 A 级｝

【fac- 做 +-il 易……的，……的】

adj.inv. 容易的，不费力的，不难的；很可能 (发生) 的；(女人) 轻浮的，轻佻的

- **fácilmente** ｛B 级｝

  【-mente 副词词尾】

  adv. 容易地

- **facilidad** ｛二级三级四级 B 级｝

  【-idad 名词后缀】

  f. (做事不费劲的) 能力，才能；容易，简单，不费力

  f.pl. 方便，便利条件

- **facultad** ｛二级三级四级｝

  【fácil 容易的 +-tad 名词后缀 注: 不能拼写成 *faciltad】

  f. 能力、官能、技能；权力，权能，职权；(大学的) 系，院；系 (或院) 的大楼

  - ***facultar**

    【facultad 能力 / 职权 +-ar 动词后缀】

    tr. 授权，准许

- **facilitar** ｛二级三级四级 B 级｝

  【fácil 容易的 +-it-+-ar 动词后缀】

tr. 使容易，使方便；提供

· **difícil** ｛二级三级四级 A 级｝

【dis- 否定→ di-+-fícil 参见 fácil】

adj.inv. 困难的；不易发生的；（人）难以相处的

· **difícilmente** ｛B 级｝

【-mente 副词词尾】

adv. 困难地

· **superdifícil** ｛B 级｝

【super- 超级】

adj.inv. 超级困难的

· **dificultad** ｛二级三级四级 B 级｝

【-tad 名词后缀】

f. 困难；难事，困境

· **dificultar** ｛二级三级八级｝

【-ar 动词后缀】

tr. 使变得困难

· **dificultoso, sa** ｛二级三级八级｝

【-oso……的】

adj. 艰难的，困难的

· **deficiente** ｛八级｝

【拉丁语 dēficere 不足，缺少→现在分词 dēficientem: de- 向下 +fic- 做 +-iente……的】

adj.inv. 有缺点的，有缺陷的；缺乏的，不足的

adj.inv. （在生理或心理上）有缺陷的 >>> *s.* （生理或心理方面）有缺陷的人

· **deficiencia** ｛二级三级八级｝

【-ia 名词后缀】

f. 缺点，缺陷；缺乏，不足

· **déficit** ｛二级三级四级｝

【拉丁语 dēficere 不足 (见 deficiente 有缺点的)→陈述式现在时第三人称单数变位 dēficit】

m. （经济）赤字，逆差；缺乏，不足

· **defecto** ｛二级三级四级｝

【拉丁语 deficere 不足，缺乏 (见 deficiente 有缺点的)→分词 defectus】

m. （生理，设计等上的）缺陷；（性格等方面的）毛病，缺点

· **defectuoso, sa** ｛二级三级八级｝

【defecto 缺点 +-u-+-oso……的】

adj. 有缺陷的，有毛病的

afecto, ta {二级三级八级}

【拉丁语 afficere，affectus：a- 表方向 + 分词词干 fact- → (元音转换：a 变 e)fect- 做】

adj. 对……崇敬的，拥护……的

m. 好感；情感，感情

· **afectuoso, sa** {二级八级}

【afecto+-u-+-oso 多……的】

adj. 深情的，温柔的

· **afectuosamente** {B 级}

【-mente 副词词尾】

adv. 深情地，温柔地

· **afectar** {二级三级四级}

【拉丁语 afficere → 分词 affectus(见 afecto 好感) → 反复动词 affectāre，affectātus ⇒因为对他人有好感，所以才有可能说话时做作】

tr. 在 (讲话、动作) 做作；假装出 (某种样子)；影响；伤害，损害

tr. 使难过 >>> *prnl.* 难过

· **afectación** {二级八级}

【-ión 名词后缀】

f. 做作，矫揉造作；假装

· **afeitar** {二级三级四级 A 级}

【和 afectar 为同源对偶词 音变：c 元音化成 i ⇒男人每天都要去做的事】

tr. 给 (头等身体部位) 剃 / 刮毛发 >>> *prnl.* 剃胡子，刮体毛

· **afección**

【拉丁语 afficere →分词 affectus(西语 afecto)+-ión 名词后缀】

f. 支持；疾病

· **afición** {二级三级四级 A 级}

【和 "afección 支持" 为同源对偶词，均来自拉丁语 affectiōnem】

f. 爱好，兴趣；〈集〉(文体活动的) 爱好者

· **aficionar** {二级三级四级}

【-ar 动词后缀】

tr. 使喜好，使爱好 >>> *prnl.* 喜欢，喜好

· **aficionado, da** {二级三级四级 B 级}

【aficionarse 的分词】

adj. 爱好……的

adj. 业余爱好的 >>> *s.* 业余爱好者

· **confección** {二级三级八级}

【con- 加强语气 +fact- 做→ (元音转换 a 变 e) → fect-+-ión 名词后缀】

f. (用各种成分) 做；(衣服、鞋帽的) 制作，缝制；编制，制定

- **confeccionar** ｛二级三级八级｝

  【-ar 动词后缀】

  tr. 制作 (指用各种材料做，如制药、烹调等)；编制，制定

- **eficaz** ｛二级三级四级｝

  【拉丁语 efficere，effectu 实现：e- 向外 +-fic- 做 +-az ⇒能做出成果的】

  adj.inv. (物) 有效的；(人) 有工作效率的

  - **eficacia** ｛二级三级四级｝

    【-ia 名词后缀】

    f. 效验，效力 (指产生预期效果的力量或能力，多指物品)

  - **ineficaz** ｛二级三级八级｝

    【in- 否定前缀】

    adj.inv. (药物、方案等) 无效的，无用的

  - **eficiente** ｛二级三级四级｝

    【拉丁语 efficere 实现 (见西语 eficaz 有效的)+-iente……的】

    adj.inv. 生效的；有能力的，称职的

    - **eficiencia** ｛二级三级四级｝

      【-ia 名词后缀】

      f. (物的) 效能，效力；(人的) 工作效率

    - **ineficiente** ｛二级｝

      【in- 表否定】

      adj.inv. 无效的，低效的

  - **efecto** ｛二级三级四级 B 级｝

    【efficere 实现 (见西语 eficaz 有效的) →分词 effectus】

    m. 后果，结果；效果，效用；印象；影响

    - **efectuar** ｛二级三级四级｝

      【efecto+-ar 动词后缀 注：u 来自 efecto 的拉丁语形式 effectus ⇒要想取得成果必须做事】

      tr. 实行，施行

      prnl. 实现，完成

    - **efectivo, va** ｛二级三级四级 A 级｝

      【-ivo 形容词后缀】

      adj. 有效的；实际的，真正的

      m. 现金

- **infección** ｛二级三级四级｝

  【拉丁语 īnficere，īnfectus 污染：in- 向内 +fact- 做→ (元音转换：a → e) → fect-；

名词后缀 -ión 和分词词干搭配使用⇒病毒作用于体内】

f. 传染；感染；传染病

· **infectivo, va**

【-ivo……的】

adj. 传染的，使感染的

· **infeccioso, sa**

【-ioso……的】

adj. 传染性的，使感染性的

· **infectar** ｛二级三级八级｝

【拉丁语 īnficere →分词 īnfectus(见 infección 感染) →晚期拉丁语 īnfectāre】

tr. 感染，使感染 >>> *prnl.* 受感染

tr. (不好的思想，风气等) 侵染，腐蚀

· **desinfectar** ｛二级三级八级｝

【des- 否定前缀】

tr. 给……杀菌，给……杀毒

perfecto, ta ｛二级三级四级 **A** 级｝

【拉丁语 perficere，perfectus 完成：per- 完全 +facere 做 (西语 hacer) ⇒全做完的】

adj. 完美的，极好的；完成的；〈语〉完成的

· **perfectamente** ｛B 级｝

【-mente 副词词尾】

adv. 完美地；完全地

· **imperfecto, ta** ｛二级八级 B 级｝

【in- 表否定→ im-】

adj. 不完美的，不完善的

· **perfección** ｛二级三级四级 B 级｝

【-ión 名词后缀】

f. 完善，改善 (表动作，指使完美)；完美 (表结构，指使完美后呈现出的状况)；十全十美的人 (事 / 物)

· **perfeccionista** ｛B 级｝

【-ista……的，支持……的】

adj.inv. 追求完美的 >>> *s.com.* 完美主义者

· ***perfeccionismo**

【-ismo 表主义，学说等】

m. 完美主义

· **perfeccionar** ｛二级三级八级｝

【-ar 动词后缀】

tr. 使完善 (尤指使作品呈现出完整性); 使完美 >>> *prnl.* 完美, 完善

· **perfeccionamiento** { 二级三级八级 B 级 }

【-miento 名词后缀】

m. 完善, 改善 (表动作, 指使完美)

· **provecho** { 二级三级八级 }

【拉丁语 profectus 利益: pro- 向前, 在前 +fact- 做 → (元音转换 a 变 e) → fect- 做
音变: -ct- 腭化成 -ch-、摩擦清音 f 在元音间可能浊化成 b 或 v ⇒ 在对手之前做出成果
以取得利益】

m. 好处, 益处; (科学、艺术的) 进步

· **provechoso, sa** { 二级三级八级 }

【-oso……的, 多……的】

adj. 有利的, 有益的

· **aprovechar** { 二级三级四级 B 级 }

【a- 构成派生词 +provecho+-ar】

tr. 利用 (时间、时机等)

intr. 有用处

intr./prnl. (在学业上等上) 有进步

prnl. 利用, 从中渔利 (特指通过哄骗等手段来得到好处或在不利于他人的情
况下做某事, 以从中得到利益)

· **aprovechamiento** { 二级三级四级 }

【aprovechar+-miento】

m. 利用; 用功

m.pl. 得益, 收益

· **aprovechable** { 二级三级四级 }

【-able 能 (被)……的】

adj.inv. 有用的, 可利用的, 有益的

· **desaprovechar** {B 级 }

【des- 表否定】

tr. 错过, 浪费 (时间、金钱、机会等)

intr. 退步

· **suficiente** { 二级三级四级 B 级 }

【su- 在下, 从下 +fic- 做 +-iente……的⇒在台下做好准备再上台表演的】

adj.inv. 充足的, 足够的; 有能力的 (能够做某事的); 自负的

m. 及格

· **suficiencia** { 二级三级四级 }

【-ia 名词后缀】

f. (做某事的) 能力，才能；自满，自负

· **insuficiente** ｛二级三级八级 B 级｝

【in- 表否定】

adj.inv. 不足的，不充分的；无能的，不能胜任的

　· **insuficiencia** ｛二级八级｝

　【-ia 名词后缀】

　　f. 不足，不充分；无能，能力不足

· **edificar** ｛二级三级八级｝

【拉丁语 aedificare：拉丁语 aedis 家→ edi-+fic- 做 +-ar 动词后缀】

tr. 建筑，建造 (房子等)；创办 (企业等)；(多指在道德或精神上) 教导，教育

· **edificio** ｛二级三级四级 A 级｝

【-io 名词后缀】

　m. 楼房，建筑物

· **edificación** ｛B 级｝

【-ión 名词后缀】

　f. 建造，建筑；建筑物

· **oficio** ｛二级三级四级 B 级｝

【拉丁语 opus 工作 (如西语 operar 操作) → o-+fic- 做 +-io 名词后缀】

m. 职业；手艺，作用；公文，公函

· **oficioso, sa** ｛二级三级八级｝

【-oso……的】

adj. 半官方的，非正式的；殷勤的，热心的

· **oficial** ｛二级三级四级 B 级｝

【-al 表相关】

adj.inv. 官方的；(学生在公立学校) 注册的；军官，官员

　· ***suboficial**

　【sub- 在……下】

　　s.com. 士官

　· **extraoficial** ｛B 级｝

　【extra- 在……之外】

　　adj.inv. 非官方的，非正式的

· **oficina** ｛二级三级四级 A 级｝

【ofic- 见 oficio 工作 +-ino 表相关→阴性 -ina】

　f. 办公室，办事处；局，所，处

- **ofimática** ｛八级｝

  【为 oficina e informática 的缩写】

  f. 办公室软件

· **traficar** ｛二级三级八级｝

【词源有争议：tra- 通过，穿过 +fic- 做 +-ar ⇒穿街走巷做生意】

intr. 做非法买卖

- **traficante** ｛二级八级｝

  【-nte 表主动】

  adj.inv. 做买卖的 (尤指做非法买卖的)>>> *s.com.* (非法) 买卖人，贩子 (做非法生意的人)
- **tráfico** ｛二级三级四级 B 级｝

  m. (尤指非法) 买卖；交通

  - **narcotráfico** ｛二级三级八级｝

    【narco- 麻醉、毒品】

    m. 贩毒，贩卖毒品

· **faceta** ｛二级三级八级｝

【和拉丁语 "facere 做" 同印欧词根 +-eta 为法语指小词后缀 注：对照 "西语 faz 脸" 或 "英语 face 脸"】

f. (多面体的) 面；(事物或人生的各个) 方面

13. i-, it- 走 【印欧词根 *ei- . 走→拉丁语 ire, itus 走】

· **ir** ｛二级三级四级 A 级｝

【拉丁语 ire 走】

intr. 去，往；取，去找；进行得好 / 坏；对……合适 / 不合适；与……有关，涉及；(后接副动词，强调副动词所表示动作的过程)；正要……，将会

prnl. 离开，走开

- **ida** ｛二级三级八级 A 级｝

  【西语 ir 的阴性分词】

  f. 去，往

· **conde** ｛二级三级八级｝

【拉丁语 comes，comitis 同伴：com- 共同 +-es/-its 走→后期拉丁语 comitem 国家机关人员 音变：元音间 t 浊化成 d、i 脱落、m 在 d 前变成 n】

m. 伯爵 (其阴性为 condesa)

· **comitiva** ｛二级八级｝

【拉丁语 comes，comitis 同伴（见西语 conde 伯爵）+-iva 表相关】

f. 〈集〉随行人员

· **evitar** ｛二级三级四级 **B** 级｝

【e- 向外 +vi- 分开，分离 +it- 走 +-ar 动词后缀⇒往外走，远离是非】

tr. 避免（错误、危险等）；躲避，回避（某人）

prnl. 摆脱

· **evitable** ｛B 级｝

【-ble 能（被）……的】

adj.inv. 可以避免的

· **inevitable** ｛二级三级四级 B 级｝

【in- 否定】

adj.inv. 必然的，无法回避的

· **inevitablemente** ｛B 级｝

【-mente 副词词尾】

adv. 必然地，不可避免地

· **éxito** ｛二级三级四级 **B** 级｝

【ex- 外，向外 +it- 走⇒走出⇒做出成果】

m. 成绩，成功，成就（指好的结果）；人们的赞赏；受欢迎的东西

· **exitoso, sa** ｛二级三级八级｝

【éxito 成功 +-oso……的】

adj. 成功的，有成效的

· **inicio** ｛二级三级八级 **B** 级｝

【拉丁语 inire 走进→中性分词 initium：in- 向内 +it- 走 +-io】

m. 开始，起初

· **inicial** ｛二级三级四级 B 级｝

【-al……的】

adj.inv. 最初的，起始的

f. 词首字母

· **inicialmente** ｛二级三级 B 级｝

【-mente 副词词尾】

adv. 开头，最初

· **iniciar** ｛二级四级 B 级｝

【-ar 动词后缀】

tr. 开始；启蒙，使入门；接纳……参加 / 参与（秘密社团、秘密事情等）

- **iniciativa** ｛二级三级四级｝

  【拉丁语 initiāre(西语 iniciar)→分词 initiatus; -ivo, va 表相关】

  f. 率先，倡议，创举；首创精神，进取心

- **iniciación** ｛八级 B 级｝

  【-ión 名词后缀】

  f. 开始，创始，发起；启蒙；入会

- **reiniciar** ｛B 级｝

  【re- 再次】

  tr. 重新开始

· **subir** ｛二级三级四级 A 级｝

【拉丁语 subīre: sub- 从下，在下 +ire 走（西语 ir)⇒由下往上走】

intr./ prnl. 爬山，登上（空间上，从低处倒高处）；乘上，骑上（乘上交通工具）

intr.（高度）上涨；（量等）上涨、（程度）上升，加深；升职

intr.（声调、嗓门）提高 >>> *tr.* 提高（声调、嗓门）

tr. 爬山，登上（空间上，从低处往高处）

tr. 抬高，举高 >>> *prnl.* 升高

tr. 提高（价格等)>>> *intr.*（某物的价格）上涨

- **subida** ｛二级八级 B 级｝

  f. 登上，乘上；上升，上涨；上坡（路）

- **súbito, ta** ｛二级三级八级｝

  【拉丁语 subīre(西语 subir 爬上)→分词 subitus ⇒从下爬上→突然出现的】

  adj. 突然的，意外的

· **tránsito** ｛二级三级四级｝

【拉丁语 trānsīre 通过，越过→分词 trānsitus: trans- 穿过，横跨 +it- 走】

m. 行走，通行；在岗位工作期

- **transición** ｛二级三级四级｝

  【-ión 名词后缀】

  f. 过渡，过渡阶段；（状态、形式等的）转化，转变，变化

- **transitorio, ria** ｛二级三级八级｝

  【-orio……的】

  adj. 临时的，暂时的；短暂的

- **transeúnte** ｛二级三级八级｝

  【拉丁语 trānsīre 通过，越过→现在分词 transientem →变体 trānseuntem: trans- 穿过，横跨 +i- 走→ +-ente 表主动 对照英语 transient 短暂的】

adj.inv. 过路的，路过的 >>> *s.com.* 路人，行人

adj.inv. 暂住的

· **transitable** ｛二级三级八级｝

【transitar 行走，通行（尤指在路上、公共场合行走）: tránsito+-ar, -ble 能（被）……的】

adj.inv. 可通行的

· **transitivo, va** ｛二级三级八级｝

【- 形容词后缀 -ivo ⇒走到直接补语旁边的】

adj. 〈语〉及物的

· **intransitivo, va** ｛八级｝

【in- 表否定】

adj.inv. 〈语〉不及物的

· **comicios** ｛二级三级八级｝

【com- 共同，加强语气 +it- 走 +-io 名词后缀】

m. 选举（活动）

· **pretérito, ta** ｛二级八级｝

【preter- 为拉丁语 "prae 先前" 的比较级 +it- 走】

adj. 过去的

m. 〈时〉过去时

· **perecer** ｛二级三级四级｝

【拉丁语 perīre 丢失、破坏: per- 完全，加强语气 +īre 走→起始动词 *perēscere 简化记忆: per- 加强语气 +-ecer 动词后缀⇒走完生命历程】

intr. 丧生（尤指死于暴力下或以突然的方式死亡，如死于暴乱、地震中）; 消亡，不再存在; 遭受，受苦

prnl. 渴望，要死（指某人感受某种强烈的情感，如笑的要死、哭死、伤心死等）

· **itinerario, ria** ｛二级三级八级 B 级｝

【拉丁语 itineris 旅程，路程，和拉丁语动词 "ire 走" 同印欧词根 +-ario 表相关】

adj. 道路的

m. 旅行指南，旅行路线图; 行程，旅程

14. je(t)-, ject-; yac-, yect- 投掷 【拉丁语 iacere 投掷，扔; iacere 躺下 注: 本栏单词的词源过于复杂，所以文中的演变过程仅做了解，建议结合英语记忆。】

· **yacer** ｛二级三级四级｝

【iacere 扔→ iacēre 躺下⇒把自己扔到床上→扑向床】

intr. 躺，卧；（逝者）长眠；处在，坐落

- **yacimiento** ｛二级三级四级｝

　【-imiento 名词后缀⇒躺在地里的矿物质】

　m. 矿床，矿产地

- **echar** ｛二级三级四级 B 级｝

【iacere, iactus 扔→反复动词 iactāre 音变: -ct- 腭化成 -ch-，并使前面的 a 变 e; i 脱落】

tr. 扔，投，抛，丢 >>> *prnl.* 投向，投入（某地）；扑向（敌人、猎物等）

tr. 赶走；冒出，产生（尤指突然地或猛烈地产生，如冒出火花、产生烟雾，流血等）；生出，长出（根、嫩芽、花等）

intr. 开始

- **desechar** ｛二级三级八级｝

　【des- 否定，远离】

　tr. 排除，不要（指在从众多选择中挑选时，不要某物）；拒绝接受（请求、方案等）；丢弃，弃置（不用的物品）；消除，摒弃（宾语尤指消极想法）

　- **desecho** ｛二级三级八级｝

　　m. 挑剩物（指在挑选好的物品后剩下的同类物品）；废旧物品（指对某人不再有用的物品）；渣滓，垃圾，废物（指人）

- **jactarse** ｛二级三级四级｝

【和 echar 为同源对偶词，均来自拉丁语反复动词 iactāre ⇒把自己投到很高的高度→吹捧自己】

prnl. 自吹自擂，自我吹嘘

- **abyecto, ta**

【拉丁语 abicere 扔掉: ab- 远离 +iacere 扔→分词 abiectus 对照英语 abject ⇒被扔掉的→不被社会主流接受的】

adj. （人、言行等）卑鄙的，下流的

- **adjetivo** ｛二级三级四级｝

【adīcere 扔向，附加: ad- 表方向 +iacere 扔→分词 adiectus; -ivo 表相关 音变: -ct-变 c，对照英语 adjective ⇒放在名词旁边的词】

adj. （用作）形容词的 >>> *m.* 形容词

adj. 次要的

- **objeto** ｛二级三级四级 B 级｝

【obicere 阻止，反对: ob- 表方向或相反 +iacere 扔→分词 obiectus ⇒用来投掷的物

体 音变: -ct- 变 c 对照英语 object】

m. (尤指体积较小) 物, 物体; 对象, 内容; 目的; 〈语〉宾语

· **objeción** { 二级三级八级 }

【拉丁语分词 obiectus(见 objeto 物)+-ión 名词后缀 对照英语 objeción】

m. 反驳, 反对, 异议

· **objetivo, va** { 二级三级四级 B 级 }

【拉丁语分词 obiectus(见 objeto 物)+-ivo 表相关⇒和物体 (→非个人情感) 有关的 对照英语 objective】

adj. 客观的, 公正的, 不偏不倚的; 客观的, 真实的

m. 目的, 目标

· **objetar** { 二级八级 }

【obicere 阻止, 反对→分词 obiectus(见 objeto 物) →反复动词 obiectāre 对照英语 object】

tr. 反驳, 提出异议

inyección { 二级三级四级 B 级 }

【拉丁语 inicere 扔进: in- 向内→分词 iniectus+-ión 名词后缀 对照英语 injection ⇒ 把扔 / 注入体内】

f. 注射; 注射剂

· **inyectar** { 二级三级八级 }

tr. 给……注射; 给……注入 (活力、资金等)

· **interjección** { 八级 }

【intericere 扔在……间: inter- 在……之间→分词 interiectus+-ión 名词后缀 对照英语 interjection】

f. 感叹词

proyecto { 二级三级四级 B 级 }

【prōicere 扔出→分词 proiectus: pro- 向前 +yect- 扔 对照英语 project ⇒扔出、说 出的想法】

m. 打算; 计划, 方案; 草案; 设计图

· **proyector** { 二级三级八级 }

【-or 表主动 对照英语 projector】

m. 放映机 (投射映像的机器, 如电影放映机、投影仪等)

m. 探照灯 (放射出亮度很高的光束的装置)

· **retroproyector** {B 级 }

【retro- 向后】

m. 投影仪, 投影机

· **proyectil** ｛二级三级八级｝

【-il 表相关】

m. 透射物，发射物（尤指由武器发射出去的物体，如炮弹等）

· **proyección** ｛二级三级八级｝

【+-ión 名词后缀】

f. 投掷，发射；放映；投影，影像；规划（对预期行动的过程的计划）；影响（力），意义

· **proyectar** ｛二级三级四级 B 级｝

【拉丁语 prōicere 扔出（见西语 proyecto）的反复动词 prōiectāre】

tr. 投掷（石头等），发射（光线等），喷射（气流等）

tr. 投映，照映（影子等），放映（电影）>>> *prnl.*（影子等）投影

tr. 规划，计划；设计（设计图等）；投射，反映（把自己的情感、态度等集中在人或物上）

sujeto, ta ｛二级三级四级｝

【subicere 扔在 …… 之下，使臣服 → 分词 subiectus：sub- 下 +jet- 扔 对照英语 subject】

adj.（绳子等）固定好的，系牢的；须经……的，有待于……的

m. 某人，家伙（用于不清楚某人名字或有意不提该名字时）；（正在谈论的）主题，问题；〈语〉主语

· **subjetivo, va** ｛二级三级四级 B 级｝

【见 sujeto 主题 +-ivo 对照英语 subjective】

adj. 主观的，个人的

· **sujetar** ｛二级三级四级 B 级｝

tr. 固定住；抓紧（尤指抓住人或动物等以免其跑掉或移动）

tr. 管束，约束，使服从 >>> *prnl.* 服从于，受限于

· **sujetador** ｛A 级｝

【-dor 表主动】

m. 胸罩

· **trayecto** ｛二级三级八级 B 级｝

【拉丁语 trāiacere 扔过，抛越→分词 traiectus：tra- 通过，穿过 +yect- 扔⇒从一地投掷到另一地→路程】

m. 路途；行程，路程；路线

· **trayectoria** ｛二级三级四级｝

【-oria 名词后缀】

f. 轨迹、弹道；经历

15. loqu-, locut- 说 【拉丁语 loquī, locūtus 说 注：现在词干 loqu- 受正字法的影响可能变成 locu-】

- **locutor, ra** { 二级三级八级 B 级 }
  【loquīs 说→分词 locūtus+-or 表主动，和分词词干搭配使用】
  s. 播音员，广播员
  - **locución** { 二级三级八级 }
    【-ión 名词后缀】
    f. 表达方式；〈语〉短语

- **coloquio** { 二级三级八级 }
  【拉丁语 colloquī 一起谈话：co- 共同 +loqu- 说 +-io 名词后缀】
  m. (多指轻松、愉快的) 对话，谈话；座谈会 (在会上可以较为随便地、不拘形式地交流意见，讨论的会议)；(小说等) 对话体形式
  - **coloquial** { 二级八级 }
    【-al 表相关】
    adj.inv. 口语的，会话的；对话体的

- **soliloquio** { 二级八级 }
  【sol-=solo 单独 +-i-+loqu- 说 +-io 名词后缀】
  m. 自言自语

- **elocuente** { 二级三级八级 }
  【拉丁语 ēloquī, ēlocūtus 大声说出→现在分词 ēloquentem: e- 向外 +locu- 说 +-ente 表主动 对照英语 eloquent】
  adj.inv. 有口才的，有文才的；有说服力的，有感染力的；(表情等) 意味深长的
  - **elocuencia** { 二级八级 }
    【-ia 名词后缀】
    f. 口才，文才；说服力，感染力

- **ventrílocuo, cua**
  【ventri-(西语 vientre 腹部)+locu- 说】
  adj. 会口技的 >>> *s.* 口技演员

16. mor(i)-, mort(u)- 死 【拉丁语 morīre/mori, mortuus 死】

- **morir** { 二级三级四级 A 级 }
  【拉丁语 mori 死→通俗拉丁语 morīre: mor- 死 +-ir 动词后缀】

intr./prnl. 死；强烈地感到；酷爱

intr. 结束，消亡

- **moribundo, da** { 二级三级八级 }

  【-bundo 有……的，产生……的】

  adj. 垂死的，即将灭亡的 >>> *s.* 垂死的人

- **muerto, ta** { 二级三级四级 }

  【拉丁语 morīre/mori(西语 morir 死) →分词 mortuus 音变：o → ue】

  adj. 死亡的 >>> *s.* 死人，死者

  adj. 〈口〉感到十分疲劳的；(后接 de+ 表示情感、感觉的名词，表示加语气)；无生气的，无趣的

- **muerte** { 二级三级四级 B 级 }

  【拉丁语名词 mortis 死 音变：o → ue】

  f. 死亡；死神 (手持大镰刀的骷髅)；谋杀；灭亡，毁灭

  - **mortal** { 二级三级四级 }

    【-al 表相关】

    adj.inv. 终有一死的；致命的；难熬的；(多指消极方面) 极其严重的，剧烈的

    s. 凡夫俗子

    - **mortalidad** { 二级三级四级 B 级 }

      【+-idad 名词后缀】

      f. 必死性；死亡率

    - **inmortal** { 二级三级四级 B 级 }

      【in- 否定前缀】

      adj.inv. 不死的；永垂不朽的，流芳百世的

- **amortiguar** { 二级八级 }

  【a- 构成派生词 + 古西语 mortiguar，和 "mortificar 使坏死" 为同源对偶词：mort- 死 +-ifcar 做 助记：可以把 -ig 联想成 "ag- 做" 的变体】

  tr. 把 (人) 弄得半生不死

  tr. 减弱、缓和 >>> *prnl.* 减弱、缓和

17. opt-，optat- 选择 【拉丁语 opere, optus 选择 → 反复动词为 optare, optatus】

- **opción** { 二级三级八级 }

  【拉丁语 opere 选择→分词 optus；-ión 名词后缀，和分词词干搭配使用】

  f. 选择权，选择自由；选择；权利

· **optar** ｛二级三级四级｝

【拉丁语 opere 选择 (见 opción 选择、选择权) →分词 optus →反复动词 optare，optatus】

intr. 选择；渴望，谋求 (职业、名次等)

· **optativo, va** ｛二级三级八级 B 级｝

【-ivo 表相关】

adj. 可选择的；〈语〉表示愿望的，祈愿的

· **adoptar** ｛二级三级四级 B 级｝

【拉丁语 adoptāre: ad- 表方向 + 见 optar 选择】

tr. 收养，过继；采纳，采用 (意见、措施等)；接受 (他国风俗、衣着等)

· **adoptivo, va** ｛二级八级 B 级｝

【见 adoptar 收养 +-ivo……的】

adj. (父亲、母亲等) 收养的；(孩子) 被收养的；(物) 采用的，选定的

· **opinión** ｛二级三级四级 **B** 级｝

【印欧词根 *op-. 选择→ opiō, opiōnis 想，观点】

f. 意见，见解，看法；名声，声誉

· **opinar** ｛二级三级四级 B 级｝

【opin- 见 opinión+-ar 动词后缀】

intr. 有看法

intr./tr. 认为

18. or-，ort- 上升、起源 【拉丁语 oriri, ortus 上升；起源】

· **oriente** ｛二级三级四级 **B** 级｝

【ori- 上升 +-ente 形容词兼名词后缀⇒太阳升起之地】

m. 东，东方；东风；东方世界 (指亚洲国家)

· **oriental** ｛二级三级四级 B 级｝

【-al 表相关】

adj.inv. 东方的；东部的；

adj.inv. 东方人的 >>> *s.com.* 东方人

· **orientar** ｛二级三级四级 B 级｝

【-ar 动词后缀⇒使朝向东方】

tr. 使朝向，使对着；指导，指引，引导

tr. 指路 >>> *prnl.* 辨别方向

· **orientación** ｛二级三级四级 B 级｝

【见 orientar 使朝向，引导 +-ción 名词后缀】

　　　　f. 方向，方位，朝向；（人或动物的）方向感；指导，指引，引导

　　　　· **orientativo, va** ｛二级三级八级｝

　　　　　【见 orientación+-ivo……的】

　　　　　adj. 指导性的，用于指导的

　　　· **desorientar** ｛二级三级八级｝

　　　　【des- 表否定】

　　　　tr. 使迷失方向 >>> *prnl.* 迷失方向

　　　　tr. 使迷惑，使不知所措 >>> *prnl.* 迷惑，不知所措

origen ｛二级三级四级 **B** 级｝

【orīrī 上升 / 起源→ orīginem，对照英语 origin】

m. 开始，开端，起初（事物发展的最初时期）；起因；出身，身世；（人的）出生地，（物的）产地

· **original** ｛二级三级四级 B 级｝

　【-al……的 注：元音为 i，不是 e】

　adj.inv. 最初的，开始的；（人、看法的）新颖的，有创意的

　adj.inv. （作品等）原件的 >>> *m.* 原作，原件

　· **originalidad** ｛B 级｝

　　【-idad 名词后缀】

　　f. 原始；新颖，独创（性）；古怪，古怪行为

　· ***originalmente**

　　【-mente 副词词尾】

　　adv. 最初，起初

· **originario, ria** ｛二级三级八级｝

　【-ario……的 注：元音为 i，不是 e】

　adj. 最初的，原来的，开始的；（人）来自……的，（物）原产于……的

· **originar** ｛二级三级四级｝

　【-ar 动词后缀 注：元音为 i，不是 e】

　tr. 引起

　prnl. 源自

· **aborigen** ｛二级八级｝

　【拉丁语 aborīginēs 从一开始：ab- 表方向 +orīginēs(西语 origen 开始)】

　adj.inv. 土著的 >>> *s.com.* 土著居民

· **oriundo, da** ｛二级三级八级｝

　【orīrī 上升，起源→副动词 oriundus】

　adj. （人）出生于（某地）的，（物）源于……的

· **aborto** { 二级八级 B 级 }

【aborīrī 消失 / 流产: ab- 远离 +orīrī 升起 / 起源、出现→分词 ortus】

m. 流产；早产儿

· **abortar** { 二级三级八级 }

【拉丁语反复动词 abortāre(见 aborto 流产)】

intr. 流产，早产

tr. 使中断，使失败 >>> *tr./ intr.* 中断，失败

19. rap-，rapt- 抢夺　【拉丁语 rapere，raptus 抢夺，夺取】

· **rapaz** { 二级八级 }

【rapere 夺取→ rapāx, rapācis: rap- 抢夺 +-az 形容词后缀⇒抢夺的→强盗的→贪婪的】

adj.inv. 猛禽的 >>> *f.* 猛禽 >>> *f.pl.* 猛禽类

adj.inv. 偷盗成性的

s. 〈口〉小孩 (指小女孩时用作 rapaza)

· **raptar** { 二级八级 }

【rapere 夺取→分词 raptus(西语 rapto 拐骗，劫持) →反复动词 raptāre】

tr. 拐骗，劫持，绑架

· **rato** { 二级三级四级 A 级 }

【rapere 夺取→分词 raptus(西语 rapto 拐骗，劫持) 音变: -pt- 变 -t- ⇒转眼之间就被抢劫】

m. 一会儿，片刻

· **rápido, da** { 二级三级四级 A 级 }

【rapere 夺取→形容词 rapidus: rap- 夺取 +-ido……的⇒快速夺走的】

adj. 快的，快速的 >>> *m.* 急流 >>> *m.* 快车

adj. 不经心的，随意的

· **rapidez** { 二级八级 B 级 }

【-ez 名词后缀】

f. 快，迅速

· **rápidamente** {B 级 }

【-mente 副词词尾】

adv. 快，快速地；一瞬间 (地)，转瞬间 (地)；〈口〉立即，马上

· **usurpar** { 二级三级八级 }

【拉丁语 usurpare 利用，非法侵占: usu-=uso 使用 +rap- 抢夺→ rp-+-ar 动词后缀⇒抢夺他人使用权】

tr. 篡夺 (尤指通过暴力非法占有他人权利)；非法占有，窃取

· ***usurpador, ra**

【-dor 表主动】

　s. 篡位者

20. rat- 思考/确定的 【拉丁语 reri, ratus 思考　注 现在词干在西语中派生出较少；分词 ratus 转为形容词可表示"确定的"】

· **ratificar** { 二级三级八级 }

【拉丁语 reri 思考→分词 ratus 确定的 +-ificar 使动⇒确定思考后的事情】

　tr. 批准，认可；重申（立场等）

· **ración** { 二级三级八级 **B** 级 }

【rat- 思考 +-ión 名词后缀⇒思考后决定给予的分量】

　f.（食物、工作等分配的）定量，份额；足够的量；（出售的）份

　· **racional** { 二级三级四级 }

　【词源见"ración 定量"，词义见"razón 理智"；-al 表相关】

　　adj.inv. 有理智的，有理性的；理性的；合理的

　　· **irracional** { 二级八级 }

　　【in- 表否定→ ir-】

　　　adj.inv. 无理性的；不合理的

· **razón** { 二级三级四级 **B** 级 }

【和 ración 为同源对偶词：拉丁语 reri 思考 → 分词 ratus → ratiōnem　音变：t+yod=z】

　f. 理智，理性；论据；理由，原因；道理；〈数学〉比，比率

　· **razonable** { 二级三级四级 **B** 级 }

　【-able 能……的⇒能成为原因的，能成为理由的】

　　adj.inv. 通情达理的；合理的，公道的

　· **razonar** { 二级三级四级 **B** 级 }

　【-ar 动词后缀】

　　intr. 推论，思考

　　tr. 推论，论证（证明对错）

　　· **razonamiento** {B 级 }

　　【-miento 名词后缀】

　　　m. 推论；理由，论据

· **irritar** { 二级三级八级 }

【in- 表否定→ ir-+rat- →（元音转换 a 变 i）→ rit- 思考 +-ar 动词后缀⇒不再是考虑范围

内；除第一个词义外，其余的源于另一个词根 联想：气得失去思考的能力】

tr. 〈律〉废除 (仅此语义来自此词根，且现常用 anular、invalidar 等词代替)；刺激，激起 (感情等)；使疼痛，使发炎

tr. 激怒，使恼怒 >>> *prnl.* 愤怒，恼怒

21. sal-，salt- 跳 【拉丁语 salire，saltus 跳跃→反复动词为 saltare】

· **salir** { 二级三级四级 A 级 }

【拉丁语 salire，saltus 跳跃：sal- 跳 +-ir 动词后缀⇒跳出去】

intr./prnl. 走出，出去，离开，出发

intr. 摆脱；出现，被找到；出现在 (照片、报刊、电视等上)；(书等) 出版，上市；(电影) 上映；(太阳、月亮) 升起；结果是 (结果呈现出某种状态，如好、坏、有趣等)；外出游玩；有感情关系；突出；由……制成；被选上；通向；生出，长出；(污点) 消失；价值；(和某人) 相像

prnl. (液体) 溢出；(容器) 漏水

  · **salida** { 二级三级四级 A 级 }

  【西语 salir 的阴性分词】

  f. 出去，出发；出口；出路，办法；输出；外流；(商品的) 销路；郊游；俏皮话；账目支出 (栏)

  f.pl. (尤指某个学科、技能提供的好的) 就业前景

· **sobresalir** { 二级三级四级 }

  【sobre- 在……之上⇒走到……之上】

  intr. 突出；卓著，出类拔萃

  · **sobresaliente** { 二级三级四级 B 级 }

  【-iente……的】

  adj.inv. 突出的，拔尖的，优秀的

  m. (考试成绩) 优秀

· **salto** { 二级三级四级 B 级 }

  【拉丁语 salire 跳 (西语 salir) →分词 saltus】

  m. 跳，跳跃；(体育比赛中的) 跳伞，跳水；跳的高度，跳的距离；跳过，略过；突变，巨大的变化；断壁，峭壁；瀑布

  · **saltar** { 二级三级四级 B 级 }

  【拉丁语反复动词 saltare】

  intr. 跳，跳跃；(从高处) 跳下；飞溅；蹦开，蹦掉；(运动员) 出场；突然说出；(机械) 突然运转

  tr. 跳过

  tr./prnl. 跳读、漏抄

intr. 打破 >>> *prnl.* 破裂

prnl. 违反（法令等）

· **resaltar** ｛二级八级｝

【re- 加强语气，再次】

intr. 突出，显著；突出，伸出

· **asalto** ｛二级三级八级｝

【拉丁语 assalīre →分词 assultus：a- 表方向 +salt- 跳⇒跳到敌人面前】

m. 进攻，猛袭；拦劫，抢劫；（拳击比赛中的）回合；突然的冲向

· **asaltar** ｛二级八级｝

【-ar 动词后缀】

tr. 进攻，猛袭（宾语多为驻军之地）；拦劫，抢劫；（想法等）突然出现（在脑海里）；突然冲向（指突然跑到某人面前提问或纠缠）

· **insulto** ｛二级四级｝

【in- 向内，在内（注：此处表示"在……上"）+salt- →（元音转换 a 变 u）→ sult- 跳⇒跳进某人家里，对其破口大骂】

m. 辱骂，侮辱性的言行

· **insultar** ｛二级三级四级 B 级｝

【-ar 动词后缀】

tr. 侮辱，凌辱

· **resultar** ｛二级三级四级 B 级｝

【re- 再次，加强语气 +salt- →（元音转换 a 变 u）→ sult- 跳 +-ar 动词后缀⇒跳出→得出】

intr. 是……的结果；结果是；结果好（不好）；〈口〉（尤指人在外表方面）有魅力

· **resultado** ｛二级三级四级 B 级｝

【西语 resultar 的分词】

m. 结果，后果；（运算）答案；比分，得分；成效，效果，效益

22. sculp-，sculpt- 雕刻 【拉丁语 sculpere，sculptus 雕刻】

· **esculpir** ｛二级三级八级｝

【拉丁语 sculpere 雕刻 音变：e 为词首添音】

tr. 雕刻；刻

· **escultor, ra** ｛二级三级八级 B 级｝

【拉丁语分词 sculptus → sculptor：-or 表主动 音变：e 为词首添音、-pt- 变 t】

s. 雕刻家，雕塑家

· **escultórico, ca** ｛B 级｝

【见 escultor+-ico 表相关】

adj. 雕刻的，雕塑的

· **escultura** ｛二级三级四级 B 级｝

【见 escultor+-ura 名词后缀】

f. 雕刻，雕塑

23. sect-，seg- 切割　【印欧词根 *sek- . 切割→拉丁语 secare，sectus 切】

· **segar** ｛二级三级八级｝

【拉丁语 secare 切 音变：元音间 c 浊化】

tr. 割，收割 (草、庄稼等)；砍掉 (超出的部分)；扑灭 (希望等)，夺走 (生命)

· **segmento** ｛二级八级｝

【拉丁语 secāre(西语 segar 割) → segmentum 注：-mentum 为名词后缀，和现在词干搭配使用。此处 c 变 g 是为了读音好听】

m. 段，节，块；(昆虫的) 体节，节

· **sección** ｛二级三级四级 B 级｝

【-ión 名词后缀】

f. 切开，切割；部分；截面图；部门；〈军〉分队

· **sector** ｛二级三级四级 B 级｝

【-or 名词后缀⇒一个整体被切的产物】

m. 派别，方面，部分，界；地区，区域，部分；扇形，扇形面

· **insecto** ｛二级三级四级 **B** 级｝

【in- 向内 +sect- 切割 +-o ⇒很多一节节的昆虫看起来就像被人切割过的一样】

m. 昆虫

· **rasgar** ｛二级三级八级｝

【拉丁语 resecare 剪，切：re- 加强语气 +secare 切 (西语 segar 割) 音变：元音间 c 浊化成 g；第二个 e 脱落；第一个 e 变成 a 可能是受到 "rascar 抓" 的影响 简化记忆：re- 加强语气→ ra-+segar 割→ sgar】

tr. 撕，扯 >>> *prnl.* 撕裂，扯破

· **rasgo** ｛二级四级｝

【rasgar 撕，扯⇒把纸撕成条状】

m.pl. 笔迹，笔画；(人的) 面貌，相貌

m. (人或事物的) 特征，特点

· **rasgado, da** 八级 }

  adj. (眼睛) 细长的，(嘴巴) 大的

sexo { 二级三级四级 A 级 }

【印欧词根 *sek 切割→拉丁语 sexus 性别⇒把人类划分为两大部分：男性和女性】

m. 性，性别 (注：语法学上的性为 género)；同一性别的人；外生殖器；性行为

· **sexual** { 二级三级四级 B 级 }

  【sexo+-al 表相关 注：此处的 u 来自 sexo 的拉丁语形式 sexus，有时为了方便记忆我们会把其划分为中缀 -u- 或和后缀拼写到一块 -ual】

  adj.inv. 性别的；性的，性爱的

  · **transexual** {B 级 }

    【tran- 横跨】

    adj.inv. 有性转换欲的 >>> *s.com.* 有性转换欲者

  · **heterosexual** {B 级 }

    【hetero- 异的】

    adj.inv. 异性恋的 >>> *s.com.* 异性恋 (指人)

  · **homosexual** { 二级三级八级 B 级 }

    【homo- 同】

    adj.inv. 同性恋的 >>> *s.* 同性恋 (指人)

    · **homosexualidad** { 二级八级 }

      【-idad 名词后缀】

      f. 同性恋

  · **bisexual** {B 级 }

    【bi- 二】

    adj.inv. 〈生〉雌雄同体的

    adj.inv. 双性恋的 >>> *s.com.* 双性恋 (指人)

· **sexología** { 八级 }

  【-logía 学】

  f. 性学

24. sepel-, sepult- 埋葬 【拉丁语 sepelīre, sepultus 埋葬】

sepulcro { 二级八级 }

【sepelīre 埋葬→分词 sepultus → sepulcrum】

m. 坟墓；圣物龛

· **sepultar** { 二级三级八级 }

【-ar 动词后缀】

tr. 埋葬，安葬

tr. 埋没，淹没 (使被完全覆盖住)>>> *prnl.* 埋没于

prnl. 深陷于 (某种情感状况之中)

· **sepultura** { 二级三级八级 }

　【-ura 名词后缀】

　　f. 埋葬，安葬；坟墓；墓穴

25. ser-，sert- 联结，插入　【拉丁语 serere，sertus 联结，插入】

· **serie** { 二级三级四级 B 级 }

　【拉丁语 serere，sertus 联结，插入→ seriēs ⇒一个连接一个组成一串串】

　f. 系列，连串；众多，大量 (指情况相同的一群人或事物)；连续剧；(体育淘汰赛中的) 分组赛

· **desierto, ta** { 二级三级四级 A 级 }

　【拉丁语 dēserere 荒废：de- 表否定 +serere，sertus 联结，插入→分词 desertus →晚期拉丁语 desertum ⇒字面意思：被抛弃的东西→荒无人烟之地】

　m. 沙漠，荒无人烟的地方

　adj. 荒无人烟的；(比赛等) 无人参加的，(奖项等) 无人获得的

　· **desértico, ca** { 二级三级八级 B 级 }

　　【-ico 形容词后缀】

　　adj. (气候等) 干燥的，沙漠 (性) 的；荒芜的，荒无人烟的

　· **desertización** {B 级 }

　　【desertizar *tr.* 使沙漠化 *prnl.* 沙漠化：desierto+-izar 使动】

　　f. 沙漠化

　· **desertar** { 二级三级八级 }

　　【dēserere 荒废→分词 desertus(西语 desierto 沙漠)→反复动词 dēsertāre】

　　intr. (士兵) 开小差 (指士兵没有完成自己的军人义务就逃离部队)；退出，脱离 (指某人退出原本属于的集体)

· **insertar** { 二级三级八级 B 级 }

　【īnserere，īnsertus 插入：in- 向内 +serere，sertus 联结，插入 → 反复动词 īnsertāre】

　tr. 把……插入，把……嵌入；刊登

26. spec-，spect- 看　【印欧词根 *spek- 观察→ 1. 拉丁语 specere，spectus 看；→ 2. 拉丁语 species 看见；→ 3. 希腊语 skopos 观看者；目标】

espectador, ra﹛二级三级四级 **B** 级﹜

【拉丁语 specere，spectus 看→反复动词 spectare，spectatus 观看，观察 +-or 主动 音变：元音间 t 浊化 简化记忆：e 词首添音；spect- 看 +-ador 表人⇒看表演的人】

adj. 观看演出的 >>> *s.* 观众

adj. 旁观的 >>> *s.* 旁观者

· **telespectador, ra**﹛二级三级八级 **B** 级﹜

【tele- 电视】

s. 电视观众

· **espectáculo**﹛二级三级四级 **B** 级﹜

【拉丁语 specere，spectus 看→反复动词 spectare 观看，观察→ spectāculum 展 出的东西：-culum 表工具、手段 简化记忆：e- 词首添音 +spect- 看 +-aculo 名词后缀】

m. 节目，表演；场面，情景；出丑行为

· **espectacular**﹛二级三级八级﹜

【-ar……的⇒精彩的表演，壮观的场景】

adj.inv. 壮观的，引人注目的

espejo﹛二级三级四级 **B** 级﹜

【拉丁语 specere 看→ speculum：-culum 表示工具 音变：e 为词首添音；-cul- → -j- ⇒ 用来看自己的工具】

m. 镜；反映，写照；榜样，典范

· **espejismo**﹛二级八级﹜

【-ismo 名词后缀】

m. 海市蜃楼；幻想

· **especular**﹛二级三级八级﹜

【形容词：especul- 见 espejo+-ar 形容词后缀 动词：specere 看→ specula 观望塔 → speculari，speculātus 观察】

adj.inv. 镜子的，镜子般的；晶莹剔透的

intr. 推测；做投机买卖；思索，考虑

· **especulación**﹛二级三级八级﹜

【-ión 名词后缀】

f. 推测，思索；猜想；投机买卖

· **aspecto**﹛二级三级四级 **B** 级﹜

【a- 表方向 +spect- 看→外貌】

m. (人、物、地方等的) 容貌，外貌；(人的) 脸色，面容；(事情的) 方面；〈语 言学〉(动词的) 体

· **despectivo, va**﹛二级三级八级﹜

【dēspicere, dēspectus 看下: de- 向下 +specere 看；-ivo……的】

adj. 轻蔑的，不屑一顾的；〈语〉贬义的

· **despecho** ｛二级八级｝

【拉丁语分词 dēspectus 音变：-ct- 腭化成 -ch-】

m. 怨恨，绝望

· **inspección** ｛二级三级四级 B 级｝

【拉丁语 īnspicere, īnspectus 调查: in- 向内、加强语气 +specere 看；-ión 名词后缀 ⇒向内部仔细地查看】

f. (仔细的) 检查，视察；视察，督查；视察 / 督查办公室

· **inspeccionar** ｛二级八级 B 级｝

【-ar 动词后缀】

tr. 检查；视察

· **inspector, ra** ｛二级三级八级 B 级｝

【-or 表主动】

s. 检查员，视察 / 督查员

· **perspectiva** ｛二级三级四级 B 级｝

【per- 完全 +spect- 看 +-ivo 表相关→阴性 -iva】

f. 透视 (法)；景象，景色，远景；前景，前途 (尤指好的未来)；(看待事情的) 角度，观点；(判断事物所需要的) 时空距离

· **prospecto** ｛B 级｝

【拉丁语 prōspicere, prōspectus 向外 / 前看: pro- 向前 +specere 看】

m. 广告；(产品、药品等的) 说明书

· **respecto** ｛二级三级四级｝

【拉丁语 respicere, respectus 看回，回溯: re- 向后 +specere 看】

m. 关系，关联 (这个词几乎只用在以下几个短语中：al respecto 有关这方面的；con respecto a =respecto a/de *prep.* 关于，至于)

· **respectivo, va** ｛二级三级四级｝

【-ivo……的⇒各自关系的】

adj. 各个的，各自的，分别的

· **respeto** ｛二级三级四级 B 级｝

【和 "respecto 关系" 同源于拉丁语 respectus 音变：-ct- 变 -t- ⇒回顾历史, 尊重历史】

m. 尊重，尊敬；害怕，敬畏

m.pl. 问候，敬意

· **respetar**｛二级三级四级 A 级｝

　【-ar 动词后缀】

　tr. 尊重，尊敬 (他人等)；遵守，履行 (法律等)

· **respetuoso, sa**｛二级三级八级｝

　【-u-+-oso……的，多……的】

　adj. 对……恭敬有礼的；用于表示尊重的 (可修饰 tono、lenguaje 等)

· **sospechar**｛二级三级四级｝

【拉丁语 suspicere，suspectus(英语 suspect) 向上看、怀疑→反复动词 suspectāre：sub- 在 / 从……下 +specere 看 音变：sub- → so-、-ct- 腭化为 -ch-】

tr. 猜疑，猜想，猜测 (尤指基于某种现象或真实情况作出的猜想，从句里的事在主语看来可能性较高，故用陈述式)

intr. 怀疑 (尤指怀疑某人做了某事)

· **sospecha**｛二级三级四级｝

　f. 怀疑，疑心

· **sospechoso, sa**｛二级三级八级 B 级｝

　【-oso……的】

　adj. 可疑的 >>> *s.* 可疑分子，嫌疑犯

· **espía**｛二级三级四级｝

【印欧词根 *spek- 观察→哥特语 *spaíha 监视，对照英语 spy】

s.com. 间谍，特务

· **espiar**｛二级三级四级｝

　【-ar 动词后缀】

　tr. 窥视，秘密监视

　tr. 给……充当间谍 >>> *intr.* 充当间谍

· **espionaje**｛二级三级八级｝

　【espión 间谍 (指人)，词源见 espía+-aje 名词后缀⇒拿剑做间谍活动】

　m. 刺探，间谍活动；谍报机关

· **especia**｛B 级｝

【印欧词根 *spek- 观察→拉丁语 speciēs 种类→后期拉丁语 speciēs 商品，香料 对照英语 spice】

f. 香料，调味品

· **especie**｛二级三级四级 B 级｝

　【和 "especia 香料" 为同源对偶词】

　f. 种类，类别；物种；事情；消息

· **especial** ｛二级三级四级 B 级｝

【-al……的⇒多看几眼的⇒特殊种类的 对照英语 special】

adj.inv. 特别的，特殊的、特设的，专门的；非常合适的，专用来……做的

　· **especialmente** ｛B 级｝

　　【-mente 副词词尾】

　　adv. 专门地；尤其

　· **especialidad** ｛二级四级 B 级｝

　　【-idad 名词后缀】

　　f. 专业，专门学科；专长，特长；特性，特点；（饭店等的）特色菜；
　　地方特产

　· **especialista** ｛二级三级四级 B 级｝

　　【-ista……的；表相关的人】

　　adj.inv. 专门的 >>> *s.com.* 专家

　　adj.inv. 擅长的

　· **especializar** ｛二级三级四级｝

　　【-izar 使动】

　　tr. 使有专门用途

　　prnl. 攻读，专门研究，专门从事

　　· **especializado, da** ｛B 级｝

　　　adj. 有专长的

· **específico, ca** ｛二级三级八级｝

【especie 种类 +-fic- 做⇒针对某个种类的】

adj. 特有的，特定的，特种的

adj. 〈医〉有特效的 >>> *m.* 特效药

　· **especificar** ｛二级三级八级｝

　　【-ar 动词后缀⇒做出特别声明】

　　tr. 明确，详细指明；把……载入说明书

　　· **especificación** ｛二级八级｝

　　　【-ción 名词后缀】

　　　f. 明确，确定；详细说明，（产品等的）详细说明书

· **horóscopo** ｛二级八级 B 级｝

【hor- 季节，时间 +-o-+-scopo- 观看←希腊语 skopos 观看者，目标←印欧词根
*spek- 观察⇒观看时间来占卦】

m. 星象；占星术

　· **telescopio** ｛二级三级八级｝

　　【tele- 远 +scop- 观看 +-io 名词后缀】

m. 望远镜

· **microscopio** ｛二级三级八级 B 级｝

【micro- 微 +-scop- 观看 +-io 名词后缀】

m. 显微镜

27. ten-，tent- 握住、拥有　【拉丁语 tenere，tentus 握住，拥有】

· **tener** ｛二级三级四级 A 级｝

【拉丁语 tenere、tentus 握住，拥有】

tr. 有，拥有；拿着；包含，含有；接送；招待；遵守，履行

tr. 认为，看成，当成 >>> *prnl.* 自认为

· **tenedor** ｛二级三级四级 B 级｝

【西语 tener 拥有 +-dor 表主动】

s. 持有者 (尤指票据的所有者，如股票持有人)

m. (餐具) 叉子；(表示餐馆等级的) 叉子标志

· **teniente** ｛二级三级八级｝

【tener 拥有 +-iente 表主动】

s.com. 副职；尉官

adj.inv. 〈口〉耳背的

· **terrateniente** ｛二级三级八级｝

【terra-=tierra 土地 +ten- 拥有 +-iente 表主动】

s.com. 地主 (拥有大量土地的人)

· **tenor** ｛二级三级八级｝

【拉丁语 tenere 持有，拥有→ tenor 不被打断的进程，持续】

m. (文章的) 内容；男高音；男高音歌手

· **tenaz** ｛二级三级四级｝

【tenēre 握住 (西语 tener) → tenāx，tenācis 紧紧握住的】

adj.inv. 坚韧不拔的，顽强的，顽固的；粘紧的 (难以分开的，难以去掉的)；不易碎的，难变形的

· **tenacidad** ｛二级八级｝

【-idad 名词后缀】

f. 坚韧不拔

· **tenaza** ｛二级三级八级｝

【拉丁语 tenāx，tenācis 紧紧握住的 (西语 tenaz 坚忍不拔的、粘紧的) →复数 tenāces】

f./f.pl. (常用复数) 钳子，夹钳；(动物的) 螯

· **tenis** ｛二级三级四级 A 级｝

【拉丁语 tenēre 握住，持有（西语 tener 有）→古法语 tenir →肯定命令式第二人称复数 tenez(= 西语 tened) →英法语 tenetz →中古英语 tenetz, tenyes 庭院网球→现代英语 tennis 网球 简化记忆：握住 ten- 网球球拍】

m. 网球（运动）

m.pl. 网球鞋

· **atenerse** ｛二级｝

【a- 表方向 + 见 tener 有⇒把规则谨记于心】

prnl. 遵循，遵守；同意，接受

· **abstenerse** ｛二级三级四级 B 级｝

【拉丁语 abstinēre，abstentus：ab- 远离→ abs-+tenēre 握住（西语 tener 有）+se 表连代动词⇒握住自己的欲望⇒控制自己的欲望】

prnl. 戒除，节制（指不做某事）；（投票时）弃权；不做（自己有权利做的事情）

· **abstención** ｛二级八级 B 级｝

【-ión 名词后缀】

f. 戒除，节制；（多指投票时的）弃权

· **contener** ｛二级三级四级 B 级｝

【拉丁语 continēre，contentus 使连在一起，包含：con- 加强语气 + 见 tener 有】

tr. 包含，含有；制止（动作）；强忍（情绪等）

prnl. 自制

· **contenido** ｛二级三级四级 B 级｝

【西语 contener 的分词⇒被包含在容器里面的东西】

m. 所容纳的东西；内容（泛指被包含的事物）；（语言符号的）涵义，含义

· **contenedor, ra** ｛二级三级八级 B 级｝

【西语 contener+-dor 表主动】

adj. 含有……的，包括……的

m. 大型垃圾箱

· **contento, ta** ｛二级三级四级 A 级｝

【拉丁语 continēre 使连在一起（西语 contener 包含）→分词 contentus 被包含的→全部被包含的→引申：开心的】

adj. 满意的，满足的，高兴的

m. 满意，满足，高兴

· **contentar** ｛二级三级八级｝

tr. 使满意，使高兴

prnl. 满足，满意；和解，和好

- **descontento, ta** 〔二级三级八级〕

  【des- 否定】

  adj. 不高兴的，不满的

  m. 不悦，不高兴

- **continente** 〔二级四级 B 级〕

  【拉丁语 continēre 使连在一起（西语 contener 包含）→现在分词 continentem 连绵不断的】

  adj.inv. 包含的；有克制力的

  m. 容器；大陆，洲（如亚洲，美洲，欧洲，非洲）

  - **continental** 〔二级八级 B 级〕

    【-al 表相关】

    adj.inv. 大陆的，和大陆有关的；（气候等）大陆（性）的

    - **intercontinental** 〔二级八级〕

      【inter-……之间 +continente+-al 表相关】

      adj.inv. 洲际的

- **continuo, nua** 〔二级三级四级 B 级〕

  【拉丁语 continēre 使连在一起（西语 contener 包含）→ continuus 连续不断的：-uus=-uo……的】

  adj. 连续的，持续的，不间断的；连接的；接二连三的，经常发生的

  - **continuidad** 〔二级八级〕

    【-idad 名词后缀】

    f. 继续（性），连续（性），连贯（性）；衔接，连接；继续（留在）

  - **continuamente** 〔B 级〕

    【-mente 副词词尾】

    adv. 连续地，不断地；经常地

  - **continuar** 〔二级三级四级 B 级〕

    intr. 继续在（某地），维持原状；继续（做某事）

    intr./prnl. 延伸（常用连带动词形式）

    - **continuación** 〔二级三级四级 B 级〕

      【-ión 名词后缀】

      f. 继续部分，续篇（泛指一切继续的事物）；继续，延续

- **detener** 〔二级三级四级 B 级〕

  【拉丁语 dētinēre, dētentus 阻止：de- 向下、加强语气 + 见 tener 有】

  tr. 逮捕，拘留；阻拦

  prnl. 停止，停留；耽搁，停留

  - **detenido, da** 〔二级三级八级〕

【西语 detener 的分词】

adj. 被捕的 >>> *s.com.* 被捕的人

adj. 停止的，停滞的；(研究、分析等) 详细的

· **detenidamente** { 二级三级八级 }

【-mente 副词词尾】

adv. 仔细地，认真地

· **detención** { 二级八级 }

【-ión 名词后缀】

f. 逮捕，拘留；停，停留；耽搁；仔细

· **entretener** { 二级三级八级 **B** 级 }

【通俗拉丁语 *intertenēre: inter- 在……间→ entre+ 见 tener 有⇒把事物从发展的过程中拿出→延迟，推迟工作→使开心】

tr. 耽搁，耽误 (某人)>>> *prnl.* (某人) 耽误时间

tr. 解闷，逗乐，使开心 >>> *prnl.* 消遣

tr. (找借口) 拖延

· **entretenido, da** { B 级 }

【西语 entretener 的分词】

adj. 引起兴趣的，引起乐趣的，使人高兴的；费事的

· **mantener** { 二级三级四级 **B** 级 }

【拉丁语短语：manū tenēre 握在手中 (manū 是 mano 对应拉丁语 manus 的夺格) → 中世纪拉丁语 manutenēre 握在手中⇒用手支撑着家里的顶梁柱⇒维持家庭】

tr. 支撑，撑住 (使不掉落)；保持 (使不消失)；维持 (持续之前的动作)；坚持 (观点)；履行 (诺言)

tr. 供养，抚养 >>> *prnl.* 生活，生存

tr. 保持，维持 (公共秩序，安静，后接名词)>>> *prnl.* 保持，维持 (某种状况、姿势 , 后接形容词、分词等)

· **mantenimiento** { 二级三级四级 A 级 }

【-imiento 名词后缀】

m. 保养，维修；提供食物

· **obtener** { 二级三级四级 **B** 级 }

【拉丁语 obtinēre, obtentus: ob- 逆，相反 + 见 tener 有⇒拿走→得到】

tr. 得到，获得

tr. 提取 (从某种物质中提取，提炼出另一种物质)>>> *prnl.* 提取自

· **obtención** { 二级三级八级 }

【-ión 名词后缀】

　　f. 得到，获得

· **pertinente** ｛二级三级八级｝

【拉丁语 pertinēre：per- 完全 + 见 tener 有 (元音转换 e 变 i) → 现在分词 pertinentem】

adj.inv. 有关的，相关的；恰当的，适当的，合宜的

　　· **pertenecer** ｛二级三级四级 B 级｝

　　【拉丁语 pertinēre(见 pertinente 有关的)：per- 完全 + 见 tener；-ecer 动词后缀 ⇒握住某物，拥有某物⇒某物属于某人】

　　intr. 属于 (某人 / 某物所有)；由……负责，由……管辖；附属，从属 (构成 某物的一部分)

　　　　· **perteneciente** ｛二级三级八级｝

　　　　【-iente……的】

　　　　adj. 属于……的

· **retener** ｛二级三级四级｝

【拉丁语 retinēre，retentus：re- 再次、加强语气 + 见 tener 有⇒一直握住手里】

tr. 保留，留住；记住；拘留 (嫌疑犯等)；(尤指为支付工资所得税而) 代扣 (部 分工资)

tr./prnl. 抑制，克制 (泪水、情绪、欲望等)

　　· **retención** ｛二级三级八级｝

　　【-ión 名词后缀】

　　f. 记住；挡住，拦住，留住；(尤指为支付工资所得税的) 代扣，扣除

　　f./f.pl. (常用复数) 交通阻塞

　　· **rienda** ｛二级八级｝

　　【和 "retener 留住" 同源于拉丁语 retinēre，音变过于复杂，建议采用其它方法记忆】

　　f./ f.pl. (常用复数) 缰绳

　　f.pl. 统治，控制

· **sostener** ｛二级三级四级｝

【拉丁语 sustinēre：sus- → sos- 在 / 从……之下 + 见 tener 有⇒在下方握住顶梁柱】

tr. 支撑 >>> *prnl.* 撑住，站稳

tr. 坚持 (认为)；维持；供养，赡养；忍受，经受；支持 (提供帮助)

prnl. 坚持 (某种态度)

　　· **sostenible** ｛B 级｝

　　【-ible 能被……的】

adj.inv. 可持续的

· **sostén** ｛二级三级四级｝

　　m. 支柱，支撑物 (泛指在物理或精神上支撑的人事物)；胸罩

· **sustentar** ｛二级三级四级｝

　　【拉丁语 sustinēre(西语 sostener 支撑) →分词 sustentus →反复动词 sustentāre】

　　tr. 支撑，支托 (使某物不掉下)>>> *prnl.* 支撑

　　tr. 供养 (某人)>>> *prnl.* 维持生活，维持生存

　　tr. 支持，维护 (想法，观点，理论等)；保持，维持 (使保持原有的状态等)

　　· **sustento** ｛二级三级八级｝

　　　　m. 食物，生计；支撑物

28. tej-，text- 编织　【拉丁语 texere，textus 编织　注：现在词干 tex- 在西语中常以 tej- 或 te- 形式出现】

· **tejer** ｛二级三级八级｝

　【拉丁语 texere 音变：x → j】

　intr./tr. (用毛线等) 编织；(蜘蛛) 吐丝，结网、(毛毛虫等) 作茧

　tr. 策划，编造 (谣言等)

　· **tejido** ｛二级三级四级｝

　　【西语 tejer 的分词】

　　m. 织物，编织品；(机体的) 组织

　· **texto** ｛二级三级四级 B 级｝

　　【拉丁语 texere(西语 tejer 编织) →分词 textus ⇒用词汇编织成的作品】

　　m. 本文，原文；教科书，课文；引文

　　· **textual** ｛二级三级八级｝

　　　【-al 表相关】

　　　adj.inv. 本文的，原文的；按照原文的，逐字逐句的

　　　· **textualmente** ｛B 级｝

　　　　【-mente 副词词尾】

　　　　adv. 按照原文地，逐字逐句地

　· **textura** ｛二级三级 B 级｝

　　【拉丁语 texere(西语 tejer 编织) →分词 textus(西语 texto 原文) → textūra：text-编织 +-ura 名词后缀】

　　f. 织造；基本结构

　· **textil** ｛二级三级四级 B 级｝

　　【拉丁语 texere →分词 textus → textilis 纺织的：text- 编织 +-il 表相关】

　　adj.inv. 纺织的；可纺织的

· **tela** ｛二级三级四级 A 级｝

【拉丁语 texere(西语 tejer 编织) → *texla(-la 为拉丁语指小词后缀) → tela】

f. 纺织品，织物；布匹，布料；薄膜状物 (泛指任何像织物，尤其生成在液体表面的薄膜)；〈口〉事情，话题；〈口〉钱，财产

　· **telón** ｛二级三级八级｝

　【-ón 指大词后缀】

　m. (剧院的) 幕布

　· **telaraña** ｛八级｝

　【araña 蜘蛛】

　f. 蜘蛛网

· **sutil** ｛二级三级八级｝

【拉丁语 subtilis：sub- 下→ su-+tilis- 见"tela 布，网" 对照英语 subtle ⇒在网下再编织网→要求更高技艺的】

adj.inv. 细的，纤细的；微妙的 (指虽然程度不深，但有明显作用的)；精明的，机智的

　· **sutileza** ｛二级八级｝

　【-eza 名词后缀】

　f. 细，纤细；微妙；细腻但不确切无深度的言词；精明，巧妙

· **contexto** ｛二级三级四级｝

【contexere 编织到一起：con- 加强语气 +texere(西语 tejer 编织)→分词 contextus】

m. 上下文，语境；(事情的) 背景

· **pretexto** ｛二级三级四级｝

【拉丁语 praetexere 掩饰：prae- 前 → pre-+texere(西语 tejer 编织) → 分词 praetextus ⇒提前编好借口】

m. 借口，托词

29. ven-, vent- 来　【拉丁语 venire, ventus 来】

· **venir** ｛二级三级四级 A 级｝

【拉丁语 venire 来】

intr. 来；到达；(和 bien 或 mal 连用表示) 适合 / 不适合；(和一些形容词连用相当于 ser+adj.) 是，结果是；来自，源自；(想法、情感等) 出现 (在某人脑海里)；回到 (尤指中断某事后继续处理该事)；出现在 (尤指出现在照片或印刷品中)

　· **venida** ｛二级八级｝

　【西语 venir 的阴性分词】

f. 来；到达；返回；(河水) 上涨

· **venidero, ra**｛二级八级｝

【西语 venir+-dero 形容词后缀，可表示可能】

adj. 即将来临的

s. pl. 后来人，子孙后代

· **porvenir**｛二级三级四级｝

【前置词 por 表尚未 +venir 来】

m. 未来，将来

m. 前途

· **ventura**｛二级三级八级｝

【-ura 名词后缀】

f. 幸福；幸运，运气；机遇，巧合

· **desventura**｛二级八级｝

【des- 表否定】

f. 不幸，厄运

· **advenir**｛二级三级八级｝

【ad- 表方向 +ven- 来 +-ir 动词后缀】

intr. (事件、时期等) 降临，发生

· **avenir**｛二级八级｝

【和"advenir 发生"同源于拉丁语 advenire 来到：ad- 表方向→ a-+ven- 来 +-ir 动词后缀⇒法官走到有冲突的双方之间】

intr. 发生

tr. 调解，使和解 >>> *prnl.* 和解，和睦相处

tr. 使一致，使协调 >>> *prnl.* 达成一致，协调

· **avenida**｛二级三级四级 A 级｝

【西语"avenir 发生"的阴性分词 注：建议重新从构词成分和词义构建联系】

f. 林荫大道；洪水，涨水

· **aventura**｛二级三级四级 B 级｝

【拉丁语 advenire 来到 (西语 avenir 发生)→分词 adventus(英语 advent 出现)→ adventūra：-ura 名词后缀，和分词词干搭配使用 对照英语 adventure ⇒来 / 去亚马逊探险】

f. 奇事，奇遇；冒险；风流韵事，短暂的男女关系 (=aventura amorosa)

· **aventurero, ra**｛二级八级｝

【-ero 表示人】

adj. 敢于冒险的，热衷于冒险的 >>> *s.* 热衷于冒险的人，冒险家

adj. 以非法手段谋生的 >>> *s.* 以非法手段谋生的人

· **aventurar** ｛二级八级｝

【-ar 动词后缀】

tr. 拿……冒险 >>> *prnl.* 冒险，敢于

tr. 大胆提出（想法、看法和理论等）

convenir ｛二级三级四级｝

【拉丁语 convenīre，conventus 集合：con- 共同，加强语气 + 见 venir 来】

intr. 商定，约定；一致同意，一致认为；适合，适宜（对某人来说是合适的）

· **conveniente** ｛二级三级四级｝

【convenir 汇聚，商定，合适 +-ente……的】

adj.inv. 适合的，适宜的；相符的，一致的

· **conveniencia** ｛二级三级四级｝

【-ia 名词后缀】

f. 适合，适宜；便利，方便；利益；相符，符合，一致

· **inconveniente** ｛二级三级四级｝

【in- 否定前缀】

adj.inv. 不适当的，不适合的 >>> *m.* 不方便，困难，障碍

m. 伤害

· **convenio** ｛二级三级四级 B 级｝

【-io 名词后缀⇒商量的结果】

m. 协议，协定；协议书，协定书

· **convento** ｛二级三级八级｝

【拉丁语 convenīre 集合（西语 convenir 商定）→分词 conventus ⇒教徒集合的地方】

m. 修道院，寺院；〈集〉居住在修道院（寺院）里的人

· **convención** ｛二级三级四级｝

【拉丁语 convenīre 集合（西语 convenir 商定）→分词 conventus(西语 convento 寺院)+-ión 名词后缀】

f. 协议，协定；大会，会议（某一政党、行业等的成员，代表或代表团员出席的正式会议）

· **convencional** ｛二级三级八级｝

【-al 表相关】

adj.inv. 协议的；约定俗成的，传统的

· **devenir** ｛二级三级八级｝

【拉丁语 dēvenīre 发生→法语 devenir：de- 向下 + 见 venir 来】

intr. 发生

· **evento** ｛二级三级四级｝

【拉丁语 ēvenīre 发生: e- 向外 + 见 venir 来→分词 ēventus】

m. 事件，大事，事变；可能发生的事，偶发事件

- **eventual** ｛二级三级八级｝

  【-al 表相关】

  adj.inv. 可能 (发生) 的，可能有的

  adj.inv. (工人) 临时性的 >>> *s.com.* 临时工

intervenir ｛二级三级四级｝

【拉丁语 intervenīre，interventus: inter- 在……之间 + 见 venir 来⇒来到两事物之间】

intr. 干涉，干预；参加，参与；调解；说情

tr. 给……动手术；监听 (电话等)

- **intervención** ｛二级三级四级｝

  【-ión 名词后缀】

  f. 干涉，干预；参与，介入；手术；监控，监听

invento ｛二级三级四级 B 级｝

【拉丁语 invenīre，inventus 找到: in- 向内 + 见 venir 来】

m. 发明 >>> *m.* 发明物

m. 虚假的言行

- **inventor, ra** ｛二级八级｝

  【-or 表主动】

  adj. 发明的 >>> *s.* 发明人

- **inventario** ｛二级八级｝

  【-ario 名词后缀⇒发明物→货物】

  m. 盘点，清点财产；存货清单

- **invención** ｛二级三级八级 B 级｝

  【拉丁语 invenīre 找到→分词 inventus(西语 invento 发明)+-ión 名词后缀，和分词词干搭配使用】

  f. 发明，发明物；虚构，编造；虚构的言行

- **inventar** ｛二级三级四级 B 级｝

  【-ar 动词后缀】

  tr. 发明；捏造，虚构 (谎言、借口等)

prevenir ｛二级三级四级 B 级｝

【拉丁语 praevenīre，praeventus: prae- → pre- 前 + 见 venir 来⇒提前来做准备】

tr. 准备 (所需之物)>>> *prnl.* 做好准备

tr. 预防，防止 >>> *prnl.* 预防，防备

tr. 提醒；使抱有偏见

· **prevención**｛二级三级八级｝

【-ión 名词后缀】

f. 预防，措施；准备，准备工作；偏见

· **preventivo, va** ｛二级三级八级｝

【-ivo……的】

adj. 预防性的

· **provenir** ｛二级三级四级｝

【pro- 向前 +venir 来】

intr. 来自，源于

· **proveniente** ｛二级三级八级｝

【-iente 表主动】

adj.inv. 来自……的

· **sobrevenir** ｛二级三级八级｝

【sobre- 在……之上 / 在……之 - 在……之后 + 见 venir 来⇒随后而来，随之而来】

intr. 突然发生；接着发生

· ***subvenir**

【拉丁语 subvenīre，subventus 帮助，救助：sub- 下 + 见 venir 来】

intr. 补助，资助

· **subvención** ｛二级三级八级｝

【-ión 名词后缀】

m. 补助，资助；补助金，津贴

b. 现在词干 + 构干元音 + t = 分词词干

30. am-, amat- 爱 【拉丁语 amare, amatus 爱】

· **amar** ｛二级三级四级 **B** 级｝

【拉丁语 amare 爱：am- 爱 +ar 动词后缀】

tr. 爱，热爱 >>> *prnl.* 相爱

· **amante** ｛二级三级四级 B 级｝

【-ante 表主动】

adj.inv. 爱好……的 >>> *s.com.* 爱好者

s.com. (不正当关系的) 情人

· **amable** ｛二级三级四级 A 级｝

【-able 可以 (被)……的⇒可以被疼爱的，值得被疼爱的】

adj.inv. 和蔼亲切的；值得被爱的

· **amabilidad** ｛二级八级 B 级｝

【-idad 名词后缀】

f. 亲切，和蔼；亲切的言行举止

· **amor** ｛二级三级四级 B 级｝

【-or 名词后缀，表抽象概念时和现在词干搭配使用】

m. 爱；爱好，喜欢；精心，细心

m.pl. 恋爱关系

s.com. 心爱的人

· **amoroso, sa** ｛二级八级 B 级｝

【-oso……的】

adj. 爱的，恋爱的 (有关爱的，和爱有关的)；慈祥的

· **enamorar** ｛二级三级四级 B 级｝

【en- 使动 +amor 爱 +-ar 动词后缀⇒使某人陷入爱情之中】

tr. 使倾心，使爱上 >>> *prnl.* 喜欢上 (人)、爱上 (人)

tr. 使喜欢上 (事物)>>> *prnl.* 喜欢 (事物)

· **enamorado, da** ｛二级三级八级 B 级｝

【enamorar 的分词】

adj. 对……有爱恋的 >>> *s.* 恋人

adj. 热爱……的 >>> *s.* 爱好者

· **amigo, ga** ｛二级三级四级 A 级｝

【拉丁语 amicus: am- 爱 +-icus=-ico 表相关 音变：元音间的清辅音 c 浊化成 g】

adj. 有交情的 >>> *s.* 朋友

adj. 爱好……的 >>> *s.* 爱好者

s. 〈口〉情人

· **amistad** ｛二级三级四级 B 级｝

【am- 爱 +-is-+-tad=-dad 名词后缀】

f. 友谊

f.pl. 朋友

· **amistoso, sa** ｛二级八级 B 级｝

【见 amistad 友谊 +-oso……的】

adj. 友好的，友善的

adj. (比赛) 友谊的 >>> *m.* 友谊赛 (=partido amistoso)

· **enemigo, ga** ｛二级三级四级 B 级｝

【拉丁语 inimicus: in- 否定→ en-+ 参见 amigo 朋友 注：发生元音转换 a 变 e】

adj. 不喜欢的，反对……的 >>> *s.* 反对者

s. 对手，敌人

m. (军事上的) 敌军

· **enemistad** ｛二级八级｝

【拉丁语 *inimicītas: in- 否定→ en-+ 参见 amistad 友谊 注: 发生元音转换 a 变 e】

f. 敌意，敌对

31. ambul-, ambulat- 走 【拉丁语 ambulare, ambulatus 走】

ambulante ｛二级三级八级｝

【ambul- 走 +-ante 表主动】

adj.inv. 流动的，移动的

· **ambulancia** ｛二级三级四级 A 级｝

【-ia 名词后缀⇒流动的医院】

f. 救护车

· **ambulatorio, ria** ｛B 级｝

【分词词干 ambulat- 走 +-orio……的】

adj. 非住院的 >>> *m.* (提供给非住院病人看病的) 门诊所

· **andar** ｛二级三级四级 A 级｝

【拉丁语 ambulare 走】

intr. (人 / 动物) 走，(物体) 运行; (机器) 运作，运走; 处于，处在 (某种状态); 存在，发生; 〈口〉摸，动，翻弄; (时间) 流逝; (年龄) 年近; (事情) 进展，发展

intr./prnl. 行事，做事

32. aud-, audit- 听见 【拉丁语 audire, audītus 听见】

oír ｛二级三级四级 A 级｝

【拉丁语 audire 听见 音变: -au- 变 o-; 元音间的 d 脱落】

tr. 听见，听到; 听取; 听懂，领会

· **oído** ｛二级三级八级 A 级｝

【西语 oír 的分词】

m. 听觉; 听觉器官; 听力 (欣赏音乐的能力)

· **oyente** ｛二级三级四级 B 级｝

【西语 oír 的现在分词: -iente 现在分词词尾，表主动 正字法: 三重元音间的 i 变 y】

adj.inv. 听的

s.com. 旁听生

· **audiencia** ｛二级八级｝

【拉丁语 audire 听见 (西语 oír) →现在分词 audientem；+-ia 名词后缀】

f. (法院的) 审讯，听讼；法院大楼；(首字母大写、指机构) 法院；〈集〉(电台、电视或节目的) 听 (观) 众，(通过报纸等获得信息的) 读者；接见，召见

· **auditorio** ｛二级三级四级｝

【拉丁语 audire 听见 (西语 oír) →分词 audītus+-orio 名词后缀，可表地方】

m. 讲堂，礼堂；音乐厅 (在表示此词义时亦做 auditórium)；〈集〉听众

· **audición** ｛B 级｝

【拉丁语分词 audītus+-ión 名词后缀】

f. 听；听觉，听力；音乐会，朗诵会；(求职者的) 试讲，试演

· **audiovisual** ｛二级三级八级 B 级｝

【拉丁语 audire(西语 oír 听见) 的陈述式现在时第一人称变位 audio 我听 +vis(u)-+
-al 表相关】

adj.inv. (多指在教学上) 利用视觉和听觉的，视听教学的

m. 视听科教片

obedecer ｛二级三级四级 B 级｝

【拉丁语 *oboedescěre 听：ob- 表方向 +aud- → (元音转换) → ed- 听见 +-ecer 动词后缀 对照英语 obey】

tr. 听从，服从 (上级、命令等)

intr. 来自，由……引起；(动物) 听从……的指挥

· **desobedecer** ｛二级八级 B 级｝

【des- 表否定 +obedecer 服从】

tr. 不服从，不听从

33. clam-，clamat- 叫喊　【拉丁语 clamar，clamatus 叫喊】

· **clamar** ｛二级八级｝

【拉丁语 clamar 叫喊：clam- 叫喊 +-ar 动词后缀】

intr. (为了求助而) 呼喊，喊叫

tr. 呼吁，要求；需要 (主语为无生命的事物)

· **llamar** ｛二级三级四级 A 级｝

【和 clamar 同源于拉丁语 clamare 叫喊 音变：-cl- 腭化为 -ll-】

tr. 叫，喊，呼唤，招呼；给……打电话，用电话联系；号召，召唤，召见，呼吁，召集；求助，呼救；把……评定为，把……列为，把……称作；吸引，招引

tr. 把……叫作，把……命名为 >>> *prnl.* 名叫，题为

intr. 敲门，叫门，按 (铃)

- **llamado, da** ｛二级三级四级 A 级｝

  adj. 名叫……的，所谓的

  f. 叫，叫喊；电话，通话；(想引起别人注意的)动作(声音等)；吸引力，魅力，感召；叫门声
- **llamamiento** ｛八级｝

  【-miento 名词后缀】

  m. 号召，呼吁
- **llamativo, va** ｛二级三级八级｝

  【西语构词法：llamar+-ativo……的】

  adj. 显眼的，引人注目的

· **exclamar** ｛二级三级四级｝

【ex- 向外，往外 +clam- 叫喊 +-ar ⇒朝外叫喊】

intr./tr. 喊叫，哀叹

· **aclamar** ｛二级三级八级｝

【拉丁语 acclāmāre，acclāmātus: ad- 表方向 → ac- → a-+clāmāre 叫喊(西语 clamar 呼吁)】

tr. 向……欢呼，向……喝彩；拥护，拥戴
- **aclamación** ｛二级八级｝

  【-ión 名词后缀】

  f. 欢呼，喝彩，赞扬

· **proclamar** ｛二级三级八级｝

【拉丁语 prōclāmāre，prōclāmātus: pro- 向前 +clam- 叫喊 +-ar 动词后缀⇒对群众大声说】

tr. 宣告，公布(正式且公开地宣布)；宣告(尤指宣告登基或国家的成立)；公认；表明，说明

prnl. 自封
- **proclamación** ｛二级三级八级｝

  【-ión 名词后缀】

  f. 宣告，公布(尤指当众正式公布的通知)；登基仪式

· **reclamar** ｛二级三级八级｝

【拉丁语 reclāmāre，reclāmātus: re- 加强语气 +clam- 叫喊 +-ar 动词后缀⇒在街头拉横幅叫喊】

intr. 抗议，要求取消

tr. 要求，请求 (自认为有权得到的事物)；(以命令或坚持口气) 叫，命令 (某人去某地或做某事)

· **reclamo** { 二级三级八级 }

　　m.〈拉〉抗议, 抱怨, 投诉；(鸟呼唤同类的) 鸣叫声；(泛指) 引人注目的事物；广告；(读物中的) 参见符号

· **reclamación** {B 级 }

　　【-ión 名词后缀】

　　f. 要求、抗议

· **clase** { 二级三级四级 A 级 }

【和本栏词根同源于印欧词根 "*kelə- 叫喊"→拉丁语 classis 市民阶层⇒原指从军的一类人，后来古罗马按照人民的资产把人划分为六个等级 对照英语 class】

f. 班级，年级；教室；课，课程；社会阶级；类别，种类，等级 (拥有共同特征的人事物)；(动植物分类中的) 纲

· **clásico, ca** { 二级三级四级 A 级 }

【clase 种类，等级 +-ico 形容词后缀，表相关 词源：原指古罗马六个等级中最高一个等级的，即最高级的、一流的。在欧洲人文主义学者看来唯有那些古希腊罗马文化和著作才是一流的。古希腊罗马文化和著作都是经典】

adj. (电影、著作、音乐等文化产物) 经典的，典范的 (指属于最高级别或类别的，最优秀的)；古典的 (指艺术、建筑、文学等和古希腊罗马有关的)；传统的；典型的，具代表性的

· **clasicismo** { 二级八级 B 级 }

　　【-ismo……主义】

　　m. 古典主义、古典风格；稳重，和谐

· **clasificar** { 二级三级四级 B 级 }

　　【-ificar 做，使】

　　tr. 把……分类，为……归类

　　prnl. (尤指在体育比赛中) 获得晋级资格；(在比赛中) 获得 (某项名次)

· **clasificación** { 二级三级四级 }

　　【-ción 名词后缀】

　　f. 分类，归类 (表动作)；种类，类别，级别；取得比赛资格 (指在某项比赛中获取继续比赛的资格)

34. clin-，clinat- 弯曲，倾斜　　【印欧词根 *klei- 斜→ 1. 拉丁语 clinare, clīnātus 倾斜，使弯曲；→ 2. 拉丁语 clientem 追随者】

· **inclinar** { 二级三级四级 }

【拉丁语 inclināre，inclīnātus：in- 向内，加强语气 +clin- 弯曲，倾斜 +-ar 动词后缀】

tr. 使倾斜，使弯曲 >>> *prnl.*（物）弯曲，（人）弯身

tr. 使倾向于，使想要 >>> *prnl.* 倾向于

prnl. 偏爱

- **inclinación** ｛二级三级四级｝

  【-ión 名词后缀】

  f. 倾斜；点头，鞠躬；倾向，趋势；喜好，爱好

- ***declinar**

  【拉丁语 dēclīnāre，dēclīnātus：de- 向下 +clin- 倾斜 +-ar 动词后缀】

  intr. 下倾，倾斜；（在程度上）衰退，下降

  tr. 婉拒，谢绝

  - **declinación** ｛二级三级八级｝

    【-ión 名词后缀】

    f. 下垂，下倾；衰落；（语法）变格；（语法）词尾变化

- **cliente** ｛二级三级四级 A 级｝

  【印欧词根 *klei-. 斜→拉丁语 clientem 追随者，依赖者⇒原指受贵族保护的平民，后逐渐转意为顾客→受消费法保护的人】

  s.com. 客人；老主顾，老顾客，常客；受人庇护者

  - **clientela** ｛二级八级｝

    【-eta 名词后缀】

    f. 〈集〉客人

- ***clemente**

  【印欧词根 *klei- 斜→ 3 拉丁语 clēmentem 温和的：clem-=clin- 倾斜 +-ente ⇒倾向于原谅他人的】

  adj.inv.（法官等在处罚或判决犯人时）仁慈的，宽厚的

  - **clemencia** ｛二级八级｝

    【-ia 名词后缀】

    f.（尤指在处罚或判决时表现出的）仁慈，宽厚

  - ***inclemente**

    【in- 否定前缀】

    adj.inv. 冷酷的，残忍的；（天气等）严酷的，严寒的

    - ***incremencia**

      【-ia 名词后缀】

      f. 冷酷，残忍；严酷，严寒

· **clínico, ca** ｛二级三级四级 **B** 级｝

【印欧词根 *klei-. 斜→ (可以折叠的东西⇒) →希腊语 cline 床 +-ico 表相关⇒原指卧床不起的】

adj. 临诊的，临床的 >>> *f.* 临诊，临床、临床教学 >>> *s.* 临床医生

m. 诊所，医务室 (治疗外伤等不严重病的地方)、(尤指教授临床医学的) 实习医院

f. 医院 (尤指私人医院)

clima ｛二级三级四级 **B** 级｝

【印欧词根 *klei- 斜→希腊语 klima 地球表面，地带⇒词源：古希腊人认为地球由赤道向南极和北极倾斜，而倾斜角度的不同使得不同地区接受太阳辐射各不相同，这就影响了各地的气候和温度】

m. 气候；氛围，气氛

· **climático, ca** ｛二级八级 B 级｝

　　【-tico……的】

　　adj. 气候的

· **climatizador** ｛二级八级｝

　　【climatizar 调节……的空气：clima 气候 +-t-+-izar 使动；-ador 表主动】

　　m. 空气调节器

· **clímax** ｛二级三级八级｝

【印欧词根 *klei- 斜→希腊语 klimax 梯子 注：单复数同形】

m. 顶点，高潮 (事物发展过程中，通常临近结尾的重要时刻)；(小说、戏剧等的) 高潮，最精彩处

35. cre-，creat- 生产，产生；crec- 生长 【印欧词根 *ker- 生长→ 1. 拉丁语 creare，creātus 产生；→ 2, 拉丁语 crescĕre 生长】

· **crear** ｛二级三级四级 **B** 级｝

【拉丁语 creare，creātus 产生：cre- 生产，产生 +-ar 动词后缀】

tr. 创造 (财富等)；(尤指在文艺活动上) 创作 (作品)，塑造 (形象)；创立 (机构等)；造成，引起

· **creación** ｛二级三级四级 B 级｝

　　【-ión 名词后缀】

　　f. (尤指神创造的) 宇宙，世间、天地万物；创作 (指文学艺术作品)，发明；创建，设立；创作品 (指文学艺术作品等)

· **creativo, va** ｛二级八级 B 级｝

【-ivo……的】

adj. 富有创造性的，有创造能力的

s. 广告创意设计者

· **creatividad** ｛B 级｝

【-idad 名词后缀】

　f. 创造力，想象力

· **creador, ra** ｛二级三级四级｝

【西语 crear+-dor 形容词兼名词后缀，表主动】

adj. 创造力的，创造性的

s. 创造者，创造人 >>> *m.* (首字母大写) 上帝，造物主

· **recrear** ｛B 八级｝级｝

【拉丁语 recreāre，recreātus：re- 加强 + 见 crear 创造】

tr. 重塑，再创造

tr. 使娱乐，使感到愉快 >>> *prnl.* 感到愉快

· **recreo** ｛二级三级八级 B 级｝

　m. 娱乐，消遣；(学校中) 课间休息

· **recreativo, va** ｛二级八级｝

【-ivo……的】

　adj. 娱乐性的，消遣性的

· **criar** ｛二级三级四级｝

【和 "crear 创造" 为同源对偶词 音变：在通俗拉丁语中，元音连续中的 e 常发 i】

tr. 喂奶，哺乳 (妈妈或奶妈用乳汁喂养婴儿或幼儿)；滋生，产生；饲养 (动物)；给……喂食；养育，教育

tr./intr. 生 (孩子，崽)

prnl. (人) 成长，长大

· **criado, da** ｛二级三级四级｝

【criar 的分词⇒被雇主养育，但同时在雇主家里劳动的人】

　adj. 教养的 (常和 bien 或 mal 连用，表示有教养的或没教养的)

　s. 佣人，仆人

· **crianza** ｛二级三级八级｝

【-anza 名词后缀】

　f. 哺养 (指对处在哺乳期幼儿的养育)；哺乳期；(对家禽等的) 饲养；教养；酿造

· **criatura** ｛二级三级四级｝

【拉丁语 creāre 产生 (西语 crear 创造、criar 喂养) → 分词 creātus → creatura
简化记忆：creat- → criat- 产生 +-ura 名词后缀，和分词词干连用】

　f. (造物主) 创造物；婴儿，幼儿 (刚出生或出生不久的孩子)；胎儿；想

象出来的怪物

· **criollo, lla** { 八级 }

【拉丁语 creare 产生→葡萄牙语 criar(西语 criar 哺育) → cría(在家里养大的) 仆人→指小词 crioulo】

adj. 克里奥尔人的 (尤指父母或祖辈为欧洲人，但自己却生长在西班牙语美洲或者其它欧洲国家在拉美殖民地的)>>> *s.* 克里奥尔人

adj. 克里奥尔化语的 >>> *m.* 克里奥尔化语言

adj. 西班牙语拉丁美洲的

s. 黑人 (指相对于旧时从非洲来的黑人奴隶，生长在美洲的黑人)

· **crecer** { 二级三级四级 A 级 }

【印欧词根 *ker- 生长→ 2 拉丁语 crescĕre 生长】

intr. (生命体) 生长，长大；增加，增大 (体积变大，程度加深等)

intr./tr. (针织) 加针

prnl. 权势增大，地位升高，趾高气扬；胆识愈壮，自信更大

· **creciente** { 二级三级四级 }

【-iente……的】

adj. 生长中的，成长中的，不断增长的，越来越大的

· **crecimiento** { 二级三级四级 B 级 }

【-imiento 名词后缀】

m. (生命体的) 生长，成长；增长，增加

· **crecida** { 二级八级 }

f. (河水) 上涨

· **acrecentar** { 二级三级八级 }

【a- 表方向 +crec- 生长，见 crecer 生长 +-ente……的 +-ar 动词后缀】

tr. 使增加，增长 >>> *prnl.* (事物等) 增加，增长

· **concreto, ta** { 二级三级四级 B 级 }

【拉丁语 concrēscere 长到一块，结合：con- 共同，加强语气 +crēscere(西语 crecer 生长) →分词 concrētus】

adj. 具体的，实际的；有形的，实在的；确实的，确切的

m. 〈拉〉混凝土

· **concretar** { 二级八级 B 级 }

tr. 使具体化

tr. 把……局限于 >>> *prnl.* 局限于

· **concretamente** {B 级 }

【-mente 副词词尾】

adv. 具体地，确切地

· **incremento** ｛二级三级四级｝

【拉丁语 incrēscere 增（对照英语 increase）：in- 加强语气 +crēscere 生长 → incrēmentum】

m. 增加，增长；增加的部分

· **incrementar** ｛二级三级四级｝

【-ar 动词后缀】

tr. 使增加，使增长 >>> *prnl.* 增加，增长

36. cub-, cubit- 躺下　【拉丁语 cubare, cubitus 躺下】

· **cobija** ｛二级三级八级｝

【拉丁语 cubare 躺下 → cubīlia 覆盖物　音变：u 变 o；l+yod=j　简化记忆：cob-+-ija 名词后缀】

f. 盖子，毯子；（半圆筒状的）瓦

· **concubina** ｛二级八级｝

【con- 共同 +cub- 躺下 +-ina 表人】

f. 情妇

· **cubículo**

【拉丁语 cubare 躺下 → cubiculum 卧室】

m. 小房间

37. crep-, crepit- 破裂　【拉丁语 crepāre, crepitus 爆破，破裂】

· **quebrar** ｛二级三级四级｝

【拉丁语 crepāre 爆破，破裂 →（音变：元音间 p 浊化）→古西语 crebar →（音变：r 位移，e 前的 c 为了保持音值变为 qu）→ quebrar】

tr. 打破，打碎 >>> *prnl.* 破裂，破碎

tr. 使弯曲，弯（腰）>>> *prnl.* 弯曲

tr. 使破产 >>> *intr.* 破产

tr. 打断，中止

· **quiebra** ｛二级三级八级｝

f. 破产；失败；损失；裂缝，裂口

· **quebrantar** ｛二级三级｝

【拉丁语 *crepantāre　共时分析法：quebrar 打破 +-nte……的 +-ar 动词后缀】

tr. 打碎，砸碎；折断；违犯

prnl. （身体）感到不适，垮下来

· **discrepancia** ｛二级三级八级｝

【discrepar 不同，有异议: dis- 否定，远离 +crep- 破裂 +-ar 动词后缀；-ncia 名词后缀】

f. 差异，不一致

· **grieta** ｛二级三级八级｝

【crepāre 爆破，破裂→阴性分词 crepita →通俗拉丁语 crepta(音变: i 脱落) → (音变: e 变 ie；-pt- 变 -t-) 古西语 crieta 音变: 流音中的清辅音 c 浊化成 g】

f. 裂缝，裂痕

38. cur-, curāt- 关心，照看 【拉丁语 curare，curātus 关心，照看】

· **curar** ｛二级三级四级 B 级｝

【拉丁语 curare，curātus 关心，照看: cur-+-ar 动词后缀⇒照看病人】

tr. 治疗，治愈 (人、疾病)>>> *prnl.* 痊愈，复元

tr. 治 (伤口)，对 (伤口) 洗清换药；使不再感到；(用熏、腌、晾、晒等方法) 加工储藏 (鱼、肉等食品)；鞣制 (皮革)

· **cura** ｛二级三级四级 B 级｝

f. 治疗；(对伤口) 清洗换药；治疗法

m. 神父

· **curandero, ra** ｛二级八级｝

【curar+-an-+-dero 表示职业】

s. 庸医，江湖郎中

· **curativo, va** ｛B 级｝

【-ivo……的】

adj. 用于治疗的

· **incurable** ｛二级八级｝

【in- 表否定 +curar 治疗 +-ble 能 (被)……的】

adj.inv. (疾病、病人等) 治不好的，难治好的 >>> *s.com.* 绝症病人

adj.inv. 不可弥补的

· **curioso, sa** ｛二级三级四级 B 级｝

【cur- 关心，照看 +-(i)oso 形容词后缀，……的，多……的⇒对很多事都留心的】

adj. 好奇的，有好奇心的；爱打听的；令人好奇的；(指某人在做事时) 细心的，仔细的；(人、物等) 整洁的

· **curiosidad** ｛二级三级四级 B 级｝

【-idad 名词后缀】

f. 好奇 (心)，求知欲；仔细，细心；整洁

f./ f.pl. 新奇事物，异物 (常用复数，指让人感兴趣或感到奇怪的事物)

· **procurar** ｛二级三级四级｝

【pro- 向前 +cur- 关心，照看 +-ar 动词后缀⇒关心前方的事物，试图去得到它】

tr. 力求

tr. 为……谋得，为……弄到 >>> *prnl.* 谋得，弄到

seguro, ra ｛二级三级四级 A 级｝

【拉丁语 securus(对照英语 secure)：se- 分离，远离 +cur- 关心，照看 音变：元音间的 c 浊化成 g ⇒认为安全，不再关心，不再照看的】

adj. 安全的；稳固的，牢固的；可靠的 (不会失败的)；肯定的 (确定的即将会发生的)；有把握的；(指人) 可靠的，可信的，忠实的

m. 保险；医疗保险单位

adv. 肯定

· **seguramente** ｛二级三级四级｝

【-mente 副词后缀】

adv. 很有可能地，有把握地

· **seguridad** ｛二级三级四级 A 级｝

【-idad 名词后缀】

f. 安全，牢靠；牢固，结实；保障金；肯定，把握

· **inseguro, ra** ｛B 级｝

【in- 表否定】

adj. 不安全的；不可靠的

· **inseguridad** ｛二级八级｝

【-idad 名词后缀】

f. 不安全

· **asegurar** ｛二级三级四级 B 级｝

【a- 构成派生词 +seguro+-ar 动词后缀】

tr. 加固，使固定；给……上保险

tr. 确保，保障，保证 >>> *prnl.* 确信

· **asegurado, da** ｛二级三级八级 B 级｝

【asegurar 的分词】

adj. 固定的，牢固的；有保障的

adj. 投了保险的 >>> *s.* (保险) 受保人

· **asegurador, ra** ｛二级三级八级｝

【-dor 表主动】

adj. 保证的、保险的 >>> *s.* 承保人，承保单位

39. d-，dat- 给　【拉丁语 dare，datus 给】

・**dar**｛二级三级四级 A 级｝
【拉丁语 dare 给】
tr. 递给；赠送；给予；产生；(钟)打点；使感到(某种情感)
intr. 朝向；使人(做)，叫人(做)；给予(dar de 后接表示喂养的原形动词，如
dar de comer/beber/mamar a alguien 给饭吃、给水喝、喂奶，a alguien 为间接宾语)
prnl. 沉湎于
　・**dado, da**｛二级三级八级 B 级｝
　　【拉丁语分词 datus 音变：元音间 t 浊化】
　　adj. 由于，鉴于；可能的
　　m. 小方块的东西【此词义的词源可能来自阿拉伯语】
　　・***dádiva**
　　　【dat- 给 +-iva，和分词词干搭配使用 音变：元音间的 t 浊化成 d】
　　　f. 赠品
　　・**dato**｛二级三级四级 B 级｝
　　　【拉丁语 dare(西语 dar 给)→中性分词 datum ⇒给予的信息】
　　　m. 资料，材料；数据
　　・**data**｛二级三级八级｝
　　　【拉丁语 dare(西语 dar 给)→阴性分词 data ⇒词源：古罗马人在写信时，按习
　　　惯在落款处写上 data 和日期表明信件被交给 dat- 给信使的时间】
　　　f. (做某事或某事发生的)时间；(文件上书写的时间、地点的)说明
　　　・**posdata**｛B 级｝
　　　　【pos- 在……后】
　　　　f. 信后附言
　　　・**datar**｛二级八级｝
　　　　【data+-ar 动词后缀】
　　　　tr. 给……注明日期
　　　　intr. 从……时起就有

・**adición**｛二级三级四级｝
【a- 表方向 +dat- 给→(元音转换：a → i)→ dit-+-ión ⇒被添加上某物上的另一物】
f. 添加，附加，补充；添加的部分；加法；〈拉〉发票，账单
　・**adicional**｛二级八级｝
　　【-al 表相关】
　　adj.inv. 附加的，追加的

edición ﹛二级三级四级 **B** 级﹜

【拉丁语 ēdere, ēditus 生产: e- 向外 +dat- 给→ (元音转换: a → i) → dit-; -ión 名词后缀】

f. 出版；版本，版次；(某些活动的) 届

· **editor, ra** ﹛B 级﹜

【-or 表主动】

adj. 出版的 >>> *s.* 出版者

s. 编注者

m. 〈计〉编辑程序

· **editorial** ﹛二级三级八级 B 级﹜

【-i-+-al 表相关】

adj. 出版的 >>> *f.* 出版社 >>> *m.* 社论

· **editar** ﹛二级三级八级 B 级﹜

【来自法语 éditer，为 editor 的逆构词】

tr. 出版；编注；〈计〉编辑

perder ﹛二级三级四级 **B** 级﹜

【per- 完全地 +d- 给 +-er ⇒给予一切，不剩一个】

tr. 失去；丢失；浪费；错过；损坏，毁坏；输，输掉；漏 (水、气等)

prnl. 迷路；走错路；堕落；喜欢，迷恋

· **pérdida** ﹛二级三级四级 B 级﹜

【共时分析法: perder 的阴性分词】

f. 失去，丢失 (指动作)；亏损，损失 (指失去或丢失的之物)；损害，损坏

· **perdedor, ra** ﹛B 级﹜

【-dor 表主动】

adj. 失败的 >>> *s.* 失败者

· **desperdicio** ﹛二级八级﹜

【des- 完全，远离 +perd- 见 perder+-icio 名词后缀】

m. 浪费，挥霍；残渣，残剩物

· **desperdiciar** ﹛二级八级﹜

【-ar 动词后缀】

tr. 浪费，挥霍；错过 (机会等)

añadir ﹛二级三级四级 **B** 级﹜

【来自通俗拉丁语 *inaddere 添加 音变过于复杂，简化记忆: in- 在内，向内→ añ-+a- 表方向 +d- 给 +-ir 动词后缀】

tr. 添加，增加，增添；增大，放大

· **añadidura** ﹛二级八级﹜

【-dura 名词后缀】

f. 增添部分，附加物；〈口〉饶头 (在买卖时，卖方多给买方的少量东西)

- **rendir** ｛二级三级四级｝

【拉丁语 reddere →通俗拉丁语 *rendere：re- 加强语气，因为受到别的词影响，多出了一个 n+d- 给 参照英语 render】

tr. 交出，交给；打败，战胜；使投降，使就范；使筋疲力尽

tr. 产生 (成果、功效、利益等)>>> *intr.* 产利，生效，有用

prnl. (被迫) 承认 (或接受)

- **rendimiento** ｛二级三级四级｝

  【-miento 表动作结果及相关】

  m. 收益，效益；恭顺，顺从，奉承；疲惫，疲倦

- **renta** ｛二级三级四级 B 级｝

  【和 "rendir 交给，有成果" 同源 简化记忆：做生意 "rendir 有成果" 就会产生 renta】

  f. (一定时期内的) 收入，收益；年金 (一年的收入)；租金

  - **rentable** ｛二级三级八级｝

    【-ble 能 (被)……的】

    adj.inv. 有效益的，赢利的

  - **arrendar** ｛二级三级八级｝

    【a- 构成派生词→ ar-+renda- 见西语 renta 租金 +-ar 动词后缀】

    tr. 出租；租用，租赁

- **tradición** ｛二级三级四级 B 级｝

【拉丁语 trādere，trāditus 递给，交付：tra- 横跨 +dit- 给 +-ión 名词后缀，和分词词干搭配使用⇒一代传给一代的习俗】

f. 传统；习惯；口传，传说；〈法〉交付

- **tradicional** ｛二级三级四级 B 级｝

  【-al 表相关】

  adj.inv. 传统的 (和传统有关的)；传统的，保守的

- **traición** ｛二级三级四级｝

  【和 tradición 为同源对偶词 音变：元音间的 d 脱落⇒从背后给一刀】

  f. 背信弃义，背叛；叛变

  - **traicionar** ｛二级三级四级｝

    【-ar 动词后缀】

    tr. 背叛，对……不忠，叛变；使失败，使落空

  - **traidor, ra** ｛二级三级四级｝

【见 traición+-dor 表施动者】

adj. 背叛的；叛变的 >>> *s.* 叛徒，背信弃义者

adj. 不顺从的，不驯服的；(看起来无害但) 实际有害的

· **extradición** { 二级三级八级 }

【ex- 向外 + 见 "tradición 传统 / 交付"】

f. (对逃犯的) 引渡

· **súbdito, ta** { 二级三级八级 }

【sub- 下 +dat- 给→ (元音转换：a → i) → dit-+ ⇒站在王权之下，把自己献给王权的】

adj. 臣属的，隶属的 >>> *s.* 臣民；国民，公民

· **mandar** { 二级三级四级 **B** 级 }

【拉丁语 mandare，mandātus：manus(西语 mano 手)+dare(西语 dar 给) ⇒伸手指向→命令某人走向】

tr. 命令；指挥，指导；委托；委派，派遣 (人)，寄送 (物品)

intr. 管理

· **mando** { 二级三级四级 }

【来自西语 mandar】

m. 统治权，指挥权；控制系统，控制装置

m./m.pl. (常用复数) 首领，指挥官

· **mandato** { 二级三级八级 }

【mandāre 命令→中性分词 mandātum】

m. 指令，命令，法令

· **mandamiento** { 八级 }

【-miento 名词后缀】

m. 指令，命令

· **mandatario, ria** { 二级三级四级 }

【-ario 人⇒被委托的人】

s. 〈律〉受托人，代理人

· **comandante** { 二级三级四级 }

【comandar〈军〉统帅：co- 加强语气 + 见 mandar 命令；-nte 表主动】

s.com. 少校；司令，指挥官；机长

· **comando** { 二级三级八级 }

【来自西语 comandar】

m. 别动队，特遣队 (由少数军人组成实行高风险的特别任务的军队)；(尤指属于恐怖组织的) 武装小队；(计算机上的) 指令

· **encomendar** { 二级三级八级 }

【en-+ 古西语 comendar ←拉丁语 commendāre(英语 commend 委托)：com- 加强语气 +mandare 命令，委托 简化记忆: en-+co-加强语气 +mandar 命令 (元音转换: a 变 e)】

tr. 委托，托付 (使照看，使照料，使看管)；嘱咐

prnl. 依靠，托庇 (寻求帮助或保护)

· **recomendar** ｛二级三级四级｝

【拉 丁 语 recommendāre，recommendātus：re- 加 强 语 气 +-comendar 见 encomendar 委托⇒叫某人做某事】

tr. 忠告，劝告；介绍，推荐

· **recomendación** ｛二级三级四级 B 级｝

【-ión 名词后缀】

f. 忠告，劝告；推荐

· **recomendado, da** ｛B 级｝

【recomendar 的分词】

adj. 被推荐的 >>> *s.* 被推荐人

· **demandar** ｛二级八级｝

【de- 向下，加强语气 + 见西语 mandar 命令】

tr. 请求，要求，恳求；控告，起诉

· **demanda** ｛二级三级四级 B 级｝

f. 请求，要求，强求；事业；〈商〉需求 (量)；〈律〉起诉

· **donar** ｛二级三级八级｝

【印欧词根 *dō-. 给→拉丁语 dōnum 礼物→ dōnāre，dōnātus 赠礼】

tr. 捐赠，赠送

· **donación** ｛二级三级八级｝

【-ión 名词后缀】

f. 捐赠，赠送；赠送品

· **condonar** ｛二级八级｝

【拉丁语 condōnāre：con- 共同，加强语气 +don- 给 +-ar 动词后缀】

tr. 赦免 (罪行)；免 (债务)

· **perdonar** ｛二级三级四级｝

【per- 完全，加强语气 +don- 给 +-ar 动词后缀 注 勿受英语 pardon 影响，而拼写错误】

tr. 原谅，宽恕；免除 (责任、债务等)，赦免 (罪行等)；不放过，不漏过 (仅用于 no 后面，即 no perdonar algo 表示最大化地做某事)

· **perdón** ｛二级三级四级 B 级｝

【perdonar 原谅】

m. 原谅，宽恕；(对责任、债务等的) 免除，(对罪行的) 赦免

· **imperdonable** ｛二级八级｝

　【in- 表否定→ im-+ 见 perdonar+-ble 能（被）……的】

　　adj.inv. 不可原谅的，不能宽恕的

· **dote** ｛二级三级八级｝

【印欧词根 *dō-. 给→拉丁语 dōs, dōtis 嫁妆】

f. 嫁妆

f.pl. 天赋，天资

· **dotar** ｛二级三级四级｝

　【见 dote 嫁妆 +-ar 动词后缀】

　　tr. 给……嫁妆；捐赠；装备，配备

· **dosis** ｛二级三级四级 B 级｝

【印欧词根 *dō-. 给→希腊语 didonai 给予→ dosis 给予的东西：do- 给 +-sis 名词后缀 ⇒医生给病人开的药量】

　f. （药物的）剂量，用量；量，分量

· **anécdota** ｛二级三级四级 B 级｝

【来自希腊语，和本栏词根同源。简化记忆：an- 否定 +ec- 出，外 +dot- 给⇒以前未 公开的事情】

　f. 轶事，趣闻；（偶然发生的）小事

40. dorm-，dormit- 睡觉 【拉丁语 dormire，dormitus 睡觉】

· **dormir** ｛二级三级四级 B 级｝

【拉丁语 dormire 睡觉：dorm- 睡觉 +-ir 动词后缀】

intr. 睡觉（强调过程）>>> *tr.* 使入睡 >>> *prnl.* 睡着，入睡（强调从清醒进入睡眠） *intr.* 过夜

· **dormido, da** ｛B 级｝

　【dormir 的分词】

　　adj. 发呆的，发愣的

· **dormitorio** ｛二级三级四级 A 级｝

　【拉丁语分词 dormitus+-orio 名词后缀，表地方⇒睡觉的地方】

　　m. 寝室，宿舍

· **dormitar** ｛二级八级｝

　【拉丁语反复动词 dormitāre】

　　intr. 打瞌睡

- **adormecer** 〔二级八级〕

  【a- 表方向 +dorm- 睡觉 +-ecer 动词后缀】

  tr. 催眠，使昏昏欲睡 >>> *prnl.* 昏昏入睡

  tr. 减轻，缓和（疼痛、悲伤等）

  prnl.（身体部位）麻木，麻痹

41. dur-, durat- 持续　【拉丁语 durare, dūrātus 持续】

- **durar** 〔二级三级四级 A 级〕

  【拉丁语 durare 持续：dur- 持续 +-ar 动词后缀】

  intr. 持续；（物品）持久，耐久

  - **durante** 〔二级三级四级 A 级〕

    【-nte……的】

    prep. 在……时候，在……期间

  - **duración** 〔二级三级四级 B 级〕

    【拉丁语分词 dūrātus；-ión 名词后缀】

    f. 持续，持久；持续的时间

  - **duradero, ra** 〔二级三级八级〕

    【-dero……的】

    adj.（物品）经久的，耐用的；持久的

  - **perdurar** 〔二级三级四级〕

    【per- 完全，加强语气】

    intr. 持续，持久（指长时间存在）；仍在持续

42. err-, errat- 漫游　【拉丁语 errare, erratum 漫游 注：引申意"犯错"】

- ***errar**

  【err- 漫游 +ar 动词后缀⇒远离真理】

  intr. 犯错 >>> *tr.* 弄错，搞错（路、方向等）

  - ***errata**

    【-ata 为拉丁语分词词尾】

    f. 书写错误，印刷错误

  - **error** 〔二级三级四级 A 级〕

    【见 errar 犯错 +-or 名词后缀，表示抽象概念时和现在词干搭配使用】

    m. 错误的见解；错误，过失；差错，误差；不端行为，错误行为

    - **erróneo, a** 〔二级三级八级〕

      【errar 犯错 +-áneo……的→ -óneo】

      adj. 错误的，错的

43. fl-，flat- 吹　【拉丁语 flare 吹，flatus 风】

· **inflación**　{ 二级三级四级 }
【拉丁语 īnflāre，īnflātus(西语 inflar 使充气)：in- 向内 +flat- 吹 +-ión 名词后缀】
f. 充气，膨胀；通货膨胀，物价飞涨
- · **deflación**　{ 二级三级八级 }
 【拉丁语 dēflāre，dēflātus 吹掉：de- 远离 +flare 吹；-ión 名词后缀】
 f. 通货紧缩

· **fallar**　{ 二级三级四级 B 级 }
【拉丁语 afflare 音变较为复杂，简化记忆：fla- 吹气→ fall-+-ar 动词后缀⇒吹出正义】
tr. 〈律〉判决；评 (奖)
intr. 失败；(器械等) 失灵，失效 (后两个词义来自另外一个词根)
- · **fallo**　{ 二级三级八级 B 级 }
 【西语 fallar 判决】
 m. 判决，裁决；差错，错误；失灵，故障
  - · **hallar**　{ 二级三级四级 B 级 }
  【来自西语 fallar 判决 音变：词首 f 有可能变成 h ⇒动物用鼻子去嗅气味，来判断食物的位置】
  tr. 找到，寻获 (指在寻找后遇到)；碰到 (指无意中遇到)；察觉，发觉；(经过思考后) 了解，懂得
  prnl. 处在 (某地)；处于 (某种状态)
  - · **hallazgo**　{ 二级三级八级 }
  【-azgo 名词后缀，可表动作和结果】
  m. 找到，碰到；找到的东西

· **soplar**　{ 二级三级八级 B 级 }
【拉丁语 sufflare →通俗拉丁语 supplare 简化记忆：so- 在下，从下 +fla- 吹→ pla-+-ar 动词后缀】
intr./tr. 吹气
intr. 刮风；〈口〉过量喝酒
tr. 吹走，吹掉，吹灭；告密，偷偷地说；偷走；(棋局中) 吃掉 (对方棋子)
prnl. 大吃，大喝
- · **soplo**　{ 二级三级八级 }
 【soplar 吹】
 m. 吹，吹风；(气、风等) 一阵；〈口〉告发 (尤指向当权者揭露罪行)；告密，小纸条，交头接耳 (泛指悄悄说的的话或传达的消息)；瞬间

- **hinchar** ｛二级三级八级｝

  【拉丁语 īnflāre，见西语 inflación 充气、通货膨胀】

  tr. 使充满气 >>> *prnl.* (气球、轮胎等) 鼓起

  tr. 使涨水 (指使河流等的流量上涨) >>> *prnl.* 涨水

  tr. 夸张，夸大

  prnl. (身体部位因碰撞等) 肿胀；做事过度；骄傲，自大

  - **hincha** ｛八级｝

    【hinchar 使充满气、夸张】

    s. com. (尤指运动员或名人的) 狂热支持者

    f. 〈口〉仇恨，敌意

  - **hinchazón** ｛二级｝

    【hincharse 肿胀 +-zón 指大词后缀】

    m. 肿胀，浮肿；涨水；骄傲，自大

44. fric-，fricat- 擦 　【拉丁语 fricāre，fricātus 擦　注：变体分词为 frictus】

- **fregar** ｛八级 B 级｝

  【拉丁语 fricāre 擦　音变：i 变 e；元音间的 c 浊化成 g】

  tr. 擦，刷，洗；摩擦

  - **fregona** ｛B 级｝

    【指大词后缀 -ón →阴性形式 -ona】

    f. 拖把

- **disfrazar** ｛二级三级四级 B 级｝

  【词源有争议：dis- 否定，远离 +fraz- 和"fricar 摩擦"同源⇒擦掉原本面貌】

  tr. 把……假装成 >>> *prnl.* 假装，乔装打扮

  tr. 掩饰

  - **disfraz** ｛二级八级 B 级｝

    m. (化装舞会等上的) 化装服；假装，伪装

45. fug-，fugit- 逃跑 　【拉丁语 fugere，fugitus 逃跑】

- **huir** ｛二级三级四级 B 级｝

  【拉丁语 fugere 逃跑→通俗拉丁语 fugire 音变：词首 f 变 h；元音间的 g 脱落】

  intr./prnl. 逃跑

  intr./tr. 躲避，回避

  intr. (时光) 流逝

· **huido, da** ｛二级八级｝

【huir 的分词】

adj. 逃跑的；避人的

f. 逃脱，逃跑

· **ahuyentar** ｛二级八级｝

【简化记忆：a- 表方向 +huir 逃跑 +-iente……的 +-ar 动词后缀　正字法：i 在元音间变成 y】

tr. 驱赶，赶走 >>> *prnl.* (因为害怕) 逃跑，逃离

tr. 消除 (消极想法、悲伤等不好情绪等)

· **fuga** ｛二级三级四级｝

【拉丁语 fugere 逃跑→ fuga 逃跑】

f. 逃跑；(气体或液体的) 泄漏

　· **fugarse** ｛二级八级｝

　　【见 fuga 逃跑 +ar 动词后缀 +-se】

　　prnl. 逃跑，逃走

　· **fugaz** ｛二级三级八级｝

　　【-az 形容词后缀】

　　adj.inv. 短暂的，闪现的

· ***fugitivo, va***

【拉丁语分词 fugitus+-ivo……的】

adj. 逃跑的，逃亡的 >>> *s.* 逃亡者

adj. 短暂的，不经久的

· **rehuir** ｛二级八级｝

【拉丁语 refugĕre：re- 加强语气 + 见 huir 逃跑、躲避】

tr. 避开，回避；避免 (和某人) 相处 / 接触

　· **refugio** ｛二级三级四级｝

　　【拉丁语 refugĕre (西语 rehuir 避开) → refugium：re- 向后，加强语气 +fug- 逃 +-io 名词后缀⇒逃向靠山】

　　m. 避难，庇护；避难所，藏身处；资助 (泛指给予帮助或慰藉的人事物)

　· **refugiar** ｛二级三级四级｝

　　【-ar 动词后缀】

　　tr. 给予……避难、收留 >>> *prnl.* (在国外) 避难，流亡；躲避，躲藏

　· **refugiado, da** ｛二级三级八级｝

　　s. 逃亡者，避难者 (多指由于政治原因或战争不得不离开自己祖国的人)

46. gobern-，gobernat- 驾驶；管理　　【拉丁语 gubernāre, gubernātus 驾驶；

管理 注：词根中的 u 在现代语言中多变成 o，对照英语 govern】

- **gobernar** ｛二级三级四级 **B** 级｝
  【拉丁语 gubernāre，gubernātus 驾驶，管理 音变：u 变 o】
  tr. 统治，治理，管理；控制；驾驶
  prnl. 自我管理，自制
  - **gobierno** ｛二级三级四级 A 级｝
    【西语 gobernar：e → ie】
    m. 统治，治理，管理；政府，内阁；政府大楼，政府所在地；驾驶
  - **gobernador, ra** ｛二级三级四级｝
    【共时分析法：gobernar+-dor……的】
    adj. 统治的，管理的
    s. 地方长官 (如省长、州长等)；(公共机构中的) 政府代表
  - **gobernante** ｛二级三级八级｝
    【见 gobernar+-nte……的】
    adj.inv. 统治的，执政的 >>> *s.com.* 领导人
  - **gobernación** ｛二级三级八级｝
    【见 gobernar；-ión 名词后缀】
    f. 统治，治理，管理；驾驶
  - **gubernamental** ｛二级三级四级｝
    【见 gobernar+-mento 名词后缀 +-al 表相关 注：词根中的元音为 u】
    adj.inv. 政府的；亲政府的，支持政府的

47. hab-，habit- 有，拿 【拉丁语 habere，habitus 拥有】

- **haber** ｛二级三级四级 A 级｝
  【拉丁语 habere 拥有：hab- 有 +-er 动词后缀】
  impers. 有，存在 (只有第三人称单数形式)
  aux. 和过去分词连用，构成表示完成的复合时态
  m./m.pl. (多用复数) 财产，资产
  m. 贷方；优点，长处
  - **hábil** ｛二级三级四级｝
    【hab- 有 +-il 形容词后缀⇒拥有天赋的】
    adj. 能做……的，善于做……的；合适的；熟练的，有经验的
    - **habilidad** ｛二级三级四级 B 级｝
      【-idad 名词后缀】
      f. 才能，才干；能力；精致的物品

· **rehabilitar** ｛二级三级八级｝

【re- 再次，反复，加强语气 +habilitar 使有能力 / 使有资格: hábil+-it-+-ar 动词后缀】

tr. 修复 >>> *prnl.* 得到修复，得到恢复

tr. 使 (机体) 恢复 >>> *prnl.* (机体) 恢复

· **hábito** ｛二级三级四级 B 级｝

【拉丁语 habere 拥有 (西语 haber 有) →分词 habitus ⇒拥有的习惯】

m. 习惯；(实践获得的) 经验，才能；宗教服装；〈医〉瘾 (尤指对某些事物过度的依赖，如烟瘾、毒瘾等)

· **habitual** ｛二级三级四级 B 级｝

【-u-+al 形容词后缀】

adj.inv. 通常的，习惯的，惯常的

· **habitualmente** ｛B 级｝

【-mente 副词词尾】

adv. 习惯地，惯常地；一贯，总是

· **habitar** ｛二级三级八级｝

【拉丁语 habere 拥有 (西语 haber 有) →分词 habitus(西语 hábito 习惯) →反复动词 habitāre，habitātus 居住⇒拥有居住在某地的习惯】

tr./intr. 住，居住

· **habitante** ｛二级三级四级 A 级｝

【-nte 表主动者】

s.com. 住户，居民

· **habitación** ｛二级三级四级 A 级｝

【-ión 名词后缀】

f. 居住 (表动作)；房间，卧室；住所

exhibir ｛二级三级四级｝

【拉丁语 exhibēre，exhibitus: ex- 向外 +hab- →拿，有 (元音转换: a → i)hib-+-ir 动词后缀⇒拿出拥有物】

tr. 展览，陈列 (作品等) >>> *prnl.* (物品) 展出

tr. 出示 (证件)

prnl. 爱出风头，好表现

· **exhibición** ｛二级三级八级 B 级｝

【-ión 名词后缀】

f. 展览，陈列 (表动作)；会展，展览会

· **prohibir** ｛二级三级四级 B 级｝

【拉丁语 prohibēre，prohibitus: pro- 前 +hab- 拿，有→ (元音转换: a → i)hib-+-ir

动词后缀⇒警卫手持证件走向前不让无关人员进入】

tr. 禁止

· **prohibición** ｛二级八级｝

　【-ión 名词后缀】

　f. 禁止

· **deber** ｛二级三级四级 A 级｝

【拉丁语 debēre，为 "de- 远离 +habere 有" 的缩写⇒拿走他人的所有物，应当归还】

m. 责任，义务

m.pl. (学生的) 课外作业

tr./prnl. 应该，必须；负有义务

tr. 欠 (债，人情等)

tr. 把……归因于 >>> *prnl.* 归因于 (指主语是宾语的结果、后果)

aux. (de+ 动词原形) 应该，有可能 (表猜测)

· **debido, da** ｛二级三级四级｝

　【西语 deber 的分词】

　adj. 应有的，适当的

· **deuda** ｛二级三级四级 B 级｝

　【音变复杂，建议采用其它方法记忆。扩展: 拉丁语 debere(西语 deber 应当；欠) →
　中性分词 debitum 债务→通俗拉丁语 debita(英语 debt) 音变: debita → (t 浊化
　成 d → debida → (字母 i 脱落→ debda → (b 元音化成 u → deuda】

　f. 债务

　· **deudor, ra** ｛二级三级八级｝

　　【-or 表主动】

　　adj. 欠债的 >>> *s.* 欠债人

　· **endeudarse** ｛二级三级八级｝

　　【en- 使动 +deuda+-ar 动词后缀】

　　tr. 使欠债，使负债 >>> *prnl.* 欠债，负债

48. lac-，lact-，lacat- 吸引，引诱 【拉丁语 lacere, lactāre 诱惑 注: 基础词动
词 lacere 的派生词的分词词干可能添加上元音 a，如 *delicāre，dēlicatus；词干中
的元音常发生元音转换: a → i】

· **delicia** ｛二级三级八级｝

　【de- 远离，加强语气 +lac- 吸引，引诱→ (元音转换: a 变 i) → lic-+-ia 名词后缀⇒能
　够吸引他人事情】

　f. 快乐，愉快，惬意；乐事，乐趣；烧鱼块 (熟菜)

· **delicioso, sa** ｛二级三级八级 B 级｝

【-oso……的的，多……的】

adj. 令人愉快的

· **delicado, da** ｛二级三级四级 B 级｝

【拉丁语分词 delicātus 简化记忆：de- 远离 +lic- 吸引，引诱 +-ado 被动⇒容易被吸引的，内心不坚强的】

adj. 体弱的，有病的；（物品）易损坏的；（皮肤等）娇嫩的，纤细的；（做工等）精细的，精美的；难弄的，挑剔的；棘手的，难办的；（言语等）文雅的，温和的；可口的，美味的

  · **delicadeza** ｛B 级｝

  【-eza 名词后缀】

  f. 细，纤细；小心谨慎；温柔；客气

  · **delgado, da** ｛二级三级四级 A 级｝

  【和 delicado 同源于拉丁语 delicatus 音变：元音间的 c 浊化成 g；i 脱落】

  adj. （人）瘦的；（物体）细的，薄的

    · **adelgazar** ｛二级八级 B 级｝

    【a- 构成派生词 + 古西语 delgazar 使变薄，见 delgado 瘦的】

    tr. 使变瘦 >>> *intr./prnl.* 变瘦

    tr. 使变细，使变薄 >>> *prnl.* 变细，变薄

· **deleite** ｛三级八级｝

【拉丁语：de- 远离，加强语气 +lacere 诱惑 → 反复动词 lactāre=dēlectāre(西语 deleitar *tr.* 使愉快 /prnl.* 感到愉快)】

m. 高兴，快乐

49. lic-，licit- **被允许** ｛拉丁语 licere，licitus 被允许｝

· **licencia** ｛二级三级四级｝

【lic- 被允许 +-encia 名词后缀】

f. 特许，许可；证书，许可证，执照

  · **licenciarse** ｛B 级｝

  【拉丁语 licentiāre，licenciātus：licencia 特许 +-ar 动词后缀】

  tr. 批准，允许

  tr. 给……授予硕士学位 >>> *prnl.* 获得硕士学位

    · **licenciado, da** ｛二级三级四级 B 级｝

    【licenciar 的分词】

adj. 获得硕士学位的 >>> *s.* (西班牙教育改革前的) 硕士 (现对应的学历
为 "学士，本科毕业生")

s. 退伍军人

- **licenciatura** { 二级三级八级 B 级 }

  【licenciat- 见 licenciarse+-ura 名词后缀】

  f. 硕士学位；授予硕士学位仪式

· **ilícito, ta** { 二级三级八级 }

【in- 表否定→ i-+lícito 合法的 / 合情合理的：licere 被允许→分词 licitus】

adj. 不法的，违法的

- **licitación** { 二级三级八级 }

  【licitar *tr./intr.* (拍卖时) 出价，投标：见 lícito 合法的 +-ar 动词后缀】

  f. (拍卖时) 出价，投标

---

50. lig-，ligat- 绑 【拉丁语 ligare，ligātus 绑】

· **ligar** { 二级三级八级 B 级 }

【拉丁语 ligare 绑：lig- 绑 +-ar 动词后缀】

tr. 捆，扎，缚；使联合，使联结

- **liga** { 二级三级四级 B 级 }

  f. 松紧带；同盟，联盟；〈体〉联赛

- **ligue** {B 级 }

  m. 风流关系 >>> *s.com.* 老相好

- ***liar**

  【和 ligar 同源于拉丁语 ligare 绑 音变：元音间的 g 脱落】

  tr. (用绳等) 捆，绑；(用纸等) 包裹；缠绕 (线等)

  tr. 弄乱 >>> *prnl.* 变得杂乱

  tr. 使复杂化 >>> *prnl.* 变复杂

  prnl. 慌忙，手忙脚乱

  - **lío** { 二级三级八级 B 级 }

    【西语 liar】

    m. 捆，卷，包；乱子，纠葛、麻烦事；混乱，无序；〈口〉传言，流言蜚语；
    〈口〉(男女之间的) 不正当关系

· **aliar** { 二级三级八级 }

【拉丁语 alligāre 结合：a- 表方向 +lig-绑→(音变：元音间的 g 脱落)→li-+-ar 动词后缀】

tr. 使一致，使结合 >>> *prnl.* 结合

tr. 使联合，使结盟 >>> *prnl.* (国家，政府间) 联合，结盟

· **alianza** { 二级三级四级 B 级 }

　【-anza 名词后缀】

　f. 同盟，联盟 (指团体，机构)；结盟，联盟 (表动作)；结婚戒指；联姻

· **aliado, da** { 二级八级 B 级 }

　【aliar 的分词】

　adj. 结盟的，同盟的 >>> *s.* 同盟者，同盟国

　m.pl. (一战中的) 协约国，(二战中的) 同盟国

· **aleación** { 二级八级 }

　【alear 铸成合金，最终源于拉丁语 alligāre 结合 (西语 aliar 使结合)：ad- 表方向 → al-+ligāre(西语 ligar 捆、绑)】

　f. (金属的) 熔合；合金

· **obligar** { 二级三级四级 }

【拉丁语 obligāre，obligātus：ob- 表相反 +lig- 绑 +-ar ⇒用绳子绑住某物，往相反的方向拉⇒强迫其往相反的方向】

tr. 强迫，逼迫；(法律、规定等) 约束，规定

prnl. 承诺

　· **obligado, da** { 二级三级八级 }

　　【共时分析法：obligar 的分词】

　　adj. 必须的，被迫的

　· **obligación** { 二级三级四级 }

　　【-ión 名词后缀，和分词词干搭配使用】

　　f. 义务；职责，责任

　　f./f.pl. (常用复数) 借据

　· **obligatorio, ria** { 二级三级八级 B 级 }

　　【-orio 形容词后缀，和分词词干搭配使用】

　　adj. 义务的，强制性的

　　· **obligatoriamente** {B 级 }

　　　【-mente 副词词尾】

　　　adv. 必须地，强制性地，无法避免地

· **religión** { 二级三级四级 A 级 }

【拉丁语 religāre 紧紧绑住：re- 加强语气 +ligāre 绑；-ión 名词后缀　注：本词为特例，-ión 名词后缀，和现在词干搭配使用⇒把人和神绑在一块】

　f. 宗教；宗教信仰；职责

　· **religioso, sa** { 二级三级四级 B 级 }

【见 religión+-ioso……的，多……的】

adj. 宗教的；（对神灵）虔诚的；严谨的，认真的

s. 教徒

51. man- 流出，涌出　【拉丁语 manare，manatus 流】

· **manar**｛二级八级｝

【拉丁语 manare 流：man- 流出，涌出 +-ar 动词后缀】

intr.（液体）涌出，流出 >>> *tr.* 涌出，流出（液体）

intr. 大量地涌出

· **mana**｛A 级｝

f. 泉，泉水

· **manantial**｛二级三级八级｝

【manantío 涌流的：man- 流出 +-ante+-ío; -al……的】

adj.inv.（水）涌出的，流出的

m. 泉，泉水

· **emanar**｛二级三级四级｝

【e- 外，向外 + 见 manar】

intr. 出自，源自；散发，挥发

52. med- 治愈　【拉丁语 medērī 治愈】

· **médico, ca**｛二级三级四级 A 级｝

【拉丁语 medērī 治愈→ medicus 医生：med- 治愈 +-ico 表相关】

adj. 医学的

s. 医生，大夫

· **medicamento**｛二级三级四级 A 级｝

【拉丁语 medicus 医生（西语 médico 医生）→ medicare 治愈，见西语 medicar *tr.* 给（病人）开药 / *prnl.*（病人）自己用药；-mento 名词后缀，表方法，手段⇒用来治病的东西】

m. 药，药品，药剂

· **medicina**｛二级三级四级 A 级｝

【拉丁语 medicus 医生→ medicīnus 医生的→阴性 medicina：-ino 表相关→ -ina】

f. 医学，医术；医生行业；药物

· **medicinal**｛二级三级八级 B 级｝

【-al 表相关】

adj.inv. 药用的，有药效的

- **remedio** ｛二级三级四级｝

  【re- 加强语气 +med- 治愈 +-io 名词后缀】

  m. 补救，挽回；补救方法；帮助，慰藉；〈医〉治疗法

  - **remediar** ｛二级八级｝

    【-ar 动词后缀】

    tr. 补救，挽回

    tr. 阻止，制止，避免

    - **irremediable** ｛二级三级四级｝

      【in- 否定→ ir+remediable 可补救的：remediar+-ble 能被……的】

      adj.inv.（疾病）不能医治的，（过错）不可挽救的；不可避免的

53. mer-，merit- 赚取，应得　【拉丁语 merere/mereri，meritus 赚取，应得】

- **merecer** ｛二级三级四级｝

  【mer- 赚取，应得 +-ecer 动词后缀】

  tr./prnl. 应该得到，应该受到

  tr. 值得

  - **mérito** ｛二级三级四级｝

    【拉丁语 merere/mereri 赚取，应得→分词 meritus】

    m. 功劳，功绩，功勋；（应受奖赏的）言行举止、优点、长处

    - ***meritorio, ria**

      【见 mérito 价值，优点 +-orio……的】

      adj. 值得称赞的

      s.（无工资的）实习生

  - **merienda** ｛二级三级八级 A 级｝

    【拉丁语 merere/mereri 赚取，应得→阴性副动词 merenda ⇒值得饭后吃的东西】

    f. 午后点心

    - **merendar** ｛A 级｝

      【见 merienda 午后点心 +-ar 动词后缀】

      intr. 吃午后点心 >>> *tr.* 以……为午后点心

      intr. 吃午饭

      prnl.〈口〉（在比赛、辩论中）获胜

54. migr-，migrat- 移居　【拉丁语 migrāre，migrātus 移居】

- **migración** ｛二级三级八级｝

  【拉丁语 migrāre 移居→分词 migrātus；-ión 名词后缀】

  f. 迁居，移居；（候鸟等）迁徙

· **migratorio, ria** { 二级三级八级 }

【-orio……的】

adj. (人) 移居的，迁移的，(动物) 迁徙的

· **inmigrar** { 二级三级八级 }

【拉丁语 immigrāre，immigratus: in- 向内 +migr- 移居 +-ar 动词后缀】

intr. 移民入境

· **inmigración** { 二级八级 B 级 }

【-ión 名词后缀】

f. 移居，移居入境

· **inmigrante** { 二级八级 B 级 }

【-nte……的】

adj.inv. (从国外) 移来的，移民的 >>> *s.com.* 移民

· **emigrar** { 二级三级八级 }

【拉丁语 ēmigrāre，ēmigrātus: e- 向外 +migr- 移居 +-ar 动词后缀】

intr. 移居 (外国)；(动物) 迁徙；〈口〉走，离开

· **emigración** { 二级三级八级 B 级 }

【-ión 名词后缀】

f. 移居 (国外)

· **emigrante** { 二级八级 B 级 }

【-nte……的】

adj.inv. 移居国外的 >>> *s.com.* 移民

55. mon-，monit- 告诫，提醒 　【拉丁语 monere，monitus 警告，告诫，提醒】

· **monumento** { 二级三级四级 A 级 }

【mon- 告诫，提醒 +-u-+-mento 名词后缀，表工具，手段⇒告诫后人不要忘记历史的石碑】

m. 纪念碑；遗迹，古迹；不朽巨著；〈口〉非常漂亮的人

· **monumental** { 二级三级八级 }

【-al……的】

adj.inv. 纪念碑的，纪念性建筑物的；巨大的，雄伟的

· **monitor, ra** { 二级三级八级 B 级 }

【拉丁语 monere 告诫，提醒→分词 monitus+-or 表主动】

s. (体育活动等的) 教练员；告诫者，警告者

m. 监视器

- **monstruo** ｛二级三级四级｝

  【拉丁语 monēre 警告→（用来警告之物⇒)mōnstrum 怪事，怪物】

  m. 妖怪，怪物；非常大的东西；非常丑的人；（物体）残忍的人；（在某一方面）天资过人的人

56. monstr-, monstrat- 表示，显示　【拉丁语 monstrare, mōnstrātus 出示　注：词根在西语中多发生音变 -ns- 变 -s-，所以请注意不要受到英语的影响而拼写错误】

- **mostrar** ｛二级三级四级 B 级｝

  【拉丁语 mōnstrāre 表示，显示　音变：-ns- 变 s】

  tr. 出示，展示；证明；说明，指出；显示出，露出

  prnl. 表现

  - **muestra** ｛二级三级四级 B 级｝

    【西语 mostrar：o 变 ue】

    f. 样品，货样；（供检查用的）试样；（用于复印或模仿的）样本，范本；表明

  - **mostrador** ｛二级八级｝

    【历史分析法：拉丁语 mōnstrāre → monstrātor 音变：-ns- 变 s；元音间 t 浊化　共时分析法：mostrar 展示 +-dor 表地方⇒出示货品的地方】

    m. 柜台；表盘

- **demostrar** ｛二级三级四级 B 级｝

  【拉丁语 dēmōnstrāre, dēmōnstrātus：de- 远离，从上往下 + 见 mostrar】

  tr. 证明，证实；显示，表明；示范

  - **demostración** ｛二级三级四级｝

    【-ión 名词后缀】

    f. 证明，证实；（尤指情感的）显露；表演；展览；示范

57 mut-, mutat- 改变，变换　【拉丁语 mutare, mutatus 改变　注：因为音变的关系，清辅音常变成浊辅音】

- **mudar** ｛二级三级四级 B 级｝

  【拉丁语 mutare 音变：元音间的 t 浊化成 d】

  tr. 改变 >>> *intr.* 改变

  intr. 变化

  tr. 更换；换（位置）；脱换（叶、皮、毛等）

  prnl. 搬家，迁居

· **mudanza** ｛二级三级八级 B 级｝

【-anza】

f. 改变，变化；搬家；(感情、意见等的) 易变

· **permutar** ｛二级八级｝

【拉丁语 permūtāre：per- 完全 + 拉丁语 mutare(西语 mudar 改变)】

tr. 对换，掉换 (不涉及钱的以物换物)；调换 (工作、职位)；置换 (位置)

· **conmutador, ra** ｛二级三级八级｝

【conmutar 换：con- 加强语气 +mut- 改变 +-ar；-dor 表主动】

adj. 变换的

m. (电器的) 开关；〈拉〉电话交换台，总机 (=centralita telefónica)

· **mutuo, tua** ｛二级三级四级｝

【mut- 和本栏词根同源于印欧词根 *mei- 改变⇒互相改变)

adj. 彼此的，互相的，相互的

58. nat-, natat- 浮，游泳 【拉丁语 nare, nātus 游→反复动词 natāre, natātus 游 注：natat- 为反复动词的分词词干】

· **nadar** ｛二级三级四级 A 级｝

【拉丁语反复动词 natāre，natātus 游 音变：元音间 t 浊化】

intr. 游泳；飘浮；富有，大量拥有

· **nadador, ra** ｛二级三级四级｝

【西语 nadar+-dor 表示人】

adj. 游泳的 >>> *s.* 游泳者；游泳运动员

· **natación** ｛二级三级八级 B 级｝

【拉丁语 natāre(西语 nadar 游泳)→分词 natātus+-ión 注：词根中 t 没有发生浊化】

f. 游泳

· ***natátil**

【natat- 见 natación+il……的】

adj.inv. 会游泳的，能漂浮的

· **natatorio, ria**

【natat- 见 natación+-orio……的】

adj. 游泳的，和游泳相关的；用于游泳的

59. neg-，nagat- 否认 【印欧词根 *ne 表否定→拉丁语 negare，negātus 否认】

· **negar** { 二级三级四级 B 级 }

【拉丁语 negare，negātus 否认：neg- 否认 +-ar 动词后缀】

tr. 否认，否定；拒绝，不接受 (后接名词)；禁止

prnl. 拒绝 (不喜欢、不想做某事，后接 a+ 原形动词)

· **negación** {B 级 }

【-ión 名词后缀】

f. 否认，否定；拒绝；〈语〉否定词

· **negativo, va** { 二级三级四级 }

【-ivo……的】

adj. 否定的，否认的 >>> *f.* 否定，拒绝

adj. 负面的，消极的，不好的；(人) 消极的；〈医〉阴性的，不存在的

m. 底片

· **innegable** { 二级三级四级 }

【in- 否定前缀 +negable 可否定的：negar+-ble 能被……的⇒不能被否认的】

adj.inv. 不可否认的，无可辩驳的

· **abnegación** { 二级三级八级 }

【拉丁语 abnegāre，abnegātus(西语 abnegarse 奋不顾身，自我牺牲)：ab- 远离 +
见 negar 否认⇒为了他人而否定自己的利益】

f. 自我牺牲，忘我精神

· **renegar** { 二级三级八级 }

【re- 再次，加强语气 + 见 negar 否认】

tr. 断然否认；(与观念、信仰等) 决裂；远离，抛弃 (之前喜欢的人或物)；〈口〉
侮辱，讲坏话；〈口〉嘟囔

· **renegado, da** { 二级三级八级 }

【西语 renagar 的分词】

adj. 背弃信仰的，背叛的 >>> *s.* 背弃信仰的人，叛徒

adj. 叛逆的 >>> *s.* 叛逆的人

· **negocio** { 二级三级四级 A 级 }

【拉丁语 negotium 事物：neg- 否定 (←印欧词根 *ne 表否定)+ 见西语 ocio 空闲⇒做
生意时没空闲】

m. 买卖，生意；利润，利益 (生意带来的好处)；商场，商店；事情，事务

· **negociar** { 二级三级四级 B 级 }

【拉丁语 negōtiārī，negōtiātus：见 negocio 生意，买卖 +-ar 动词后缀】

intr. 做生意，做买卖；谈判，协商，磋商

· **negociante** ｛二级三级八级｝
　【-nte 表人】
　s.com. 商人，生意人
　adj.inv. 唯利是图的 >>> *s.com.* 唯利是图的人
· **negociación** ｛二级三级四级｝
　【-ión 名词后缀】
　f. 交易，买卖；谈判，协商
· **ocio** ｛二级三级八级 B 级｝
　【见 negocio 生意】
　m. 空闲，闲暇；娱乐，消遣
　· **ocioso, sa** ｛二级三级八级｝
　　【-oso……的】
　　adj. 无用的，不必要的；闲适的，闲着的
　　adj. 懒散的，游手好闲的 >>> *s.* 懒散的人，游手好闲的人

60. nutr-，nutrit- 养育　【拉丁语 nūtrīre，nūtrītus 养育】

· **nutrir** ｛二级三级四级｝
　【拉丁语 nūtrīre，nūtrītus 养育：nutr- 养育 +-ir 动词后缀】
　tr. 营养，滋养，供给养分 >>> *prnl.* 吸收养分
　tr. 加强，增强；提供，供给；使充满
　· **nutritivo, va** ｛二级三级四级 B 级｝
　　【-ivo……的】
　　adj. 有营养的，滋养的

· ***desnutrir**
　【des- 远离，从上到下，否定 +nutr- 滋养 +-ir 动词后缀】
　tr. 使缺乏营养 >>> *prnl.* 缺乏营养，营养不良
　· **desnutrición** ｛二级三级八级｝
　　【见 denutrir *tr.* 使缺乏营养 / *prnl.* 缺乏营养，营养不良：des- 表否定 +nutrir 营养】
　　f. 营养不良

61. orn-，ornat- 装饰　【拉丁语 ornare，ōrnātus 装饰】

· ***ornar**
　【拉丁语 ornare 装饰】
　tr. 装饰

- ***ornato**

  【拉丁语分词 ōrnātus】

  m. 装饰物
- **ornamento** ｛二级三级八级｝

  【-mento 名词后缀】

  m. 饰物，装饰品；美德

  m.pl. 圣衣，法衣

· **adornar** ｛二级三级四级｝

【ad- 表方向 + 见 ornar 装饰】

tr. 给 (房子等) 装饰，打扮 >>> *prnl.* (人、地方等) 打扮，装饰；

tr. (装饰物等) 点缀
- **adorno** ｛二级三级四级 B 级｝

  m. 装饰物，装饰品

· **sobornar** ｛二级三级八级｝

【sub- 下→ sob-+ 见 ornar 装饰⇒私底下装备，贿赂】

tr. 收买，行贿
- **soborno** ｛二级三级八级｝

  m. 收买，行贿；贿赂品；行贿钱物；诱惑，引诱

62. palp-，palpat- 轻轻地抚摸　【拉丁语 palpāre，palpatus 轻轻地抚摸】

· **palpar** ｛二级三级八级｝

【拉丁语 palpāre 轻轻地抚摸】

tr. (为了通过得知消息而) 触摸；(在黑暗中) 摸索
- **palpitar** ｛二级三级八级｝

  【拉丁语 palpāre 轻轻地抚摸 (西语 palpar 触摸) →反复动词 palpitāre】

  intr. (心脏等) 跳动；(心脏) 加快跳动；(身体器官) 颤动，颤抖；(感情) 强烈流露出

63. par-，parit- 出现，显现　【拉丁语 parere 出现，显现】

· **parecer** ｛二级三级四级 B 级｝

【par- 出现，显现 +-ecer 动词后缀，表开始，改变⇒某种想法出现在脑海里】

intr. 使觉得，使认为 >>> *m.* 看法，意见

intr. 显得，看起来 >>> *m.* 外表，样貌 (多位于 buen 或 mal 后面。因为尤指人

好看的外表，所以和 mal 连用时多出现在否定句中）

prnl. 相像，相似

- **parecido, da** ｛二级三级八级 A 级｝

  【西语 parecerse 的分词】

  adj. 相像的，相似的 >>> *m.* 相像，相似

  adj. (和 bien 或 mal 连用) 外表好看 / 难看的

- **comparecer** ｛二级三级八级｝

  【com- 加强语气 + 见 parecer 出现⇒所有有纠纷的人都到法庭上】

  intr. 出庭，到案；出现，露面

  - **comparecencia** ｛二级八级｝

    【-encia 名词后缀】

    f. 出庭，到案

- **aparecer** ｛二级三级四级 B 级｝

  【拉丁语 appārēre，appāritus(对照英语 appear): ad- → ap- 表方向 +parere 出现，显现→起始动词 appārēscere 简化建议: a- 表方向 -+par- 出现，显现 +-ecer 动词后缀，表开始，改变】

  intr. 出现；显得 (后接形容词)；(丢失之物) 被找到；问世

  - **aparente** ｛二级三级四级｝

    【拉丁语 appārēre →现在分词 appārentem，见西语 aparecer 出现 +-ente……的】

    adj.inv. 可见的，显而易见的；看似的，貌似的，表面上的 (看上去是如此但未必真实的)；〈口〉好看的

    - **aparentemente** ｛B 级｝

      【-mente 副词后缀】

      adv. 表面上，看上去

    - **aparentar** ｛二级八级 B 级｝

      【-ar 动词后缀】

      tr. 假装，装作；(某人的年龄) 看起来是……

    - **apariencia** ｛二级三级四级｝

      【见 aparente 可见的 +-ia 名词后缀 音变: e 变 ie】

      f. 外表，外貌；表面现象；迹象 (常用复数)

  - **aparición** ｛二级三级四级｝

    【aparit- 见 aparecer 出现 +-ión 名词后缀】

    f. 出现，露面；显现；幽灵，鬼魂

  - **desaparecer** ｛二级四级 B 级｝

    【des- 否定 +aparecer】

    intr. 消失，不见；(人等生物) 死亡，(事物) 消失，灭绝

· **desaparición** {二级三级四级 B 级}

【见 desaparecer 消失；构词成分：des- 否定 + 见 aparición 出现】

f. 消失，不见；死亡，灭绝；消失，不见

· **transparente** {二级三级四级 **B** 级}

【trans- 穿过 +par- 显现 +-ente……的⇒能被光穿透的】

adj.inv. 透明的；明显的，显而易见的

· **transparencia** {八级 B 级}

【-ia 名词后缀】

f. 透明，透明度；一清二楚

64 par-, parat- 准备、装备 【印欧词根 *perə- 生产→ 1. 拉丁语 parare, parātus 准备；装备；→ 2. 拉丁语 parere/parīre, partus 生产】

· **parar** {二级三级四级 **B** 级}

【拉丁语 parare, parātus 准备；装备：par- 准备 +-ar 动词后缀⇒停下手中的活以准备做某事】

intr./prnl. (运动或事物的发展) 停止，中止

intr. (某物在几经辗转后) 落到……的手中；居住，寄宿

tr. 使 (运动) 停住，使 (事物的发展) 中止

· **paro** {二级三级四级 A 级}

【来自西语 parar 停止】

m. 停止；停工，罢工；失业 (状况)；〈集〉失业人员，失业现象；失业救济金

· **parado, da** {二级三级八级 B 级}

【西语 "parar 停止" 的分词】

adj. 失业的 >>> *s.* 失业者

adj. 犹豫不决的；呆住的

· **parada** {二级三级四级 A 级}

【西语 "parar 停止" 的阴性分词】

f. 停止，停留，歇脚；停留的地方；车站；中止；终止

· **paradero** {二级三级八级}

【西语 parar 停止 / 寄宿 +-dero 地方】

m. 住宿，投宿处；停留之处；结束，结果，结局；〈西班牙南部 / 拉〉车站

· **parador** {B 级}

【parar 停 / 住宿 +-dor 表地方】

m. 客栈，宾馆

- **paraguas** ｛二级三级四级 A 级 ｝（单复数同形）

【parar 使停止 +agua 水⇒使雨水停止⇒阻止雨水直接滴落在人身上的工具　复合构词法：动词陈述式现在时第三人称单数加上名词复数构成单复数同形名词，如 abrir+lata → abrelatas 开罐头刀】

  m. 雨伞；保护，保护伞

- **amparar** ｛二级八级 ｝

【拉丁语 anteparare：ante- 在……之前 +parare 准备　音变：ante- 中 -te- 脱落，剩下 an-；字母 p 使 n 变成 m ⇒在灾难来临之前做准备】

tr. 保护，庇护，帮助

prnl. 保护自己（指某人利用某物来作为保护之物或者避免某种攻击）

- **amparo** ｛二级三级四级 ｝

  m. 保护，庇护 >>> *s.com.* 保护人，靠山

- **desamparado, da** ｛二级八级 ｝

  【des- 表否定 + 见 amparar 保护 +-ado……的】

  adj. 无人保护的，无依无靠的 >>> *s.* 无人保护的人，无依无靠的人

  adj. （地方）不避风的

- **aparato** ｛二级三级四级 B 级 ｝

【拉丁语 apparāre，apparātus 准备：ad- → ap- 表方向 +-parare 准备、装备　简化记忆：a- 表方向 +parat- 准备，装备】

  m. 器械，装备，设备；（动植物的）器官；（特指国家，党派的）机关，机构；〈口〉电话（机）；（医用）矫正器

- **comprar** ｛二级三级四级 B 级 ｝

【拉丁语 comparāre 获得：com- 加强语气 +parare 准备　音变：r 发生位移，a 脱落⇒去购物，准备宴会】

tr. 买，购买；贿赂

- **compra** ｛二级三级四级 A 级 ｝

  f. 买，购买，日常采购；购买的商品，已采购的日常食物；〈口〉贿赂

  - **compraventa** ｛二级三级八级 ｝

    【compra 买 +venta 卖】

    f. 买卖，贩卖（多指古董或用过的物品的买卖）

- **comprador, ra** ｛二级八级 A 级 ｝

  【共时分析法：comprar 买 +-dor 表主动】

  adj. 买东西的 >>> *s.* 买家，购买者

· **disparar**｛二级三级四级 B 级｝

【dis- 远离，分开 +par- 准备 +-ar 动词后缀⇒用力拉弓，准备把其射到远方】

tr. 开（枪），射（箭）>>> *intr.* 射击

tr. 踢（球）>>> *intr.* 射门

prnl.（枪支等）走火

intr. 说蠢话（常用 disparatar 代替）

· **disparo**｛二级三级八级｝

【西语 disparar 开（枪）】

m. 射击，射击声；射门；（装置等的）启动

· **disparate**｛二级三级四级｝

【见 disparar 开（枪）/ 说蠢话 +-ate 来自拉丁语分词词尾 -atus ⇒ balabala 说个不停】

m. 蠢话，荒唐的行为；〈口〉大量，过度

· ***imperar**

【imperāre，imperatus 命令：im- 向内，在内 +parare 准备 →（元音转换：a 变 e）→ perare ⇒统治者准备 / 安排国内的大小事务】

intr. 统治，主宰；（风气等）盛行，流行

· **imperio**｛二级三级四级｝

【-io 名词后缀】

m. 统治；帝位，帝权；帝国；帝国时期

· **imperial**｛二级三级八级｝

【-al……的】

adj.inv. 皇帝的；帝国的

· **imperialismo**｛二级三级八级｝

【-ismo 名称后缀，可表主义】

m. 帝国主义

· **imperialista**｛二级三级八级｝

【-ista……的 / 人】

adj.inv. 帝国主义（者）的

s.com. 帝国主义者

· **imperativo, va**｛二级三级八级｝

【拉丁语 imperare(西语 imperar 统治)→分词 imperatus；+-ivo……的】

adj.（语气等）命令的；（人）专横的；强制的，必须的

m. 命令式

· **emperador**｛二级三级四级｝

【拉丁语 imperare(西语 imperar 统治)→分词 imperatus → imperātor 音变：i 变 e；元音间的 t 浊化成 d】

m. 皇帝（阴性形式为 emperatriz）；箭鱼

- **emperatriz** ｛二级三级八级｝

  【-iz 表女性】

  f. 女皇；皇后

- **preparar** ｛二级三级四级 B 级｝

  【拉丁语 praeparāre，praeparātus: pre- 前，加强语气 +parare 准备⇒提前安排】

  tr. 准备，预备；培养，教 (给某人传授知识)；训练

  tr. (为考试而) 复习 (考试科目)>>> *prnl.* 做好复习

  tr. (在体能方面) 锻炼 (某人、动物等)>>> *prnl.* 锻炼身体

  - **preparatorio, ria** ｛二级三级四级｝

    【-orio……的】

    adj. 准备的，用于准备的

    adj. 预科的 >>> *m.* 〈拉〉预科，预科课程

  - **preparativo, va** ｛二级三级八级｝

    【-ivo……的】

    adj. 准备性的，预备性的

    m.pl. 准备工作

  - **preparación** ｛二级三级四级 B 级｝

    【-ión 名词后缀】

    f. 准备；知识，素养

  - **preparado, da** ｛B 级｝

    【西语 preparar 的分词】

    adj. 准备好的；经过训练培养的，有文化知识的

    m. 配制好的成品

- **reparar** ｛二级三级四级｝

  【拉丁语 reparāre，reparātus: re- 再次 +parare 准备⇒使损坏的机器再次准备运行】

  tr. 修补，修理 (汽车等)；恢复 (体力等)

  tr. 弥补 (错误、伤害等)

  intr. 发觉，察觉

  - **reparo** ｛二级三级八级｝

    m. 修补，修理；顾虑，为难；反对，异议

  - **reparación** ｛二级三级四级 A 级｝

    【-ión 名词后缀】

    f. 修补，修理；赔罪，赔偿，补偿

- **separar** ｛二级三级四级 A 级｝

【拉丁语 sēparāre，sēparātus：se- 远离 +parare 准备⇒准备分开】

tr. 区别，区分

tr. 辞退 >>> *prnl.* 离职

prnl. 分居；脱离 (国家等)；分道而行

- **separación** ｛二级三级四级 B 级｝

  【-ión 名词后缀】

  f. 分开，分离；(分开的距离) 间隔；夫妻分居

- **separatismo** ｛二级三级八级｝

  【-ismo 名词后缀，可表主义】

  m. 〈政〉分离主义

- **separado, da** ｛A 级｝

  【西语 separar 的分词】

  adj. 分开的，分离的

- **inseparable** ｛二级三级四级｝

  【in- 否定 +separable 可以分开的: separar 使分开 +-ble 能被……的⇒不能被分开的】

  adj.inv. 分不开的，不可分离的；(人) 联系非常紧密的，形影不离的

- **esparadrapo** ｛B 级｝

  【词源有争议：espara- 见 separar 使分开 +-drapo 见 trapo 破布】

  m. 胶布，橡皮膏

  - **trapo** ｛二级三级四级 B 级｝

    m. 破布，碎布，旧布；抹布

- **parir** ｛二级三级八级｝

  【印欧词根 *perə- 生产 → 2 拉丁语 parere/parīre，partus 生产】

  intr./tr. (人) 生产，(哺乳动物) 下崽

  tr. 产生，引起

  - **pariente** ｛二级三级四级｝

    【-iente 表相关】

    adj.inv. 亲戚的，亲属的 >>> *s.com.* 亲戚，亲属

    - **parentesco** ｛二级三级八级｝

      【parent- 见 pariente 亲戚 +-esco 名词后缀】

      m. 亲戚关系；(事物之间的) 关系

  - **parto** ｛二级三级八级 B 级｝

    【拉丁语 parere/parīre(西语 parir 生产) →分词 partus 生产】

    m. 生产，分娩，产仔；创作，作品

    - ***sobreparto**

      【sobre 用作前缀可以表示 "在……之后" +parto 生产】

      m. 产后，产后期

· **repertorio** ｛二级八级｝
【拉丁语 reperīre，repertus 找出：re- 加强语气 +parīre，partus 产生 / 找到】
m. 目录，索引；汇编；(准备好能上演的) 节目单

65. pec-，pecat- 犯罪 　【拉丁语 peccāre，peccatus 犯罪】

· **pecar** ｛B 级｝
【拉丁语 peccāre，peccatus 犯罪】
intr. 〈宗〉犯罪，造孽；犯过错，有过失；过分
· **pecado** ｛二级三级四级 B 级｝
【共时分析法：pecar 的分词】
m. (宗教或道德上的) 罪，罪过，罪孽；过错，错误
· **pecador, ra** ｛B 级｝
【拉丁语 peccātor 共时分析法：pecar+-dor 表主动】
adj. (在宗教或道德上) 犯罪 / 造孽的 >>> *s.* (在宗教或道德上) 犯罪 / 造孽的人
· **impecable** ｛二级三级八级｝
【in- 表否定→ im-+pecable 可能有过失的：pecar+-ble 能 (被)……的】
adj.inv. 无过失的，不会有过失的；完美的，无瑕疵的

66. pet-，petit- 寻求 　【拉丁语 petere，petitus 寻求】

· **pedir** ｛二级三级四级 A 级｝
【拉丁语 petere，petitus：pet-→ (音变：元音间 t 浊化成 d) → ped- 追寻 +-ir 动词后缀】
tr. 要求，请求；(买卖时) 要价；需要；想要，希望；乞讨；(向神明) 祷求；(向女方家属) 求婚，说媒
· **pedido** ｛二级三级八级 B 级｝
【西语 pedir 的分词】
m. 要求，请求；订购，订货
· **petición** ｛二级三级四级 B 级｝
【拉丁语 petere(西语 pedir 要求) →分词 petitus+-ión 名词后缀　注：本词没有发生音变，所以词根中的 t 仍为清辅音】
f. 请求，要求；申请书，请愿书

· **apetito** ｛二级三级四级 B 级｝
【拉丁语 appetere 为……奋斗→分词 appetitus(转义成名词→) 强烈的欲望：a- 表方向 +petit- 寻求⇒追寻美食的欲望】
m. 欲望；食欲；性欲

- ***apetitoso, sa**

  【-oso 多……的，……的】

  adj. 开胃的；美味的；激起欲望的，令人想要的
- ***apetitivo, va**

  【-ivo……的】

  adj. 欲望的
- ***inapetente**

  【in- 否定 +-apet- 见 apetito+-ente……的】

  adj.inv. 没有胃口的，食欲不振的
- **apetecer**｛二级八级｝

  【拉丁语 appetere，appetitus 为……奋斗（西语 apetito 欲望）→起始动词 appetescere：a- 表方向 +pet- 追求，寻求 +-ecer 动词后缀】

  intr. 使想，激起欲望（主语为：吃，喝，做事情等）

  tr./prnl. 渴望，想要

competir｛二级三级四级｝

【拉丁语 competere，competītus：com- 共同，加强语气 +pet- 追寻 +-ir 动词后缀⇒多人共同追寻某物】

intr. 竞争，争夺，竞赛；（产品等）相媲美，不相上下
- **competencia**｛二级三级四级 B 级｝

  【-encia 名词后缀】

  f. 竞争；竞争对手；权限，职权（←见 competer）；能力，胜任
- **competición**｛二级三级四级 B 级｝

  【-ión 名词后缀】

  f. 竞争
- **competente**｛二级三级八级 B 级｝

  【-ente……的，表主动⇒参加比赛的】

  adj.inv. 有能力的，能胜任，精通的；有职权的（指被授权在某事项上有资格做决定的）
  - **incompetente**｛B 级｝

    【in- 表否定】

    adj.inv. 不能胜任的，没有能力的 >>> *s.com.* 没有能力的人

    adj.inv. 没有资格的 >>> *s.com.* 没有资格的人
- ***competer**

  【和 "competir 竞争" 同源于拉丁语 competere⇒追逐名利的都被欲望控制⇒受限于】

  tr. 属于（某人的）职权范围，归（某人）掌管

· **despedir**｛二级三级四级 **B** 级｝

【来自本词根，从词源上分析前缀较为复杂，建议把本词中的 des- 看成常见前缀"des-否定"+pet- → (音变：元音间 t 浊化成 d) → ped- 追寻 +-ir 动词后缀⇒不再追寻，不再挽留】

tr. 送别 >>> *prnl.* 告别

tr. 辞退，解雇；喷出，放射

· **despido**｛二级三级四级 B 级｝

【来自西语 despedir：e → i】

m. 解雇 >>> *m.* 解雇金

· **despedida**｛二级三级四级 B 级｝

【西语 despedir 的阴性分词】

f. 告别，送行；临别赠言；欢送会

· **ímpetu**｛二级三级八级｝

【拉丁语 impetere 攻击：in- 向内→ im-+petere 寻求 (西语 pedir 要求)=impetus 攻击】

m. 冲力，冲击；动力，推动；精力

· **repetir**｛二级三级四级 **A** 级｝

【拉丁语 repetere，repetītus 再次寻求：re- 再次 +petere 寻求 (西语 pedir 要求) ⇒ 要求再做一遍】

tr. 重说，重做 (再次说或做某事)>>> *prnl.* 重说，重做 (不及物连带动词，重复说或做某事)

intr./tr. 留级；重吃，再尝

intr. 留味 (吃过的食物的味道由嘴巴散发出)

prnl. (有规律地) 重现，再次发生；变得老套

· **repetitivo, va**｛B 级｝

【-ivo……的】

adj. 重复的，再现的

· **repetición**｛二级三级四级｝

【-ión 名词后缀】

f. 重复，反复

· **repetidamente**｛B 级｝

【repetido 重复的：repetir 的分词 +-mente 副词词尾】

adv. 重复地，多次地

· **propicio, cia**｛八级｝

【pro- 向前 +pet- 追寻→ (元音转换：e 变 i) → pit-+-io……的⇒向前追寻，忘记过去

→以宽容的心看待过去的】

adj. 慈善的，慈悲的；适时的，合宜的

· **perpetuo, tua** ｛二级三级四级｝

【per- 完全，彻底 +pet- 追寻⇒夸父一直在逐日】

adj. 永久的，永恒的，永存的；终身的

67. plac-，placit- 抚慰，使高兴 【拉丁语 placēre，placitus 抚慰，使高兴】

· **placer** ｛二级三级四级 B 级｝

【拉丁语 placēre 使高兴，对照英语 please 请；使快乐】

m. 愉快，快乐，高兴；舒畅

m./m.pl.（常用复数）乐事，娱乐

intr. 使快乐，使高兴

· **plácido, da** ｛二级三级八级｝

【拉丁语 placēre 抚慰，使高兴（西语 placer 使快乐）→ placidus】

adj. 平静的，宁静的，恬静的；温和的，脾气好的，不好激动的

· **pleito** ｛二级三级四级｝

【拉丁语 placēre 抚慰，使高兴（西语 placer 使快乐）→分词 placitus →中世纪拉丁语 placĭtum，经法语进入西语，所以在拼写上和词根有较大的差异，简化记忆：plac- 使高兴→ pleit- 让双方满意的→公证的司法】

m. 官司，诉讼；争吵，打架

· **plazo** ｛二级三级四级 B 级｝

【和 "pleito 官司" 同源于拉丁语 placĭtum 联想：在人民广场 la Plaza de Pueblo 分期付款买家电】

m. 期限；（分期付款中的）每期所付的款项

· **aplazar** ｛二级三级八级｝

【a- 构成派生词 +plazo 期限 +-ar 动词后缀】

tr. 推迟，延期；〈拉〉使不及格

· **emplazar**

【en- 使动→ em-+plazo 期限 +-ar 动词后缀】

tr. 确定期限；传讯，提审

tr. 确定位置，确定地点；安放，安置【⇐ en- 使动→ em-+plaza 广场，地方 +-ar 动词后缀】

· **reemplazar** ｛二级三级八级｝

【re- 再次 +emplazar 确定……的位置；安放】

tr. 更换；接替，顶替（尤指在工作岗位上取代别人）

· **complacer** ｛二级三级八级｝

【com- 加强语气 + 见 placer 使快乐】

tr. 使满意，使高兴 >>> *prnl.* 感到满意，感到高兴

tr. 满足 (愿望等)

68. plor-，plorat- 哭 【拉丁语 plorare 哭，哀叹】

· **llorar** ｛二级三级四级 B 级｝

【拉丁语 plorare 哭 音变：词首 -pl- 可能颚化成 -ll-】

intr. 哭泣，流泪 >>> *tr.* 流出，掉下 (补语尤指 lágrimas)

tr. 为……悲痛

· **llorón, ona** ｛二级三级四级｝

【-ón 指大词后缀，可表贬义】

adj. 好哭的，爱哭的 >>> *s.* 爱哭的人

adj. 爱抱怨的 >>> *s.* 爱抱怨的人

· **explorar** ｛二级三级四级｝

【拉丁语 explōrāre，explōrātus: ex- 向外 +plorare 哭 (西语 llorar) ⇒勘察某地时发现历史文物，激动地哭出来】

tr. 勘探，勘察，考察；〈医〉检查

· **explorador, ra** ｛二级八级｝

【拉丁语 explorātor: explorat- 见 explorar 勘察 +-or 表主动 音变：元音间的 t 浊化】

adj. 探险的，考察的

s. 勘探者，考察者

· **exploración** ｛二级三级四级｝

【-ión 名词后缀】

f. 勘探，探考；〈医〉检查

· **implorar** ｛二级八级｝

【拉丁语 implorāre: in- 向内，加强语气→ im-+plorare 哭 (西语 llorar)】

tr. 哀求，乞求

69. port-，portat- 运送；携带 【印欧词根 *per- 带→ 1. 拉丁语 portare，portatus 运送，携带；→ 2. 拉丁语 portus 港口；→ 3. 拉丁语 porta 门】

· **portar** ｛二级三级四级 B 级｝

【拉丁语 portare，portatus 运送，携带：port-+-ar 动词后缀】

tr. 携带

prnl. 表现；表现好 (做的如同别人所想一样好)

· **portador, ra** { 二级三级八级 }

【历时分析法：拉丁语 portare 运送；携带 (西语 portar) →分词 portatus → portātor：

-or 表主动 音变：元音间人 t 浊化 共时分析法：portar 携带 +-dor 表主动】

adj. (人) 携带病毒的 >>> *s.* 病毒携带者

adj. 携带的，持有的 (把某物带到另一地的)>>> *s.* 携带者，持有者

· **portátil** { 二级三级八级 A 级 }

【-il……的】

adj.inv. 便于携带的，便于搬运的

adj.inv. (电脑) 手提式的 >>> *m.* 笔记本电脑

· **portavoz** { 二级三级八级 }

【portar+voz 声音】

s.com. (代表一个机构的) 发言人

· **portaaviones/portaviones** { 二级三级八级 }

【portar+avión 飞机 注：单复数同形】

m. 航空母舰

· **portafolio** {B 级 }

【portar+folio 页】

m. 公文包，公文夹

aportar { 二级三级四级 }

【拉丁语 apportāre，apportātus：ab- → ap- 表方向 +portare(西语 portar 携，带)】

tr. 捐献，贡献；提供

· **aportación** { 二级三级四级 }

【-ión 名词后缀】

f. 贡献；提供；提供的财物

comportar { 二级八级 B 级 }

【拉丁语 comportāre：com- 共同，加强语气 +portare(西语 portar 携，带)】

tr. 包含，带来；忍受，容忍

prnl. 行为，表现，举止

· **comportamiento** { 二级三级四级 B 级 }

【-miento 名词后缀】

m. 行为，举止，表现

· **deportar** { 二级三级八级 }

【拉丁语 dēportāre 带走：de- 向下，远离 +portare(西语 portar 携、带)⇒把犯人送离国家】

tr. 流放，放逐

· **deporte** ｛二级三级四级 A 级｝

【deportarse 的古义为娱乐，消遣⇒把自己送离工作】

m. 体育运动；休闲，(户外) 娱乐

· **deportivo, va** ｛二级三级四级 B 级｝

【-ivo 表相关】

adj. 体育的，运动的；遵守体育规则的；(衣服) 宽松的，休闲的

m. (比赛用的) 赛车；〈拉〉多功能体育馆

· **deportista** ｛二级三级八级 B 级｝

【-ista 人】

adj.inv. 爱好体育运动的 >>> *s. com.* 爱好运动的人；运动员

· **importar** ｛二级三级四级 **B** 级｝

【拉丁语 importāre：in- 向内→ im-+portare(西语 portar 携，带)】

tr. 进口 (货物)；价值为，价格为；〈计〉转入 (数据)

intr. 重要，关系重大

· **importante** ｛二级三级四级 A 级｝

【-nte……的】

adj.inv. 重要的，有影响力的

· **importancia** ｛二级三级四级 B 级｝

【-ia 名词后缀】

f. 重要性；价值，影响；显要，社会地位

· **importación** ｛二级三级四级 B 级｝

【西语 importar 进口 +-ación 名词后缀】

f. 进口；〈集〉进口商品

· **importador, ra** ｛二级八级｝

【-dor 表主动】

adj. 输入的，进口的

s. 进口商

· **importe** ｛二级三级八级｝

m. 金额，价值

· **exportar** ｛二级三级四级 **B** 级｝

【exportāre，exportātus：ex- 外，向外 +portare(西语 portar 携，带)】

tr. 输出，出口 (石油等)；〈计〉输出，转出 (数据)

· **exportador, ra** {二级八级}

【exportat- 见 exportar+-or 表主动 音变：元音间 t 浊化成 d】

adj. 输出的，出口的

s. 输出者，出口商

· **exportación** {二级三级四级 B 级}

【-ión 名词后缀】

f. 输出，出口；出口货物，出口量

· **reportar** {二级三级四级}

【拉丁语 reportāre：re- 返回，加强语气 +portare(西语 portar 携，带) ⇒把自己的情绪带回去】

tr. 带来，提供；〈拉〉报道

tr. 克制，抑制 (情绪、情感)>>> *prnl.* 自我克制，镇定

· **reportaje** {二级三级八级 B 级}

【见 reportar〈拉〉报道 +-aje 名词后缀】

m. 通讯，报道

· **reportero, ra** {二级三级四级 B 级}

【-ero 人】

s. 记者，通讯员

· **soportar** {二级三级四级 B 级}

【拉丁语 supportāre：sub- 在……下面→ sup- → so-+portare(西语 portar 携，带) ⇒带着重物走】

tr. 支撑，承受 (物体)；忍受，容忍

· **soporte** {二级三级八级}

m. 支座，支柱，支架 (泛指支撑物)；顶梁柱 (指人)；承载物 (储存信息的载体，如纸、磁带、光盘等的存储体)

· **insoportable** {二级三级四级 B 级}

【in- 否定 +soportable 可以忍受的：soportar+-ble 能被……的】

adj.inv. 无法忍受的，叫人受不了的

· **transportar** {二级三级四级 B 级}

【拉丁语 transportāre：trans- 穿过，通过 +portare(西语 portar 携，带)】

tr. 搬运，运输，运送

tr. 使陶醉 >>> *prnl.* 陶醉

· **transporte** {二级三级四级 A 级}

m. 运输；交通 (运输) 工具

puerta ｛二级三级四级 A 级｝

【印欧词根 *per- 带→拉丁语 porta 门 音变：o 变 ue ⇒带进门】

f. 门；门道，途径；球门

· **portero, ra** ｛二级三级八级 B 级｝

【-ero】表示人

s. 看门人，保安；守门员；〈口〉爱说三道四的人，长舌妇

· **portería** ｛B 级｝

【-ía 名词后缀】

f. 门房；门房的职务

· **portada** ｛二级三级八级 B 级｝

【-ada 名词后缀】

f. 书名页，扉页；(杂志，期刊的)封面；(建筑物的)正面，正门

· **compuerta** ｛二级八级｝

【com- 加强语气】

f. 水门，闸门；(着地门)半截门

· **pórtico** ｛二级八级｝

【-ico 表相关】

m. (有柱子的)门廊；柱廊

· **puerto** ｛二级三级四级 A 级｝

【印欧词根 *per- 带→拉丁语 portus 港口 音变：o → ue ⇒船把物资运入港口内】

m. 港口；港市，港口区

· **portuario, ria** ｛二级八级｝

【拉丁语 portus(西语 puerto 港口)+-ario 表相关】

adj. 港口的

· **Puerto Rico**

n.pr. 波多黎各 (意为富裕的港口)

· **portorriqueño, ña/puertorriqueño, ña** ｛四级｝

【Puerto Rico 波多黎各，意为富裕的港口 +-eño……的，表来源】

adj. 波多黎各 (人) 的 >>> *s.* 波多黎各人

· **Portugal**

【Portugal 葡萄牙←后期拉丁语 portus Cale 古代加亚港】

n.pr. 葡萄牙

· **portugués, sa** ｛四级｝

adj. 葡萄牙的，葡萄牙人的 >>> *s.* 葡萄牙人 >>> *m.* 葡萄牙语

· **oportuno, na** ｛二级三级四级｝

【拉丁语短语 ob portum veniens 朝着港口走来→ opportūnus 合适的：ob- 去，朝

着→ op- → o-+port-(西语 puerto 港口)+-uno……的⇒在合适的时间去港口接人】

adj. 及时的，适时的，适宜的；(言谈) 诙谐的

- **oportunidad** { 二级三级四级 }

  【-idad 名词后缀】

  f. 时机，机会；及时

  f./ f.pl. (常用复数) 大甩卖

- **oportunismo** { 二级四级 }

  【-ismo 名词后缀】

  m. 机会主义

- **inoportuno, na** { 二级三级八级 }

  【in- 表否定】

  adj. 不适当的，不合时宜的

70. put-, putat- 思索；估计 【拉丁语 putare 思索 / 估计】

- ***computar**

  【拉丁语 computāre，computātus 计算：com- 加强语气 +put- 思索；估计 +-ar 动词后缀⇒在心里想→心算，计算】

  tr. 计算；作为……考虑，算作

  - **computador, ra** { 二级三级四级 }

    【-dor 表主动】

    m. 计算机，电脑 (注：也可以用阴性形式)

  - **computacional** { 八级 }

    【computación 计算，见 computar；-al 表相关】

    adj.inv. 电脑的，计算机的

  - **contar** { 二级三级四级 B 级 }

    【和 "computar 计算" 同源于拉丁语 computare 音变：字母 u 脱落 → *comptare → (辅音字母群 -pt- 变 t；前缀 com- 不在字母 p 前面，所以变回原形 con-) → contar】

    tr. 数，计算 >>> *intr.* 数数

    tr. 把……算在内 >>> *intr.* 计算在内

    tr. 讲述；有……岁，岁数为；认为；考虑；算作

    intr. 重要；拥有；信赖，依靠

    - **contador, ra** { 二级三级四级 }

      【来自拉丁语 computātor 共时分析法：contar 计算 +-dor……名词后缀，表主动；……的 / 人】

      adj. 计算的 >>> *m.* 计算器；计数器，计量表 (指用来计算水量、电量或行

程的仪器）

s. 〈拉〉会计

· **contable** ｛二级三级四级｝

【共时分析法：contar 计算 +-ble 能被……的】

adj.inv. 可数的，可以数的清的

adj.inv. 会计的 >>> *s.com.* 会计（员）

· **contabilidad** ｛二级八级 B 级｝

【-idad 名词后缀】

f. 会计；会计学；会计制度；〈集〉账，账目

· **cuenta** ｛二级三级四级 A 级｝

【来自西语 contar 计算：o → ue】

f. 计数，计算；账单，账款；（在银行开的）账户，存款；解释（对某人的言行举止做的说明）；责任，义务，分内之事（指应当由某人承担的义务）；考虑，注意；好处，划算

f.pl. 账目，款项（记录收入或支出的清单或数据）

· **cuento** ｛二级三级四级 A 级｝

【来自拉丁语 computus 共时分析法：contar 计算，讲述：o → ue】

m. 讲述；短篇小说；〈口〉谎言，借口

m.pl. 〈口〉胡扯；坏话

· **cuentista** ｛二级三级八级｝

【cuento 讲述 / 谎言 +-ista 人】

adj. 〈口〉爱夸大的，爱吹嘘的 >>> *s.* 爱夸大的人，爱吹嘘的人

adj. 〈口〉爱讲流言蜚语的，爱讲闲话的 >>> *s.* 爱讲流言蜚语的人，爱讲闲话的人

s.com. 短篇小说家

· **descontar** ｛二级三级八级｝

【des- 表否定 +contar 计算】

tr. 扣除；给……打折

· **descuento** ｛二级三级八级 B 级｝

【descontar 扣除：o → ue】

m. 折扣；（体育比赛中的）伤停补时阶段；贴现，贴现率

· **disputar** ｛二级三级四级｝

【拉丁语 disputāre：dis- 分开，分离 +put- 思索 / 估计 +-ar 动词后缀⇒想法有分歧】

intr. 争辩，争吵

tr./intr./prnl. 争夺，竞争

· **disputa** ｛二级三级八级｝

f. 争吵，争辩；争夺

diputación { 二级三级八级 }

【拉丁语 dēputāre，dēputātus 分配 (西语 diputar 推选为代表)：de- 远离 +put- 思索 / 估计 +-ar 动词后缀；-ión 名词后缀】

f. 委派代表；议员团；议员的职权 / 任期

· **diputado, da** { 二级三级四级 B 级 }

  【diputar 的分词】

  s. 代表，议员

· **reputación** { 二级三级八级 }

【拉丁语 reputāre 考虑 (西语 reputar 认为、评价)：re- 加强语气 +put- 思索 / 估计 +-ar；-ión 名词后缀】

f. 名声；著名，闻名

· **reto** { 二级三级八级 }

  【来自西语 retar 挑战，和 reputar 同源于拉丁语 reputāre 音变：u 脱落；p 脱落】

  m. 挑战 (提出挑战或竞争)；挑衅性的言行；挑战 (指必须应对的困难局面)

· **apodo** { 二级八级 }

【拉丁语 apputāre(西语 apodar 起外号)：ad- 表方向→ ap- → a-+putāre 反省，思索 音变：u 变 o；元音间的 t 浊化】

m. 外号，绰号

71. rig-，rigat- 浇水 　【拉丁语 rigāre，rigātus 浇水】

· **regar** { 二级三级八级 B 级 }

【拉丁语 rigare 浇水 音变：i 变 e】

tr. 灌溉；(河流，渠道等) 流过 (一片区域)；(血管) 供血于；使散落

· **riego** { 二级三级四级 }

  m. 灌溉，浇水；灌溉用水

· **regadío, a** { 二级三级八级 }

  【西语 regar →分词 regado+-ío】

  adj. 可灌溉的 (指土地可以被灌溉来发展农业的)>>> *m.* 水浇地

· **irrigación** { 二级三级 }

【拉丁语 irrigāre，irrigātus →西语 irrigar 灌溉：in- → ir- 向内 + 见 regar 灌溉 (元音转换：e 变 i)】

f. 灌溉；〈医〉灌肠；灌肠药水

72. rog-, rogat- 问，要求 　【拉丁语 rogare 问，要求】

- **rogar** ｛二级三级四级｝
  【拉丁语 rogare 问、要求⇒小声询问 / 要求】
  tr. 请求；祈求，恳求，央求
  - **ruego** ｛二级八级｝
    【西语 rogar 请求】
    m. 请求，恳求

- ***arrogarse**
  【ad- 表方向→ ar-+ 见西语 rogar 请求】
  tr. (法律术语) 收养 (孤儿)
  prnl. 擅自使用 (宾语常为非物质名词，如 autoridad、facultad、poder 等)
  - **arrogante** ｛B 级｝
    【ad- 表方向→ ar-+rog- 问，要求 +-ante……的⇒到处问别人自己是不是最美的】
    adj.inv. 高傲的；勇敢的
    - **arrogancia** ｛B 级｝
      【-ia 名词后缀】
      f. 高傲；勇敢

- **interrogar** ｛二级三级四级 B 级｝
  【拉丁语 interrogāre，interrogātus：inter- 在……之间 +rogare(西语 rogar 请求) ⇒
  几名警察包围着嫌疑犯，询问案件疑点】
  tr. 讯问，质问
  - **interrogante** ｛二级三级八级｝
    【-ante 形容词兼名词后缀】
    adj.inv. (人、眼神等) 疑问的
    m. 问号；疑问，问题
  - **interrogación** ｛二级三级八级｝
    【-ión 名词后缀】
    f. 咨询，询问；问号；问句
  - **interrogativo, va** ｛八级｝
    【-ivo……的】
    adj. 疑问的
  - **interrogatorio** ｛二级三级｝
    【-orio 表相关】
    m. 审问；一系列的问题

· **prorrogar** ｛二级八级｝

【拉丁语 prōrogāre，prōrogātus：pro- 向前 + 见 rogar 请求】

tr. 延期，延长；推迟

· **prórroga** ｛二级三级八级｝

f. 延期，延长；延长期；（体育）加时赛；推迟服兵役期

73. sap-，sapid- 品尝；聪明　【拉丁语 sapere，sapidus 品尝；聪明　注：现在词干 sap- 和分词词干 sapid- 中的清辅音 p 在西语中常发生浊化】

· **saber** ｛二级三级四级 A 级｝

【拉丁语 sapere 品尝 / 聪明　音变：元音中的 p 浊化成 b ⇒知道如何品尝美食　注：留意 saber 各个时态变位中清浊辅音的区别】

m. 知识，学问

tr. 知道；精通，通晓；会（有足够的知识来做）；能够，可以做

intr. 有……味道；机灵，狡猾

tr./intr. 〈拉〉经常做，习惯于

· ***sabido, da**

【西语 saber 的分词】

adj. 博学的，有学问的 >>> *s.* 学者，智者

adj. 明智的，英明的；（动物）受过训练的

· **sabiduría** ｛二级三级四级｝

【简化记忆：sabido 博学的 +-uría 名词后缀】

f. 知识，学问；明智，英明；审慎

· **sápido, da**

【拉丁语 sapere 品尝；聪明（西语 sabe 知道；有……味道）→分词 sapidus】

adj. 有味道的

· **insípido, da** ｛B 级｝

【in- 否定前缀 +sápido：a 发生元音转换】

adj. 没有味道的；枯燥无味的

· ***insipidez**

【-ez 名词后缀，表状态】

f. 无味；乏味，枯燥；枯燥的东西

· **sabio, bia** ｛二级三级四级｝

【和 sápido 同源于拉丁语 sapidus　音变：元音间 p 浊化；元音间浊辅音 d 脱落】

adj. （人）聪明的，博学的 >>> *s.* 学者；智者

adj. （决定等）明智的

· **sabiendas** ｛二级三级八级｝

【拉丁语 sapere(西语 saber 知道) →副动词 sapiendus(西语 sabiendo)】

 adv. 故意地 (只用于短语—a sabiendas)

· **sabor**　{ 二级三级四级 B 级 }

【拉丁语 sapere 品尝 (西语 saber) → sapor 味道　注：-or 名词后缀，表示概念时和现在词干搭配使用　音变：元音中的 p 浊化成 b ⇒品尝食物的味道】

 m. 味道；风味，特色，特点；感受，感觉，印象

 · **saborear**　{ 二级三级八级 }

 【-ear 动词后缀】

  tr. 调味

  tr./prnl. 品尝；享受，欣赏

 · **sabroso, sa**　{ 二级三级四级 B 级 }

 【拉丁语 *saporōsus　共时分析法：sabor 味道 +-oso(多)……的　注：第一个 o 脱落⇒一道有很多味道的菜】

  adj. 美味的；有点咸的；饶有趣味的；有价值的

74. serv-，servat- 保护；保存　【印欧词根 *ser- 保护→ 1. 拉丁语 servare，servatus 保护，保存；→ 2. 希腊语 heros 保护者】

· **conservar**　{ 二级三级四级 A 级 }

【拉丁语 cōnservāre，cōnservātus：con- 加强语气 +servare，servatus 保护；保存】

 tr. 保持 (习惯、作用等)；小心收藏

 tr. 保存 (食品等)>>> *prnl.* (食物) 得以保存

 tr. 保持 (使保持原有的状态)>>> *prnl.* 保养身体；(人、物等) 长期保持在 (某种状态)

 · **conservante**　{B 级 }

 【-ante 表主动】

  adj.inv. 用来防腐 (食品) 的 >>> *m.* (食物的) 防腐剂

 · **conservador, ra**　{ 二级三级八级 B 级 }

 【历史分析法：拉丁语 cōnservāre(西语 conservar) →分词 cōnservātus → conservātor(-or 表主动)　音变：元音间 t 浊化成 d　共时分析法：西语 conservar+-dor 表主动】

  adj. 保存的，保护的 (使经久耐用的)>>> *m.* 防腐剂

  adj. 保守的，守旧的 >>> *s.* 保守分子

  · **conservadurismo**　{ 二级八级 }

  【-ismo 名词后缀，可表后缀　注：o 变 u】

   m. 保守主义，保守态度

· **conserva**　{ 二级三级八级 }

f. 罐头食品

・ **conservación** ｛二级三级四级｝

　【-ión 名词后缀】

　　f. 保存，保藏；保持，维持

・ **conservatorio** ｛二级三级八级｝

　【拉丁语 cōnservāre(西语 conservar 保存、保管)→分词 cōnservātus → conservatorĭus (-orio 可表地方) 词源：此词在中世纪时的意大利表示孤儿院，因为这些机构给孤儿教授音乐相关知识，故逐渐引申为音乐学院等】

　　m. 公立艺术院校

・ **observar** ｛二级三级四级 **B** 级｝

　【拉丁语 observāre，observātus：ob- 在……之上 +servare，servatus 保护，保存⇒士兵站在高处观察四周，以保护城堡的安全】

　　tr. 观察，观测；觉察；遵守

・ **observador, ra** ｛二级三级八级｝

　【-dor 表主动】

　　adj. (善于) 观察的

　　s. 观察员 (派去观察并报告会议等的进展，但不投票或参与其它活动的人)

・ **observación** ｛二级三级四级 B 级｝

　【-ión 名词后缀】

　　f. 观察；(对法律、命令等的) 遵守；异议；批注，注解

・ **observatorio** ｛二级三级八级｝

　【-orio 名词后缀，可表地方】

　　m. 观察台，瞭望台；气象台，天文台

・ **preservar** ｛二级三级八级 **B** 级｝

　【拉丁语 praeservāre，praeservātus：prae- → pre- 前 +servare，servatus 保护，保存】

　　tr. 保护，防护 >>> *prnl.* 防御，抵御

・ **preservativo, va** ｛B 级｝

　【-ivo……的】

　　adj. 预防性的，保护性的 >>> *m.* 预防措施，保护性措施

・ **reservar** ｛二级三级八级 **A** 级｝

　【拉丁语 reservāre，reservātus 保留：re- 向后 +servare，servatus 保护，保存】

　　tr. 保留，保存 (以备用)；预定 (酒店，电影票等)

　　tr./prnl. 不透露 (信息)

　　prnl. 保留 (停止做某事，待到某个更好的时机再进行)

· **reserva** ｛二级三级四级 A 级｝

　s.com. 替补队员

　m. (储藏时间不下于三年的) 陈年老酒

　f. 储备 (物)，备用 (品)；预定；谨慎，审慎；保留，不完全相信 (在言论、行动等方面有所保留)；后备军

　f.pl. (体内营养的) 储备

· **reservación** ｛二级八级｝

　【-ión 名词后缀】

　f. 保存；储备；〈拉〉预定

· **héroe** ｛二级三级四级｝

【印欧词根 *ser- 保护→希腊语 heros 保护者 注：希腊语中的 h 对应拉丁语中的 s，既her-=ser- 保护⇒保家卫国的人】

m. 英雄，勇士；(文学作品、电影中的) 男主角，男主人公

　· **heroico, ca** ｛二级三级四级｝

　　【-ico……的】

　　adj. 英勇的，无畏的 (指具有或显示出和英雄相关品质的)；歌颂英雄的 (指小说、诗歌等叙述或关于英雄及其事迹的)

　· **heroísmo** ｛二级八级｝

　　【-ismo 名词后缀】

　　f. 英勇 (指英雄的特征或品质)；英雄行为 (指英雄式的行为、壮举)

　· **heroína** ｛二级三级四级｝

　　【heroína 表示海洛因时是通过法语借自德语，原为商标名。而这种毒品是由德国一家颜料厂的研究室主任 Paul Dresser 教授在 1897 年左右发现的，他发现人们在使用这种药物之后显得很亢奋⇒亢奋是英雄 héroe 的一特征。-ina 名词后缀，常表示化学物质。】

　　f. 女英雄，女勇士；(文学作品、电影中的) 女主角，女主人公；海洛因

75. spir-，spirat-；spirit- 呼吸 【拉丁语动词 spīrāre，spīratus 呼吸；名词 spīritus 呼吸】

· **espíritu** ｛二级三级四级 B 级｝

【拉丁语 spīrāre 呼吸→名词 spīritus 呼吸：词首添音 e-+spirit- 呼吸 注：spirit- 是名词词干，而不是分词词干 spirat-，两者的区别是第二个元音不同 对照英语 spirit】

m. (相对于肉体的) 精神，心灵；(死后的) 灵魂；精神 (如五四精神等)；情绪；神灵，鬼怪

　· **espiritual** ｛二级三级四级｝

【-al 表相关】

adj.inv. 精神上的，心灵上的；(人) 高尚的，超脱世俗的

· **aspirar** ｛二级三级四级｝

【拉丁语 aspīrāre, aspīrātus 呼吸：a- 表方向 +spīrāre 呼吸】

　intr./tr. 呼吸 (气体)

　tr. 吸入 (粉尘等)；把……发成送气音

　intr. 渴望，追求，有志于

　· **aspirador, ra** ｛二级八级 B 级｝

　【-dor 表主动】

　　adj. 吸入空气的

　　f. 吸尘器 (注：此词义下可做阳性或阴性名词，但更常用做阴性形式，因此
　　教学大纲只列出阴性形式)

　· **aspirante** ｛二级三级八级｝

　【-nte 表主动】

　　adj.inv. 吸入的

　　adj.inv. 申请 (职务等) 的 >>> *s.com.* (职务等) 申请人

　· **aspiración** ｛二级三级八级｝

　【-ión 名词后缀】

　　f. 吸入，吸气 (指把空气和其它物质往肺里吸的动作)；抱负，雄心；〈语〉
　　送气音

· **conspiración** ｛二级三级八级｝

【拉丁语 cōnspīrāre, cōnspīrātus 共同呼吸 (西语 conspirar 勾结、密谋)：con- 共同，
加强语气 +spīrāre 呼吸；-ión 名词后缀，和分词词干搭配使用】

　f. 阴谋，谋反

· **expirar** ｛二级三级八级｝

【拉丁语 expīrāre, expīrātus 呼出、死亡：ex- 想外 +spīrāre 呼吸 注：x 含有 s 的音素，
所以去掉 s】

　intr. 死，断气；期满，到期

　· **expiración** ｛B 级｝

　【-ión 名词后缀】

　　f. 死，断气；期满，到期

· **inspirar** ｛二级三级四级｝

【拉丁语 īnspīrāre, īnspīrātus 吸入：in- 向内 +spīrāre 呼吸】

tr. 吸 (气)>>> *intr.* 吸气

tr. 启发，使产生 (想法、情感等)

tr. 使产生灵感 >>> *prnl.* 受到启发，得到灵感

· **inspiración** ｛二级三级四级 B 级｝

【-ión 名词后缀】

f. 吸气；灵感；(尤指对艺术作品等的) 影响；突如其来的想法，灵机

· **respirar** ｛二级三级四级 **B** 级｝

【拉丁语 respīrāre，respīrātus 再次呼吸，呼入呼出：re- 再次 +spīrāre 呼吸】

intr./ tr. 呼吸

intr. (劳顿、紧张等后) 休息，歇息，放松；通风，透气

tr./prnl. 〈口〉显示出 (尤指人表现出某种情绪或品质)

· **respiración** ｛二级三级四级｝

【-ión 名词后缀】

f. 呼吸，呼吸作用；通风，透气

· **suspirar** ｛二级三级八级｝

【拉丁语 suspīrāre 深呼吸：sus- 从 / 在下 +spīrāre 呼吸】

intr. 叹息，叹气；爱慕；渴望 (某物)

· **suspiro** ｛二级三级八级｝

m. 叹息，叹气；〈口〉瞬间

· **transpirar** ｛B 级｝

【拉丁语 trānspīrāre：trans- 横跨，穿过 +spīrāre 呼吸】

intr. 排出，出汗

· **transpiración** ｛B 级｝

【-ión 名词后缀】

f. 排出；出汗

76. st-，stat(u)-，statut-，statut- 站 【印欧词根 *stā- 站 → 1 拉丁语 stare，status 站→反复动词 statuere，statutus 设立　注：此印欧词根派生出许多拉丁语，为了方便记忆，多数情况下我们做简化处理，不列举单词的演变过程。派生词主要源于 stare，所以排版在动词性中】

· **estar** ｛二级三级四级 **A** 级｝

【拉丁语 stare 站　音变：e- 为词首添音】

intr. 处于，在 (某处)，处于 (某种状态)，正在 (和副动词连用)>>> *prnl.* 保持；

停留

intr. 处于，在 (某处)；处于 (某种状态)；表价格 [estar a algo]；表时间 [estar a (una fecha)]；和副动词连用，强调正在进行 [estar ger.]；有待于 [estar por inf.]

· **estadía** { 二级三级八级 }

【西语 estar 站→阴性分词 estada 逗留 +-ía 名词后缀】

f. 停留，逗留；逗留期

· **estancia** { 二级三级四级 }

【见 estar 站 +-ancia 名词后缀】

f. 停留，逗留；逗留期；房间

· **estante** { 二级三级四级 }

【见 estar 站 +-nte 表相关⇒站在物品之间的木板】

m. 隔板；带隔板的家具

· **estantería** {A 级 }

【-ería 名词后缀】

f. (有多层隔板的) 架子

· **estándar/standard** { 二级三级八级 }

【印欧词根 *stā- 站→法兰克语 *standan 站 → *standhard 集合的地点→英语 standard 注：复数为 estándares】

adj.inv. 标准的 >>> *m.* 标准

· **estandarización** { 二级八级 }

【estandarizar 使标准化：estándar+-izar 使动】

f. 标准化

· **status** { 二级三级八级 }

【音标: /estátus/ 拉丁语 stare(西语 estar 站)→分词 status ⇒站在 / 处于的地位、状况 注：拉丁语词汇或表达在书写时需要用斜体或其它与文中西语不同的字体】

m. 社会地位；现状，状况

· **statu quo** { 二级三级八级 }

【音标: /estátu kuó/ 拉丁语短语，表示 en el estado en que 注：拉丁语词汇或表达在书写时需要用斜体或其它与文中西语不同的字体】

m. (政治术语) 现状

· **estado** { 二级三级四级 A 级 }

【拉丁语 stare(西语 estar 站)→分词 status 音变：e 为词首添音、元音间的 t 浊化成 d】

m. 状态，状况；(首字母大写) 国家，政体；州；清单；(有特定权利和义务的) 等级，社会阶层

· **estatal** { 二级三级四级 B 级 }

【estado 状态，国家 +-al 表向关 注：词根依旧保留清辅音 t】

adj.inv. 国家的，国务的

· **estadounidense**

【Estados Unidos 美国 +-ense 表相关，所属】

adj.inv. 美国的 >>> *s.com.* 美国人

· **estadístico, ca** ｛二级三级四级 B 级｝

【简化记忆：estado 国家 +-ista 表人 +-ico 表相关⇒管理国家事务，统计各种数据】

adj. 统计的，统计学的 >>> *s.* 统计员、统计学家 >>> *f.* 统计学

· **estadista** ｛二级三级八级｝

【西语 Estado 国家 +-ista 表人】

s.com. 国务活动家；国家元首；统计学家

· **constar** ｛二级三级四级｝

【拉丁语 cōnstāre 站稳，站在一起；被固定；估价：con- 加强语气 +stāre 站（西语 estar) ⇒站在众人之外】

intr. 明显，显而易见；（信息等）写明，注明（在……）；由……组成，包括

· **constante** ｛二级三级四级 B 级｝

【见 constar 明显；con- 加强语气 +st- 站 +-ante……的⇒一直站在原地不动的】

adj.inv. 稳固的，永恒的；（人）坚定的，坚韧不拔的；经常的，不断的

f. 〈数〉常数；不变因素

· **constantemente** ｛B 级｝

【-mente 副词词尾】

adv. 不停地，不断地

· **constancia** ｛二级三级四级 B 级｝

【-ia 名词后缀】

f. 恒心，坚定，坚持不懈；确信，肯定，确凿；表明，写明，记载

· **inconstancia** ｛B 级｝

【in- 表否定】

f. 易变，反复无常

· **constatar** ｛二级八级｝

【来自法语 constater 确认，出具证明，和 constar 同源于拉丁语 cōnstāre 站稳】

tr. 证明，证实；写明，表明

· **costar** ｛二级三级四级 A 级｝

【和 constar 同源于拉丁语 cōnstāre 站稳，站在一起；被固定；估价：con- 共同，加强语气 +stare 站（西语 estar) 音变：-ns- → -s-，对照英语 cost】

tr. 使花费（时间，金钱）>>> *intr.* 要价

tr. 使消耗（精力等）>>> *intr.* 使费力，使费劲

· **costo** ｛二级三级四级｝

【来自 costar 花费】

m.（尤指重要事务的）成本，费用；（印度大麻）麻醉剂（来自另外一个词根）

· **costoso, sa** ｛二级三级八级｝

【-oso 多……的】

adj. 昂贵的；费力的

· **costear** ｛二级三级八级｝

【-ear 动词后缀】

tr. 支付；避开（困难，危险）

prnl. 回本，收回成本

tr./intr. 沿（海／河岸）航行（来自 costa 河岸，海岸）

· **coste** ｛二级八级｝

【来自 costar 花费】

m. 费用；成本；价钱，价格

· **costa** ｛二级三级四级 A 级｝

【来自 costar 花费】

f. 费用（=costo）>>> *f.pl.* 诉讼费

f. 河岸，海岸、海滨，河滨（拉丁语 costa 一侧，旁边，对照英语 coast）

· **costero, ra** ｛二级三级八级 B 级｝

【-ero……的】

adj. 海岸的，沿海的

· **costeño, ña** ｛二级三级八级｝

【-eño……的】

adj. 海岸的，沿海的

· **costilla** ｛二级三级八级 B 级｝

【拉丁语 costa 一侧（见西语 costa 河岸）+-illa 指小词后缀】

f. 〈解剖学〉肋骨；（用于烹饪的）肋条，排骨；肋骨状物；（船的）肋骨

f.pl. 〈口〉（人体的）背（部）=espalda

· **costado** ｛二级三级八级｝

【拉丁语 costa 一侧（见西语 costa 河岸）→ costātus 有侧边的　音变：元音间 t 浊化成 d】

m. 侧面，旁边；（人体的）肋部

· **cuesta** ｛二级三级八级｝

【拉丁语 costa 一侧（见西语 costa 河岸）音变：o 变 ue】

f. 斜面；斜坡

· **acostar** ｛二级三级四级 A 级｝

【a- 构成派生词 +costa 海岸 +-ar 动词后缀⇒躺在海岸边，晒太阳】

tr. (尤指为了使休息或睡觉) 使躺下 >>> *prnl.* 躺下

tr. 使靠近 >>> *prnl.* 靠近 >>> *intr.* (船) 靠岸

prnl. 〈口〉发生性关系

· **recostar** { 八级 }

【re- 加强语气 +costa 海岸 +-ar 动词后缀】

tr. 把 (上半身) 靠在 >>> *prnl.* (尤指站着或坐着的人的上半身) 依靠在

tr. 使斜靠

· **contrastar** { 二级三级八级 }

【拉丁语 contrāstāre: contra- 相反 +stāre 站 (西语 estar) ⇒站在相反的位置→相对→对比，对照】

tr. 证实，核实 (消息等)；检验 (产品等)

intr. 形成对比，形成对照

· **contraste** { 二级三级四级 }

　m. 证实，核实；差异，差别；(X 线) 造影剂

· **distar** { 二级三级八级 }

【拉丁语 distāre: dis- 远离 +stāre 站 (西语 estar)】

intr. (空间上) 与……相距，(时间上) 与……相隔；相差很远

· **distante** { 八级 }

【-nte 表主动】

adj.inv. (时间或空间上) 远的；疏远的；(人) 表现傲慢的

· **distancia** { 二级三级四级 A 级 }

【-ia 名词后缀】

　f. (空间上的) 距离；(时间上的) 间隔；差别，差异

· **distanciar** {B 级 }

【-ar 动词后缀】

tr. 使相隔一定的距离 / 时间 >>> *prnl.* 相隔一定的距离 / 时间

tr. 使疏远 >>> *prnl.* 疏远

prnl. 与……没有关系

· **instar**

【拉丁语 īnstāre: in- 内，里面 +stāre 站 (西语 estar)】

tr. 坚持，再三要求　*intr.* 急迫

· **instancia** { 二级三级四级 }

　【-ancia 名词后缀】

f. 要求，恳求；申请，申请书

· **instante** ｛二级三级四级 B 级｝

【instar 再三要求 / 急迫 +-nte 表主动】

m. 瞬间，刹那

· **instantáneo, a** ｛二级三级八级｝

【-áneo……的】

adj. 瞬间的

f. 快照

· **obstar**

【拉丁语 obstāre 阻碍：ob- 相反 +stāre 站（西语 estar）】

tr. 阻碍，妨碍

· **obstáculo** ｛二级三级四级｝

【见西语 obstar 阻碍 +-culo 名词后缀，此处表物体、工具】

m. 阻碍（物）；阻碍，困难

· **obstante** ｛二级三级四级｝

【"obstar 阻碍"的现在分词⇒引出对立说法的词语】

只用于短语：no obstante 不过，但是，尽管如此

· **prestar** ｛二级三级四级 B 级｝

【拉丁语 praestāre, praestātus 借：prae- → pre- 前 +stāre 站（西语 estar）⇒站着前方⇒当朋友有困难时，站出来提供帮助】

tr. 借，借出（指强调往外借，借给他人）；（和 atención、paciencia、silencio 等词连用）有，持有；带给，使具有

prnl. 自愿，自告奋勇；引起，导致

· **prestación** ｛二级三级八级 B 级｝

【-ión 名词后缀】

f.（某项服务的）提供;（所提供的）服务；进行服务，履行服务；（机器的）工作性能

· **restar** ｛二级三级四级 B 级｝

【拉丁语 restāre 处于：re- 向后，加强语气 +stāre 站（西语 estar）

tr. 减少，缩小，降低，削弱；〈数学〉减去

intr. 差，缺（指缺少一定数量的条件做或发生某事）；（网球等球类运动中）回击（球）

· **resto** ｛二级三级四级｝

m. 剩余部分；〈数〉差，差数（减法运算的答案）；〈数〉余数（除法运算的答案）；（网球等的）回击球，接发球

m.pl. 残渣

· **sustancia/substancia**﹛二级三级八级﹜

【拉丁语 substāre 在……之下；存在：sub- → su-+stāre(西语 estar)；-ancia 名词后缀⇒站着天底下的事物】

f. 物质；材料；(食物的) 营养

　· **sustantivo/substantivo**﹛二级三级八级﹜

　　【-ivo 表相关】

　　adj.inv. 实体的，真实存在的；〈语〉起名词作用的

　　adj.inv.〈语〉名词的 >>> *m.* 名词

estatuto﹛二级三级八级﹜

【拉丁语 stāre，status 站→反复动词 statuere，statutus 立起 / 设立→中性分词 statūtum】

m. 法，法规

m./m.pl. (常用复数) 章程，条例

· **estatua**﹛二级三级四级 A 级﹜

　【拉丁语 statuere 立起→ statua 图像，雕像】

　f. 雕像，塑像

　· **estatura**﹛二级三级八级﹜

　　【简化记忆：见 estatua 雕像 +ura 名词河长制　注：严格来说这个词并非拉丁语 statuere 的派生词，但它们同印欧词源。】

　　f. 身材，身高

· **constituir**﹛二级三级四级﹜

　【拉丁语 cōnstituere，cōnstitūtus：con- 共同，加强语气 + 反复动词 statuere，statutus 设立 (元音转换：a 变 i)】

　tr. 构成，组成；是，成为；创立，设立，建立；指派，委派；充当，成为

　· **constitución**﹛二级三级八级﹜

　　【-ión 名词后缀】

　　f. (首字母常大写) 宪法；政体

　　· **constitucional**﹛二级三级八级 B 级﹜

　　　【-al 表相关】

　　　adj.inv. 宪法的，和宪法有关的；拥护宪法的；按照宪法的，符合宪法的；体质上的

· **destituir**﹛二级三级八级﹜

　【拉丁语 dēstituere，dēstitūtus：de- 远离 + 反复动词 statuere，statutus 设立 (元音转换：a 变 i)】

　tr. 撤职，罢免

· **destitución**｛二级八级｝

【-ión 名词后缀】

f. 撤职，革职

· ***instituir**

【拉丁语 īnstituer，īnstitūtus 设立：in- 在……里面 + 反复动词 statuere，statutus 设立 (元音转换：a 变 i)】

tr. 创建，建立 (机构等)；制定 (制度等)

· **instituto**｛二级三级四级 A 级｝

【拉丁语分词 īnstitūtus】

m. 学院，专科院校；学会，协会，(研究) 院，会

· **institución**｛二级三级四级｝

【-ión 名词后缀】

f. 创立，建立；单位，机构；制度，政体

· **prostituir**

【拉丁语 prōstituere，prostitutus 卖淫：pro- 在前 + 反复动词 statuere，statutus 设立 (元音转换：a 变 i)】

tr. 使卖淫 >>> *prnl.* 卖淫

· **prostitución**｛二级三级八级 B 级｝

【-ión 名词后缀】

f. 卖淫

· **prostituta**｛二级三级八级｝

【拉丁语阴性分词 prōstitūta】

s. 妓女 (注：现在也用 prostituto 指男性性工作者)

· **prostíbulo**｛二级八级｝

【见 prostituir 卖淫 +-bulo 表方式、工具等】

m. 妓院

· **restituir**｛二级三级四级｝

【拉丁语 restituere：re- 加强语气 + 反复动词 statuere，statutus 设立 (元音转换：a 变 i) ⇒使倒下的人再次站起来】

tr. 归还；恢复，复原

prnl. 返回 (回到之前的所在地或活动中)

· **sustituir/substituir**｛二级三级四级｝

【拉丁语 substituere，substitūtus 代替：sub-=sus- 在 …… 之下 + 反复动词 statuere，statutus 设立 (元音转换：a 变 i)】

tr. 代替，替换 (可指替换某物的位置或人的职位)

· **sustituto, ta/substituto, ta**｛八级 B 级｝

【拉丁语 substituere 代替 (西语 sustituir) →分词 substitūtus】

adj. 替换的 (人) 者，替代的 (人) 者 >>> *s.* 替换者，替代者

· **sustitución/substitución** { 二级三级八级 }

【-ión 名词后缀】

f. 代替，替换

· **estable** { 二级三级四级 B 级 }

【印欧词根 *stā- 站→拉丁语 stabilis 站稳的 (对照英语 stable) 简化记忆：词首添音 e-+st- 站 +-able……的⇒一直站着的，不变的】

adj.inv. 稳定的，坚固的，持久的；稳定的

· **estabilidad** { 二级三级四级 B 级 }

【-idad 名词后缀】

f. 稳定 (性)；坚固 (性)，稳固 (性)；持久 (性)，耐久 (性)

· **estabilizar** { 二级三级八级 }

【-izar 动词后缀】

tr. 稳定，固定

· **inestable** { 二级三级八级 B 级 }

【in- 表否定 + 西语 estable 稳固的 注：这个词直接由否定前缀 in- 加上西语 estable 构成，所以即使词根 st- 不在词首也保留词首添音】

adj.inv. 不稳的，不坚实，不牢固；反复无常的

· **inestabilidad** { 二级八级 B 级 }

【in- 表否定 +estabilidad 稳固；稳定】

f. 不稳固，缺乏稳定性

· **establecer** { 二级三级四级 B 级 }

【-ecer 动词后缀⇒使某事物持久地发展】

tr. 创建，建立 (机构等)；规定，确定 (原则等)；提出 (学说，理论)

prnl. 开业，开商店；定居

· **establecimiento** { 二级三级四级 B 级 }

【-imiento 名词后缀】

m. 创建，建立；机构，机关，企业；法规，规定；定居；殖民地

· **restablecer** { 二级三级八级 }

【re- 再次】

tr. 重建；恢复

prnl. 康复，复原 (指从疾病、伤害或逆境中走出来)

· **estación** { 二级三级四级 A 级 }

【印欧词根 *stā-. 站→拉丁语 stationem(对照英语 station) ⇒四个月所处的时间段】

f. 季节；时节；车站，火车站

· **estacionar** ｛二级三级八级｝

【-ar 动词后缀】

tr. 停放 (车)>>> *intr.* 停车

prnl. 停滞

　· **estacionamiento** ｛二级八级｝

　【-miento 名词后缀】

　m. 停车；停车场；停滞；稳定

· ***instaurar**

【印欧词根 *stā- 站→拉丁语 -staurare 恢复 (仅用于复合词，和本栏词根同源) 简化记忆：in- 向内 +staur-=st- 站 +-ar 动词后缀⇒站立，建立】

tr. 建立，设立

· **restaurar** ｛二级三级四级｝

【印欧词根 *stā- 站→拉丁语 -staurare 恢复 (仅用于复合词，和本栏词根同源) 简化记忆：re- 再 +staur-=st- 站 +-ar 动词后缀⇒大病一场之后，再次站起来】

tr. 修复，复原，修复 (画、建筑物等)；恢复，复原；复辟 (政体)

· **restaurante/restorán** ｛二级三级四级 A 级｝

【-nte 表主动⇒能够让饥肠辘辘的客人恢复体力的地方】

　m. 餐厅，饭馆

· **restauración** ｛二级三级八级｝

【-ión 名词后缀】

　f. 修复，复原，修复；〈政〉(政体或王朝的) 复辟；王朝复辟时期；重建，恢复；(旅馆业的) 餐饮业

· **destinar** ｛二级三级四级｝

【拉丁语 dēstināre, dēstinātus：同源于印欧词根 *stā- 站　简化记忆：de- 向下 +st- 站 +-ino 表相关 +-ar 动词后缀⇒下派某人，使其站着另一个地方】

tr. 把……用于；委派；寄给

· **destinatario, ria** ｛二级三级八级 B 级｝

【-ario 名词后缀】

　s. 收信人，收货人；(汇款) 收款人

· **destino** ｛二级三级四级 B 级｝

【来自西语 destinar】

　m. 命运；用途；目的地；工作，职位；工作地点，工作单位

· **obstinarse**

【同源于印欧词根 *stā- 站 简化记忆：ob- 相反 +st- 站 +-ino 表相关 +-ar 动词后缀】
prnl. 顽固，坚持
· **obstinado, da** ｛二级三级八级｝
【西语 obstinarse 的分词】
adj. 固执的；坚持的，坚韧不拔的

· **estático, ca** ｛二级三级八级｝
【印欧词根 *stā- 站→希腊语 statikos 使立起→ staticus 和重量有关的 简化记忆：e- 词首添音 +stat- 站 +-ico……的】
adj. 静止的，静态的，变化小的
adj. 静力的 >>> *f.* 静力学

77. tent-，tentat- 感觉；尝试 【拉丁语 temptare，temptātus 感觉；尝试 注：现在词干 tempt- 和分词词干 temptat- 在西语中常以 tent-，tentat- 形式出现的原因有二：1. 该动词和分词在拉丁语中的变体形式为 tentare，tentatus；2. temptare，temptātus 发生音变：tempt- → (- pt- 中 p 脱落) → *temt- (m 在 t 前变成 n) → tent- 。我们在下文仅列出拉丁语形式，不再写出它们的演变过程】

· **tentar** ｛二级三级八级｝
【拉丁语 temptare 感觉；尝试 对照英语 tempt】
tr. 摸，摸索 >>> *prnl.* 摸，摸索
tr. 诱惑，引诱 (诱使做不应该或不适合的事)；吸引，诱惑 (使感兴趣)；试图
· **tentativa** ｛二级三级八级｝
【中世纪拉丁语 tentativus：tentat- 感觉；尝试 +-ivo/va 表相关】
f. 试图，尝试
· **tentación** ｛二级八级｝
【拉丁语 temptātiōnem(对照英语 temptation)：tentat- 感觉；尝试 +-ión 名词后缀】
f. 引诱，诱惑；诱惑物，诱惑之人
· ***tentáculo**
【见 tentar 摸索 +-culo 指小词后缀⇒昆虫等头上用来感知的东西】
m. (动物的) 触角，(植物的) 触毛

· **atentar** {B 级 }
【拉丁语 attentāre：a- 表方向 + 见西语 tentar 摸索⇒试图偷东西】
intr. 谋害，侵犯
· **atentado** ｛二级三级八级 B 级 ｝
【西语 atentar 的分词】
m. 谋害；(危害国家等的) 罪行，暴行；侵犯，冒犯；滥用权力

78. tu-, tuit-, tut- 保护；看 【拉丁语 tuērī, tuitus 保护；看 注：变体分词 tūtus】

- **tutela**
  【拉丁语 tuērī →变体分词 tūtus → tūtēla: tut- 保护 +-ela 名词后缀】
  f. 〈律〉监护；监护人职责；托管；保护
  - **tutor, ra** { 二级三级八级 B 级 }
    【拉丁语 tuērī 保护、看→分词 tuitus →变体 tūtus；-or 表主动】
    s. 监护人；(学生的) 指导老师

- **intuición** { 二级三级二级三级八级 }
  【拉丁语 intuērī 看……/ 沉思 (西语 intuir 凭直觉了解) →分词 intuitus；-ión 名词后缀】
  f. 直觉；洞察力
  - **intuitivo, va** { 二级八级 }
    【-ivo……的】
    adj. 直觉的；(人) 凭直觉行动的

79. val(u)- 强壮的 【拉丁语 valere 强壮；validus 强壮的；有效的 注：valu- 形式来自法语，如拉丁语 valere 强壮→古法语 valoir 强壮；有价值→阴性过去分词 value】

- **valer** { 二级三级四级 A 级 }
  【拉丁语 valere 强壮】
  m. 价值；
  intr. 保佑，保护 (一般用于祈祷)；(人) 有能耐，有长处；有用；有效；合适 (尤指某人、某事具有某种适合的品质)
  tr. 值，价格为；引起，造成；值得
  prnl. 借助，使用，利用；(人在生活等方面) 自立，自理，独立行动；得到许可，被允许
  - **vale** { 二级三级八级 A 级 }
    m. 代价券；借据；交货单
    interj. 好 (表示同意)，好了 (用来让某人安静或停止做某事)
  - **valiente** { 二级三级四级 }
    【拉丁语 valere 强壮 (西语 valer) →现在分词 valentem 音变：e 变 ie】
    adj.inv. 勇敢的，英勇的 >>> *s.com.* 勇敢的人
    - **valentía** { 二级三级八级 B 级 }
      【valiente+-ía 名词后缀 注：不能写成 *valientía】

f. 勇敢，勇猛，无畏；勇敢举动

· **valor** {二级三级四级 B 级}

【拉丁语 valere 强壮（西语 valer 价值）→名词 valor：-or 名词后缀，表概念等时和现在词干搭配使用】

m. 价值；价格，价钱；用处，效用；含义；重要性；勇气，勇敢；〈口〉厚脸皮，不要脸

　· **valorar** {二级三级八级}

　【西语 valor+-ar 动词后缀】

　tr. 定价，估价；看重，重视

　　· **valoración** {二级八级 B 级}

　　【西语 valorar+-ción 名词后缀】

　　f. 定价，估价；看重，重视

· **válido, da** {二级八级 B 级}

【拉丁语 valere 强壮（西语 valer）→ validus 强壮的 / 有效的：val- 强壮的，有效的 +-ido……的】

adj. 有效的；有根据的；有效的（尤指具有法律效力的）

adj.（尤指老年人在生活、行动等方面）能自理的 >>> *s.* 生活能自理的老人

　· **validez** {二级三级四级 B 级}

　【-ez 名词后缀⇒某物仍然有价值→仍有效】

　f. 有效；有效期；（人的）能力，（事物的）效力

　· **invalidez** {二级八级}

　【inválido 无效的；残疾的：in- 否定前缀 +válido；-ez 名词后缀】

　f. 残疾；无效

　· **convalidar** {二级八级}

　【拉丁语 convalidāre：con- 加强语气 + 见 validar tr. 使有效，使生效：válido+-ar 动词后缀】

　tr.（对学分或学业的）确认（指一个国家的教育机构认定学生在另一个国家取得的学业成绩）；批准，认可

· **valioso, sa** {二级三级八级}

【val- 有价值的；强壮的 +-ioso(多)……的】

adj. 值钱的，珍贵的

· **equivaler** {二级三级四级}

【拉丁语 equivaler：equi- 相等（西语 igual)+ 见 valer 值⇒拥有同等价值】

intr. 〈数〉等于；意味着

　· **equivalente** {二级三级四级}

　【-nte……的，表主动】

　adj.inv. 相等的，同等的

m. 相等物，等同物

　　　· **equivalencia** ｛二级八级｝

　　　　【-ia 名词后缀】

　　　　　f. 相等，相当

　· **prevalecer** ｛二级三级四级｝

　　【prae- 前 + 拉丁语 valere 强壮（西语 valer）= 拉丁语 praevalēre 变更加强大（英语 prevail）→ 起始动词 prevalēscere：pre 前 +val- 强壮 +-ecer 动词后缀】

　　　intr. 占上风，占优势；继续存在

· ***valuar**

　【valu- 强壮，有价值的 +-ar 动词后缀】

　tr. 估价，评价；〈拉〉给……定价

　· **valuación**

　　【ción 名词后缀】

　　　f. 估价，评价

　· **devaluar** ｛二级三级八级｝

　　【de- 向下 + 见 valuar】

　　　tr. 使（货币）贬值 >>> *prnl.*（货币）贬值

　　　tr. 降低……的价值 >>> *prnl.* 贬值

　　· **devaluación** ｛二级八级｝

　　　【-ción 名词后缀】

　　　　f.（货币的）贬值

　· **evaluar** ｛二级三级八级｝

　　【e- 向外 + 见 valuar】

　　　tr. 估价，估计；给（学生等）评估成绩

　　· **evaluación** ｛二级八级 B 级｝

　　　【-ción 名词后缀】

　　　　f. 估价；评估（成绩等）；鉴定

　　　· **autoevaluación** ｛B 级｝

　　　　【auto- 自己】

　　　　　f. 自我估价；〈经〉自我估税

---

c. 以 v 结尾的现在词干，常见的分词词干为：

$$v + t = ut$$

80. solv-，solut- 松开，散开 　【拉丁语 solvere, solutus 松开，散开　注：拉丁语中的 v 和 u 可以互换，所以现在词干 solv- 的变体为 solu-；分词词干 solut- 在西

语中有时以 solt- 或 suelt- 形式出现】

· **soluble** { 二级三级八级 }

【拉丁语 solvere 散开→ solubĭlis 注：v 变 u；-ble……的】

adj.inv. 可溶的，易溶解的；可解决的

　· **solución** { 二级三级四级 B 级 }

　【拉丁语 solvere 散开→分词 solutus+-ión 名词后缀】

　　f. 解决；解决办法；〈数〉解法；溶解；溶液

　　· **solucionar** { 二级三级八级 }

　　【solución 解决 +-ar 动词后缀】

　　　tr. 解决

　· **suelto, ta** { 二级三级八级 B 级 }

　【拉丁语 solvere 散开→分词 solutus 音变：u 脱落；o 变 ue】

　　adj. 松的 (不紧的)；松散的 (不集中在一起的)；自由自在的；零散的，不成套的 (没有构成一个整体的，一套的)；拉肚子的；散装的

　　m. 零碎钱

　　· **soltar** { 二级三级四级 B 级 }

　　【-ar 动词后缀】

　　　tr. 解开；放走，放掉；说出 (令人不悦的话)；不由自主地发出；散发出，流出

　　　tr. 使松开，放开 >>> *prnl.* 松开

　　　tr. 排泄 (宾语多为 vientre)>>> *prnl.* (主语多为 vientre) 排泄

　　　prnl. 运用自如；挣脱，摆脱

· **absolver** { 二级八级 }

【拉丁语 absolvere，absolūtus 解除：ab- 远离 +solvere，solutus 松开，散开】

tr. 免除 (责任、义务)；〈宗〉赦免 (罪孽)；〈法〉宣告……无罪，赦免……的罪行

　· **absoluto, ta** { 二级三级四级 }

　【拉丁语分词 absolūtus】

　　adj. 绝对的；(酒精等) 纯的；(政府等) 专制的，专横的

　　· **absolutamente** {B 级 }

　　【-mente 副词词尾】

　　　adv. 绝对地，完全地；绝不

· **ensolver** {B 级 }

【拉丁语 in → en-+solvere 松开⇒松开某物，使其掉入】
tr. 使包含

· **disolver** { 二级三级四级 }
【拉丁语 dissolvere, dissolūtus 解散，使分解: dis- 消除，除去 +solvere, solutus 松开，散开】
tr. 溶解（颗粒物等）>>> *prnl.* （颗粒物等）被溶解
tr. 解散（组织）>>> *prnl.* （组织）解散
tr. 解除，废除（契约等）>>> *prnl.* （契约等）解除，废除
· **disolución** { 二级三级八级 }
【-ión 名词后缀】
f. 溶解；溶液；（团体等的）解散；（合同等的）解除

· **resolver** { 二级三级四级 B 级 }
【拉丁语 resolvere, resolūtus 解开，解决: re- 加强语气 +solvere, solutus 松开，散开⇒松开心中疑虑、解决心中的疑问】
tr. 决定 >>> *prnl.* 下决心
tr. 解决（问题等）
intr. 判决
· **resolución** { 二级三级四级 }
【-ión 名词后缀】
f. 决定；解决；决心，果断（态度坚决的状态或品质）;〈律〉裁决;（屏幕的）清晰度
· **resuelto, ta** { 二级三级八级 }
【拉丁语分词 resolūtus 音变: u 脱落、o 变 ue】
resolver 的过去分词 haber resuelto
adj. 坚定的，坚决的，果断的

81. volv-, volut- 卷，转　【拉丁语 volvere, volutus 卷 注: 现在词干 volv- 在拉丁语中的一个变体为 volu-；分词词干 volut- 常以 volt- 或 vuelt- 形式出现在西语中】

· **volver** { 二级三级四级 A 级 }
【拉丁语 volvere 卷⇒使转回来→归还，回来】
intr./prnl. 返回，回来
intr. 恢复到（之前的状态）；转弯，拐弯；重新；继续（之前的谈话），回到（话题）
tr. 翻，翻转

tr. 转 (尤指把头或视线转向某人)>>> *prnl.* 转身，转脸

- **volumen** { 二级三级四级 B 级 }

  【拉丁语 volvere 卷 (西语 volver 返回) → volūmen 作品的一卷 (-men 名词后缀) 注：在世纪之前 u 和 v 混用，所以 volv- 的异体形式为 volu-】

  m. (成套书籍中的) 一卷，一册；体积，容积；(贸易、资金等) 额，量；音量

  - **voluminoso, sa** { 二级三级八级 }

    【-oso(多)……的 注：勿把 i 拼写成 e】

    adj. 体积大的；容积大的，大的

- **vuelto, ta** { 二级三级八级 }

  【拉丁语 volvere 卷 (西语 volver 返回) →分词 volutus 音变：o 变 ue；u 脱落】

  volver 的过去分词，haber vuelto

  f. 旋转，转动；圈子，周，(卷起物的) 一圈，(圆形物的) 一片；弯处；返回，回来；找头；背面；(兜) 一圈；找头，找零 (在拉美也用作阳性 vuelto)

  - **vuelta** { 二级三级四级 A 级 }

    【来自拉丁语阴性分词 voluta，参见 vuelto】

    f. 旋转，转动、圈、散步

    - **voltear** { 二级三级八级 }

      【西语 vuelta+-ear 动词后缀】

      tr. 翻转 (使翻过来)；改变 (状态、位置) 等；翻动，转动；〈拉〉拐弯

      prnl. 〈拉〉转过身，扭过头

- **bóveda** { 二级三级八级 }

  【拉丁语 volvere，volūtus 卷 / 转动 (西语 volver) →分词在通俗拉丁语中的变体 *volvitus 拱型的→阴性 *volvita 注：该词变化较大，可以从语音上感受其和词根读音的相似之处】

  f. (建筑物的) 拱顶，拱形结构；拱顶室；(教堂下的) 拱顶墓穴

- **volcar** { 二级三级八级 }

  【拉丁语 volvere 卷 (西语 volver 返回) →通俗拉丁语 *volvicāre 音变：i 脱落; v 脱落】

  tr. 弄翻，弄倒，倾倒 >>> *prnl.* 打翻，翻倒

  intr. 翻车

  prnl. 竭尽全力

- **devolver** { 二级三级四级 A 级 }

  【拉丁语 dēvolvere，dēvolūtus 滚下，流向：de- 向下 +volvere(西语 volver 翻转、返回) ⇒把借来的东西转向物主】

  tr. 还，归还；回报，报答；退回；找 (钱)

  - **devolución** { B 级 }

    【-ión 名词后缀】

    f. 还，归还；回报，报答；退回

· **evolución** ｛二级三级四级 B 级｝

【拉丁语 ēvolvere，ēvolūtus 铺开、展开：e- 向外，往外 +volvere(西语 volver 翻转、返回)；-ión 名词后缀⇒把某事物向外翻转】

f. 演变，演化；〈生〉进化，进化论；(队伍的) 位置变换，队形变换

f.pl. 打转，转圈

　· **evolucionar** ｛二级三级八级 B 级｝

　　【-ar 动词后缀】

　　intr. 演变，发展；变换位置 / 队形；打转

· **revolver** ｛二级三级四级｝

【拉丁语 revolvere，revolūtus 翻转：re- 再次，加强语气 +volvere(西语 volver 翻转、返回)⇒反反复复翻转某物】

tr. 搅，拌；翻乱；(对过去的事) 翻查，重提，翻旧账；使恶心想吐

prnl. (人) 翻滚，翻转，转身；(为了攻击而) 转身；(用第三人称) 天气骤变

　· **revuelto, ta** ｛二级三级八级｝

　　【拉丁语分词 revolūtus 音变：o 变 ue；u 脱落】

　　revolver 的过去分词，haber revuelto

　　adj. 混杂的；浑浊的；(海) 翻腾的，(天气) 多变的；淘气的，不安分的

　　f. 骚乱，骚动；拐角 (处)，拐弯 (处)

　　m. (和其它配菜一起烹饪的) 炒蛋

　· **revolución** ｛二级三级四级 B 级｝

　　【-ión 名词后缀⇒搅乱→动乱→社会动乱】

　　f. 革命；大变革，巨变；激烈骚动，骚乱；(机器的) 转数

　　· ***revolucionar**

　　　【-ar 动词后缀】

　　　tr. 使变革；搅乱，扰乱

　　· **revolucionario, ria** ｛二级三级四级｝

　　　【-ario 形容词兼名词后缀：……的 / 做……的人】

　　　adj. 革命的 (和社会改革有关的)；革命性的 (有重大意义的)

　　　adj. 支持革命的 >>> *s.* 革命者

　　　· **contrarrevolucionario, ria** ｛二级八级｝

　　　　【contra- 反】

　　　　adj. 反革命的

　　　　adj. 反革命分子的 >>> *s.* 反革命分子

　· **revólver** ｛二级三级八级｝

　　【拉丁语 revolvere(西语 revolver 搅、拌) →英语 revolve 转动→英语 revolver 左轮手枪：-er 英语后缀，常表人或器具】

　　m. 左轮手枪

· **envolver** {二级三级四级 **B** 级}

【拉丁语 involvĕre: in- 向内→ en-+ 拉丁语 volvere 卷 (西语 volver 翻转、返回)】

tr. 包，裹 (物体)；包含，包括；使无言以对

tr. 用……包 / 裹 (婴儿等)>>> *prnl.* (用衣物) 裹住自己

tr. 使卷入 (麻烦等中)>>> *prnl.* 卷入 (麻烦等中)

· **desenvolver** {二级三级八级 B 级}

【des- 否定前缀】

tr. 剥开，打开 (包裹等)>>> *prnl.* (包裹等) 散开 (处于打开状态)

tr. 弄清楚 (账目等)；解释，阐明 (想法等)；使 (生意等) 兴隆

prnl. (事情) 进展，发展；熟练，活动自如

· **alboroto** {二级三级八级}

【alborotar 搅乱 / 喧闹 联想及简化记忆：把 al- 看成阿拉伯语冠词 +borot- 可能来自分词词干 volut- 转，卷 +-ar 动词后缀】

m. 喧闹，吵闹，哄闹；起哄；杂乱，混乱

· **válvula** {二级三级八级}

【印欧词根 *wel-. 转→拉丁语 valva 门扇 (西语 valva 〈植〉活瓣)→指小词 valvula(-ula 指小词后缀)】

f. (器械的) 阀门；〈解〉瓣 (膜)

把 v 变成 t

82. mov-, mot- 移动 【拉丁语 mover, motus 移动】

· **mover** {二级三级四级 **B** 级}

【拉丁语 mover, motus 移动：mov- 移动 +-er 动词后缀】

tr. 搬动，移动 (指使移动)>>> *prnl.* 移动，走动

tr. 摇动；产生，引起 (情感) 挑起，引起；(多用于命令式或否定句) 快点；张罗，斡旋

· **movimiento** {二级三级四级 B 级}

【-imiento 表动作、结果及相关】

m. 动，运动，移动；(某地方) 人来人往；起义，暴动；(政治、思想等方面的) 运动

· **momento** {二级三级四级 A 级}

【拉丁语 movere(西语 mover 移动) → *movimentum →缩合词 momentum 简化记忆：mov- 移动→ mo-+-mento 名词后缀⇒一动之间】

m. 瞬间，片刻；时刻(指不确定的时间段)；时机，机会；目前，当前

· **momentáneo, a** ｛二级八级｝

【-áneo……的】

adj. 瞬间的；立即的，立刻的

· **móvil** ｛二级三级八级 A 级｝

【拉丁语 movere(西语 mover 移动) → *movibilis 能移动的→缩合词 mōbilis(英语 mobile) 注：在西语中把 b 改为 v 简化记忆：mov- 移动 +-il 表相关】

adj.inv. 活动的，能够动的

m. 动机；移动电话，手机；运动物体

· **inmóvil** ｛二级三级四级｝

【in- 否定】

adj.inv. 静止的，不动的；固定的

· **automóvil** ｛二级三级四级｝

【auto- 自我⇒自动运转无需脚踩的交通工具】

adj. (车等)自动的 >>> *m.* 汽车，小轿车

· **movilizar** ｛二级三级八级｝

【-izar 使动】

tr. 调动，动员

· **mueble** ｛二级三级四级 B 级｝

【拉丁语 movere(西语 mover 移动) → *movibilis →缩合词 mōbilis(西语 móvil 活动的；手机)→古西语 moeble 简化记忆：mov- 移动→ mo-+-ble 能……的 音变：o → ue ⇒可以移动的】

adj.inv. 动产的

m. 家具

· **mueblería** ｛二级三级八级｝

【-ería 名词后缀】

f. 家具厂；家具店

· **mobiliario, ria** ｛二级三级八级｝

【来自法语 mobiliaire，见西语 mueble 动产的 +-ario……的】

adj. 动产的

m. 整套家具

· **inmobiliario, ra** ｛B 级｝

【in- 表否定】

adj. 不动产的

f. 房地产公司

· **amueblar/amoblar** ｛二级八级 A 级｝

【a- 构成派生词 +mueble 家具 +-ar 动词后缀】

tr. 给 (房间等) 配备家具

· **amueblado, da** ｛A 级｝

【amueblar 的分词】

adj. 配有家具的；知识广泛的

· **moción** ｛二级三级八级｝

【拉丁语分词 motus+-ión 名词后缀】

f. 动，移动；(会议上的) 提案

· **motor** ｛二级三级四级｝(形容词的阴性形式亦做 matriz)

【拉丁语分词 motus+-or 名词后缀，表主动时和分词词干搭配使用】

adj.inv. 发动的，引起运动的 >>> *m.* 发动机，马达

adj.inv. 促使事情发展的 >>> *s.com.* 推动者

· **motriz** ｛二级三级八级｝

【西语 motor 发动的 +-iz 表阴性 注：在拉丁语中 -or 可以添加 -iz 表女性，与此同时 o 脱落，如拉丁语 actor，actrix →西语 actor，actriz】

adj. 运动的，引起运动的

· **motel** ｛二级三级八级｝

【来自英语 motel：motor+hotel 的混合词】

m. 汽车旅馆

· **locomotora** ｛二级三级八级｝

【loco- 地方 (如西语 lugar 地方、local 本地的)+mot- 动 +-or 表主动→阴性 -ora(见 motor 发动机) ⇒使车从一地到另一地】

f. 机车，火车头

· **moto** ｛A 级｝

【motocicleta 的缩写词】

f. 摩托车

· **motín** ｛二级三级八级｝

【拉丁语 movere(西语 mover 移动) →通俗拉丁语阴性分词 *movita → muete 叛乱 →古法语 mutin 反叛的 简化记忆：mov- 动→ mot-+-ín 名词后缀⇒动乱】

m. 暴动，暴乱，叛变

· **motivo** ｛二级三级四级｝

【拉丁语分词 motus；+-ivo 表相关⇒移动→动机】

m. 目的，动机，原因

· **motivar** ｛二级三级四级｝

【西语 motivo 动机 +-ar 动词后缀⇒有目的的做事才会产生结果】

tr. 引起，导致；解释理由；激发 (某人的) 兴趣

· **motivación** ｛二级三级四级 B 级｝

【西语 motivar 促成，导致；-ción 名词后缀】

f. 解释理由；动机，原因；干劲，积极性

conmover ｛二级三级八级｝

【拉丁语 commovēre, commōtus: con- 加强语气 + 见 mover 移动】

tr. 使震动，使动摇 >>> *prnl.* 震动，动摇

tr. 使激动，使感动 >>> *prnl.* 感到震惊，感动

· **conmoción** ｛二级三级八级｝

【-ión 名词后缀】

f. (情绪等的) 震动，激动；(政治原因产生的) 动荡

emoción ｛二级三级四级 B 级｝

【拉丁语 ex- 向外 +movēre(西语 mover 移动)→通俗拉丁语 *exmovēre 移向→古法语 esmovoir 激动→法语 émotion 激动　简化记忆：e- 向外 +mot- 移动 +-ión 名词后缀⇒情绪往外移动、爆发】

f. 冲动 (一种由主观引起的强烈的感情状态，经常伴有心理上的变化)；激动

· **emocionar** ｛二级三级四级｝

【-ar 动词后缀】

tr. 使感动，使激动 >>> *prnl.* 感动，激动

· **emocionante** ｛二级三级八级｝

【-ante……的】

adj.inv. 令人感动的，令人激动的

promover ｛二级三级四级｝

【拉丁语 prōmovēre, prōmōtus: pro- 向前 + 见 mover 移动⇒向前移动，向前推动】

tr. 推动，促进；提拔，使晋级；引起，产生

· **promotor, ra** ｛二级三级八级｝

【-or 表主动】

adj. 促进的，推动的，倡导的 >>> *s.* 促进者，推动者，倡导者

· **promoción** ｛二级三级四级 B 级｝

【-ión 名词后缀】

f. 推动，提高; 推销，促销; 提升, 晋级; 同一批获得头衔 (就业、晋级) 的人; 晋级赛

· **promocionar** ｛二级三级八级｝

【-ar 动词后缀】

tr. 提高……声誉 (地位等)>>> *prnl.* (人的声誉、地位等) 提高

tr. 推销，促销

· **remover** ｛二级三级八级｝

【拉丁语 removēre, remōtus: re- 向后，加强语气 + 见 mover 移动】

tr. 搬动，挪动，移动；（尤指为了使不同的物质混合在一起）翻动，搅动；〈拉〉解除（职务）

prnl. 翻来覆去

- **remoto, ta** ｛二级三级四级｝

  【拉丁语 removēre(西语 remover 搬动) →分词 remōtus ⇒被搬动/移动了的】

  adj.（空间）远的，（时间）遥远的；不大可能的；模糊的，不确切的；（机器等）遥控的

83. vot- 发誓 　【拉丁语 vovere，votus 发誓】

- **voto** ｛二级三级四级 B 级｝

  【拉丁语 vovere 发誓→中性分词 votum ⇒选民在投票时，发誓要公平公正】

  m. 投票，表决；选票；投票权，表决权

  m./m.pl.（常用复数)(神前的）许愿；（常用复数）祝愿

  - **votar** ｛二级三级四级 B 级｝

    【-ar 动词后缀】

    intr./tr. 投票，表决

    tr. 投票（表决）通过

    - **votante** ｛B 级｝

      【votar 现在分词：-nte 表主动】

      adj.inv. 投票的 >>> *s.com.* 投票人

    - **votación** ｛二级八级｝

      【西语 votar+-ción 名词后缀】

      f. 投票，表决；投票（表决）形式；投票总数

  - **boda** ｛二级三级四级 B 级｝

    【拉丁语 vovēre 发誓（英语 vow 誓言）→中性分词 votum(西语 voto 投票) →复数 vōta 音变：v → b；元音间 t 浊化成 d ⇒新郎新娘在婚礼上互相许诺】

    f. 结婚；婚礼

- **devoto, ta** ｛二级三级八级｝

  【拉丁语 dēvovēre 发誓：de- 加强语气，远离 +vovēre 发誓→分词 dēvōtus】

  adj. 虔诚的 >>> *s.* 信徒

  adj. 崇拜……的 >>> *m.* 崇拜物

  adj. 忠诚的

  - **devoción** ｛二级三级八级｝

    【-ión 名词后缀】

    f. 〈宗〉虔诚；〈宗〉祈祷，礼拜；崇拜，喜爱，热爱；好习惯

d. r/n 结尾的现在词干，常见的分词词干为：

1) 现在词干 l/r/n → 分词词干 l/r/n+t

84. ger-, gest- 携带; 执行; 管理 【拉丁语 gerere, gestus 携带; 执行; 管理 注: 在拉丁语中 r 和 s 常互换，所以可以归为此类变化】

- **gerente** { 二级三级四级 }
  【拉丁语 gerere 携带，执行，管理→现在分词 gerentem: ger-+-ente 表示人⇒执行者】
  s.com. 经理
  - **gerencia** { 二级三级八级 }
    【-ia 名词后缀】
    f. 经理职务; 经理任期; 经理办公室
  - **gerundio** { 二级三级八级 }
    【拉丁语 gerere 携带; 执行; 管理→副动词 gerendus →变体 gerundus →晚期拉丁语 gerundium 简化建议: ger- 携带、执行、管理 +-undio 名词后缀⇒字面意思 "正在携带; 执行的" 体现了副动词的一大功能: 表正在】
    m. 副动词
  - **gesto** { 二级三级四级 B 级 }
    【拉丁语 gerere 携带; 执行; 管理→分词 gestus 行为】
    m. (用于帮助表达某种情感的) 表情，手势，动作; (一时的) 举动，姿态; 脸，脸色
    - **gesta** { 二级三级八级 }
      【gerere 携带; 执行; 管理→分词 gestus(西语 gesto) →中性复数分词 gesta】
      f. 功绩，业绩
  - **gestión** { 二级三级八级 B 级 }
    【拉丁语 gerere 携带，执行，管理→分词 gestus(西语 gesto); -ión 名词后缀】
    f. 张罗，奔忙 (指为了获得某物或达到某个目标而所做的事情); 经营，管理
    - **gestionar** { 二级三级八级 }
      【-ar 动词后缀】
      tr. 为 (某事) 张罗，办理 (某事)

- **digerir** { 二级八级 B 级 }
  【拉丁语 dīgerere, dīgestus 分离: dis- 分开，远离→ di-+gerere 携带; 执行; 管理⇒把食物带离口腔进入胃】
  tr. 消化 (食物); 领会

· **digestión** ｛二级三级八级 B 级｝

【-ión 名词后缀】

f. 消化；消化作用

· **digestivo, va** ｛二级三级八级｝

【-ivo 表相关】

adj. 消化的 (指和消化系统有关的)

adj. 助消化的 >>> *m.* 助消化药

· **indigesto, ta** ｛B 级｝

【拉丁语 indigestus：in- 表否定 +-digesto 见 digerir 消化】

adj. (ser) 难消化的，(estar) 不消化的；(estar) 消化不良的；(人) 难交往的

· **indigestión** ｛二级三级八级｝

【见 indigesto+-ión 名词后缀】

f. 消化不良

· **exagerar** ｛二级三级八级｝

【拉丁语 exaggerāre，exaggerātus：ex- 向外 +a- 表方向 +ger- 携带；执行；管理 +-ar 动词后缀⇒在描述时过度的使用表示程度的形容词或副词】

tr. 夸张，夸大 (事实等)>>> *intr.* 夸张

· **exageración** ｛二级八级｝

【-ión 名词后缀】

f. 夸张，夸大；夸大的言语或举止

· **exagerado, da** ｛二级八级｝

【西语 exagerar 的分词】

adj. (人) 言过其实的；(价格等) 过分的，过度的

· **sugerir** ｛二级三级四级 B 级｝

【拉丁语 suggerere，suggestus：su- 在下 +ger- 携带；执行；管理 +-ir 动词后缀⇒在下的臣子给在上的君主传达民意】

tr. 建议；使人想到 (通过逻辑或联想使想起)

· **sugerencia** ｛二级三级八级 B 级｝

【-encia 名词后缀】

f. 意见，建议；提议，提示，提醒

· **sugestión** ｛二级八级｝

【见 sugerir 建议；-ión 名词后缀，和分词词干搭配使用 注：因为 t 在音素 /s/ 后面，所以不发生腭化】

f. 影响 (尤指或多或少能左右人的想法的影响力)；提议，建议

registro { 二级三级四级 }

【拉丁语 regerere →中性复数分词 regesta →变体 regestum/registrum 简化记忆：re-反复，向后 +gest- 携带；执行→ gistr- ⇒把某人的名字带到名单上】

m. 登记，注册；登记处；登记薄，注册簿；搜查

· **registrar** { 二级三级四级 B 级 }

【-ar 动词后缀】

tr. 给……注册，给……登记 >>> *prnl.* (自己给自己) 注册，登记 (账号等)

tr. 检查，搜查 (仔细查看)；(仪器) 标出，记录下；收入，收进，记录；录制

prnl. 出现，发生 (尤指能被记录的事情)

2) 现在词干 l/r/n →分词词干 l/r/n+s

85. curr-，curs- 跑；流动 【拉丁语 currere，cursus 跑】

correr { 二级三级四级 A 级 }

【拉丁语 currere 跑 音变：u 变 o】

intr. 跑，奔跑；急忙，赶紧；(水、空气等) 流动

· **corredor, da** { 二级三级四级 B 级 }

【西语 correr+-dor 表主动，表人 / 地方】

adj. 跑得快的

s. 赛跑运动员；(做买卖的) 经纪人

m. (建筑物的) 过道；(绕着院子的) 长廊

· **corrida** { 二级三级四级 }

【西语 correr 的阴性分词：-ida 表动作】

f. 跑；斗牛

· **corriente** { 二级三级四级 B 级 }

【corr- 跑 +-iente……的】

adj.inv. 跑的；(货币等) 流通的；这个的，现今的 (正式用语，修饰对象为星期、月、年等，表示这个星期，这个月，今年)；普通的，常见的

adj.inv. (水、气等) 流动的 >>> *f.* 流，水流，电流，气流

f. 潮流，趋势

· **correo** { 二级三级四级 A 级 }

【法语 corlieu，来自本栏词根，音变较为复杂，简化记忆：corr- 跑 + 把 -eo 看成一个虚构的名词后缀⇒穿街走巷送货的人】

m. 邮政，邮递；邮车；信箱；邮筒；(为人) 带口信 (或包裹) 的人

m./m.pl. (常用复数) 邮局

· **corral** { 二级三级八级 B 级 }

【拉丁语 currere 跑 (西语 correr) → currus 马车→通俗拉丁语 currāle 马车围起来的地方 +-al 可表示地方】

m. 畜栏；(旧时的) 露天剧场；(斗牛) 牛栏；(供幼儿在内爬着玩的) 游戏围栏；(河中或海边的) 围捕鱼场

· **curriculum vitae** { 二级三级八级 A 级 }

【curriculum 走过的地方: curr- 跑 +-iculum 指小词后缀；vitae 生命的⇒生命中跑过，走过的旅程】

m. 简历，履历

· **curso** { 二级三级四级 A 级 }

【拉丁语 currere(西语 correr) →分词 cursus ⇒跑过的路程】

m. (事物的) 进程，进展；流淌，水流，水道 (指液体的流动或运动的轨迹)；(时间的) 流逝；(星球运行的) 轨道；学年；年级；(同年级的) 学生；教程，课程；流通 (人与人之间的相传使用，如货币的流通等)

· **cursillo** { 二级八级 }

【-illo 指小词后缀】

m. 短训班；系列讲座

· **cursor** {B 级 }

【拉丁语 currere(西语 correr) →分词 cursus(西语 curso 进程；水流)+-or 表主动】

m. (鼠标的) 光标

· **cursar** { 二级三级四级 }

【拉丁语 currere(西语 correr) →分词 cursus(西语 curso 进程；水流) →反复动词 cursāre】

tr. 经常去 (某地)，经常做 (某事)；上学，学习，攻读；发送，传送 (指使某事物从一地到另一地, 直接宾语可以为命令、消息、包裹等)；办理 (手续等)

· **acosar** { 二级三级八级 }

【a- 构成派生词 + 拉丁语分词 cursus(西语 curso 进程；水流) →古西语 cosso 跑 +-ar 动词后缀】

tr. 追赶，追捕 (犯人、猎物)；(逆境等) 困扰，(人等) 纠缠

· **acoso** { 二级八级 }

m. 追赶，追捕；困扰，纠缠

· **cursivo, va** { 二级八级 }

【拉丁语 currere(西语 correr) →分词 cursus(西语 curso 进程；水流)+-ivo……的】

adj. 草写的，斜体的 >>> *f.* 草体 (字)，斜体 (字)

· **concurrir** { 二级三级四级 }

【拉丁语 concurrere，concursus 遇见：con- 共同，加强语气 +curr- 跑 +-ir 动词后缀

⇒跑到一块】

intr. 聚集，汇集，集中；参加，到 (某地)；集中在 (指某种状况或品质体现在人或物上，如灾难、优良品德等)；同时发生；同意

· **concurrente** { 二级三级八级 }

【-ente……的】

adj.inv. 同时发生的

adj.inv. 参加 (竞试等) 的 >>> *s.com.* 参加竞试者

· **concurrencia** { 二级八级 }

【-ia 名词后缀】

f. 同时发生，聚集；到场的群众

· **concurso** { 二级三级四级 B 级 }

【拉丁语 concurrere(西语 concurrir) →分词 concursus】

m. 同时发生；比赛，竞赛；帮助

· **concursante** { 二级八级 }

【concursar *intr.* 参加 (竞赛，比赛等)；-ante 表主动】

adj.inv. 参加比赛的 >>> *s.com.* 参加 (竞赛、竞试) 的人

· **discurso** { 二级三级四级 B 级 }

【拉丁语 discurrere，discursus 东奔西跑：dis- 远离 +currere 跑⇒到处社交】

m. 说话，谈话；论文；演讲

· **escurrir** { 二级八级 }

【拉丁语 excurrĕre，excursus 向外跑，跑开：ex- 向外→ es-+curr- 跑 +-ir ⇒把水往外排】

tr. 拧干，弄干

tr. 沥干，使滴干 >>> *intr.* 滴，沥

intr. (地面等) 滑

prnl. 溜走，滑脱

· **excursión** { 二级三级四级 A 级 }

【拉丁语 excurrĕre(西语 escurrir *tr.* 拧干 *prnl.* 溜走，滑脱) →分词 excursus+-ión 名词后缀】

f. 远足，郊游，徒步旅行

· **excursionista** { 二级八级 }

【-ista 表人】

s.com. 远足者，郊游者

· **incurrir** { 二级三级八级 }

【拉丁语 incurrere，incursus：in- 向内 +curr- 跑 +-ir ⇒跑入→陷入】

intr. 犯，陷于 (补语为错误、债务等消极词汇)；受到 (惩罚)、引起 (愤怒等)

· **ocurrir**｛二级三级四级 **B** 级｝

【拉丁语 occurrere：o- 表方向 +curr- 跑 +-ir 动词后缀⇒跑来】

intr. 发生

prnl. 使突然想起 (注：主语为想法、念头等，可以是名词也可以是动词原形；人用与格)

· **ocurrencia** ｛二级八级｝

【-encia 名词后缀】

f. (尤指偶然发生的) 事件；想法，念头；妙语，俏皮话；使用频率

· **precursor, ra** ｛二级三级八级｝

【拉丁语 praecurrere →分词 praecursus → praecursor：pre- 先前 +curs- 跑 +-or 表主动】

adj. 先前的，在前的

s. 先驱，先行者

· **recurrir** ｛二级三级四级｝

【拉丁语 recurrere，recursus：re- 加强语气，向后 +currere 跑⇒跑向靠山】

intr. 求助 (他人)；寻求 (帮助等)；借助 (字典等手段)；〈律〉起诉，上诉

· **recurso** ｛二级三级四级 B 级｝

【拉丁语分词 recursus】

m. 办法，措施；上诉

m.pl. (可以用来做某事的) 人力和物力

· **recorrer** ｛二级三级四级 B 级｝

【和 "recurrir 求助" 为同源对偶词 音变：u 变 o ⇒跑遍各地寻求帮助】

tr. 走完，走遍，跑遍；巡视 (地方)；浏览，扫视 (文章等)

· **recorrido** ｛二级三级四级 B 级｝

【西语 recorrer 的分词】

m. 走完，走遍，跑遍；路程，行程

· **socorrer** ｛二级三级八级｝

【拉丁语 succurrere 赶来援助 简化记忆：so- 在下 +corr- 跑 +-er 动词后缀】

tr. 援助，救助

· **socorro** ｛八级 A 级｝

m. 援助，救助；救援物资

· **sucursal** ｛二级三级四级｝

【拉丁语 succurrere(西语 socorrer 援助) →分词 succursus+-al 表相关⇒帮助公司扩展业务的店面】

adj.inv. 分店的，分行的，分公司的 (泛指机构是附属于总部的)>>> *f.* 分店，分行，分公司

· **transcurrir**｛二级四级｝
【拉丁语 trānscurrere, trānscursus: trans- 穿过，通过 +curr- 跑 +-ir 动词后缀】
intr. (时光) 流逝
　· **transcurso**｛二级三级八级｝
　【拉丁语分词 trānscursus】
　m. (时光的) 流逝；期间

86. fal(l)-，fals- 欺骗　【拉丁语 fallere，falsus 欺骗 注：现在词干 fall- 在西语可能以 fal- 的形式出现】

· **fallecer**｛二级三级四级 B 级｝
【拉丁语 fallere 欺骗→起始动词 fallēscere: fall- 欺骗 +-ecer 动词后缀⇒原意为"明知故犯"，后引申成死亡：明知故犯就是作死】
intr. 死，去世；(物品) 用尽，耗尽
　· **fallecimiento**｛二级八级｝
　【-imiento 名词后缀，表动作、结果及相关】
　m. 死，去世
　· **falso, sa**｛二级三级四级 B 级｝
　【拉丁语 fallere 欺骗→分词 falsus】
　adj. (货币等) 假的，伪造的；(消息等) 不真实的
　adj. (人等) 虚伪的，不忠实的 >>> *s.* 伪君子
　　· **falsificar**｛二级三级八级｝
　　【-ficar 做】
　　tr. 假造，伪造；篡改，歪曲 (事实等)
　　　· **falsificación**｛B 级｝
　　　【-ción 名词后缀】
　　　f. 假造，伪造；赝品
· **infalible**｛二级｝
　【in- 表否定 +falible 可能失败的←拉丁语 fallibilis ← fallere 欺骗】
　adj.inv. 无误的，不犯错误的；必然的
· **falta**｛二级三级四级 B 级｝
　【拉丁语 fallere 欺骗→通俗拉丁语阴性分词 *fallita 音变：i 脱落，双写 ll 不能在音节末尾，所以脱落一个 简化记忆：falt=fall- 欺骗⇒骗子因为没钱而诈骗】
　f. 缺乏，缺失；缺席；缺席记录；(物体的) 缺陷，瑕疵；违例，违章

· **faltar** { 二级三级四级 B 级 }

【-ar 动词后缀】

intr. 没有, 缺少, 缺乏 (缺乏的事物为主语); 未出席; 未履行; 不在, 离开 (经常出现的地方); 还差 (指发生某事还差一定的时间, 用第三人称); 还需要, 尚需 (尤指动作需要完成)

87. man-, mans- 停留　【拉丁语 manere, mansus 停留】

· **mansión** { 二级三级八级 }

【拉丁语 manere 停留→分词 mansus+-ión 名词后缀⇒停留的地方】

m. 大厦, 豪华的住宅; 停留, 逗留

· ***mesón**

【和 mansión 同源于拉丁语 mansionem】

m. 客店; 〈物〉介子

· **permanecer** { 二级三级四级 }

【per- 完全 +man- 停留 +-ecer 动词后缀⇒一直停留在某地】

intr. 保持, 维持; 停留

· **permanente** { 二级三级四级 B 级 }

【-ente……的】

adj.inv. 持续的, 持久的

f. 烫过的卷发

· **permanencia** { 二级三级八级 }

【-ia 名词后缀】

f. 保持, 持久; 停留

88. puls- 驱动, 推　【拉丁语 pellere, pulsus 推; 搏动; 驱赶】

· **pulso** { 二级三级四级 }

【拉丁语 pellere 推、搏动→分词 pulsus】

m. 脉搏; 腕力; 小心, 谨慎; (人的) 对立

· **pulsera** { 二级三级八级 B 级 }

【pulso 脉搏 +-era 名词后缀, 可表地方⇒脉搏→手腕】

f. 手链, 手镯; 手表带

· **pulsar** { 二级三级八级 B 级 }

【-ar 动词后缀】

intr. (脉搏、心脏等) 跳动

tr. 试探, 揣摩; 按压; 弹奏

· **pulir** ｛二级三级八级｝

【印欧词根 *pel- 推、击打→拉丁语 polire(英语 polish)】

tr. 磨光，擦亮，使光亮；润饰，润色；偷

tr. 使有教养，使懂礼貌 >>> *prnl.* 有教养，有礼貌

tr./prnl. 挥霍 (尤指没有节制地花费钱财)

· **apelar** ｛二级三级八级｝

【拉丁语 appellare, appellatus 恳求，请求：a- 表方向 +pel- 和本栏词根同印欧词根，对照英语 appeal 上述，呼吁⇒把争端推上法庭陈词】

intr. 〈法〉上诉；求助于，借助

· **apelación** ｛二级八级｝

【-ión 名词后缀】

f. 〈法〉上诉；呼吁；求助

· **apellidar** ｛B 级｝

【拉丁语 appellāre 恳求、请 (西语 apelar 上诉)→反复动词 appellitāre】

tr. 叫 (某人) 的姓 >>> *prnl.* (某人) 姓

tr. 给……起外号 >>> *prnl.* 自称

· **apellido** ｛二级八级 A 级｝

m. 姓；绰号

· **impulso** ｛二级三级四级｝

【拉丁语 impellere(英语 impel 推动)→分词 impulsus: in- 向内 +pellere, pulsus 推】

m. 推动；动力；(感情的) 冲动

· **impulsar** ｛二级三级四级｝

【-ar 动词后缀】

tr. 推进，推动 (使向前移动)；促使，促进

· **empujar** ｛二级三级四级 B 级｝

【拉丁语 impellere →分词 impulsus(西语 impulso 推动)→反复动词 impulsāre(西语 impulsar 推动)→古西语 empuyssar 简化记忆：in- → im- → em- 向内 +pell- 推→ puj-+-ar 动词后缀】

tr. 推，推动；促使，催促；使下台

· **empuje** ｛二级八级｝

m. 推，推动；精力，劲头；(尤指某人有助于取得目标的) 影响，权势

· **empujón** ｛二级八级｝

【-ón 指大词后缀】

m. 用力推，冲击；(显著的) 推进

expulsar { 二级三级四级 }

【拉丁语 expellere(英语 expel 赶走) →分词 expulsus →反复动词 expulsāre：ex- 向外 +puls- 推 +-ar 动词后缀】

tr. 驱逐 (侵略者)；开除 (员工等)；排出 (气体等)

· **expulsión** { 八级 }

 【见 expulsar 驱逐 +-ión 名词后缀】

 f. 驱逐；开除；排出，放出

discípulo, la { 二级三级四级 }

【拉丁语 discipulus，构词成分有争议，可能由 "discere 学习" 和 "-pulus 驱动，推" 构成⇒被学习欲望推动的人】

s. 学生；门徒、门生

· **condiscípulo, la** { 二级三级八级 }

 【con- 共同，加强语气】

 s. 同学，学长 (弟)，学姐 (妹)

· **disciplina** { 二级三级四级 }

 【来自 "discípulo 门徒，学生"：-u- 脱落，-ina=-ino 表相关⇒学生讲纪律】

 f. 规律，纪律；学科，科目，课程；(尤指体育) 项目

 · **disciplinado, da** { 八级 }

  【-ado……的】

  adj. 有纪律的，遵守纪律的

  · **indisciplinado, da** { 二级三级八级 }

   【in- 表否定】

   adj. 不守纪律的

 · **interdisciplinario, ria** { 二级三级八级 }

  【inter- 在……之间 +disciplina+-ario……的】

  adj. 跨学科的，学科间的

e. 现在词干 +ct= 分词词干

89. flu-，fluct-，flux- 流，流动 【拉丁语 fluere, fluxus 流动，分词的古体形式为 fluctus 注：分词词干 flux- 常以音变形式 fluj- 出现在西语中】

fluir { 二级三级四级 }

【拉丁语 fluere 流动：flu- 流动 +-ir 动词后缀】

intr. (气体、液体等) 流，流动；(话语) 涌出，(想法等) 涌现

· **fluido, da** { 二级三级八级 B 级 }

【拉丁语 fluere 流动"西语 fluir"→形容词 fluidus: flu- 流动 +-ido……的】

adj. (物质，如气体等) 能流动的 >>> *m.* 流体 (指气体和液体)；电，电流

adj. (文字等的) 流利的，流畅的

· **fluidez** ｛二级八级 B 级｝

【-ez 名词后缀】

f. 流动，流动性；(文字等的) 流利，流畅

· **flujo** ｛二级三级四级｝

【拉丁语 fluere 流动 (西语 fluir)→分词 flūxus 音变: x 变 j】

m. 流动；流动物；涨；(人或物的) 流动

· **flojo, ja** ｛二级三级四级 B 级｝

【和 flujo 同源于拉丁语分词 flūxus】

adj. (绳子等) 松的，松动的；不结实的；(人) 松散的、懒惰的

· **aflojar** ｛二级三级四级｝

【a- 构成派生词 +flojo+-ar 动词后缀】

tr. 使 (螺丝等) 松开，解开 (腰带、领带等)>>> *prnl.* (给自己) 松腰带，解领带

tr. 〈口〉给，交 (钱)

intr. 松懈，泄劲

· **fluvial** ｛二级三级八级 A 级｝

【拉丁语 fluere 流动 (西语 fluir)→ fluvius 河流 +-al 表相关】

adj.inv. 河流的，河川的

· **afluente** ｛二级八级｝

【拉丁语 affluere，afflūxus(西语 afluir 流入)→现在分词 affluentem: a- 表方向 +flu- 流 +-ente……的】

adj. 流入的 >>> *m.* (河流的) 支流

adj. (讲话等) 流畅的

· **afluencia** ｛二级八级｝

【-ia 名词后缀】

f. 涌向，汇集；大量；(言语的) 流畅

· **confluir** ｛二级三级八级｝

【拉丁语 cōnfluere 汇流: con- 加强语气 +flu- 流动 +-ir 动词后缀】

intr. (河流、路等) 汇合，交集；(人) 涌向，聚集 (到某地)；(观点等) 一致

· **influir** ｛二级三级四级｝

【拉丁语 īnfluere，influxus 流入: in- 向内 +flu- 流 +-ir 动词后缀⇒流入内部→影响内部】

intr. 影响，发生作用

· **influencia** ｛二级三级四级 B 级｝

【-encia 名词后缀】

f. 影响;

f. 权势, 权利 >>> *f.pl.* 有权势的人

90. frut-, fruct- 享受; 水果　【拉丁语 frui, fructus 享受　注: 分词可充当名词表示"享受; 水果"】

· **fruir**

【拉丁语 frui 享受】

intr. 感到心满意足

· **fruto** ｛二级三级四级 B 级｝

【拉丁语 frui 享受 (西语 fluir 感到心满意足)→分词 fructus 享受; 水果　音变: ct 变 t】

m. 果实; 成果, 结果; 利益, 好处

· **fruta** ｛二级三级四级 A 级｝

【来自西语 fruto】

f. 水果

· **frutal** ｛B 级｝

【-al 表相关】

adj.inv. 水果的 >>> *m.* 果树

· **frutero, ra** ｛A 级｝

【-ero……的 / 人】

adj. 用来装运水果的 >>> *s.* 卖水果的人 >>> *m.* 水果盘, 水果筐

· **frutería** ｛二级三级八级 A 级｝

【-ía 名词后缀】

f. 水果店

· **fructífero, ra** ｛二级三级八级｝

【fruct- 见 fruto 果实 +-i+-fero 运送　注: 请勿漏写词根中的 c】

adj. (植物) 产果实的; 有成效的

· **disfrutar** ｛二级三级四级 B 级｝

【dis- 远离 +fruto 果实 +-ar 动词后缀⇒摘果实吃】

intr./tr. 享受, 享乐

intr./tr. 享有

91. stru-, struct- 堆积; 建造　【拉丁语 struere, structus 堆积, 建造】

· **estructura** ｛二级三级四级｝

【拉丁语 struere 堆积→分词 structus → strūctūra 注：e- 为词首添音、-ura 名词后缀】

f. 结构，构造；构架

· **estructural** ｛二级三级四级｝

【-al 表相关】

adj.inv. 结构上的，构造的

· **estructurar** ｛二级八级｝

【-ar 动词后缀】

tr. 组成，构成 >>> *prnl.* 由……构成

· **infraestructura** ｛二级三级八级｝

【infra- 下，底】

f. 〈建〉下部结构，底层建筑；基础，基础设施

· **superestructura** ｛二级三级八级｝

【super- 上，超】

f. (建筑物的) 上层建筑；(政治、哲学等上的) 上层建筑

construir ｛二级三级四级 B 级｝

【拉丁语 cōnstruere，cōnstrūctus：con- 加强语气 +struere，structus 堆积；建造】

tr. 建筑，建设，建造 (房屋等)；构思创作；遣 (词)，造 (句)

· **construcción** ｛二级三级四级 B 级｝

【-ión 名词后缀】

f. 建筑，建设，建造；建筑术；建筑物；(尤指对非物质作品的) 创作，构思；句子结构

· **constructor, ra** ｛二级三级八级 B 级｝

【-or 表主动】

adj. 建筑的，建设的，建造的 >>> *s.* 建筑工，建设者，建造者

· **constructivo, va** ｛二级三级八级｝

【-ivo……的】

adj. 建设的，建设性的

· **reconstruir** ｛二级三级八级｝

【re- 再次 +construir】

tr. 重建；(根据资料、遗骸等) 重新构成 (原来事物的形象)

· **reconstrucción** ｛二级八级｝

【-ión 名词后缀在】

f. 重建，修复

destruir ｛二级三级四级 B 级｝

【拉丁语 dēstruere，dēstrūctus 毁灭：des- 否定 +struere，structus 堆积；建造】

tr. 摧毁 (物体)>>> *prnl.* (物体) 毁坏

tr. 打破 (希望、幻想、宁静、平衡等)>>> *prnl.* (希望等) 破灭

· **destrucción** { 二级三级四级 }

【-ión 名词后缀】

f. 毁坏；破坏

· **destrozar** { 二级八级 }

【可能和 "destruir 毁坏" 同源 联想：des- 远离 +trozo 块，件 +-ar 动词后缀】

tr. 毁坏，弄碎 (使破碎、使粉碎)；弄坏；打破，击垮 (补语尤指非生命事物，如生活、和平、梦想等)

· **instrucción** { 二级三级四级 }

【拉丁语 īnstruere，īnstrūctus 准备、指导 (西语 instruir 教育)：in- 在……内，在……上 +struere，structus 堆积、建造；+-ión 名词后缀⇒在人的内心世界构建一个知识体系】

f. 指导，训练；学问，文化

f.pl. 指示，指令；(机器等的) 使用说明

· **instrumento** { 二级三级四级 A 级 }

【拉丁语 īnstruere 准备→ īnstrūmentum 工具：-mento 名词后缀，可表工具、手段】

m. 仪器，器械；乐器；手段

· **instrumental** { 二级三级八级 }

【-al 表相关】

adj.inv. 仪器的，器械的 >>> *m.* 一套器械

adj.inv. 乐器的 >>> *m.* 一套乐器

· **obstruir** { 二级三级八级 }

【拉丁语 obstruere：ob- 相反 +struere，structus 堆积，建造⇒在道路相反的方向堆积路障】

tr. 阻塞，堵塞 (使通道等堵住、不通畅) >>> *prnl.* (通道等) 堵塞

tr. 阻挡 (人、物的运动)；阻碍 (事物的发展)

· **industria** { 二级三级四级 B 级 }

【古拉丁语 indostruus 勤奋的→拉丁语 industrius 勤奋的→阴性名词 industria 勤奋 简化记忆：indu-=in- 在内，向内 +str-=stru- 堆积，建造 +-ia 名词后缀⇒科学家们积累知识和经验来促进国内工业的发展】

f. 工业，行业，行业；工厂；手艺，技艺

· **industrial** { 二级三级四级 A 级 }

【-al 表相关】

adj.inv. 工业的，工业化的

s.com. 工业家，实业家

- **industrialización** ｛二级三级四级｝

 【industrializar *tr.* 使工业化 /*prnl.* 工业化，机械化：industrial+-izar 动词后缀】

 f. 工业化

92. tra-，tract- 拉，抽 【印欧词根 *tragh- 拉→拉丁语 trahere、tractus 拉，抽 注：分词词干 tract- 中的 c 在西语中可能会脱落或和 t 一起腭化成 ch】

- **traer** ｛二级三级四级 A 级｝

 【拉丁语 trahere、tractus 拉，抽⇒把某物拉来】

 tr. 拿来，带来；招致，产生，引起；穿，戴；使处于 (某种状态)；(书刊) 登载；感到

 - **tractor** ｛二级三级八级 B 级｝

 【拉丁语 trahere 拉，抽 (西语 traer)→分词 tractus；+-or 表主动】

 adj. 拖拉的，牵引的 >>> *m.* 拖拉机，牵引车

 - **trecho** ｛二级三级八级｝

 【拉丁语分词 tractus 音变：-ct- 腭化成 -ch- 并使前面的 a 变成 e】

 m. (一段) 距离；(一段) 时间；地块

 - **trato** ｛二级三级四级 B 级｝

 【和 trecho 同源于 traer 的拉丁语分词 tractus 音变：-ct- → t】

 m. 交往，交际；称呼；使用方法、操作方法；对待，待遇；(尤指买卖中的) 协议

 - **tratar** ｛二级三级四级 B 级｝

 【拉丁语 trahere 拉，抽 (西语 traer)→分词 tractus(西语 trecho、trato)→反复动词 tractāre 音变：-ct- → t ⇒手拉手交朋友 (交往)；医生拉着病人的手→把脉，看病】

 tr. 对待，看待，照料，招待；使用 (尤指如何对待物品)；称呼 (尤指尊称为)；〈贬〉把……称为；加工、处理；治疗

 intr. 谈及，涉及；做……买卖；试图

 tr./intr./ prnl. 来往，交往

 intr./ tr. 和……交往 (尤指保持恋爱关系)

 prnl. 所说的是……，所涉及的是……

 - **trata** ｛八级｝

 f. 人口贩卖

 - **tratado** ｛二级三级四级 B 级｝

 【共时分析法：tratar 的分词⇒被谈论的东西】

 m. (专题性的) 论文，著作；(尤指政府间的) 条约，协定

· **tratamiento** { 二级三级四级 B 级 }

【-miento 名词后缀】

m. 对待；称呼，尊称；(加工过程的) 处理；治疗

· ***tratable**

【tratar 对待，交往 +-ble 能 (被)……的】

adj.inv. 容易相处的，平易近人的；有礼貌的

· ***intratable**

【in- 否定前缀】

adj.inv. 难以相处的；难驾驭的，难以管理的

· **maltratar** { 二级三级八级 }

【mal- 坏 +tratar 对待】

tr. 虐待 (人)，糟蹋 (物体)

· ***maltratador, ra**

【-dor 表主动】

adj. 虐待的 >>> *s.* 虐待他人的人

· **trazar** { 二级三级四级 }

【拉丁语 trahere 拉，抽 (西语 traer) →分词 tractus(西语 trecho、trato) →通俗拉丁语 *tractiare 音变：-ct- → t；t+yod=z 简化记忆：tract- 拉→ traz-+-ar 动词后缀⇒拉丝→线条】

tr. 描画，勾勒 (线条)；设计 (计划等)；(大概) 描述

· **trazo** { 二级三级八级 }

m. 线 (画出的线条)；轮廓；(字的) 笔画

· **trazado, da** { 八级 }

【西语 trazar 的分词】

adj. (bien/mal) 外表 (不) 好看的

m. 描画；路线，走向 (道路、河流等的走向、流向)；(尤指建筑物的) 设计图

· **atraer** { 二级三级四级 }

【拉丁语 attrahere，attractus：ad- 表方向→ at- → a-+ 见 traer 拉⇒把某人的心神拉走→吸引注意力】

tr. 吸引 (使接近或粘合在一起)；诱惑，吸引 (引起兴趣、注意等)

tr. 博得 (好感等)>>> *prnl.* 博得好感

· **atracción** { 二级三级四级 A 级 }

【-ión 名词后缀】

f. 〈物〉引力；魅力，吸引力；吸引人的人 (物)

f./ f.pl. (多用复数) 娱乐，消遣

· **atractivo, va**｛二级三级四级 B 级｝
【-ivo 形容词后缀】
adj. 有吸引力的，有魅力的 >>> *m.* 吸引力，魅力

abstraer｛二级三级八级｝
【拉丁语 abstrahere，abstractus：abs- 远离，离开 + 见 traer 拉】
tr. 分开思考 (中心思想，主题等)；抽象地概括
prnl. (摆脱周围环境的干扰) 沉思，专心思考
· **abstracto, ta**｛二级三级四级 B 级｝
【拉丁语分词 abstractus】
adj. (概念等) 抽象的；〈艺〉(作品、作家等) 抽象派的；深奥的，难以理
解的
· **abstracción**｛二级八级｝
【-ión 名词后缀】
f. 抽象，抽象概念；聚精会神，全神贯注

contraer｛二级三级八级｝
【拉丁语 contrahere，contractus 将……拉在一起，订合同：con- 共同 + 见 traer 拉】
tr. 使缩小，使收缩 >>> *prnl.* 缩小，收缩
tr. 感染，患上 (疾病)、染上 (恶习)；承担 (义务等)；负 (债)；结成 (婚姻、
亲家关系)
tr./prnl. 局限于
prnl. 〈语〉缩约，缩合 (如 a 和 el 缩合为 al)
· **contracción**｛二级八级｝
【-ión 名词后缀】
f. 收缩；得 (病)；染上 (恶习)；承担 (责任等)；〈语〉缩约，缩合 (如 a
和 el 缩合为 al)
· **contractura**｛B 级｝
【-ura 名词后缀】
f. 〈医〉痉挛，收缩
· **contrato**｛二级三级四级 B 级｝
【拉丁语 contrahere(西语 contraer 使收缩 / 签，订) → 分词 contractus(英语
contract) 音变：-ct- 变 t】
m. 合同，契约；合同书
· **contratar**｛二级三级四级 B 级｝
【共时分析法：contrato+-ar 动词后缀】
tr. 签订 (契约)，立 (合同)

tr. 聘请，雇用 >>> *prnl.* 受聘，受雇

　　· **contratante** ｛二级八级｝

　　　【-nte 表主动】

　　　adj.inv. 订契约的，聘请的 >>> *s.* 聘方

　　· **contratista** ｛二级八级｝

　　　【-ista 人】

　　　s.com. 承包商

· **detractor, ra** ｛二级八级｝

【拉丁语 dētrahere，dētractus 移走（西语 detraer 分离 / 诽谤）：de- 向下 + 见 traer 拉；-or 表主动，和分词词干搭配使用⇒把某人拉下神坛】

adj. 诽谤的，诬蔑的 >>> *s.* 诽谤者，诬蔑者

· **distraer** ｛二级三级四级｝

【拉丁语 distrahere，distractus：dis- 远离 + 见 traer 拉⇒把某人的注意力拉开】

tr. 使分心 >>> *prnl.* 心不在焉

tr. 使娱乐，使消遣 >>> *prnl.* 娱乐，消遣

　　· **distraído, da** ｛二级三级八级 B 级｝

　　　【西语 distraer 的分词】

　　　adj. 走神的，心不在焉的；有趣的

· **extraer** ｛二级三级四级｝

【拉丁语 extrahere，extractus：ex- 向外 + 见 traer 拉⇒拉出】

tr. 拔出，抽出，取出，吸出；吸取，得出；求（根），开（方）

　　· **extracto** ｛二级三级八级｝

　　　【拉丁语分词 extractus】

　　　m. 摘要；提炼物，提取物

· **retrato** ｛二级三级四级 B 级｝

【拉丁语 retrahere，retractus（西语 retraer 收缩）：re- 加强语气，向后 + 见 traer 拉 音变：ct 变 t ⇒拉→拉丝→线条】

m. 肖像，画像，塑像，雕像，照片（尤指画家、雕塑家或摄影师创作的关于人或动物的作品）；逼真的描绘（写照）

· **sustraer (substraer)** ｛二级三级八级｝

【拉丁语 subtrahere，subtractus：sub- 在下→ sus-+ 见 traer 拉⇒在底下拉，对照英语 subtract】 *tr.* 分开 (指从一个整体中分出一部分)；偷窃，窃取；〈数〉减

prnl. 逃避，回避

· **traje** ｛二级三级四级 A 级｝

【拉丁语 trahere(西语 traer 拉) →通俗拉丁语 tragere 带来，穿→葡萄牙方言 trajar 穿→ traje 简化记忆：tra- 拉→ traj- ⇒抽丝制作衣服】

m. 外套；西装；(地区性，某个时代的) 服装

· **trama** ｛二级三级四级｝

【印欧词根 *tragh- 拉→拉丁语 trāma ⇒拉丝→编织物→网→陷阱】

f. 〈纺〉纬线，纬纱；阴谋，诡计；(文学作品、电影的) 情节

· **tren** ｛二级三级四级 A 级｝

【来自法语 train，最终源于拉丁语 trahere(西语 traer 拉) 简化记忆：tra- 拉→ tre- ⇒拉运大量货物的车】

m. 火车；成套机器 (设备)；排场，阔气

　· **entrenar** ｛二级三级八级 B 级｝

　【来自法语 entraîner，和 tren 一样同源于本栏词根，简化记忆：en- 向内 + 直接把 tren- 看成 "tren 火车" +-ar 动词后缀⇒火车拉运动员去北京接受系统的训练】

　tr. 训练 (尤指在体育运动方面训练人或动物)

　　· **entrenamiento** ｛二级三级四级 B 级｝

　　【-miento 名词后缀表方法、结果】

　　m. 训练，教练

　　· **entrenador, ra** ｛二级八级 B 级｝

　　【-dor 表主动】

　　s. 教练员

93. veh(e)-，vect-，vex- 携带　【拉丁语 vehere，vectus/vexus 携带　注：这个拉丁语动词有两个分词】

· **vehemente** ｛二级三级八级｝

【拉丁语 vehere 携带→ vehĕmens，vehementem 简化记忆：vehe- 携带 +-mente 此处为名词后缀⇒把所有激情都释放出】

adj. 激烈的，热烈的，强烈的；(人) 鲁莽的，冲动的

　· **vehemencia** ｛二级八级｝

　【-ia 名词后缀】

　f. 热烈；激烈，强烈

· **vehículo**｛二级三级四级｝

【拉丁语 vehere 携带→ vehiculum：veh- 带领，携带 +-ic-+-ulo 指小词⇒带着人和货物前进的事物】

m. 运载工具 (如车、船、飞机等)；媒介，载体

· ***vectación**

【拉丁语 vehere 携带 (见 vehículo 交通工具) →分词 vectus+-ión 名词后缀】

f. 乘车

· **convexo, xa**

【con- 加强语气 +vex- 携带，运送⇒全部运到一块的，堆积到一块的】

adj. 凸状的

f. 现在词干 -g/-b →分词词干 -c/-p+t

(以浊辅音 g/b 结尾的现在词干，先把浊辅音变成对应的清辅音再加上分词标志 t)

94. ag-，act(u)- 做　【印欧词根 *ag- . 促使→拉丁语 agere，actus 做 / 引导】

· **agente**｛二级三级四级 B 级｝

【拉丁语 agere 做→现在分词 agēns，agentem：ag- 做 +-ente 人⇒做事的人】

s.com. 经纪人，代理人；警察

m. (发生作用的) 因素

adj.inv. 〈语〉主动的

· **agencia**｛二级三级四级 B 级｝

【-ia 名词后缀】

f. (营业或服务性的) 机构；分店，分行；代理处

· **agenda**｛二级三级八级 A 级｝

【拉丁语 agere 做 → 中性副动词 agendum(英语 agendum agendum) → 复数 agenda：ag- 做 +-enda ⇒记录要办事项的本子】

f. 记事本，备忘录；日程

· **ágil**｛二级三级四级 B 级｝

【ag- 做 +-il 形容词后缀⇒做事灵活的】

adj.inv. 敏捷的，灵活的；(语言等) 流畅的

· **agitar**｛二级三级四级｝

【拉丁语 agere 驱使 / 做→反复动词 agitāre】

tr. 摇匀 (尤指摇动容器，使其内的物体充分溶化或混合)

tr. 摇动 (使剧烈晃动)>>> *prnl.* (某物) 晃动

tr. 使不安 >>> *prnl.* 不安

tr. 使骚动 >>> *prnl.* 骚动

· **acto** ｛二级三级四级 B 级｝

【拉丁语 agere 做→分词 actus】

m. 行为；仪式，典礼；（戏剧中的）幕

· **actual** ｛二级三级四级 B 级｝

【拉丁语分词 actus(西语 acto 行为) → āctuālis: actu- 做 +-al 形容词后缀】

adj.inv. 现在的，目前的（现存的或正在发生的）；流行的

· **actualmente** ｛B 级｝

【-mente 副词词尾】

adv. 目前，现时；实际上

· **actualidad** ｛二级三级四级 B 级｝

【-idad 形容词后缀】

f. 目前，现在；现实，现状

· **actualizar** ｛二级八级｝

【-izar 使动】

tr. 更新（数据等）；使适应当前情况，使跟上潮流

· **actuar** ｛二级三级四级 B 级｝

【拉丁语分词 actus(西语 acto 行为)→中世纪拉丁语 āctuāre】

intr. 活动，行动；（人）充当（某个职务或角色）；（事物）起……作用；表演，演出；〈法〉诉讼

· **actuación** ｛二级三级四级 B 级｝

f. 行动，表现；表演

f.pl. 诉讼

· **auto** ｛二级三级四级｝

【拉丁语 agere 做→分词 actus(西语 acto 行为) 音变：c 元音化成 u】

m. 〈法〉判决；（据圣经故事编的）劝世短剧；汽车（其为 automóvil 的词尾脱落形式)

· **acta** ｛二级三级八级｝

【拉丁语分词 actus(西语 acto 行动)→中性 actum →复数 acta】

f. (会议中的) 记录，纪要；证书；当选证书

· **actor** ｛二级三级四级 A 级｝

【act- 做 +-or 人⇒演戏的人】

m. 男演员

· **actriz** ｛二级三级四级 A 级｝

【actor+-iz 表女性 注：在拉丁语中 o 脱落】

f. 女演员

activo, va ﹛二级三级四级 B 级﹜

【见 acto 行动 +-ivo 形容词后缀】

adj. 在活动中的, 现行的; 积极勤快的, 积极肯干的; 速效的; 〈语〉主动的; 有放射性的

· **actividad** ﹛二级三级四级 A 级﹜

【-idad 名词后缀】

f. (个人或集体的) 活动, 业务, 工作 (常用复数); 活动, 活动力 (能够运作的方式); 积极性

· **activar** ﹛二级八级﹜

【-ar 动词后缀】

tr. 使 (市场等) 活跃

tr. 使加快 >>> *prnl.* (物) 加快

tr. 启动 (机器等)>>> *prnl.* (机器等) 发动, 启动

· **acción** ﹛二级三级四级 B 级﹜

【见 acto+-ión 名词后缀】

f. 活动, 行动; 行为, 举动; (小说等里的) 情节; 作用, 影响; 股票; 诉讼; 诉讼权; 〈军〉战斗

· **accionar** ﹛二级八级﹜

【-ar 动词后缀】

tr. 启动 (机器等)

intr. (在讲话、唱歌或表演等时) 做手势, 以动作表达

· **accionista** ﹛二级三级八级 B 级﹜

【-ista 人】

s.com. 股东

· **inacción** ﹛二级﹜

【in- 表否定】

f. (机器) 不运作, (人) 不做事、(人、动物) 不活动

· **reacción** ﹛二级三级四级 B 级﹜

【re- 相反】

f. 反应, 反响; 化学反应; 反作用, 反作用力

· **reaccionar** ﹛二级三级四级﹜

【-ar 动词后缀】

intr. 反抗, 反对; 有反应, 作出反应; 起化学反应

· **reaccionario, ria** ﹛二级三级八级﹜

【-ario……的 (人)】

adj. (尤指政治上的) 反动的, 反动派的 >>> *s.* 反动分子

exigir {二级三级四级}

【拉丁语 exigere 按定量分配: ex- 外，向外 +ag- → (元音转换: a 变 i) → ig- 做 +-ir 动词后缀⇒使做出】

tr. (有权) 要求；要求，必须；征收 (税)

· **examen** {二级三级四级 A 级}

【拉丁语 exigere 按定量分配 (西语 exigir 要求) → exāmen: ex- 往外 +ag- 做→ -a+-men 名词后缀⇒做出成绩→考试】

m. 考试，考核；检查；研究

· **examinar** {二级三级四级 B 级}

【-ar 动词后缀 注: 不要把 e 写成 i】

tr. (老师等) 考核，考查 (学生) >>> *prnl.* (学生等) 接受考试

tr. 检查；研究

· **exigente** {二级三级八级}

【拉丁语 exigere 按定量分配 (西语 exigir 要求) →现在分词 exigentem】

adj.inv. (人) 要求严格的，严厉的 >>> *s.com.* 要求严格的人

adj.inv. (人) 无理要求的

· **exigencia** {二级三级四级}

【-ia 名词后缀】

f. 苛求，迫切的要求；迫切需要

f./ f.pl. (常用复数) 无理要求，任意要求

· **exacto, ta** {二级三级四级 B 级}

【拉丁语 exigere 按定量分配 (西语 exigir 要求) →分词 exāctus: ex- 外，向外 +act- 做⇒被做出的，被计算出的】

adj. 准确的，确切的；严格的，严厉的 (以严格坚持标准或原则为特征的)

· **exactitud** {二级三级四级}

【-itud 名词后缀】

f. 准确 (性)，精确 (性)

· **ensayo** {二级三级四级}

【拉丁语 exigere 按定量分配 (西语 exigir 要求) → exagium 估计，考量 音变较为复杂，建议采用其它记忆法: 1、对照英语 "essay 小品文，随便笔 2、联想: en- 使动 + 英语 say 说 +-o 名词后缀】

m. 随笔，小品文，杂文，散文；鉴定，评估；排演，排练

· **ensayar** {二级三级四级}

【-ar 动词后缀】

tr. 训练，教练

prnl. 排演，排练 (话剧等)

· **ensayista** ｛二级八级｝

　【-ista 人】

　s.com. 散文作家，杂文作家

· **redactar** ｛二级三级四级 **B** 级｝

【拉丁语 redigere 收集：re- 加强语气→ red-+agere 做 (元音转换：e 变 i) →动名词
redāctum →晚期拉丁语 redāctiōnem ⇒外出收集 (act- 做) 题材，回家 (red- 向后)
写文章】

tr. 编写，撰写

· **redacción** ｛二级三级四级 A 级｝

　【-ión 名词后缀】

　f. 编写，撰写；编辑部办公室；〈集〉编辑人员；作文

· **redactor, ra** ｛二级三级八级 B 级｝

　【-or 人】

　s. 编辑，编辑者 (尤指以此为业的人)

· **fatiga** ｛二级三级四级｝

【fat- 裂缝 +ag- → (元音转换：a 变 i) → ig- 做⇒累得心疲力竭，累得心都碎了】

f. 疲劳，疲倦；气喘，呼吸困难；〈口〉顾忌；不好意思

f./f.pl. (常用复数) 艰难

· **fatigar** ｛二级三级八级｝

　【-ar 动词后缀】

　tr. 使疲劳 >>> *prnl.* 疲劳

　tr. 使气喘 >>> *prnl.* 气喘

· **litigio** ｛二级三级八级｝

【拉丁语 lītigāre 争论，争吵 (西语 litigar)：lītem 诉讼 (西语 lite)+ig- 做← agere 促使，做】

m. 争执，争论；诉讼，官司

· **indagar** ｛二级三级四级｝

【ind- 向内 +ag- 做 +-ar 动词后缀⇒往事情的内部做调查，一探究竟】

tr. 调查，探究

· **mitigar** ｛二级三级四级｝

【mit- 软的 +ag- → (元音转换：a 变 i) → ig-+-ar 动词后缀】

tr. 减轻，缓解，缓和

- **transigir** { 二级三级八级 }

  【拉丁语 trānsigere，trānsactus: trans- 横跨 +ag- 做→ (元音转换：a 变 i) → ig-+-ir 动词后缀】

  intr./tr. 让步，妥协

  - **transigente** { 八级 }

    【西语 transigir+-ente……的】

    adj.inv. 让步的，妥协的，迁就的

    - **intransigente** { 二级三级八级 }

      【in- 否定】

      adj.inv. 不妥协的，不让步的

  - **transacción** { 二级三级八级 }

    【拉丁语分词 trānsactus: trans- 横跨 +act- 做；+-ión 名词后缀】

    f. 退让，让步，妥协；买卖，交易

- **agachar** { 二级八级 B 级 }

  【可能来自拉丁语 coactāre 迫使，强压 简化记忆：ag- 做 +act- 做→ (音变：-ct- 腭化成 -ch-)ach- → +-ar 动词后缀 音变：ct 腭化为 ch】

  tr. 低 (头)，弯 (身)>>> *prnl.* 弯身，弯腰

- **agonía** { 二级三级八级 }

  【印欧词根 *ag-. 促使→希腊语 agōn 竞争，斗争 +-ía 名词后缀⇒死前做的动作】

  f. 垂死挣扎；极度痛苦

  - **protagonista** { 二级三级四级 B 级 }

    【prot- 第一＋希腊语 agōn 竞争，斗争 (见西语 agonía)+-ista 人⇒舞台上最重要的人】

    s.com. (小说或影视中的) 主角；主要人物

    - **protagonizar** { 二级三级八级 }

      【见 protagonista 主角 +-izar 动词后缀】

      tr. (在小说或影视中) 担任主演；主导

  - **agonizar** { 二级八级 }

    【见 agonía 垂死挣扎 +-izar 动词后缀】

    intr. 临死，弥留；即将消失，即将结束

  - **antagónico, ca** { 二级三级八级 }

    【ant- 反＋希腊语 agōn 竞争，斗争 (见西语 agonía)+-ico 表相关】

    adj. (多指理论、想法等精神层面上的事物) 对立的，相反的

- **sobar** {B 级 }

  【词源有争议，有可能来自拉丁语 *subagere: sub- 在……下 +ag- 做 音变：g 在元音

间脱落】

tr. 揉搓；抚摸，触摸；打，殴打

· **sobado, da** ｛B 级｝

【sobar 的分词⇒和了很久的面做出的糕点】

adj. (糕点) 香酥的 >>> *m.* 奶油小面包

adj. (衣物等) 破旧的；(话题等) 陈旧的；〈口〉睡着的

· **cuidar** ｛二级三级四级 B 级｝

【拉丁语 cōgitāre：co- 共同 +agitāre(西语 agitar 摇晃) 注：这个词音变过于复杂，建议采用其它方法记忆】

intr./tr. 看护 (人)、照料，打理 (物)>>> *prnl.* 注意身体健康，保养身体；负责照料

intr. 注意，当心，用心

· **cuidado** ｛二级三级四级 B 级｝

【cuidar 的分词⇒被关心，被照料】

m. 照料；仔细，小心；职责；不安，担心，焦虑

· **cuidadoso, sa** ｛二级八级｝

【-oso……的】

adj. 细心的，谨慎的

· **descuidar** ｛二级三级四级｝

【des- 否定前缀】

tr. 忽视，不重视

prnl. 疏忽，漫不经心

intr. (用于命令式) 放心，别担心

· **descuido** ｛二级三级八级｝

m. 疏忽，粗心；邋遢，不修边幅

95. au-, aut- 增加 【拉丁语 augere, auctus 增大，增加 注：现在词干 aug- 中的 g、分词词干 auct- 中的 c 在西语中脱落】

· **aumento** ｛二级三级四级 B 级｝

【拉丁语 augēre 增加→ augmentum(英语 augment 增加)：au- 增加 +-mento 表动作、结果及相关】

m. 增加，提高；(多指光学仪器的) 放大率，放大倍数

· **aumentar** ｛二级三级四级 B 级｝

【-ar 动词后缀】

tr. 增加，提高 (工资等)>>> *prnl./intr.* (工资、气温等) 增加，提高

· **autor, ra** ｛二级三级四级 B 级｝

【拉丁语 augēre 增加→分词 auctus → auctor：aut- 增加 +-or 表示人⇒说话有分量，能增加可信度的人】

s. (文艺作品的) 著作者；创造者，肇事者；〈法〉主谋，主犯

· **autoridad** ｛二级三级四级｝

【-idad 名词后缀⇒创始人对其发明物拥有使用权】

f. 权利；当局，官方 (指人或机构)；威信，权威；泰斗，权威 (指人)

· **autorizar** ｛二级三级四级｝

【-izar ⇒创始人授权使用其发明物】

tr. 授权；批准

· **autorización** ｛二级三级四级｝

【-ción 名词后缀】

f. 授权；批准；许可证

· **autorizado, da**

【autorizar 的分词】

adj. 许可的；官方的；(演出等) 允许给未成年观看的

· **otorgar** ｛二级三级四级｝

【augēre 增加→分词 auctus →反复动词 auctorāre →通俗拉丁语 auctoricare ⇒增加他人对自己的信任度，使其同意自己做某事 音变：au 变 o、ct 变 t、元音间 c 浊化成 g、i 脱落】

tr. 接受，同意；颁布 (法律)，下达 (命令)；给予，赐予

· **auxilio** ｛二级八级｝

【印欧词根 *aug-1. 增大→拉丁语 auxilium 帮助 简化建议：帮助某人 "au- 增加" 其解决某事的能力】

m. 救助，救济、援助

· **auxiliar** ｛二级三级四级 A 级｝

【-ar 动词后缀】

tr. 辅助，帮助；给 (临终之人) 做祷告

adj.inv. 辅助的 >>> *s.com.* 助手，助教

96. cing-，cint- 缠，绕 【拉丁语 cingere，cinctus 束紧 注：分词词干 cinct- 常以 cint- 形式出现在西语中】

· **ceñir** ｛二级三级八级｝

【拉丁语 cingere 束紧 音变：-ng- 腭化成 ñ，并使前面的 i 变成 e】

tr. 束，缠，绕 (泛指用一物绕住某事，所以还可以翻译成捆、系、搂等)；束紧 (身

体部位)；围绕，包围

prnl. 局限于，局限在

- **cintura** ｛二级三级四级 B 级｝

【拉丁语 cingere 束紧 (西语 ceñir 束，缠，绕)→分词 cīnctus+-ura 名词后缀，和分词词干连用 音变：-ct- 变 -t- ⇒原指用来缠绕的东西→缠腰→腰】

f. 腰，腰部；(衣服的) 腰身

  - **cinturón** ｛二级三级四级 B 级｝

  【-ón 指大词后缀⇒比腰还粗，用来系住裤子的带状物】

  m. 腰带，皮带；(汽车等交通工具上的) 安全带；(由很多人或物组成的) 圈状，环状；(柔道运动等的) 段段标识带；(大城市的) 环城公路，环线

- **cinta** ｛二级三级四级｝

【拉丁语 cingere 束紧 (西语 ceñir 束，缠，绕)→阴性分词 cincta 音变：-ct- 变 -t- ⇒用来缠绕的东西】

f. (由纸、布等柔性材料做成长而窄，用来绑、缠绕或装饰物体的) 系带，带子；饰带；影片；(打字机的) 打字带，色带；传送带；(机关枪的) 子弹带；里脊 (肉)；(钢或皮的) 卷尺

- **recinto** ｛二级八级｝

【re- 加强语气 +cint- 束紧】

m. (被圈起来的) 场地，空间

97. flig-，flict- 击倒 【拉丁语 fligere，flictus 击倒，击落】

- **afligir** ｛二级三级八级｝

【拉丁语 afflīgere，afflīctus：a- 表方向 +flig- 击打 +-ir 动词后缀】

tr. 折磨 (肉体)，使苦恼

tr. 使伤心，使难过 >>> *prnl.* 伤心，难过

  - **aflicción** ｛二级八级｝

  【-ión 名词后缀，和分词词干搭配使用】

  f. 悲伤，悲痛，痛苦

- **conflicto** ｛二级三级四级｝

【拉丁语 cōnflīgere，cōnflīctus：con- 加强语气 +flict- 击倒】

m. 冲突，矛盾；困境；心理冲突，内心矛盾

  - **conflictivo, va** ｛B 级｝

  【-ivo……的】

  adj. 对抗的，冲突的；引起冲突的

98. frig-，frict- 炸　【拉丁语 frīgere，frictus 炸】

- **freír** {二级三级八级 B 级}
  【拉丁语 frīgere，frictus 炸　音变：元音间 g 脱落】
  tr. 油煎，油炸；烦扰，打扰；〈口〉枪伤，枪杀
  - **freidora** {B 级}
    【西语 freír+-dora 表主动，常指机器、工具、人】
    f. 油炸锅
  - **frito, ta** {二级三级八级 B 级}
    【拉丁语分词 frictus　音变：-ct- 变 c】
    adj. 油炸 / 煎的；〈口〉熟睡的；〈口〉死去的

99. fung-，funt- 履行，实施　【拉丁语 fungī，fūnctus 履行，实施　注：分词词干 funct- 因音变变成 funt-】

- **función** {二级三级四级 B 级}
  【fungī 履行，实施→分词 fūnctus+-ión 名词后缀　注：分词词干 funct- 因音变变成 funt-，后缀中的 yod 使 t 腭化成 c，对照英语：function】
  f. (器官的) 机能，功能；(人、物等的) 功能，作用；职责，职务；演出，表演；宗教仪式；〈数〉函数
  - **funcional** {二级三级八级 B 级}
    【-al 表相关】
    adj.inv. 机能的，功能的；实用的，为实用而设计的
  - **funcionario, ria** {二级三级四级 A 级}
    【-ario 表人】
    s. 官员，公务员
  - **funcionar** {二级三级四级 B 级}
    【-ar 动词后缀】
    intr. (人) 行使职权，(机器等) 运转；进行顺利 (指人事物达到预期)
    - **funcionamiento** {二级三级四级 B 级}
      【-miento 名词后缀】
      m. 行使职责；(机器等的) 运转；(机构等) 运作

- **difunto, ta** {二级八级}
  【拉丁语 dēfungī 结束→分词 dēfūnctus：de- 远离，加强语气 +funct- 履行，实施　音变：-ct- 变 -t-，对照英语 defunct】
  adj. 已故的 >>> *s.* 死者

100. junt-，yunt- 连接　【拉丁语 iungere，iunctus 连接 / 接合　注：分词词干在西语中发生音变，常以 junt- 和 yunt- 形式出现】

· **junto, ta**｛二级三级四级 A 级｝
　【拉丁语 iungere 连接→ iunctus 音变：-ct 变 -t-】
　adj. 相连的 (在时间或空间上接连的)；在一起的 (表示陪伴)；整的
　adv. 同时
　· **juntar**｛二级三级四级 B 级｝
　　【-ar 动词后缀】
　　tr. 使连接，使紧挨着 >>> *prnl.* 连接，紧挨在一块儿
　　tr. 使汇聚，使聚集 >>> *prnl.* 汇聚，聚集
　　tr. 收集，积累
　　prnl. (和他人) 交友，要好；亲近；(未婚) 同居
　　· **junta**｛二级三级四级｝
　　　f. (物体的) 接口，接合处，接连处；会议；委员会，理事会
　· **adjunto, ta**｛二级三级八级｝
　【拉丁语 adiungere，adiūnctus 与……连结：ad- 表方向 + 见 junto 相连的，对照英语 adjunct】
　　adj. (随信等) 附寄的 >>> *m.* 附发物
　　adj. (人) 助理的 >>> *s.* 助理
　　· **adjuntar**｛二级八级 B 级｝
　　　【-ar 动词后缀】
　　　tr. (随信等) 附寄，附发
　· **conjunto, ta**｛二级三级八级 B 级｝
　【拉丁语 coniungere，coniūnctus：con- 加强语气 + 见 junto 相连的】
　　adj. 连接的；联合的，共同的
　　m. 整体，全体，总体；整套衣服；小乐队
　　· **conjunción**｛二级八级｝
　　　【-ión 名词后缀】
　　　f. (语法) 连接词；结合，连接

· **coyuntura**｛二级三级八级｝
　【拉丁语 com- 共同 + 拉丁语 iūntūra 连结← iungere；简化记忆：co- 共同，加强语气 + 分词词干 yunt-=junt- 连接 +-ura 名词后缀】
　f. 〈解剖学〉关节；局面，形势；有利时机，关头

· **subjuntivo, va**｛二级三级八级｝

【拉丁语 subiungere 增补，使附属→分词 subiūntus →后期拉丁语 subiūnctīvus：sub- 在……下 +junt- 连接，套入 +-ivo……的⇒使附属的：虚拟式多用于从句中】

adj. 〈语〉虚拟 (语气) 的 >>> *m.* 虚拟语气，虚拟式

· **yugo** { 二级三级八级 }

【拉丁语 iungere 连接→ iugum 轭】

m. (牛等的) 轭；枷梏，枷锁；沉重负担

· **cónyuge** { 二级三级八级 B 级 }

【con- 共同，加强语气 + 见 yugo 轭】

s.com. 夫，妻 (指一个人的配偶)

· **subyugar** { 二级三级八级 }

【拉丁语 subiugāre：sub- 在……之下 +yugo 轭门，束缚 +-ar 动词后缀】

tr. (尤指通过暴力) 征服，奴役；征服 (感情等)，使非常喜欢

· **conjugar** { 二级八级 }

【con- 加强语气 +jug- 见 yugo 轭 +-ar 动词后缀⇒使环环相扣】

tr. 结合；把 (动词) 变位

· **conjugación** { 二级三级八级 }

f. 结合；(动词) 变位；变位形式相似的一类动词

101. leg-，lect- 挑选；阅读 【拉丁语 legere，lectus 挑选；阅读】

· **leer** { 二级三级四级 A 级 }

【拉丁语 legere 挑选；阅读 音变：元音间 g 脱落⇒挑选读物】

tr. 看，读，阅读 (书籍等)；解读 (符号)；看出 (某人内心的想法、感情)；看懂，读懂 (外语等)

tr. 答辩 (论文等) >>> *intr.* 论文答辩

· **leído, da** { 二级三级四级 }

【leer 的分词】

adj. (与 muy，poco 等连用) 读书多 (少) 的

· **lector, ra** { 二级三级四级 }

【拉丁语分词 lectus+-or 表主动】

adj. (爱) 阅读的 >>> *s.* 读者

m. 阅读器，阅读机

s. (大学的) 外籍外语教师

· **lectura** { 二级三级四级 }

【-ura 名词后缀】

f. 朗读，阅读；读物，阅读材料；解释，解读；(论文等的) 宣读，答辩

· **lección** ﹛二级三级四级 A 级﹜

【-ión 名词后缀】

f. (课文的) 讲解，讲授；课，课时；(教科书中的) 一课；教训

· **legión** ﹛二级八级﹜

【拉丁语 legere 阅读；挑选 (西语 leer) →分词 lectus+ → legionem ⇒挑选出的人
注：此为特例，-ión 和现在词干搭配使用】

f. 军团，兵团；(人、动物) 群，大批

· ***legenda**

【legere 阅读→阴性副动词 legenda 要读的功课，对照英语 legend 传说】

f. 圣徒传

· **leyenda** ﹛二级三级四级 B 级﹜

【和 legenda 为同源对偶词 (猜测) 音变：-ge- 有可能变成 -ie-；按照西语正字法，
元音间的 i 需变成 y，如 leer 的副动词为 leyendo，而不是 *leiendo】

f. 传说，传奇；〈口〉偶像，崇拜对象；(奖章等的) 题铭，铭文

· **legendario, ria** ﹛二级三级八级﹜

【见 "legenda 圣徒传" 和 "leyenda 传说" +-ario……的】

adj. 传说 (中) 的，传奇的 >>> *m.* 传奇故事集

adj. 极其著名的，享有盛名的

m. 圣徒列传

colegir

【拉丁语 colligĕre，collēctus：co- 共同，加强语气 +legere 阅读；挑选 (西语 leer)】

tr. 使聚集；推断，推测

· **colectivo, va** ﹛二级三级四级 B 级﹜

【-ivo……的】

adj. 集体的 >>> *m.* 集体，群体

m. 〈拉〉小型巴士，小型公共汽车

· **colectividad** ﹛二级八级﹜

【-idad 名词后缀】

f. 集体 (指看成一个整体的一群人)

· **colectivismo** ﹛二级八级﹜

【-ismo 名词后缀，可表主义】

m. 集体主义；集体制

· **colección** ﹛二级三级四级﹜

【-ión 名词后缀】

f. (一批，一组) 收藏品，收集物；(故事、诗歌或文章等文化作品的) 作品集；
(为新季设计的) 系列时装；大量

· **coleccionar**｛二级三级八级 B 级｝

【-ar 动词后缀】

tr. 收集，搜集，采集

· **coleccionista**｛二级八级 B 级｝

【-ista 表人】

s.com. 收集人，收藏家

· **recolección**｛二级八级｝

【re- 加强语气 +colección 收藏品；大量】

f.（农业上）收获；收获季节；收集，汇集

· **recolectar**｛二级三级八级｝

【-ar 动词后缀】

tr. 收获，收割（果实等农产品）；搜集（信息等）

· **coger**｛二级三级四级 A 级｝

【和 "colegir 使聚集" 为同源对偶词，均来自拉丁语 colligĕre, collēctus 音变：i 脱落，
ll 无法发音也脱落⇒抓住物体使聚集】

tr. 抓，拿 >>> *prnl.* 抓，拿

tr.（容器）能装，容纳，（物质）吸纳；摘（果实）；收（衣服）；发觉，察觉（某
人处在某种状况）；正巧碰上；抓住，逮捕；获得；理解；〈口〉占（指占空间，
如占位置）；收听到（电视，电台等）；书写记录（他人说的话）；〈口〉感染（疾
病）；〈口〉养成（某种习惯）；感受到（某种情绪）；乘（车）

intr. 〈口〉处在（指某物相对某人而言处于某个地理位置）；〈俚〉性交（因
为在拉美很多国家 coger 表示性交，所以很多时候我们要用 tomar，agarrar
等词来代替 coger）

· **cosecha**｛二级三级四级 B 级｝

【拉丁语 colligere "colegir 使聚集或 coger 抓" →阴性分词 collecta →古西语
cogecha 音变：-ll- 腭化；-ct- 腭化成 -ch-】

f. 收割，收获（表动作）；收成，收获物；收获期；最后所获的东西

· **cosechar**｛二级八级｝

【-ar 动词后缀】

intr./tr. 收割，收获

tr. 获得，得到

· **acoger**｛二级三级四级｝

【a- 构成派生词 +coger 拿，抓住⇒上前握住 / 抓住某人的手】

tr. 接待（客人等）；收留（孤儿等）；（以某种情感、态度）对待

prnl.（利用法律等）保护自己；以……为借口

· **acogida**｛二级三级八级｝

f. 接待；庇护，保护；接受，赞同

· **acogedor, ra** ｛二级八级 B 级｝

　【-dor 表主动】

　　adj. (人) 热情好客的；(地方等) 舒适的，温馨的

· **escoger** ｛二级三级四级 B 级｝

　【ex- → es 外，往外 + 见 coger 拿，抓住】

　　tr. 挑，拣，选

· **encoger** ｛二级三级八级 B 级｝

　【en- 使动 + 西语 coger 拿，抓住】

　　tr. 使缩小，使收缩 >>> *intr./ prnl.* 缩小，收缩

　　tr. 使害怕，使畏缩 >>> *prnl.* 害怕，畏缩

　　tr. 缩回 (四肢等身体部位)

· **recoger** ｛二级三级四级 B 级｝

　【re- 加强语气 + 见 coger 拿，抓住⇒弯腰拿起】

　　tr. 拾，捡起；接 (人)；领悟，注意

　　prnl. (人) 回家就寝 (休息)，(动物) 回窝，栖息

　　· **recogedor** ｛B 级｝

　　　【-dor 表主动】

　　　　m. 收集器

　　· **recogido, da** ｛B 级｝

　　　【"recoger 拾，捡起；回家就寝" 的分词】

　　　　adj. 隐居的，深居简出的

　　　　m. (头发等的) 卷曲；(衣服等的) 皱褶

· **diligente** ｛二级三级四级｝

【拉丁语 dīligere 尊重，热爱→现在分词 dīligentem：di- 远离 -+leg- → (元音转换：e 变 i) → lig- 挑选 +-ente 形容词后缀⇒日日夜夜挑选种子的农民】

adj.inv. 勤奋的，努力的；灵敏的，敏捷的

· **diligencia** ｛二级八级｝

　【-ia 名词后缀】

　　f. 努力，勤奋；迅速，敏捷；差事

· **elegir** ｛二级三级四级 B 级｝

【拉丁语 ēligere，ēlēctus：e- 外，往外 +leg- 挑选 +-ir 动词后缀】

tr. 挑选，选择；选举

· **electo, ta** ｛二级八级｝

　【拉丁语分词 ēlēctus】

　　adj. 当选的 (指被选上但是还没有上任的)

- **elección** ｛二级三级四级 B 级｝

  【-ión 名词后缀】

  f. 选择；选任 (指投票后，某人任选某项工作)；选择能力，选择可能性

  f.pl. 选举

- **elector, ra** ｛二级三级八级｝

  【-or 表主动】

  adj. 有选举权的 >>> *s.* 有选举权的人，选民

  - **electoral** ｛二级三级四级 B 级｝

    【-al 表相关⇒选贤与能的】

    adj.inv. 选举的，选举的人

  - **electorado** ｛B 级｝

    【-ado 表集体】

    m. 〈集〉选民

- **élite (elite)** ｛二级三级八级｝

  【拉丁语 elegere(西语 elegir 挑选) →古法语 eslire →阴性分词 elite →现代法语 élite】

  f. 精华，精英

- **elegante** ｛二级三级四级 B 级｝

  【拉丁语 elegere(西语 elegir 挑选) →变体 *ēlegāre →现在分词 ēlegantem：e- 向外 +leg- 挑选 +-ante ⇒选出好的】

  adj.inv. (衣着等) 漂亮的，华丽的；(人) 漂亮的；雅致的，精美的；(言行举止、态度) 优雅的，大方的

  - **elegancia** ｛二级八级｝

    【-ia 名词后缀】

    f. (衣着等的) 漂亮；雅致，精美；(言行举止、态度) 优雅，大方

- **inteligente** ｛二级三级四级 A 级｝

  【拉丁语 intelligere 明白，领悟→现在分词 intelligentem：inter- 在……之间→ inte-+leg- → (元音转换 e 变 i) → lig- 挑选；-ente 形容词后缀⇒能在多个选项之间做出最佳选择的】

  adj.inv. 聪明的 >>> *s.com.* 聪明人

  adj.inv. (机器等) 智能的；有思维能力的

  - **inteligencia** ｛二级三级四级 B 级｝

    【-ia 名词后缀】

    f. 智力，才智；聪明；领会，理解

  - **intelectual** ｛二级三级四级 B 级｝

    【拉丁语 intelligere 明白，领悟 (见 inteligente) →分词 intellēctus(西语 intelecto

智力)+-al……的】

  adj.inv. 智力的，脑力的

  adj.inv. 知识分子的 >>> *s.com.* 知识分子

- **negligente** ｛二级三级八级｝

【neg- 表否定 +leg- 挑选→ (元音转换：e 变 i) → lig-+-ente……的⇒忘了挑选的，忘了选择的】

  adj.inv. 马虎的，粗心大意的 >>> *s.com.* 马虎的人，粗心大意的人

- **predilecto, ta** ｛二级三级八级｝

【pre- 前 +dilecto 被……热爱的：di- 远离 +lect- 挑选】

  adj. 偏爱的，特别喜爱的

- **selecto, ta** ｛二级三级四级｝

【拉丁语 sēligere，sēlēctus 挑选出：se- 分开 +leg- 挑选→ lect- ⇒从众多选择中挑选出的】

  adj. 精选出来的；出类拔萃的；精良的，高级的

  · **selectivo, va**

    【-ivo……的】

    adj. 选择的，挑选的，选拔的

  selección ｛二级三级四级｝

    【-ión 名词后缀】

    f. 选择，挑选，选拔；精选品，选集；〈体〉国家队

    · **seleccionar** ｛二级三级四级 B 级｝

      【-ar 动词后缀】

      tr. 选择，挑选 (物)，选拔 (人)

- **dialecto** ｛二级三级八级｝

【dia- 通过，穿过 + →印欧词根 *leg- 挑选 / 说→希腊语 lecto- 说⇒分散在各地的语言】

  m. 方言，地方话

  · **dialéctico, ca** ｛二级三级八级｝

    【见 dialecto 方言 +-ico 表相关⇒方言→说→辩论】

    adj. 辩证法的 >>> *s.* 辩证论者

    adj. 雄辩的

- **leña** ｛二级三级四级｝

【印欧词根 *leg- 挑选 / 说→拉丁语 lignum 柴火 音变：-gn- 腭化为 ñ，并使前面的 i

变成 e ⇒上山挑选 leña 来生火煮饭】

f. 柴，柴火；〈口〉棒击，棍击

· **legar**

【印欧词根 *leg- 挑选 / 说→拉丁语 lēgāre，lēgātus 派遣，发送】

tr. 派遣，委派；遗赠；把 (思想、传统等) 传给后代

· **legación**

【-ión 名词后缀】

f. 使节职务 / 职权；外交使节馆所；〈集〉外交使团；外交函件

· **delegar** { 二级八级 }

【拉丁语 dēlēgāre，dēlēgātus 派遣，发送：de- 向下，远离 + 见 legar 派遣】

tr. 授 (权等)

· **delegado, da** { 二级三级四级 B 级 }

adj. 代表的 (指被授权代表处理某事的)>>> *s.* 代表 (指人)，特派员

· **delegación** { 二级三级四级 }

【-ión 名词后缀】

f. 委派，授权；(派驻机构的) 代表职位；代表团；(派驻机构的) 办事处，代表办公室

· **colega** { 二级三级四级 B 级 }

【拉丁语 com-+lēgāre(西语 legar 授权) → collēga: co- 共同，加强语气 +leg- 派遣 ⇒被派遣到外地的人】

s.com. 同事，同僚；〈口〉朋友 (在口语中常做呼语)

· **colegio** { 二级三级四级 A 级 }

【-io 名词后缀⇒同事们上班的地方】

m. 学校 (多指小学、中学或专科学校)；(由同行业的一群人组成的) 协会；〈口〉课

102. pung-，punt- 刺，点 【拉丁语 pungere，punctus 刺，戳 注：分词词干 punct- 在西语中常以 punt- 形式出现】

· **punto** { 二级三级四级 A 级 }

【pungere 刺，戳→分词 punctus →中性分词 punctum 音变：-ct- 变 -t-】

m. 点；标点，标点符号；得分，分数

· **punta** { 二级三级 B 级 }

【来自 punto 的拉丁语阴性形式 puncta】

f. 尖，尖端；头，末端；少量，少许；小钉子；(足球) 进攻队员

· **puntapié** { 二级三级八级 }

【punta 尖 +pie 脚⇒用脚尖踢】

m. 踢

· **puntería** ｛二级三级八级｝

【puntero 射击准确的：punta 尖 +-ero……的；+-ía 名词后缀】

f. 瞄准；(射击) 瞄准力，准确性

· **puntual** ｛二级三级四级 B 级｝

【见 punto 点 (来自拉丁语 punctus)+-al 形容词后缀⇒准点的】

adj.inv. 守时的，准时的；及时的；详尽的，确切的；具体的，准确的

· **puntualidad** ｛二级八级 B 级｝

【-idad 名词后缀】

f. 守时 (性)，准时 (性)

· **puntualmente** ｛B 级｝

【-mente 副词词尾】

adv. 准时地；准确地

· ***impuntual**

【in- 表否定→ im-】

adj.inv. 不准时的，不守时的

· **impuntualidad** ｛B 级｝

【-idad 名词后缀】

f. 不准时，不守时

· **puntuación** ｛二级三级八级｝

【见 punto 点→ puntuar 给 (文章) 加标点符号】

f. 标点规则

· **pinchar** ｛二级三级八级 B 级｝

【拉丁语 pūnctus 刺，扎 (西语 punto 点) → *pūnctiāre 刺，扎 (西语 punchar 刺，扎) 音变：-ct- 腭化为 -ch-；punchar 受到 "picar 刺" 的影响变成 pinchar】

tr. 把……刺伤，扎 >>> *prnl.* (把自己) 刺痛，刺伤

tr. 〈口〉激怒；〈口〉鼓励，激励；给……打针；(搭线) 窃听 (电话)；播放 (唱片)

tr. 扎破 >>> *prnl.* (车胎) 被刺破

prnl. 注射毒品

· **pinchazo** ｛B 级｝

【-azo 名词后缀，可表动作，尤其指击打类的动作】

m. 刺，扎；刺伤；(轮胎、皮球上扎的) 孔洞

· **pincho** ｛B 级｝

【来自 pinchar 刺，扎】

m. 尖，刺，针

· **apuntar** ｛二级三级四级 B 级｝

【a- 构成派生词 +punto 点 /punta 尖端 +-ar 动词后缀】

tr. 瞄准；朝向，指向；提示；记录，记下；指出，提到；提示

tr. 把……的名字登记在 >>> *prnl.* 报名，登记

intr. 谋求；开始出现

prnl. (把功劳等) 归于自己

· **apunte** { 二级八级 B 级 }

  m. 字条 (多指内容简短用来提醒的小纸条)；草图，略图

  m.pl. (多指课堂上的) 笔记，记录

103. scrib-, script- 写 【拉丁语 scribere, scriptus 写 注：分词词干 script- 中的 p 在西语中有可能脱落】

· **escribir** { 二级三级四级 A 级 }

【拉丁语 scribere，scriptus 写 音变：e 为词首添音】

tr./intr. 写；写作

tr. 给……写信

· **escrito, ta** { 二级三级四级 A 级 }

【拉丁语分词 scriptus 音变：e 为词首添音；-pt- 变 -t-】

m. 手稿 (泛指写下的东西，可以翻译成文件、信件、字据、手稿等)；(科学或文学) 著作，文章

· **escritor, ra** { 二级三级四级 A 级 }

【escrit- 见 escrito+-or 表人】

s. 书写人；作者，作家

· **escritorio** { 二级三级四级 B 级 }

【escrit- 见 escrito+-orio 表示地方⇒写字的地方】

m. 写字台，办公桌；办公室

· **escritura** { 二级三级四级 B 级 }

【escrit- 见 escrito+-ura 名词后缀】

f. 书写，写；书写方法；文字；书法；证书，契约

· **adscribir** { 二级三级八级 }

【拉丁语 adscrībere，adscrīptus：ad- 表方向 +scribere(西语 escribir 写)】

tr. 指派；把……交给 (某人) 处理

· **adscrito, ta** { 二级八级 }

【拉丁语 adscrībere(见 adscribir 指派) →分词 adscrīptus 音变：-pt- 变 t】

adscribir 的不规则分词：haber adscrito

adj. 被指派的；依附的

· **describir** { 二级三级四级 **B** 级 }

【拉丁语 dēscrībere，dēscrīptus: de- 向下 +scribere(西语 escribir) ⇒写下→记录】

tr. 描述，形容；绘制，画 (图)

· **descripción** { 二级三级四级 }

【拉丁语分词 dēscrīptus+-ión 名词后缀】

f. 描述，形容；(图形的) 描绘

· **descriptivo, va** { 二级八级 }

【-ivo……的】

adj. 描述的，形容的

· **inscribir** { 二级三级四级 **B** 级 }

【拉丁语 īnscrībere，īnscrīptus: in- 向内 +scribere(西语 escribir) ⇒在木头里面写字→雕刻】

tr. 刻，写，雕

tr. 登记，把……列入名单 >>> *prnl.* 登记，注册，报名

· **inscripción** { 二级三级四级 }

【拉丁语分词 īnscrīptus+-ión 名词后缀】

f. 报名，注册；刻写，铭刻；题词

· **suscribir/subscribir** { 二级三级 **B** 级 }

【拉丁语 subscrībere，subscrīptus: sub- → sus- → su- 在下 +scribere(西语 escribir 写) ⇒在文件下方写字，签名】

tr. 签署，签字；同意，赞同

tr. 给 (某人) 订阅 (报刊等)>>> *prnl.* 订阅

· **suscripción/subscripción** { 二级八级 }

【拉丁语分词 subscrīptus+-ión 名词后缀】

f. 签署，签名；订阅；订阅费；订购 (指承诺购买某公司的一定量股票)

· **transcribir** { 二级三级八级 }

【拉丁语 transcribere，transcriptus: trans- 穿过、横跨 +scribere(西语 escribir)】

tr. 抄写；译写，转写 (用另一种书写符号记录)；记下……的音标

· **transcripción** { 二级八级 }

【拉丁语分词 transcriptus+-ión 名词后缀】

f. 誊写，抄写；〈语〉标注；抄件

104. sorb-，sort- 吸，吮 【拉丁语 sorbere，sorptus 吸 注：分词词干 sorpt- 几乎以 sort- 形式出现在西语中】

· **sorber** ｛二级三级八级｝

【拉丁语 sorbere 吸】

tr. 喝，吮吸；吞没；吸入，吸收（液体）

tr. 吸（宾语尤指 moco 鼻涕）>>> *intr.* 吸鼻涕

· **absorber** ｛二级三级四级 **B** 级｝

【拉丁语 absorbēre，absorptus: ab- 远离 +sorbēre(西语 sorber 吸) ⇒把……吸走】

tr. (固体) 吸收 (液体、气体)>>> *prnl.* (液体) 被吸收

tr. 吸收 (光、热等能量)；吸引 (注意力，补语为 atención 等)，吸引 (某人的) 注意力 (人为补语)；耗尽，花完 (时间、金钱等)

　· **absorbente** ｛B 级｝

　　【-nte 表主动】

　　adj.inv. 吸收的，有吸收能力的；全神贯注的；专横的 (尤指喜欢把自己的想法强加于人的)

　· **absorto, ta** ｛八级｝

　　【拉丁语分词 absorptus 音变: -pt- 变 t】

　　adj. 全神贯注的；惊愕的，惊讶的

　　　· **absorción** ｛二级三级四级｝

　　　　【拉丁语 absorbēre(西语 absorber 吸收) →分词 absorptus(西语 absorto 全神贯注的)+-ión 名词后缀 音变: -pt- 变 t，对照英语 absorption】

　　　　f. (物体、植物等的) 吸收 (作用)；(企业等的) 合并，兼并

105. stingu-, stint- 刺、扑灭　【拉丁语 stinguere，stinctus 刺、扑灭 注: 分词词干 stinct- 多以 stint- 形式出现在西语中】

· **extinguir** ｛二级三级八级 **B** 级｝

【拉丁语 exstinguere，exstinctus: ex- 向外，加强语气 +stinguere 刺；扑灭】

tr. 扑灭 (火源)，熄灭 (灯)>>> *prnl.* (火源) 熄灭，(灯光) 熄灭

tr. 使消亡 (使逐渐地消失)>>> *prnl.* 消亡

prnl. (合同等) 到期

　· **extinción** ｛B 级｝

　　【-ión 名词后缀，对照英语 extinction】

　　f. 扑灭，熄灭；灭亡

· **distinguir** ｛二级三级八级 **B** 级｝

【拉丁语 distinguere，distínctus 分开: dis- 分开，远离 +stinguere 刺、扑灭】

tr. 区分，辨别；使有区别

prnl. 突出，卓著；不同，有差别

· **distinguido, da** ｛二级三级八级｝

【西语 distinguir 的分词】

adj. 高贵的，尊贵的；卓越的

· **distinto, ta** ｛二级三级四级｝

【拉丁语分词 distīnctus 音变：c 脱落】

adj. 与……不同的；不同的；（名词前的）一些

· **distinción** ｛二级三级四级｝

【-ión 名词后缀，对照英语 distinction】

f. 区别，差别；优雅，高压；荣誉

· **distintivo, va** ｛八级｝

【-ivo……的，对照英语 distinctive】

adj. 有特点的 >>> *m.* 特点

m. 记号，标志

· **instinto** ｛二级三级八级｝

【拉丁语 īnstinguere，īnstīnctus 激励：in- 向内，加强语气 +stinguere 刺】

m. 本能；天性，生性

· **estilo** ｛二级三级四级 B 级｝

【印欧词根 *steig- 刺→拉丁语 stylus, stilus 长钉状，尖利的书写工具⇒书写风格 音变：e- 为词首添音，对照英语 style】

m. 风格；作风；款式，样式；文体类；习惯，风俗

· **estilístico, ca** ｛二级八级｝

【estilo 风格→ estilista 文体家 +-ico……的】

adj. 文体（上）的，风格（上）的

f. 文体学，风格论

· **estímulo** ｛二级三级四级｝

【印欧词根 *steig- 刺→ stimulus 刺棒（一端尖的长木棍，用来驱赶牲畜的工具）简化记忆：e- 词首添音 +stim-=stint- 刺 + 把 -ulo 看成名词后缀⇒刺→刺激→激励，鼓励】

m. 激励，鼓励；刺激

· **estimular** ｛二级三级四级｝

【-ar 动词后缀】

tr. 鼓励，激励；使振奋，激发

prnl. 服兴奋剂

106. teg-，tect- 覆盖 【拉丁语 tegere，tectus 覆盖】

· **teja** { 二级三级八级 }

【拉丁语 tegere 覆盖→ tēgula：teg- 覆盖 +-ula 指小词后缀 音变：-cul- → j】

f. 瓦

· **techo** { 二级三级四级 A 级 }

【拉丁语 tegere 覆盖→中性分词 tectum 音变：-ct- 腭化成 -ch- ⇒覆盖房子主体的东西】

m. 屋顶，顶棚；天花板；住房，住的地方；（高度或者事物发展的）最高限度

· **proteger** { 二级三级四级 A 级 }

【拉丁语 prōtegere，prōtectus（英语 protect）：prō- 向前 +tegere 覆盖⇒覆盖着前方的物体，以免其受到损坏】

tr. 保护 >>> *prnl.* 自我保护，自卫

· **protegido, da** { 八级 B 级 }

【西语 proteger 的分词】

adj.（人）受保护的 >>> *s.* 受到保护的人

adj. 受到保护的（远离危险或伤害的）

· **protector, ra** { 二级三级四级 }

【-or 表主动】

adj. 保护的，保护性的 >>> *s.* 保护人

· **protección** { 二级三级四级 B 级 }

【-ión 名词后缀】

f. 保护；保护措施

· **proteccionismo** { 二级三级八级 }

【-ismo……主义】

m. 贸易保护主义；（贸易）保护主义政策

· **detectar** { 二级三级八级 }

【拉丁语 dētegere，dētectus 揭示：de- 远离 +tegere 覆盖→英语 detect 查明，洞察⇒拿走覆盖物】

tr. 察觉（指发现不易被发现的人、事物，如宝藏等）；检波（指用仪器检测）

· **detective** { 二级八级 }

【来自英语 detective 侦探：见 detectar 察觉 +-ive= 西语 -ivo 表相关】

s.com. 侦探

107. ting-， tinct- 染色 【拉丁语 tingere， tīnctus 染色】

· **teñir** { 二级三级四级 B 级 }

【拉丁语 tingere 染色 音变：-ng- 腭化成 -ñ-，并使前面的 i 变成 e】

tr. 给 (某物) 染色 >>> *prnl.* (某物) 染色

tr. 浸染，使带有……色彩 (特点)

· **teñido, da** {B 级 }

【西语 teñir 的分词】

adj. 染成……色的 >>> *m.* 染，染色

· **tinto, ta** { 八级 A 级 }

【拉丁语 tingere 染色 (西语 teñir) →分词 tīnctus 音变：-ct- 变 -t-】

adj. 染成红色的

adj. (葡萄酒) 暗红色的 >>> *m.* 红葡萄酒

· **tinta** { 二级三级四级 B 级 }

【来自拉丁语阴性分词 tīncta，见 tinto 染成红色的】

f. 染料；墨水

f.pl. 色彩，色调

· **tinte** {B 级 }

【西语 tinta 染料→ tintar 染→ tinte】

m. 染，染色；染料；染坊

· **tintero** { 二级八级 }

【共时分析法：tinta 墨水 +-ero……的】

m. 墨水瓶

108. ung(u)-， unt- 涂油 【拉丁语 unguere， ūnctus 给……涂油 注：分词词干 unct- 常以 unt- 形式出现在西语中】

· **untar** { 二级三级八级 }

【拉丁语 unguere(西语 ungir 给……涂油) →分词 ūnctus →通俗拉丁语 unctāre 涂抹 音变：-ct- 变 c】

tr. 给……涂抹 (油性物质)；〈口〉贿赂

prnl. 沾污 (尤指被油性物质弄脏)

· **ungüento** { 二级八级 }

【拉丁语 unguere(西语 ungir 给……涂油) → unguentum】

m. 软膏，药膏 (泛指擦在任何物体表面的油膏)

g. 现在词干：以 t/d 结尾→分词词干：

把 t/d 变成 s

109. ard-，as- 烧 【印欧词根 *as- . 烧，发红→拉丁语 ardere, ars(s)us 烧】

· **arder** { 二级三级四级 }
【拉丁语 ardere 烧】
intr. 燃烧；发烫，发热；满怀 (某种情感)
　· **ardiente** { 二级三级四级 }
　【-iente 形容词后缀】
　adj.inv. 燃烧着的；炽热的，灼热的；热情，热心的；〈诗〉火红的
　· **ardor** { 二级八级 }
　【ard-+-or 名词后缀，表抽象概念时和现在词干连用】
　m. (人体感受到的) 灼热感；炎热；热切，急切；热心，热情

· **asar** { 二级三级八级 B 级 }
【印欧词根 *as- 烧，发红→ āssus 烤的，干的→ āssāre 简化记忆：ard- 烧→ as-】
tr. 烤 (食物)>>> *prnl.* 烤
prnl. 〈口〉感到非常热
tr. 麻烦，打搅
　· **asado, da** { 二级八级 B 级 }
　【西语 asar 的分词】
　adj. 烤的 >>> *m.* 烤肉

· **árido, da** { 二级八级 }
【印欧词根 *as- 烧，发红→ ārēre 干→ āridus 干的 简化建议：ard- 烧→ ar-+-ido……的⇒被太阳烤过的】
adj. 干旱的；枯燥的，无趣的
m.pl. 谷物

· **área** { 二级三级四级 B 级 }
【印欧词根 *as- 烧，发红→ (被太阳烘烤 / 干旱的土地) → ārea 开敞空间】
　f. 面积；空地，平地；领域，范围

110. aud-，aus- 敢，敢于 【拉丁语 audere, ausus 敢于】

· **audaz** { 二级三级四级 }

【拉丁语 audere 敢于→ audāx, -ācis： aud- 敢于 +-az……的】

adj.inv. 勇敢的，大胆的；放肆的，傲慢无礼的；厚颜无耻的

　· **audacia** { 二级三级八级 }

　【-ia 名词后缀】

　　f. 勇敢，大胆；放肆，蛮横无理；厚颜无耻

　· **osar** { 二级三级四级 }

　【拉丁语 audere 敢于→分词 ausus →反复动词 ausāre 音变： -au- 变 o】

　　intr./tr. 竟敢，胆敢

　　· **osadía** { 二级八级 }

　　【西语 osar →分词 osado 勇敢的 +-ía】

　　　f. 大胆，勇敢；无理，放肆

111. cad-，cas- 落下 　【拉丁语 cadere，casus 掉落】

· **caer** { 二级三级四级 B 级 }

【拉丁语 cadere 掉落 音变：元音的 d 脱落】

intr./prnl. 掉落，坠落

intr. 降临(尤指不好的事情突然发生在某人、某物上)；使中奖(注：主语为彩票，奖券等，人为间接宾语 =tocar)；(日期)恰逢；落(网)，落入(圈套、陷讲等)

prnl. (某物由于失去支撑而)掉落(此时常和人称代词连用，用于表示某人之前携带或支撑着该物)

　· **caído, da** { 二级三级八级 }

　【西语 caer 的分词】

　　adj. 阵亡的 >>> *s.* 阵亡者

　　adj. 下垂的(指身体部位比往常更靠近地面的)

　　· **caída** { 二级三级四级 B 级 }

　　【西语 caer 的阴性分词】

　　　f. 落下，降落；摔倒，跌倒；脱落(指原本相连的物体分开)；陷入(某种不好的境地)；下台，垮台；灭亡；(货币的)下跌，贬值；沦陷；(日)落，(白天)快要结束

　　　· **paracaídas** { 二级三级四级 }

　　　【parar 使停住 +caída 落下 注：单复数同形】

　　　　m. 降落伞

　　· **cadáver** { 二级三级四级 B 级 }

　　【cad- 落下⇒ cuerpo caído】

　　　m. 尸体，遗体

· **caducar** {B 级 }

【拉丁语 cadere 掉 (西语 caer) → cadūcus 掉落的 (西语 caduco 衰老的): cad- 掉落 +-uco】

  intr. 〈律〉(法律等因为过期) 失效;(食物) 过期;到期

· **caso** { 二级三级四级 B 级 }

【拉丁语 cadere 掉 (西语 caer) →分词 casus ⇒落在眼前的事情】

  m. 事件;场合,情况;(谈论或商讨的) 问题,事情、事例;患者;〈语〉格

  · **casual** { 二级三级八级 }

  【-u-; +-al 形容词后缀】

  adj.inv. 偶然的,意外的 >>> *m.* 〈口〉偶然

  adj.inv. (语法上) 格的

    · **casualidad** { 二级三级四级 B 级 }

    【-idad 名词后缀】

    f. 偶然;凑巧,碰巧;意外 (指意料之外的事情)

    · **casualmente** {B 级 }

    【-mente 副词词尾】

    adv. 意外地,偶然地

  · **cascada** { 二级三级八级 B 级 }

  【拉丁语 cadere 掉 (西语 caer 掉) →分词 cāsus(西语 caso 情况) →通俗拉丁语 *casicāre → cascare 坠落→意大利语 cascata 简化记忆:cas- 掉 +-c-+-ada 名词后缀】

  f. 瀑布;大量

  · **acaso** { 二级三级四级 }

  【a- 构成派生词 +caso 事件,机遇⇒机遇含有不确定性】

  adv. 也许,或许;(用于疑问句中) 难道

  m. 偶然

· **accidente** { 二级三级四级 B 级 }

【拉丁语 accēdere 发生→现在分词 accidentem: ad- 表方向→ ac-+cid- 落下 +-ente 形容词或名词后缀⇒突然降临的事】

  m. 意外事件,事故;(地形) 高低不平;〈语〉词性变化

· **accidental** { 二级八级 }

  【-al……的】

  adj.inv. 意外的,偶然发生的;次要的,非主要的;(职位) 暂时的,临任的

· **decaer** { 二级八级 }

【拉丁语 decadere: de- 向下 + 见 caer 掉⇒往下掉】

intr. 减退，减弱，衰落，颓废
- **decadente** ｛二级三级八级｝

  【拉丁语 decadere(西语 decaer 减退)→现在分词 decadentem: -ente……的 注:
  勿漏写 d】

  adj.inv. 衰落的，衰退的，衰弱的；喜欢过时 (东西) 的，喜欢旧式的；堕落的，
  没落的
  - **decadencia** ｛二级三级八级｝

    【-ia 名词后缀】

    f. 颓废，堕落、衰落，没落；没 (衰) 落期
- **decaído, da** ｛B 级｝

  【西语 decaer 的过去分词】

  adj. 颓废的；虚弱的；沮丧的

- **incidir** ｛二级三级四级｝

  【拉丁语 incidere 发生: in- 向内 +cad- 掉落→ (元音转换: a 变 i) → cid-+-ir 动词后缀
  ⇒掉入、陷入】

  intr. 犯 (错误)；影响；强调；〈物〉入射，投射
  - **incidente** ｛二级三级四级 B 级｝

    【拉丁语 incidere 发生 (西语 incidir 犯、影响)→现在分词 incidentem: in- 向内
    +cid- 落下 +-ente ⇒突然掉下的】

    adj.inv. 偶然的 >>> *m.* 意外事件，插曲

    m. 冲突
    - **incidencia** ｛二级三级八级｝

      【-ia 名词后缀】

      f. 事故，偶发事件；影响
  - **reincidencia** ｛二级三级八级｝

    【re- 再次 +incidir 犯 (错)=reincidir 再犯→ reincidente 重犯的 / 重犯者 (-ente……
    的)+-ia 名词后缀】

    f. 重犯，再犯 (再次犯错等)
  - **coincidir** ｛二级三级四级 B 级｝

    【中世纪拉丁语 coincidere: co- 共同 + 拉丁语 incidere 发生 (西语 incidir 犯、影响)】

    intr. 同时发生；(两个或多个物体在空间上占相同的位置) 重合；相遇，碰
    巧 (指几个人同时出现在某地)；(想法、利益等) 一致，相符
    - **coincidencia** ｛二级八级 B 级｝

      【coincidir 同时发生→ coincidente 一致的 +-ia 名词后缀】

      f. 同时发生，巧合；巧事 (碰巧在同一时间和或同一地方发生的事情)；
      一致，相似

- **occidente** { 二级三级四级 B 级 }

【拉丁语 occidere 落下、落山→现在分词 occidentem：ob- 表方向或者相反→ oc-+cad- 落→（元音转换：a 变 i）→cid- 落下 +-ente 表主动⇒太阳从东方升起，落在另一方】

m. 西，西方；（首字母大写）西方国家，欧美

- **occidental** { 二级三级四级 B 级 }

  【-al 表相关】

  adj.inv. 西方的，西部的

  adj.inv. 西方的，欧美的（与西方的国家及文化等相关的）>>> *s.com.* 西方（国家）人，欧美人

  - **occidentalización** { 二级三级四级 }

    【occidentalizar 使西方化：occidental+-izar 动词后缀；-ción 名词后缀】

    f. (文化、思想等) 西方化

- **ocasión** { 二级三级四级 B 级 }

  【拉丁语 occidere 落下、落山（见西语 occidente 西方）→分词 occāsus：ob- 表方向或相反→ o-+cas- 落下 +-ión 名词后缀⇒机会降落在眼前】

  f. 机会，时机；场合，时刻；原因

  - **ocasional** { 二级三级八级 }

    【-al……的】

    adj.inv. 偶然的；临时的

  - **ocasionar** { 二级三级四级 B 级 }

    【-ar 动词后缀】

    tr. 导致，引起，造成

112. casc-，cut- 击打，摇动　【拉丁语 quatere，quassus 摇晃 / 击打，反复动词 quassare 用力地摇　注：现在词干和分词词干在西语中的形式变化较大，此处列举的拉丁语仅做参考】

- **casco** { 二级八级 B 级 }

  【来自西语 cascar 敲碎】

  m. 头盔，钢盔 (由金属，塑料或其它材质做成，用来保护头部免遭伤害的帽状物)；瓶 (指用来装液体的容器)；(容器破碎后的) 碎片；城区，市区 (指城镇中建筑物集中的地方)；船体

  m.pl. 〈口〉脑袋；头戴式耳机

- **cáscara** { 二级三级四级 B 级 }

  【casc- 击打，摇动⇒把鸡蛋壳打破】

  f. (鸡蛋或水果) 壳，果皮；树皮

· **discutir** { 二级三级四级 B 级 }

【拉丁语 discutere 打碎，破碎：dis- 分开 +cut- 击打，摇动 +-ir 动词后缀⇒打碎 (向四处散开)→说话】

tr. 讨论，商议；对……表示异议

tr./intr. 争辩，争论

· **discusión** { 二级三级四级 A 级 }

【见 discutir 讨论：cut- → cus-+-ión 名词后缀】

f. 讨论，谈论

· **discutible** { 二级八级 }

【-ble 能 (被)……的】

adj.inv. 可争论的，值得争论的

· **indiscutible** { 二级三级八级 }

【in- 表否定】

adj.inv. 无可争辩的，无可置疑的

· **percutir**

【per- 完全，加强语气 +cut- 击打，摇动 +-ir 动词后缀】

tr. 敲击，反复击打

· **percusión** { 二级三级八级 }

【见 percutir：cut- → cus-+-ión 名词后缀】

f. 敲打；〈集〉打击乐器

· **repercutir** { 二级三级八级 }

【re- 返，逆 +percutir 敲击⇒撞击后反弹回来】

intr. 影响；(声音) 回响；反弹，弹回 (物体撞上某物后跳回或弹回)

· **repercusión** { 二级八级 }

【repercutir：cut- → cus-+-ión 名词后缀】

f. 影响；回响；反弹，弹回

· **fracasar** { 二级三级四级 B 级 }

【意大利语 fracassare：fra- 破坏，打碎 +cas- 击打 +-ar 动词】

intr. (多指船撞上礁石后) 粉碎；失败，落空

· **fracaso** { 二级三级四级 }

m. 失败，落空

· **acudir** { 二级三级四级 B 级 }

【来自本栏词根，简化记忆：a- 表方向 +cut- → cud- 击打，摇动 +-ir 动词后缀⇒士兵赶到边界击退入侵者】

intr. 到，去 (指去应该去或约好的地方)；经常去 (某地)；求助

· **sacudir** ｛二级三级四级｝

【sa- 来自前缀 sub- 下，在下 +cut- 击打，摇动→ cud-+-ir 动词后缀】

tr. 摇动，抖动 >>> *prnl.* 震动，晃动；摆脱

tr. 使震惊；拍打，抖落（灰尘、雪）；〈口〉打，揍

· **sacudida** ｛二级八级｝

f. 摇动，抖动，震动；击打，拍打；震惊

113. ced-, ces- 走 【拉丁语 cedere, cessus 走 / 允许】

· **ceder** ｛二级三级四级｝

【拉丁语 cedere 走 / 允许：ced- 走 +-er 动词后缀⇒走开，不再争执】

tr.（自愿地）让，让与

intr. 屈服，让步；松，松动，松；（程度等）减弱，减轻；折断（指某物因为受重过大而断掉）

· **cesar** ｛二级三级四级｝

【cēdere 走（西语 ceder 让）→分词 cessus →反复动词 cessāre ⇒走累了停下休息】

intr. 停止，中止；不再担任（职务、工作等）

· **incesante** ｛二级三级八级｝

【in- 否定 +cesar 停止 +-nte……的】

adj.inv. 连续不断的；反复的，经常的

· **acceder** ｛二级三级四级 B 级｝

【拉丁语 accēdere，accessus 走近：ac- 表方向 +ced- 走 +-er 动词后缀】

intr. 进入（某地）；同意

intr./prnl. 升级，晋级

· **acceso** ｛二级三级四级 B 级｝

【拉丁语分词 accessus】

m. 到达；接近；入口，通道；（对某人的）接近；（某种情感的）爆发；〈医〉发作

· **accesorio** ｛二级八级｝

【见 acceso 到达，接近；入口 +-orio……的】

adj. 附加的，附属的；次要的

m.pl. 附件，配件；成套用品

· **accesible** ｛二级三级八级｝

【见 acceder 进入 /acceso 到达；入口 +-ible 能（被）……的】

adj.inv.（地方等）可到达的；平易近人的；（言语等）可以理解的，容易理解的

· **inaccesible** ｛二级三级八级｝

【in- 表否定】

adj.inv. (地方) 进不去的，难以通行的；(人) 难以接近 / 亲近的；难以学会的，难以理解的

· ***anteceder**

【拉丁语 antecēdere，antecessus：ante- 先，前 +ced- 走 +-er 动词后缀⇒走在前面，之前发生】

tr. (在时间或空间上) 在……之前

· **antecedente** ｛二级三级四级｝

【-ente 形容词兼名词后缀】

adj.inv. 先前的，在先的

m. 背景，过去的情况；〈语〉先行词；〈逻〉前提

m.pl. 〈律〉前科；〈病〉病史

· **antecesor, ra** ｛二级八级｝

【-or 表人】

s. (多指工作岗位或者某种称号的) 前任，前辈；(常用复数) 辈，祖先

· ***ancestro**

【和 antecesor 同源于拉丁语 antecessor 走在前面的人，本词经法语 ancestre 进入西语⇒生在 (走在) 我们之前的人】

m./m.pl. 祖先，先辈 (个体名词，常用复数形式)

· **ancestral** ｛二级八级｝

【-al 表相关】

adj.inv. 祖先的，祖宗的；祖传的

· **conceder** ｛二级三级四级 **B** 级｝

【拉丁语 concēdere，concessus：con- 加强语气 +ced- 走 +-er 动词后缀⇒走向颁奖台】

tr. 授予，给予 (授权给某人做某事)；承认；(与 interés 等词连用) 给予

· **concesión** ｛二级三级八级｝

【-ión 名词后缀】

f. 授予，准予；(政府给个人或企业使用土地或开发矿山等的) 特许权，经营权；让步，退步

· **concesivo, va** ｛二级八级｝

【-ivo……的】

adj.inv. 让步的，可让步的；(语法) 让步的

· **exceder** ｛二级三级四级｝

【拉丁语 excēdere，excessus：ex- 向外 +ced- 走 +-er 动词后缀⇒走出界限】

intr. 超过，超出

tr. 比……出众

prnl. 过分，过度

· **excedente** ｛二级三级八级｝

【-nte……的】

adj.inv. 多余的 >>> *m.* 剩余额，剩余物

adj.inv. (官员等) 暂时离职的

· **exceso** ｛二级三级四级 B 级｝

【拉丁语分词 excessus】

m. 过分，过度

m./m.pl. (常用复数) 胡作非为

· **excesivo, va** ｛二级三级四级｝

【-ivo……的】

adj. 过分的，过度的

· **excesivamente** ｛B 级｝

【-mente 副词词尾】

adv. 过多地，过分地

preceder ｛二级三级四级｝

【拉丁语 praecēdere：pre- 前 +ced- 走 +-er ⇒走在前方】

intr./tr. (在时间，顺序上) 先于……；走在……前面，处于……前面的位置；优于

· **precedente** ｛二级三级八级｝

【-nte……的】

adj.inv. 在先的，以前的

m. 前例，先例

proceder ｛二级三级四级 B 级｝

【拉丁语 prōcēdere，prōcessus：pro- 向前 +ced- 走 +-er ⇒黄河从巴颜喀拉山脉流向渤海】

intr. 源自，来自；是……结果；合适，合理；开始，着手

intr. 行为，表现 >>> *m.* 行为，举止

· **procedente** ｛二级三级四级｝

【-nte……的】

adj.inv. 来自……的；合乎情理的

· **procedencia** ｛二级三级八级 B 级｝

【-ia 名词后缀】

f. 来源，起源；(人或交通工具的) 出发地，始发站

· **procedimiento** ｛二级三级四级 B 级｝

【-imiento 名词后缀⇒做事的方法】

m. 方法，步骤；法律程序

· **proceso** ｛二级三级四级 B 级｝

【拉丁语分词 prōcessus ⇒走过的路程，事物发展的过程】

m. 过程，进程，程序；〈律〉诉讼

· **procesión** ｛二级八级 B 级｝

【-ión 名词后缀】

f. 〈口〉队列，队伍 (有次序地、整齐地向前移动的一群人或动物)；宗教游行

· **procesador** ｛B 级｝

【-ador 动词后缀】

m. 处理器

retroceder ｛二级三级四级 **B** 级｝

【拉丁语 retrōcēdere，retrōcessus：retro- 向后 +ced- 走 +-er 动词后缀⇒向后走】

intr. 后退；(在危险、困难前) 退却

· **retroceso** ｛二级八级｝

【拉丁语分词 retrōcessus】

m. 后退；倒退、恶化；(武器射击后的) 反冲

· **recesión** ｛二级三级八级｝

【拉丁语 recēdere(英语 recede 倒退) → 分词 recessus → recessiōnem：re- 向后 +ces- 走 +-ión】

f. 经济衰退；退回，衰退

suceder ｛二级三级四级 **B** 级｝

【拉丁语 succēdere，successus：sub- 在下，从下→ su-+ced- 走 +-er 动词后缀⇒从下往上走】

intr. 发生 (此词义仅用于无人称或第三变位动词形式)；接替；接任，继任

· **suceso** ｛二级三级四级 B 级｝

【拉丁语分词 successus】

m. (多指重大) 事件；犯罪事件，事故；(时间的) 流逝

· **sucesión** ｛二级三级八级｝

【-ión 名词后缀】

f. 接替，接续；继任，接任；后代，后裔；系列，数列

- **sucesivo, va**｛二级三级四级｝

  【-ivo 形容词后缀】

  adj. 相继的，接连的，连续的

- **sucesor, ra**｛二级三级四级｝

  【-or 表人，和分词词干搭配使用】

  s.（尤指人在职位上代替他人的）继任的 >>> *s.* 继任者

· **necesario, ria**｛二级三级四级 A 级｝

【ne- 表否定 +ces- 走 +-ario 形容词后缀⇒医生要求病人不能走动，得卧床一个星期】

adj. 必需的，必要的，必不可少的；必然的，不可避免的

- **necesariamente**｛B 级｝

  【-mente 副词词尾】

  adv. 必须，必定，必然

- **innecesario, ria**｛二级三级四级｝

  【in- 否定】

  adj. 不必要的

- **necesidad**｛二级三级四级 B 级｝

  【-idad 名词后缀】

  f. 必需，需要；贫困，贫困；危及，困境

  f.pl. 解手

  - **necesitar**｛二级三级四级 A 级｝

    【necesidad 必须 +-ar 动词后缀】

    intr. 需要 >>> *tr.* 需要

114. cid-，cis- 切割 【拉丁语 caedere，caesus 切、砍、击打】

· **cemento**｛二级三级四级 B 级｝

【拉丁语 caedere 切→ caedimentum 粗切的石头→缩约词 caementum：ced- → ce- 切 +mento 名词后缀】

m. 水泥；黏合剂（用来黏贴金属的物质）

- **cimiento**｛二级三级八级｝

  【和 cemento 为同源对偶词】

  m./m.pl.（常用复数）地基

  m.（指非物质事物的）基础，根基

  - **cimentar**｛二级八级｝

    【cimiento 地基 +-ar 动词后缀】

　　　　tr. 给……打地基；建造（房子，城市等）；为……打下基础，巩固；建立，创立（学说等）

· **conciso, sa** ｛二级三级八级｝

【拉丁语 concīdere，concisus 删减：con- 共同，加强语气 +cis- 切】

　　adj. 简明的，简要的（简短扼要的）

· **decidir** ｛二级三级四级 **B** 级｝

【拉丁语 dēcīdere，dēcīsus：de- 分开，向下 +cid- 切割 +-ir 动词后缀⇒切断顾虑，打消顾虑】

　　tr. 决定 >>> *intr.* 作出决定

　　prnl. 决定，下决心

　　· **decidido, da** ｛二级三级八级｝

　　　【西语 decidir 的分词】

　　　adj. 决定了的；下了决心的；有胆量的，勇敢的；（态度，声音等）坚定的，坚决的

　　· **decisivo, va** ｛二级三级八级｝

　　　【-ivo……的】

　　　adj. 决定性的（指非常重要的，对结果产生重大影响的；（口气、回答等）坚决的，明确的，毫无疑问的

　　· **decisión** ｛二级三级四级｝

　　　【-ión 名词后缀】

　　　f. 决定，决心；坚定，果断

　　　· **indecisión** ｛B 级｝

　　　　【in- 否定】

　　　　f. 踌躇，犹豫不决

　　　　· **indeciso, sa** ｛二级三级八级｝

　　　　　adj. 不明确的，未确定的

　　　　　adj. 踌躇的，犹豫不决的 >>> *s.* 犹豫不决的人

· **preciso, sa** ｛二级三级四级｝

【拉丁语 praecīdere，praecīsus 切断：pre- 前 +cis- 切⇒切掉不必要的】

　　adj. 必不可少的，必须的；精确的，准确的；（言语、风格等）简明扼要的，简单明了的；（轮廓等）清楚的，清晰的

　　· **precisión** ｛二级三级四级 B 级｝

　　　【-ión 名词后缀】

　　　f. 精确（性），准确（性）；（语言、文章）清晰，明确，精炼

· **precisar** { 二级三级四级 }

【西语 preciso+-ar 动词后缀】

intr./tr. 明确，确定，确认

tr. 需要 >>> *intr.* 需要

tr. 强迫

· **suicidio** { 二级三级四级 }

【sui- 自己 +cid- 切割 +-io 名词后缀】

m. 自杀，自杀事件；危险的行动

· **suicidarse** { 二级三级四级 }

prnl. 自杀

· **bactericida**

【见 bacteria 细菌 +-cida 杀，见 suicidio 自杀】

adj.inv. 杀菌的 >>> *m.* 杀菌剂

· **bacteria** { 二级八级 }

f. 细菌

· **césped** { 二级三级八级 B 级 }

【同印欧词根 *kaə-id- 打→拉丁语 caespes，caespitis 草皮 简化 + 联想记忆：cis- 切 → ces-+pedazo 小块→ ped- ⇒切一块块草皮回去铺草坪】

m. 草坪；草坪上的细草

115. clu-，clus- 关闭 【拉丁语 claudere，clausus 关，结束 注：本词中的元音组合 au 在西语中多以单元音 u 形式出现；现在词干 clud- 常以 clu- 形式出现在西语中】

· **cláusula** { 二级三级八级 B 级 }

【拉丁语 claudere 关，结束→分词 clausus(英语 clause 条款 / 从句) → clausula：claus- 关闭 +-ula 指小词后缀⇒结束谈判，确定合作方式的条文】

f. (法律文书的) 条款，款项；〈语〉句子

· **clausura** { 二级三级八级 }

【拉丁语 claudere 关，结束→分词 clausus(英语 clause 条款 / 从句) → clausūra：claus- 关闭 +-ura 名词后缀】

f. (对场所的) 关闭，封闭；闭会，休会；(经过特别准许才能进入的) 修道院内院；修道院的清规；修道院生活

· **clausurar** { 二级八级 }

【-ar 动词后缀】

tr. 停止，关闭 (宾语多为机构、组织的活动，如停课)；关闭，封闭 (尤指按照相关法律法规关闭不符合相关要求的场所，如关闭饭店)

- **claustro** ｛二级八级｝

【拉丁语 claudere 关闭→ claustrum 关闭、幽闭之地】

m. (学院、修道院、教堂等建筑的) 走廊，回廊；大学理事会，校务委员会；(一所学校等教育机构的全体) 老师，教员；全体老师参加的会议

- **concluir** ｛二级三级四级 B 级｝

【拉丁语 concludere 结束：con- 加强语气 +clu- 关闭 +-ir 音变：元音间 d 脱落，对照英语 conclude】

tr. 完成，结束；决定；推论，得出 (结论)

intr. 以……结束，以……告终

- **conclusión** ｛二级三级四级 B 级｝

【-ión 名词后缀】

f. 结束，终结，结局；决定；推断，结论

- **excluir** ｛二级三级八级｝

【拉丁语 exclūdere, exclūsus+：ex- 向往，往外 +clu- 关闭 +-ir 音变：元音间 d 脱落，对照英语 exclude】

tr. 排斥，排除；排除 (可能性等)

prnl. 不相容

- **exclusivo, va** ｛二级三级四级 B 级｝

【-ivo 形容词后缀⇒排除一切后的】

adj. 唯一的，独占的；专门的

f. 独家新闻，独家采访报道看；专有 (权)，专营权

- **incluir** ｛二级三级四级｝

【拉丁语 inclūdere, inclūsus：in- 向内 +clu- 关闭 +-ir 动词后缀 音变：元音间 d 脱落，对照英语 include】

tr. 把……装进，把……放进；包括，包含

- **incluso** ｛二级三级四级｝

adv. 包括，甚至

conj. 哪怕，即使

- **inclusive** ｛二级三级四级｝

【拉丁语分词 inclūsus(西语 incluso 包括) → inclusivus → 中世纪拉丁语 inclusīve】

adv. 包括……在内

116. fend-, fens- 击打，攻击 【拉丁语 - fendere, - fensus 击打 注：这个拉丁语只出现在复合词中】

· **defender** { 二级三级四级 **B** 级 }
【拉丁语 dēfendere，dēfēnsus: de- 远离 +fend- 击打 +-er ⇒击退敌人】
tr. 保护，保卫（人、要塞等）；防御，抵御（风霜等）；维护，捍卫；替……辩护
prnl. 有能力对付，能自如开展
　· **defensivo, va** { 二级三级八级 }
　　【-ivo……的】
　　adj.（用于）防御的，（用于）防守的
　　f. 防守，守势
　　m. 防卫，守卫
　· **defensor, ra** { 二级三级四级 B 级 }
　　【-or 人】
　　adj. 保护的，捍卫的 >>> *s.* 保护者，捍卫者
　　s. 辩护律师（指被告方的律师）
　· **defensa** { 二级三级四级 B 级 }
　　【拉丁语阴性分词 defensa】
　　f.（足球等运动中的）后卫，防守队员; 保卫，防御，防护; 维护，捍卫 防御工事;辩护词，辩护理由；辩护律师；防御物；〈拉〉（汽车的）缓冲器，保险杠
　　· **indefenso, sa** { 二级三级八级 }
　　　【in- 表否定 + 见 defensa 保卫】
　　　adj.（人）无保护的，无依无靠的 >>> *s.* 无依无靠的人
　　　adj. 不设防的，无防御的

· **ofender** { 二级三级四级 }
【拉丁语 offendere，offensus: o- 表方向 +fend- 击打 +-er 动词后缀】
tr. 冒犯，侮辱；使不悦（指和平常认为的情况相反，比如刺眼、刺鼻、刺耳）
prnl. 生气，恼怒
　· **ofensa** { 二级三级 }
　　【拉丁语阴性分词 ofensa】
　　f. 冒犯，侮辱
　· **ofensivo, va** { 二级三级八级 }
　　【-ivo……的，和分词词干搭配使用】
　　adj. 冒犯的，侮辱的
　　adj. 进攻性的 >>> *f.* 进攻；攻势

117. gred-, gres- 走；grad- 脚步；台阶　【印欧词根 *ghredh- 走→1 拉丁语 gradi, gressus 走【注：现在词干 grad- 常以元音转换形式 gred- 出现在西语中】；→2 拉丁语 gradus 脚步；台阶；地位】

· **agredir**　{二级三级八级}
【拉丁语 aggredī, aggressus: a- 表方 +gred- 走 +-ir 动词后缀⇒走向→进攻】
tr. 袭击；侵犯
· **agresión**　{二级三级四级 B 级}
【-ión 名词后缀】
f. 攻击，袭击；侵略，侵犯
· **agresivo, va**　{二级八级}
【-ivo 形容词后缀】
adj. 侵略的；(言行等)挑衅的；(人)积极进取的
· **agresividad**　{B 级}
【-idad 名词后缀】
f. 侵略性，侵犯性；积极进取
· **agresor, ra**　{二级}
【-or 表主动】
adj. (发动)侵略的，侵犯的 >>> *s.* 侵略者
s. 袭击者、挑衅者

· **congreso**　{二级三级四级 B 级}
【拉丁语 congredī 走到一块，遇见→分词 congressus: con- 共同，加强语气 +gres- 走⇒代表汇聚于大会堂】
m. 会议；代表大会；国会，议会；国会大厦，议会大厦
· **congresista**　{二级三级八级}
【-ista 表人】
s.com. 代表大会成员，国会议员

· **ingrediente**　{二级三级四级 A 级}
【拉丁语 ingredī, ingressus 进入: in- 在内，向内 +gred- 走 +-iente 形容词兼名词后缀，和现在词干搭配使用⇒进入的，添加的→添加物】
m. 配料，佐料；成分；(构成的)要素，因素
· **ingreso**　{二级三级四级 B 级}
【拉丁语分词 ingressus: in- 向内 +gres- 走】
m. 进入，走人；加入，入会；存钱；收入
· **ingresar**　{二级三级四级 B 级}

【西语 ingreso+-ar 动词后缀】

intr. 进，进入（某地或机构等，如医院、学校等）

tr. 存（钱）；将（病人）送去治疗

progreso ｛二级三级四级 **B** 级｝
【拉丁语 prōgredī 向前→分词 prōgressus：pro- 向前 +gres- 走】
m. 进步，发展；（人类文明的）发展；（空间上的）前进

· **progresivo, va** ｛二级三级八级｝
【-ivo……的】
adj. 发展的，有助于发展的；逐渐的，逐步的

· **progresista** ｛二级三级八级 B 级｝
【-ista 表人】
adj.inv. 〈政治〉进步的，进步思想的 >>> *s.com.* 进步分子

· **progresar** ｛二级三级四级 B 级｝
【西语 progreso+-ar 动词后缀】
intr. 进步，发展；（空间上）向……前进

regreso ｛二级三级四级｝
【拉丁语 regredī 返回→分词 regressus：re- 向后 +gres- 走】
m. 返回

· **regresar** ｛二级四级｝
【西语 regreso+-ar 动词后缀】
intr. 返回（回到出发点）
tr.（西班牙南部或拉美）还回，归还

grado ｛二级三级四级 **B** 级｝
【印欧词根 *ghredh- 走→拉丁语 gradus 脚步，台阶】
m. 程度；学位；博士 / 硕士学位；军阶，军衔；（角度，经纬度）度数
m. 意愿 【和 "grato 令人高兴的" 同源于拉丁语 grātus 使人高兴的】

· **posgrado/postgrado** ｛二级三级八级｝
【pos- 后 +grado 学位⇒获得本科学位后继续攻读的课程】
m. 研究生课程

· **graduar** ｛二级三级八级｝
【拉丁语 gradus(西语 grado 程度；学位)→中世纪拉丁语 graduāre，graduātus】
tr. 授予……学位 / 军衔 >>> *prnl.* 毕业，获得学位 / 取得军衔
tr. 给……标上度数；使分等级；使分层次；调节；测量……的度数

· **graduado, da** ｛二级三级四级 B 级｝

【共时分析法：graduar 的分词】

adj. 获得学位的 >>> *s.* 大学毕业生

adj. 军衔的

- **graduación** ｛二级三级八级｝

【见 graduar 授予……学位 / 军衔 +-ión 名词后缀】

f. 调节 (强度等)；分层次；分等级；标出刻度；刻度线；测定度数；(酒精等的) 纯度，度数；军衔；授学位；获学位；毕业

- **gradación** ｛二级八级｝

【拉丁语 gradus 脚步；步骤 (西语 grado 程度 / 学位)→宾格 gradātiōnem】

f. 循序进行，依次进行；层次

118. fod-，fos- 挖　【拉丁语 fodere，fossus 挖】

- **foso** ｛二级三级八级｝

【fodere 挖 (土)→分词 fossus】

m. 坑，沟；护城河；(舞台前的) 乐池；(汽车修理间等的) 检修坑；〈体〉沙坑

- **fósil** ｛二级三级八级｝

【fodere 挖 (土)→分词 fossus(西语 foso 坑) → fossilis 挖出】

adj.inv. 化石的 >>> *m.* 化石

adj. 〈口〉老的，陈旧的 >>> *s.com.* 腐朽的人，守旧的人

119. lud-，lus- 玩　【拉丁语 ludere，lusus 玩】

- **aludir** ｛二级三级四级｝

【拉丁语 allūdere，allūsus 和……玩，开玩笑：a- 表方向 +lud- 玩 +-ir 动词后缀⇒和伙伴开玩笑】

intr. 影射，暗指；(间接) 提及

- **alusión** ｛二级八级｝

【-ión 名词后缀】

f. 暗指，影射；提及

- **alusivo, va** ｛二级八级｝

【-ivo……的】

adj. 暗指的，影射的

- **eludir** ｛二级三级八级｝

【拉丁语 ēlūdere，ēlūsus：e- 向外 +lud- 玩 +-ir 动词后缀⇒外出游玩，不做家务】

tr. 逃避，回避 (尤指避免做困难的事情，如躲避问题、逃避责任等)；躲避 (以机智或技巧来躲避或逃跑)

- **ineludible** {二级八级}

  【in- 表示否定 +eludible 可以避免的：eludir 逃避 +-ble 能 (被)……的】

  adj.inv. 不可逃避的，无法回避的

- **ilusión** {二级三级四级 B 级}

  【拉丁语 illūdere 愚弄→分词 illūsus(西语 iluso 受骗的、爱幻想的) → illūsiōnem：in- 向内→ i-+lus- 玩 +-ión 名词后缀⇒在梦境中玩】

  f. 幻觉，错觉；幻想；愉快，高兴

  - **ilusionar** {二级三级八级 B 级}

    【-ar 动词后缀】

    tr. 使向往，使产生幻想 >>> *prnl.* 抱有幻想

    tr. 使高兴 >>> *prnl.* 高兴，喜悦

    - **ilusionado, da** {B 级}

      adj. 抱有幻想的，满怀希望的

  - **desilusión** {二级八级}

    【des- 否定前缀】

    f. 醒悟，理想破灭；失望

    - **desilusionarse** {B 级}

      【-ar 动词后缀 +-se】

      tr. 使失望，使幻灭 >>> *prnl.* 失望

- **preludio** {二级三级八级}

  【拉丁语 praeludere 预先演奏→ praelūdium：pre- 先 +lud- 玩 +-io 名词后缀】

  m. 预兆，序幕 (先于较重要部分的事件或行动)；(音乐) 序曲，前奏曲

120. mit-, mis- 投送；释放 【拉丁语 mittere, missus 投送 / 扔】

- **meter** {二级三级四级 B 级}

  【拉丁语 mittere, missus 投送 音变：e 变 i ⇒把某物放进另一物】

  tr. 装入，塞进，使进入 >>> *prnl.* 进入，钻入

  prnl. 参与，干预，卷入

  - **misión** {二级三级四级}

    【-ión 名词后缀】

    f. (多指外交上的) 派遣；任务；职责，义务；使团，代表团

    - **misionero, ra** {二级三级八级}

【-ero】表相关或人

adj. 教会的，传教的 >>> *s.* 传教士

· **misa**｛二级三级四级 B 级｝

【拉丁语阴性分词 missa 解散　词源：弥撒仪式的结束语：Ite, missa est 去吧，你们可以离开了】

f. 弥撒；弥撒曲

· **misil/mísil**｛二级三级八级｝

【mis- 投送 +-il 表相关】

m. 导弹，飞弹

· **admitir**｛二级三级四级｝

【拉丁语 admittere，admissus：ad- 表方向 +mittere 投送（西语 meter)⇒送某人进入某地】

tr. 允许进入；容纳；承认，认可；容许

· **admisión**｛二级八级｝

【-ión 名词后缀】

f. 接纳、准许进入；承认；接受，认可

· **inadmisible**｛二级三级四级｝

【in- 表否定 +admisible 可接受的：admitir+-ble 能被……的】

adj.inv.（论点、解释等）不能被接受的；不能容忍的

· **cometer**｛二级三级四级 A 级｝

【拉丁语 committer，commissus 犯；派遣　简化记忆：co- 共同 +met- 投送 +-er 动词后缀⇒因为 cometer，所以被送进监狱】

tr. 犯（错、罪）；干（坏事、傻事）

· **comité**｛二级三级四级 B 级｝

【拉丁语 committer(西语 cometer 犯、英语 commit 犯；委托）→（诺尔曼时代，英国所用的）法语分词 committee 受托→法语 comité 委员会】

m. 委员会

· **comisario**｛二级三级八级 B 级｝

【-ario……的（人）】

s. 委员，代表，特派员；警察局长

· **comisaría**｛二级八级 A 级｝

【-ía 名词后缀】

f. 委员（或代表、特派员）办公室；警察局；警察局局长职务

· **comisión**｛二级三级四级 B 级｝

【-ión 名词后缀】

f. 委员会；委托，委托事项，任务；佣金，回扣；犯（错、罪），干（坏事）

· **comisionado, da** ﹛二级三级八级﹜

【西语 comisión → "comisionar 委托"的分词】

adj.inv. 受委任的、受委托的 >>> *s.* 受托人

· **acometer** ﹛二级八级﹜

【a- 构成派生词 +cometer 犯 (错)/ 攻击 (淘汰的语义)】

tr. 猛扑，攻击；开始，着手；(疾病、睡意、情绪等) 突然发作

· **fideicomiso** ﹛二级三级﹜

【拉丁语 fideicommissum：拉丁语 fidēs 相信 (西语 fe) →与格 fideī+-committere 犯；委托 (西语 cometer) →中性分词 commissum】

m. 信托遗产

· **dimitir** ﹛二级三级八级﹜

【拉丁语 dīmittere，dīmissus 送走：di- 向下，远离 +mit- 投送 +-ir 动词后缀】

intr./tr. 辞去 (职位)

· **emitir** ﹛二级三级四级﹜

【拉丁语 ēmittere，ēmissus 派出：e- 向外 +mit- 投送 +-ir 动词后缀⇒向外投送】

tr. 发出 (从自身发射、散出某物)；发行 (纸币、邮票等)；发表，发布 (宾语尤指意见、法令等)；(电台、电视台等) 播送 (节目)

· **emisión** ﹛二级三级四级 B 级﹜

【-ión 名词后缀】

f. 发射，发出，散发，放出；(纸币、证券等的) 发行，发行额；(电台) 广播，广播节目；(主张、判决等的) 宣布

· **emisor, ra** ﹛二级三级八级 B 级﹜

【-or 表主动】

adj. 发射的，播送的 >>> *m.* 无线电发射机 >>> *f.* 广播电台

adj. 发行 (纸币等) 的

s. 发送者 (在语言学中指在对话里信息的发出者)

· ***intermitir**

【inter- 在……之间，中间 +mit- 投送，释放 +-ir 动词后缀】

tr. 中断

· **intermitente** ﹛B 级﹜

【-ente……的】

adj.inv. 断断续续的，间歇的

m. (汽车的) 方向指示灯

omitir { 二级三级八级 }

【拉丁语 omittere，omissus 放走，松开：o- 相反 +mit- 投送，释放 +-ir 动词后缀】

tr. 省略，删去；遗忘，遗漏，忽略

· **omiso, sa** { 二级三级八级 }

【拉丁语分词 omissus】

adj. 漫不经心的

· **omisión** { 二级八级 }

【-ión 名词后缀】

f. 省略；遗漏；失职

permitir { 二级三级四级 }

【拉丁语 permittere，permissus 允许：per- 完全，加强语气 +mit- 投送，释放 +-ir 动词后缀⇒让通过】

tr. 允许，准许；容忍；使能够，使可能

prnl. 恣意，放任；(用作谦词) 冒昧

· **permiso** { 二级三级四级 B 级 }

【拉丁语分词 permissus】

m. 允许，准许；请假，休假

· **premisa** { 二级三级八级 }

【拉丁语 praemittere 设在前边→阴性分词 praemissa (propositio) 设在前面的提议：pre- 先前 +mis- 投送，释放】

f. 前提

· **prometer** { 二级三级四级 }

【拉丁语 prōmittere，prōmissus 发出，许诺：pro- 前 +met- 投送 +-er⇒提前给某人结果】

tr. 发誓，许诺 (保证某人将做某事或将不会做某事)；保证 (肯定之前说过的话)；宣誓 (就职)；显示，预示

intr. 有希望，有前途 (暗示出众或未来成功)

prnl. 订婚；指望

· **prometido, da** { 二级三级八级 B 级 }

【西语 prometer 的分词】

adj. 订婚的 >>> *s.* 未婚夫，未婚妻

· **promesa** { 二级三级四级 B 级 }

【拉丁语阴性分词 prōmissa 音变：i 变 e】

f. 许诺，诺言；预兆；希望，有希望的人 (指在某方面有天赋的人或物，如明日之星)

- **comprometer** ｛二级三级八级 B 级｝

  【拉丁语 compromittĕre: com- 加强语气 + 见 prometer 发誓】

  prnl. 答应，保证 (做到某事)；答应结婚

  tr. 连累，牵连

  - **compromiso** ｛二级三级四级 B 级｝

    【拉丁语 compromittĕre →中性分词 comprōmissum 互相承诺】

    m. 义务，责任，许诺；困境，窘迫；婚约，订婚

- **remitir** ｛二级三级八级｝

  【拉丁语 remittere: re- 加强语气 +mit- 投送 +-ir 动词后缀】

  tr. 寄，寄送，发送

  tr. 使 (程度) 减弱，使缓和 >>> *intr./prnl.* (程度等) 减弱，缓和

  tr. 使参阅，使参见 (作者在文章中引导读者翻阅到文章的另外部分)>>> *intr.* 参阅，参见

  prnl. 依从，遵循

  - **remitente** ｛二级三级八级 B 级｝

    【-ente 表人】

    s.com. 寄件人 (尤指寄信件或包裹的人)

- **someter** ｛二级三级四级｝

  【拉丁语 submittere，submissus 置于……之下: sub- 向下→ so-+met- 投送 +-er 动词后缀⇒使处于下方】

  tr. 征服，制伏 >>> *prnl.* 投降

  tr. 使服从 >>> *prnl.* 服从，屈从

  tr. 使经受，使承受，使遭到 >>> *prnl.* 经受，承受，遭到

  tr. 提交，呈报 (计划等能表明主语想法的事物)

  - **sumiso, sa** ｛二级三级八级｝

    【拉丁语分词 submissus】

    adj. 温顺的，服从的，听话的

- **transmitir** ｛二级三级四级 B 级｝

  【拉丁语 trānsmittere，trānsmissus: trans- 穿过，通过 +mit- 投送 +-ir⇒通过某物传送】

  tr. 传达，转达 (问候、命令等)；传播；(通过电视、收音机等) 广播，播送；传染，感染 (疾病、情绪等)

  - **transmisión** ｛二级三级八级｝

    【-ión 名词后缀】

    f. 传送，传达；传动；(通过电视、收音机等的) 传播，播送；(疾病、情绪等的) 传染，感染

· **mensaje** { 二级三级四级 A 级 }

【来自本词根，建议简化记忆: mis- 投送，释放→ mens-+-aje 名词后缀⇒被送出的信息】

m. 口信，信件；消息；(文学小说、电影等文艺作品的) 寓意

· **mensajero, ra** { 二级八级 B 级 }

【-ero 表人】

adj. 捎信的，送信的 >>> *s.* 捎信的人，送信的人，信使

adj. 送信的 (预示即将要发生某事的)

· **mensajería** {B 级 }

【-ía 名词后缀】

f. 传递业务；传递公司

121. mord-，mors- 咬　【拉丁语 mordere，morsus 咬】

· **morder** { 二级三级四级 }

【拉丁语 mordere 咬】

tr. 咬；磨损 (金属等)；腐蚀；消耗 (金钱等积蓄的东西)

· **mordaz** { 二级三级四级 }

【mord- 咬 +-az……的】

adj.inv. 腐蚀性的；(人、评论等) 尖酸的，刻薄的

· ***mordedura**

【-dura 名词后缀】

f. 咬；咬伤

· ***remorder**

【re- 加强语气，反复 + 见 morder】

tr. 咬住不放，反复地咬；(只用第三人称单数) 使感到内疚

· **remordimiento** { 二级三级八级 }

【-imiento 名词后缀，表动作结果及相关】

m./m.pl. (常用复数) 内疚，良心不安

· **almuerzo** { 二级三级四级 }

【阿拉伯语冠词 al-+ 拉丁语 mordere 咬 (西语 morder) →分词 morsus　音变：o 变 ue；s → z】

m. 午饭；上午点心；午餐的食品

· **almorzar** { 二级三级四级 }

intr. 吃午饭 >>> *tr.* 在午饭时吃

122. pand-，pas- 展开；步伐　【拉丁语 pandere，passus 展开】

· **paso** { 二级三级四级 B 级 }

【拉丁语 pandere 展开→分词 passus 脚步】

m. 走步，步子，脚步；步伐，步态（走路的姿态、方式等）；步，步幅（一步跨出的距离）；足迹，脚印；舞步；走过，经过，通过；台阶，梯阶；过道，通道；（处理事务的）步骤，措施，奔波；进步，进展；困境

· **pasillo** ｛二级三级四级 A 级｝

　【-illo 指小词后缀】

　m. 走廊，过道，走道；（人群间的）长长缝道

· **pasear** ｛二级三级四级 A 级｝

　【-ear 动词后缀】

　intr. 散步，闲逛；（骑马或乘车、船）兜风 >>> *tr.* 带着……兜风

　tr. 带……到各处给人看

　prnl. （在学习、研究上）略有涉猎

　· **paseo** ｛二级三级四级 A 级｝

　　m. 散步，闲逛；散步的地方（如林荫路、河边小路）；短距离

· **pasar** ｛二级三级四级 A 级｝

　【拉丁语 passus(西语 paso 走步，步子) → passare，对照英语 pass】

　intr. 经过；从……到……；（时间）流逝；（一段时间）结束

　tr. 搬，运；带领，引领；通过，渡过（马路，江河等）；度过（时间）；越出，越过（终点等）；超过，胜过（指在某方面比别人好）；通过（考试等）；渗入，渗透；走私

　intr./prnl. 消失，结束

　prnl. （食物）变质，腐烂，（塑料等因长时间存放）朽烂

　· **pasado, da** ｛二级三级四级 A 级｝

　　adj. 过去的 >>> *m.* 过去，昔日 >>> *m.* 〈语〉过去时

　　adj. （食物）变质的

　　f. 经过，通过

　· **antepasado, da** ｛二级三级四级｝

　　【antepasar 发生在前: ante- 在……之前 +pasar 经过，(时光) 流逝; -ado 分词词尾】

　　adj. （时间）先前的

　　s. （常用复数）祖先

　· **pase** ｛二级三级八级｝

　　m. 许可证，通行证；（时装表演中）模特列队行进；（击剑、拳击等运动的）佯击

　· **pasaje** ｛二级三级四级｝

　　【-aje 名词后缀，表动作、地方、费用等】

　　m. 经过，通过；船费，飞机旅费；船票，飞机票；船上旅客、机上旅客；（尤指两街之间的）地下通道；（文章、讲话、乐曲等）段、节；海峡

- **pasajero, ra** { 二级三级四级 B 级 }

    【-ero 人】

    adj. 暂时的，短暂的；(街道等) 人来人往的

    s. 乘客，旅客

- ***pasarela**

    【-ela 指小词后缀】

    f. (临时搭建起的) 小桥；跳板；(模特)T 台

- **pasaporte** { 二级三级四级 A 级 }

    【pasa- 见 pasar 穿过，通过 +port- 港口 (puerto) →海关⇒过海关时需要的证件】

    m. 护照；许可，准许

- **pasatiempo** { 二级三级八级 B 级 }

    【pasa- 见 pasar 穿过 +tiempo 时间⇒度过愉快的时光】

    m. 消遣，娱乐

- **pasacalle**

    【pasa- 见 pasar 穿过 +calle 街道⇒走过街道，游行】

    m. 进行曲

- ***pasadía**

    【pasa- 见 pasar 穿过 +día 天】

    f. 足以维持生命之物

- **repasar** { 二级三级八级 A 级 }

    【re- 反复 +pasar 经过】

    intr./tr. 再次经过

    tr. (为了更有成效而) 再次做，复核，再次看；复习，温习 (回顾、再次学习已经学过的知识)；给……复习 (课文)；粗略浏览；改缝 (缝补衣服上不完美的地方，比如快掉的纽扣、磨破的裤裆)

    - **repaso** { 二级八级 }

        m. 重新做；检查，复核；复习，温习；(课文) 重新讲解；粗略浏览；(对衣物的) 改缝

- **sobrepasar** { 二级三级四级 }

    【sobre- 在上 +pasar 经过】

    tr. 超过

- ***expandir**

    【拉丁语 expandere，expānsus：ex- 向外 +pand- 展开 +-ir 动词后缀】

    tr. 使扩展，使扩大 >>> *prnl.* 扩展，扩大

    tr. 传播 (消息等) >>> *prnl.* (消息等) 传播

    - **expansión** { 二级三级四级 }

【-ión 名词后缀 注: 分词词干中保留 n】
f. 扩大, 扩展, 展开 (指在空间上变大); (企业等的) 扩张, 发展; (情感的) 流露; 娱乐, 消遣

- **compás** { 二级三级四级 **B** 级 }
  【com- 加强语气 +pas- 展开, 走⇒一只脚固定住, 另一只脚走动画圈的工具】
  m. 圆规; 拍子, 节拍

- **patente** { 二级三级八级 }
  【印欧词根 *peta- 展开→ patēre 公开; +-ente……的】
  adj.inv. 清楚的, 明显的
  f. (营业) 许可证; 证明书, 批准书; (车子的) 牌照; (团体、协会的) 会员证

123. pat-, pas- 遭受 【拉丁语 pati, passus 遭受】

- **padecer** { 二级三级四级 **B** 级 }
  【拉丁语 patī 遭受→起始动词 patiscere 简化记忆: pat- → (音变: 元音间 t 浊化成 d) → pad- 遭受 +-ecer 动词后缀】
  intr. (物品等) 受损; (人在肉体或心理上) 遭受痛苦 >>> *tr.* 遭受, 经受
  intr./tr. 患有 (某种疾病)>>> *intr.* 患有 (某方面的) 疾病
  - **compadecer** { 二级八级 }
    【com- 加强语气 + 见 padecer ⇒对他人的痛苦感同身受】
    tr. 怜悯, 同情 >>> *prnl.* 怜悯, 同情
    - **compasión** { 二级三级八级 **B** 级 }
      【pad- → pas-+-ión 名词后缀】
      f. 同情, 怜悯

- **paciente** { 二级三级四级 **B** 级 }
  【pat- 遭受 +-iente 形容词兼名词后缀⇒遇到不好的事情, 还能坚持下去的】
  adj.inv. 有耐心的; (事情等) 需要有耐心的
  s.com. (接受治疗的) 病人
  - **paciencia** { 二级三级八级 **B** 级 }
    【-ia 名词后缀】
    f. (对逆境等的) 忍受, 忍耐; 耐心, 耐性
  - **impaciente** { 二级三级四级 **B** 级 }
    【in- 表否定→ im】
    adj.inv. 无耐心的, 不耐烦的; 急切的, 焦躁的

· **impaciencia** ｛二级八级 B 级｝
【-ia 名词后缀】
f. 不耐烦，焦急

· **pasivo, va** ｛二级三级四级｝
【pati 遭受→分词 passus+-ivo……的】
adj. 被动的，消极的；受动的，接受动作的；〈语〉被动语态的
m. 〈商〉债务

· **pasión** ｛二级三级四级｝
【pati 遭受→分词 passus；+-ión 名词后缀】
f. 〈宗〉(尤指耶稣去世前的) 受难；激情，强烈的感情 (如喜、怒、哀、乐
等)；(对人的) 宠爱，喜爱，迷恋；(对事物的) 热爱

· **apasionar** ｛二级八级｝
【a- 构成派生词 +pasión+-ar 动词后缀】
tr. 激起热情，使热衷 >>> *prnl.* 热衷于，非常喜欢
prnl. 情绪激动

· **apasionado, da** ｛二级三级八级 B 级｝
【apasionar 的分词】
adj. 热衷于……(对某人 / 某物有强烈感情的)>>> *s.* 爱好者，爱慕者

· ***apasionante**
【-nte……的】
adj.inv. (小说等) 扣人心弦的，使入迷的；激起激情的

· **compatible** ｛二级三级八级｝
【com- 共同，加强语气 +-pat- 遭受 +-ible 能……的⇒可以一起遭受的】
adj.inv. 可并存的 (指两个以上的人事物可以互相并存，和谐相处，不矛盾的)；
(计算机程序) 兼容的，并存的 >>> *m.* 兼容，并存

· **incompatible** ｛二级八级｝
【in- 表否定】
adj.inv. (因不和谐、不一致等) 不能共存的，不相容的；(职务) 不能兼任的

124. pend-，pens- 悬挂；称重；支付　　【拉丁语 pendere，pensus 悬挂 / 称重 /
支付　注：注意词根意思的内在关联；分词词干 pens- 在西语中的变体为 pes- 】

· **pender** ｛二级三级八级｝
【拉丁语 pendere 悬挂】
intr. 悬挂，吊着；取决于；悬而未决，怠于解决

· **pendiente** { 二级三级四级 B 级 }

【-iente 形容词兼名词后缀】

adj.inv. 悬而未决的，怠于解决的；悬挂着的，吊着的；(相对于地面) 倾斜的；注意力集中在……上的

m. 耳环；斜坡；坡度

· **pensión** { 二级三级四级 A 级 }

【拉丁语 pendere 悬挂；称重；支付 (西语 pender) →分词 pēnsus；+-ión 名词后缀⇒支付给退休人员的钱】

f. 退休金，养老金，抚恤金；膳宿公寓，小旅馆；膳食费，寄宿费；补助费，奖学金 (为了学习、科研等的资助费)

· **pensar** { 二级三级四级 B 级 }

【pendere 悬挂；称重；支付 (西语 pender) →分词 pēnsus → (⇒在心里称重、掂量) →反复动词 pēnsāre】

intr./tr. 想，思索，考虑

intr. 想念

tr. 想要，打算；想出 (办法、主意等)；认为，以为，觉得

　· **pensamiento** { 二级三级四级 B 级 }

　　【-miento 名词后缀】

　　m. 思考能力；想，思考；思想；想法

　· **pensador, ra** { 二级八级 }

　　【-dor 表主动】

　　adj. 思考的

　　s. 思想家，哲学家

　· **pensativo, va** { 二级三级八级 B 级 }

　　【-tivo……的】

　　adj. 沉思的

　· **pesadilla** { 二级三级四级 }

　　【此处 pesa- 和 "pensar 想" 一样来自拉丁语 pensare+-dilla 指小词后缀⇒睡觉的时候想到恐怖的事情】

　　f. 噩梦；沉重的忧虑

　· **compensar** { 二级三级四级 }

　　【拉丁语 compēnsāre，compēnsātus：com- 加强语气 + 反复动词 pēnsāre 测量、权衡 (西语 pensar 想、pesar 称)】

　　tr. 补偿，赔偿；弥补；有好处，值得

　　· **compensación** { 二级八级 }

　　　【-ión 名词后缀】

　　　f. 补偿，赔偿；补偿物，赔偿费；(商业活动上债务等的) 抵消，结算

· **recompensar** { 二级三级四级 }

【re- 加强语气 + 西语 compensar 报酬，偿还】

tr. 酬报，报偿；补偿

· **recompensa** { 二级三级八级 }

f. 报酬，酬劳；补偿

· **pesar** { 二级三级四级 A 级 }

【和 "pensar 思索" 为同源对偶词⇒ pensar 指在心里掂量、pesar 指称量 音变: -ns- 变 s】

tr. 称，称量 >>> *intr.* 有……重量，有……分量；重量大，分量重

intr. 使懊悔，使悔恨，使感到遗憾 >>> *m.* 后悔，懊悔

intr. 有重要性，有影响力

m. 痛苦，悲伤；令人痛苦之事

· **pesado, da** { 二级三级四级 B 级 }

【pesar 的分词】

adj. 重的;（装饰、内容、材料等）过多的，过度的;（因为乏味、固执等而）烦人的，讨人厌的;（天气）沉闷的；动作缓慢的

· **pesadumbre** { 二级三级八级 }

【-umbre 名词后缀】

f. 痛苦，苦恼，沉重的心情

· **peso** { 二级三级四级 A 级 }

【拉丁语 pendere 称重、支付（西语 pesar 称 / 重量大）→中性分词 pensum 音变: -ns- 变 -s-】

m. 重力，地球引力；标准分量，规定重量；分量，重要性；重担，压力;（身体某部感到的）沉重，疲倦;（拳击等运动员的）体重级别；很重的物体；铅球；比索（一些拉美国家的货币单位）；天平，秤

· **peseta** { 二级三级四级 }

【-eta 指小词后缀】

f. 比塞塔（在欧元之前的西班牙原货币单位）

f.pl. 〈口〉钱，财富

· **apéndice** { 二级八级 }

【拉丁语 appendere 依靠，取决于→ appendix: a- 表方向 +pend- 悬挂 +-ice 来自拉丁语词尾，可以把它看成名词后缀】

m. 附属物，附加物；附录；附肢（身体器官或组织的附属部分）；阑尾

· **compendio** { 二级八级 }

【拉丁语 compendere 放到一块权衡→ compendium: com- 共同，加强语气 +pend-

悬挂、称重 +-io 名词后缀⇒放到一块儿称重→聚集】

m. 摘要，概略；汇总、大全

depender ｛二级三级四级 B 级｝
【拉丁语 dēpendēre：de- 从上往下 + 见 pender 悬挂⇒悬挂在其它物体下→依附于另一个物体】

intr. 隶属于；依赖，依靠；取决于

· **dependiente, ta** ｛二级三级四级 A 级｝

【-iente……的】

adj. 依赖的、隶属的

s. 店员，营业员

· **dependencia** ｛二级三级四级｝

【-ia 名词后缀 注：是 -encia 不是 *-iencia】

f. 依赖 (关系)，从属 (地位)；瘾 (指对毒品、烟酒等的依赖性)；关系、联系；下属机构，下属办公室；(一座大厦的每个) 房间

· **independiente** ｛二级三级四级 B 级｝

【in- 否定前缀】

adj.inv. (人) 独立自主的，有主见的；(国家、地区) 独立的，自治的；有独立见解的

adv. 独自地；不管，除……之外

· **independencia** ｛二级三级四级 B 级｝

【-ia 名词后缀 注：是 -encia 不是 *-iencia】

f. (尤指国家的) 独立；(人等的) 独立，不依赖；(一定范围内的) 行动自由

· **independientemente** ｛二级八级｝

【-mente 副词词尾】

adv. 单独地，独立的；不管，除……之外

· **independizar** ｛二级三级八级｝

【-izar 使动】

tr. 使独立 >>> *prnl.* 独立

· **dispensar** ｛二级三级八级｝
【拉丁语 dispendere 称量出：dis- 远离，向外 +pendere 悬挂、称量 (西语 pender 悬挂) → (⇒称量后分配) →反复动词 dispensare，dispēnsātus 分配】

tr. 给，给予；免除 (责任、义务、罚款等)；原谅

· **dispensario** ｛二级三级｝

【-ario 表地方⇒分配药物、提供医疗服务的地方】

m. 诊疗所

· ***dispensable**

【dispensar 给予；原谅 +-able 能被……的】

adj.inv. 可原谅的，可豁免的

· **indispensable** ｛二级三级四级｝

【in- 否定 +dispensable 可原谅的，可豁免的：dispensar+-able 能被……的】

adj.inv. 不可原谅的；（责任等）必须履行的，不可推卸的；必需的，不可缺少的

· **expensas** ｛二级八级｝

【拉丁语 expendere 付钱：ex- 向外 +pendere 称重，掂量；→阴性分词 expensa】

f.pl. 费用，开支

· **suspender** ｛二级三级四级 **A** 级｝

【拉丁语 suspendere，suspēnsus sus- 在……之下 + 见 pender 悬挂⇒悬挂在某物之下】

tr. 悬，挂，吊（某物）>>> *prnl.*（自己）吊在，挂在

tr. 使停止 >>> *prnl.* 停止

tr. 使（某人在某科考试中）不及格 >>> *intr.*（某人在某科考试中）不及格

tr. 取消（福利）；暂发（工资）；暂停（职务）

tr. 使陶醉，使入迷 >>> *prnl.* 陶醉，入迷

· **suspenso, sa** ｛二级三级八级｝

【拉丁语分词 suspēnsus】

adj. 考试不及格的 >>> *m.* 考试不及格

adj. 惊呆的，不知所措的

m. 〈拉〉悬念 (=suspense)

· **suspensión** ｛二级三级八级｝

【-ión 名词后缀】

f. 悬、挂、吊；停止；停职，停薪；（汽车的）悬挂装置

· **suspense** ｛二级八级｝

【拉丁语分词 suspēnsus(西语 suspenso 不及格的)→英语 suspense】

m.（小说、电影中的）悬念

· **ponderar** ｛二级八级｝

【印欧词根 *(s)pen- 拉长，伸展→拉丁语 pondus，ponderis 重的→ ponderāre 称量、考量 简化记忆：pend- 称重，衡量→ pond-+-er-+-ar 动词后缀】

tr. 权衡，衡量；夸奖，称赞

- **espontáneo, a** {二级三级八级}
  【同印欧词根，联想＋简化记忆：把 es- 联想成前缀 ex- 外，往外 +pont-=pend- 悬挂 +-áneo……的⇒悬挂在老榕树上的藤蔓】
  adj. 自生的，出于自然的；（举止等）不由自主的
  s.（演出等的）自告奋勇的人
  - **espontaneidad** {二级八级}
    【-idad 名词后缀】
    f. 自发性，自生性；自发行为，自发动作

125. plaud-, plaus- 鼓掌　【拉丁语 plaudere，plausus 鼓掌】

- **aplaudir** {二级三级四级 B 级}
  【拉丁语 applaudere，applausus 向……鼓掌：a- 表方向 +plaud- 鼓掌 +-ir 动词后缀】
  tr. 向……鼓掌；夸赞，称赞
  - **aplauso** {二级四级 B 级}
    【拉丁语分词 applausus】
    m. 鼓掌，掌声；夸赞，称赞

- **explosión** {二级三级四级}
  【拉丁语 explōdere，explōsus 用击掌来驱赶：ex- 向外 +plaudere，plausus 鼓掌，击掌 简化记忆：ex- 向外 +plaus- → plos- 鼓掌 +-ión 名词后缀⇒两物相撞，火花四溅】
  f. 爆炸；爆裂；（某种感情）发作，爆发
  - **explosivo, va** {二级三级八级}
    【-ivo……的】
    adj. 爆炸的，能爆炸的 >>> *m.* 炸药，爆炸物
    adj. 引人注目的
    adj. 〈语〉爆破的 >>> *f.* 爆破音
  - **explotar** {二级三级四级}
    【由 explosión 逆构词而来】
    intr.（感情）爆发
    tr. 开发，开采（森林等）（其余三个词义和 explicar 同源）；剥削（员工等）；利用
    - **explotación** {二级三级四级 B 级}
      f.（用于开发、开采的）成套设备；开发，开采；剥削

126. prend-, prens- 抓住　【拉丁语 prehendere，prehēnsus 抓住→通俗拉丁语 prendere，prensus 抓住 注：分词词干 prens- 常以 pris- 形式出现在西语中】

· prender { 二级三级八级 }

【拉丁语 prehender 抓住→通俗拉丁语 prendere：prend- 抓住 +-er 动词后缀】

tr. 抓住；逮捕 (使坐牢)；固定住 (这个词义比较广泛，在不同语境中可以翻译成钉住、束住、拴住等)；〈拉〉打开 (电脑、灯等电器)

tr. 点燃 >>> *intr.* (可燃物) 燃烧，点燃

intr. (想法、观点等) 传播，深入人心；(植物) 生根

> **· prisión** { 二级三级四级 }
>
> 【prehendere 抓住 (西语 prender 抓住)→分词 prehēnsus; +ión 名词后缀 音变：-ns- 变 -s-；e 变 i】
>
> *f.* 监狱；监禁，关押
>
> > **· prisionero, ra** { 二级三级四级 }
> >
> > 【-ero 人】
> >
> > *s.* (战争中的) 俘虏；犯人；受 (某种感情) 支配的人

· preso, sa { 二级三级四级 }

【通俗拉丁语 prendere(西语 prender 抓住) →分词 prensus 音变：-ns- 变 -s-】

adj. 被囚禁的，被关押的 >>> *s.* 囚犯

adj. 被 (某种情感) 控制的

> **· presa** { 二级三级四级 }
>
> 【来自通俗拉丁语阴性分词 prensa，见 preso 被囚禁的】
>
> *f.* 俘房；猎获物；水坝；水库
>
> > **· represa** { 二级三级八级 }
> >
> > 【re- 加强语气】
> >
> > *f.* 堰，水坝；小水库

· prenda { 二级三级四级 }

【词源有争议：prend- 捕抓⇒抓住嫌疑犯，需要保释金才能将其保释→保释金就是抵押物】

f. 衣物；抵押品；保证物 (作为保证偿还债务或履行义务的担保物)；信物；美德，优点；宝贝儿 (代指特别喜欢的人或物，常用作呼语)；〈拉〉珠宝，首饰

f.pl. 罚物游戏

· aprender { 二级三级四级 A 级 }

【拉丁语 apprehendere，apprehēnsus 攫取、掌握：a- 表方向 + 见西语 prender 抓住⇒捕抓前人留下的经验→学习前人如何为人处事】

tr. 学习，学会；记住

> **· aprendiz, za** { 二级八级 B 级 }
>
> 【见 aprender 学习 复数为：aprendices，aprendizas】
>
> *s.* 学徒，艺徒

· **aprendizaje** ｛二级八级 B 级｝

【-aje 名词后缀】

m. 学习；见习；见习期学徒身份

· **apresar** ｛二级八级｝

【词源有争议，可能来自拉丁语 apprensāre：a- 表方向 +prens- 抓住→（音变：-ns-变 -s-）→ pres-+-ar 动词后缀】

tr.（用手或牙齿）抓住，咬住；捕获，逮住（指限制某人某物的自由）

comprender ｛二级三级四级 A 级｝

【拉丁语 comprehendere，comprehensus 理解：com- 共同，加强语气 + 见西语 prender 抓住】

tr. 了解，明白，理解（清楚某事的含义）；包含，包括

· **comprensión** ｛二级三级四级 B 级｝

【-ión 名词后缀】

f. 了解，明白，理解；理解力；谅解，宽容

· **comprensivo, va** ｛二级三级八级 B 级｝

【-ivo……的】

adj. 能理解的，有理解力的（可以理解某事的含义的）；谅解的，宽容的，通情达理的

· **comprensible** ｛二级八级｝

【-ible 能被……的】

adj.inv. 可理解的（指某事物的含义是可以被理解，弄清的）；可谅解的，可理解的

· **incomprensible** ｛二级八级｝

【in- 表否定】

adj.inv. 难懂的，费解的

· **desprender** ｛二级三级四级｝

【des- 否定；远离 + 西语 prender 抓住】

tr. 使分离 >>> *prnl.*（物体等）脱离，（人）离开

tr. 发出，散发出（气味、火花等）>>> *prnl.*（气味等）散发出来

prnl. 推断出

· **emprender** ｛二级三级四级｝

【通俗拉丁语 *imprendere：in- 向内，在内→ em-+ 见西语 prender 抓住】

tr. 开始，着手进行

· ***emprendedor, ra**

【-dor 表主动】

　　adj. 有进取心的，奋进的

・**empresa**　{二级三级四级 A 级}

【通俗拉丁语 *imprendere(西语 emprender 开始，着手进行) → 阴性分词 impresa → 意大利语 impresa 事业】

　　f. (艰难的) 事情，事业，工程；企业，公司；标记，符号

　　・**empresario, ria**　{二级三级四级 A 级}

　　【-ario 人】

　　　　s. 企业主，企业家，公司老板

　　　　・**empresarial**　{二级三级八级 B 级}

　　　　【-al 表相关】

　　　　　　adj.inv. 企业的；企业主的

・**reprender**　{二级三级四级}

【拉丁语 reprehendĕre：re- 加强语气 + 见西语 prender 抓住 ⇒ 抓住嫌疑犯后，对其加以指责】

　　tr. 责备，训斥

・**sorprender**　{二级三级四级 B 级}

【法语 surprendre：sur- 在……之上；超过……→ sor-+ 见 prender 抓住 ⇒ 从上方抓 → 突袭 → 使惊吓】

　　tr. 使感到意外，使吃惊 >>> *prnl.* 感到意外，吃惊

　　tr. 突然遇见，撞见 (某事或某人正在做某事)；发现 (他人有意隐瞒的事物)

・**sorprendente**　{二级三级八级 B 级}

　　【-nte 表主动】

　　adj.inv. 出人意料的，使人惊奇的

・**sorprendido**　{B 级}

　　adj. 吃惊的

・**sorpresa**　{二级三级四级}

　　【法语 surprendre(西语 sorprender 使感到意外) → 阴性分词 surprise】

　　f. 惊奇，惊喜，惊讶；意想不到的事 (礼物)

　　・**sorpresivo, va**　{二级三级八级}

　　【-ivo……的】

　　　　adj.〈拉〉突然的，意外的

・**represalia**　{二级三级八级}

【最终源于拉丁语：reprendere 收回：re- 向后 +prendere 抓　简化记忆：re- 向后

+pres- 抓 +-alia 名词后】

f. 报复，报复措施

127. rad-, ras- 刮, 擦 【印欧词根 *rēd- 刮→1. 拉丁语 radere, rasus 刮除、擦掉；→2. 拉丁语 rastrum 耙子】

· ***raer**

【拉丁语 radere，rasus 刮，擦 音变：元音间的 d 脱落】

tr. 刮，刮去；磨损；根除 (恶习)

· ***raedera**

【西语 raer 刮 +-dere=-era 名词后缀】

f. 刮刀，刮具

· **raso, sa** { 二级八级 }

【拉丁语分词 rasus】

adj. 平的，平坦的；无头衔的；晴朗的；装满的 (指容器装满到边缘的)

· **ras** { 二级八级 }

【来自西语 rasar 刮平：raso+-ar 动词后缀】

m. 同一水平 (高度)

· **rascar** {B 级 }

【拉丁语 rādere(西语 raer) → rāsus(西语 raso) →反复动词 rāsāre →通俗拉丁语 *rāsicāre 音变：i 脱落】

tr. (用指甲、挠具等) 搔，挠；刮除

· **rascacielos** { 二级三级八级 }(单复数同形)

【rascar 抓 +cielo 天空】

m. 摩天楼

· **arrasar** { 二级八级 }

【a- 构成派生词→ ar-+rasar 刮平：raso 平的 +-ar 动词后缀】

tr. 使平坦；推倒，夷平，毁坏；〈口〉(以绝对性的优势) 取胜，取得巨大的胜利

· **rallar** {B 级 }

【拉丁语 rādere 刮，擦 (西语 raer) → rallum 礤子 (西语 rallo 礤床): -llum 表工具; -ar 动词后缀】

tr. 用礤子擦；〈口〉搅扰，烦扰

· **rastro** { 二级三级八级 }

【印欧词根 *rēd- 刮→ 2 拉丁语 rastrum 耙子：ras- 刮 + 暂且把 -tro 看成名词后缀】

m. 耙子；踪迹；痕迹；露天市场

· **rastrillo** ｛B 级｝

【-illo 指小词后缀】

m. 耙子

· **rastrear** ｛二级三级八级｝

【-ear 动词后缀】

tr. 追踪

· **arrastrar** ｛二级三级四级｝

【a- 构成派生词 (双写 r 是为了保持多颤)+ 已淘汰动词 rastrar 拖 / 拉: rastro 耙子 +-ar 动词后缀】

tr. 拖，拉；(不可避免地) 引起，导致；(艰难地) 承受

intr./prnl. 爬行，匍匐

prnl. 低三下四

128. rid-，ris- 笑 　【拉丁语 ridere，risus 笑】

· **reír** ｛二级三级四级｝

【拉丁语 rīdēre 笑 音变: 元音间的 d 脱落】

intr./prnl. 笑

tr./intr./prnl. 嘲笑，讥笑

prnl. 对……一笑了之，不重视

· **ridículo** ｛二级三级四级 B 级｝

【拉丁语 rīdēre 笑 (西语 reír) → rīdiculus 可笑的: rid- 笑 +-ico……的 +-ulo 形容词后缀⇒一个形容词有两个形容词后缀的→不正常的→可笑的】

adj. 可笑的，滑稽的；非常小的，不重要的 (指体积小的、价格低的、不重要的)；矫揉造作的，矫情的

m. 尴尬处境

· **risa** ｛二级三级四级 B 级｝

【拉丁语 rīdēre 笑 (西语 reír) → 过去分词 risus(西语 riso 微笑) 注: risa 来自 riso】

f. 笑；笑声；笑料 (泛指使人发笑的人事物)

· **risueño** ｛二级三级八级｝

【西语 "riso〈诗〉微笑" 的指小词】

adj. 面带笑容的；(尤指未来、希望等) 美好的

· **sonreír** ｛二级三级四级｝

【拉丁语 subridere: sub- 在……下→ son-+ 参见 "reír 笑"】

intr./prnl. 微笑

intr. (命运、前途等) 美好，美满

- **sonriente** ｛二级八级｝

  【sonreír 的现在分词】

  adj.inv. 面带微笑的，笑容满面的

- **sonrisa** ｛二级三级四级｝

  【见 sonreír 微笑，对照 reír 和 risa】

  f. 微笑

129. rod-, ros- 咬, 啃 【拉丁语 rōdere, rōsus 咬, 啃】

- **roer** ｛二级八级｝

  【拉丁语 rōder 咬, 啃 音变：元音间 d 脱落】

  tr. 啃；侵蚀，磨损，消耗；折磨

- **erosión** ｛二级三级八级｝

  【拉丁语 ērōdere，ērōsus 侵蚀：e- 向外 +rōder 咬, 啃 (西语 roer)；-ión 名词后缀】

  f. 磨损；擦伤；〈地〉剥蚀；威信受损

130. scend-, scens- 爬, 攀登 【印欧词根 *skand- 跳, 爬 → 1. 拉丁语 scandere, scansus 爬 注：此词根在西语中均加上前缀出现，发生元音转换：a → e；→ 2. 拉丁语 scalae(西语 escala) 也来自此印欧词根】

- **ascender** ｛二级三级四级 B 级｝

  【拉丁语 ascendere，ascēnsus 上升：a- 表方向 -+scend- 爬 +-er 动词后缀】

  intr. 上升，登高；(数值) 高达

  intr. 晋升 >>> *tr.* 提升，提拔

  - **ascendente** ｛二级八级｝

    【-ente……的】

    adj.inv. 上升的，向上的

    - ***ascendiente**

      【见 ascendente 上升的 +-iente=-ente……的】

      adj.inv. 上升的 =ascendente

      s.com. 父，母；祖父，祖母

      m. 威望

    - ***ascendencia**

      【-ia 名词后缀可表集体 注：不能拼写成 *ascendiencia】

      f. 〈集〉祖先，祖辈；祖籍，血统

· **ascenso** ｛二级三级四级 B 级｝

【拉丁语分词 ascēnsus】

m. 上升，登高；晋升

　· **ascensor** ｛二级三级四级 A 级｝

　【-or 表主动，可以指人或机器⇒载人载物升高的工具】

　m. 电梯，升降机

· **descender** ｛二级三级四级｝

【拉丁语 dēscendere，dēscēnsus：de- 向下 +scend- 爬 +-er 动词后缀】

intr. 下来 (指位置下降)；(在地位、数值、程度等方面) 降落，下降 (指程度降低)；来自 (指某事起源于)；出身于

　· **descendiente** ｛二级三级八级｝

　【-iente 表主动⇒从某个时期一直延续下来的人】

　s.com. 子孙，后代

　· **descendente** ｛二级三级八级｝

　【-nte……的】

　adj.inv. 下降的，向下的

　· **descenso** ｛二级三级八级 B 级｝

　【拉丁语分词 dēscēnsus】

　m. (空间上的) 下来，下到；斜坡；(价格、温度等的) 下降，下跌

· **trascender** ｛二级八级｝

【拉丁语 trānscendere，trānscendēns：trans- → tras- 转移、横跨 +scend- 爬 +-er 注：英语 transcend 的前缀保留 n】

intr. 扩散，流传 (原已被知的消息)；产生影响；超越 (界限)；(气味) 四处散发

　· **trascendencia/transcendencia** ｛二级三级四级｝

　【见 trascender 扩散 +-encia 名词后缀】

　f. 散发，扩散；重要性，重大意义；深远影响

　· **trascendental/transcendental** ｛二级三级八级｝

　【见 trascender 扩散；产生影响 +-nte……的 +-al……的】

　adj.inv. 重要的，有重大意义的

· **escándalo** ｛二级三级四级｝

【和本栏词根同印欧词源：e 为词首添音 +scend- 爬→ scand-+ 把 -alo 看成西语名词 "halo 光晕；荣誉"⇒人一旦爬到社会上层，各种负面新闻就会席卷而来】

m. 丑闻，风波；吵闹，喧闹；引起反感 (或气愤) 的事

· **escandaloso, sa** ｛二级八级｝

【-oso……的】

adj. 吵闹的，吵吵嚷嚷的；丑恶的，引起反感 (气愤、震惊等) 的

· **escandalizar** ｛二级八级｝

【-izar 动词后缀】

tr. 使生气，使气愤 >>> *prnl.* 生气，气愤

131. sed-，ses- 坐 【拉丁语 sedere，sessus 坐 注：分词词干 sess- 在西语中只保留一个 s】

· **ser** ｛二级三级四级 A 级｝

【拉丁语 sedere 坐→ (音变：元音间的 d 脱落) →古西语 seer → se ⇒一直坐着→稳定，固定，长久 注：我们可以从词根来理解为什么 ser 和 estar(词根：st- 站) 在和形容词连用时，最大的区别为前者表固有属性，而后者多表暂时的⇒ sed- 坐比 st- 站久】

m. 生灵，生物；(表示个体的) 人；实质，本质；价值；存在，生存

intr. 是；发生

· **sesión** ｛二级三级八级 B 级｝

【拉丁语 sedere 坐 (西语 ser) →分词 sessus+-ión 名词后缀⇒坐下来开会】

f. (议会等的) 会议；(电影等的) 场次；(做某事所花费的) 一段时间

· **sedimento**

【拉丁语 sedere 坐；沉落 (西语 ser) → sedimentums：-i-、-mento 名词后缀】

m. 沉淀物、沉积物

· **sedentario, ria** ｛B 级｝

【拉丁语 sedere 坐 (西语 ser) →现在分词 sedentem；+-ario 形容词后缀】

adj. (工作等) 坐着做的，(生活方式等) 习惯性久坐的；定居的

· **sentar** ｛二级三级四级 A 级｝

【拉丁语 sedere 坐 (西语 ser) →现在分词 sedentis → sedentare 坐 音变：元音间 d 脱落；两个 e 脱落其中一个】

tr. 使坐下 >>> *prnl.* 坐下

tr. 确立，奠定

intr. (和 no，mal，bien 等词连用) 对……合适 / 不合适

· **sentado, da** ｛二级 A 级｝

【西语 sentar 的分词】

adj. 坐着的；谨慎的，稳重的

· **asentar** ｛二级三级四级｝

【a- 构成派生词 +sentar 使坐下】

tr. 使就坐，使坐下 >>> *prnl.* 坐下

tr. 使就任 >>> *prnl.* 就任

tr. 把……弄平整 (宾语多为衣物或土地，所以这个词义具体可以翻译成熨平或压实)；建立 (房屋、理论等)；给 (宾语为耳光、拳头等表示攻击、击打的名词)

prnl. (主语多指 pueblo) 位于，坐落在；沉淀 (使漂浮在液体中的物质下沉)

· **asiento** { 二级三级四级 B 级 }

【asentare: e → ie】

m. (指所以可以坐下的工具或地方) 座椅，座位；(特指城镇或建筑物的) 位置；(特指法庭或委员会里的) 席位；底座，基座

asesor, ra { 二级八级 }

【拉丁语 assidēre 坐在一旁，作为助理法官旁观→分词 assessus → assessor: a- 表方向 +ses- 做 +-or 表人】

adj. 咨询的，顾问的 >>> *s.* 顾问

· ***asesoría**

【-ía 名词后缀】

f. 顾问职务；顾问办公室

· **asesorar** { 二级八级 }

【-ar 动词后缀】

tr. 给……出谋划策，给……提供意见；咨询，询问

· **asiduo, a** { 二级 }

【拉丁语 assidēre 坐在一旁；专心于 (见西语 asesor 顾问) → assiduus 忙的，坚定的: a- 表方向 +sid- 坐⇒坐在一旁搞科研的】

adj. 持之以恒的 >>> *s.* 持之以恒的人

· **disidente** { 二级三级八级 }

【拉丁语 dissidēre 不同意 (西语 disidir 背离，持异议) →现在分词 dissidentem: dis- 远离→ di-+sid- 坐 +-ente……的】

adj.inv. 背离 (思想、信仰等) 的；持不同证件的

· ***obseso, sa**

【拉丁语 obsidēre, obsessus: ob- 表相反 +ses- 坐⇒强烈欲望坐落在脑海里的】

adj. 着魔的

· ***obsesivo, va**

【-ivo……的】

adj. (想法等) 无法摆脱的；(人) 容易被某种念头缠住的

· **obsesión** { 二级八级 }

【-ión 名词后缀⇒坐落在脑海里的强烈念头】

f. 念头 (一直出现在脑海里的想法)；顽念 (指无法摆脱的妄想、欲望)

· ***obsesionar**

【-ar 动词后缀】

tr. (念头、想法等) 萦绕，困扰 >>> *prnl.* 被困扰

· **presidir** ｛二级三级四级｝

【拉丁语 praesidēre: pre- 前 +sed- → (元音转换 e 变 i) → sid- 坐 +-ir 动词后缀⇒开会时坐在主席台前面→主持大会】

tr. 担任 (处于机构的最高职位)、主持 (会议等活动)；处在 (最好，最重要或最突出的) 地方；主导，支配

· **presidente, ta** ｛二级三级四级 A 级｝

【-ente 人⇒主席大会的人，领导国家的人】

s.com./s. 主席，总统，首相 (el presidente, la presidente/la presidenta)

s.com. 最高负责人 (泛指机构的最高负责人，可以翻译成董事长、会长等)

f. 主席夫人，总统夫人，首相夫人

· **presidencia** ｛二级三级四级｝

【-ia 名词后缀，可以表示职位等】

f. 主席，总统，首相等的职位 (任期、官邸或办公室)

f. 主席团

· **presidencial** ｛二级三级八级｝

【-al 表相关】

adj.inv. 主席的，总统的，首相的

· **presidencialismo**

【-ismo 名词后缀】

m. 总统制

· **presidencialista**

【-ista……的 (人)】

adj.inv. 总统制的

adj.inv. 拥护总统制的 >>> *s.com.* 拥护总统制的人

· **vicepresidente, ta** ｛二级三级八级 B 级｝

【vice- 副】

s. 副主席，副总统，副议长，副总裁

· **residir** ｛二级三级八级｝

【拉丁语 residēre 存在，留在后面: re- 加强语气 +sed- → (元音转换 e 变 i) → sid- 坐 +-ir 动词后缀⇒坐落】

intr. 居住 (尤指長時間居住)；在于
- **residente** ｛二级三级八级｝
  【-ente 表主动】
  adj.inv. 定居在……的 >>> *s.* 常驻居民
  adj.inv. 住在工作地的 (指工作人员生活和工作在同一地方的)>>> *s.com.* 住院医生；驻外使节
  - **residencia** ｛二级三级四级 B 级｝
    【-ia 名词后缀】
    f. 居住 (表动作)；常住地；宿舍，公寓 (尤指同一类人的共同住处，如学生的宿舍、老人的养老院等)；(尤指豪华的) 住宅，豪宅；(比宾馆低档次的) 旅馆；住院部
    - **residencial** ｛B 级｝
      【-al 表相关】
      adj.inv. 住宅的 (多指豪宅区的)
- **residuo** ｛二级三级四级 B 级｝
  【见 residir 居住 +-uo 形容词后缀)】
  m. 剩余 (部分)，残留物
  m.pl. 残渣，废弃物
  - **residual** ｛二级八级｝
    【-al 表相关】
    adj.inv. 剩余的，残留的，残余的

- **subsidio** ｛二级三级四级 **B** 级｝
  【sub- 下，往下，向下 + 印欧词根 *sed- 坐→拉丁语 sidere 安置，定居⇒下拨给群众的钱】
  m. (尤指给没有或无法工作的人的) 补助 (金)，补贴 (金)
  - **subsidiar** ｛二级八级｝
    【-ar 动词后缀】
    tr. 补助，补贴

- **asear** ｛二级八级｝
  【拉丁语 *assedāre: as- 表方向 + 印欧词根 *sed-. 坐→拉丁语 sedāre 镇静 音变：元音间的 d 脱落】
  tr. 把……收拾干净 >>> *prnl.* 梳洗打扮
  - **aseo** ｛二级八级 B 级｝
    m. 整洁，清洁；厕所

- **sede** ｛二级三级八级｝
  【印欧词根 *sed- 坐→拉丁语 sedes 椅子】

f. (机构) 所在地；教区；教区首府

silla ﹛二级三级四级 A 级﹜
【印欧词根 *sed- 坐 → 拉丁语 sella 椅子】
f. (尤指有靠背的) 椅子，单人椅；马鞍

· **sillón** ﹛二级三级四级 A 级﹜
【-ón 指大词后缀】
m. 扶手椅

deseo ﹛二级三级四级 B 级﹜
【词源有争议：可能来自通俗拉丁语 desidium：de- 远离，加强语气 +sed- → (元音转换 e 变 i) → sid- 坐 音变：元音间 d 脱落⇒坐在天空下冥想】
m. 欲望；希望，愿望；情欲，性欲

· **deseoso, sa** ﹛二级八级﹜
【-oso……的】
adj. 渴望的

· **desear** ﹛二级三级四级﹜
【-ar 动词后缀】
tr. 希望，想要；祝愿，祝福

· **deseable** ﹛二级八级﹜
【-ble 能被……的】
adj.inv. 值得想望的，值得期待的；性感的

132. segu-, secut- 跟随 【拉丁语 sequi, secutus 跟随 注：现在词干 sequ- 常以 segu- 或 secu- 的形式出现在西语中】

seguir ﹛二级三级四级 A 级﹜
【拉丁语 sequi 音变：-qu-/K/ 在元音间浊化成 /g/】
tr. (在时间或空间上) 跟着，跟随；注视；攻读；追随，拥护；陪伴，伴随；听从，遵循；仿效，模仿 (人)；〈口〉理解，明白；注意 (尤指密切关注事情的发展)；追踪；继续做
intr./tr. 继续，延伸 (沿着路或方向继续走、延伸或发展)
intr. 继续，依旧 (指仍然处于某种状态，可加形容词或副词等)

· **seguidor, ra** ﹛二级八级﹜
【-dor 表主动】
adj. 追随的，跟从的，拥护的 >>> *s.* 追随者，信徒，拥护者
adj. 尾随的 >>> *s.* 尾随者

· **seguimiento** ｛二级八级｝

【-miento 名词后缀表动作、结果及相关】

m. 追随；跟踪，尾随

seguido, da ｛二级三级四级 B 级｝

adj. 连续的，持续的，不间断的 >>> *f.* 继续，连续

adj. 笔直的

f. 仅用于副词短语 en seguida 立刻，马上；紧接着

· **seguidamente** ｛B 级｝

【-mente 副词词尾】

adv. 马上，紧接着

séquito ｛二级三级八级｝

【拉丁语 sequī(西语 seguir) →意大利语 seguire →分词 seguito】

m. 〈集〉随从人员；后果

siguiente ｛二级三级四级 B 级｝

【拉丁语 sequī(西语 seguir) →现在分词 sequentem 音变：e 变 i；-qu- 浊化成 -gu-
简化记忆：segu- → sigu-+iente……的】

adj.inv. (时间或空间上) 接着的，下面的，下一个的 >>> *s.* 下一个人 (物)

adj.inv. 如下的，以下的

· **secuencia** ｛二级三级四级 B 级｝

【拉丁语 sequī(西语 seguir) →现在分词 sequentem(西语 siguiente) → sequentia
简化记忆：secu- 跟随 +-encia 名词后缀⇒一个跟随一个，一个紧挨一个】

f. (电影中) 一组镜头；一连串，连续；〈数〉序列

· **secuela** ｛二级三级八级｝

【拉丁语 sequī(西语 seguir) → sequela，对照英语 sequel：sequ- 跟随 +-ela 名词
后缀 注：在西语中变为 -cu-】

f. (尤指消极事物带来的) 后果，结果；后遗症

· **secta** ｛二级三级八级 B 级｝

【拉丁语 sequī 跟随 (西语 seguir) →分词 secūtus →古体阴性形式为 secta ⇒一群
跟随不同于主流派别的人】

f. 宗派，派别

conseguir ｛二级三级四级 **B** 级｝

【拉丁语 cōnsequī，cōnsecūtus 紧随其后：con-+sequī(见西语 seguir)】

tr. 取得，获得 (得到自己想要的)

· **consiguiente** ｛二级三级四级｝

【拉丁语 cōnsequī 紧随其后 (西语 conseguir) →现在分词 cōnsequentem，对照英
语 consequent 简化记忆：con- 加强语气 +siguiente 接在后面的⇒紧随其后的】

adj.inv. 由……引起的，随之而来的

· **consecuente** ｛二级三级四级｝

【和 consiguiente 为同源对偶词】

adj.inv. 随之发生的；一贯的，始终如一的

· **consecuencia** ｛二级三级四级｝

【-ia 名词后缀⇒随之发生的、必然发生的事】

f. 结果，后果；推论，结论；（言语等的）一致性

· **consecutivo, va** ｛二级三级八级｝

【-ivo……的】

adj. 连续的，连接的；（语法上句子成分表示）结果的，后果的

· **perseguir** ｛二级三级四级｝

【拉丁语 persequī, persecūtus: per- 完全，极其 + 见 seguir 跟随⇒一直在跟随某人】

tr. 追捕，追踪（逃跑的人、物）；追求（尤指尽一切可能获得某物）；纠缠，强求（反复、不适时地要求）；折磨（指厄运，烦扰等反复出现在某人的生活里）；（人）刁难，找麻烦；起诉，控告；迫害

· **persecución** ｛二级三级八级｝

【-ión 名词后缀】

f. 追捕，追踪；（政治或宗教上的）迫害；纠缠，强求

· **proseguir** ｛二级三级四级｝

【拉丁语 prōsequī: pro- 向前 + 见西语 seguir 跟随⇒继续往前跟】

tr. 继续

intr. 持续

· **segundo, da** ｛二级三级四级 A 级｝

【拉丁语 secundus 下面的，第二的 音变：元音间 c 浊化，对照英语 second 注：此词和本栏词根同印欧词根 *sekw- 跟随】

adj. 第二的 >>> *m.*（汽车的）第二档 >>> *s.* 副手，助手，二把手

m. 秒；片刻

· **secundario, ria** ｛二级四级 B 级｝

【secund- 见 segundo 第二⇒跟在第一名后的 注意清浊辅音的拼写】

adj. 第二（位）的；二等的，中等的；次要的，副的

f. 中学义务教育

· **según** ｛二级三级四级｝

【拉丁语 secundum：secu- 跟随→ segu-+-undum 为拉丁语副动词词尾⇒跟随前辈的步伐，引用前辈的话】

prep. 根据，按照，依照；根据……情况而定；随着，与此同时；如同，像……一样

- **ejecución**｛二级三级四级｝

【拉丁语 exsequī，exsecūtus 执行：ex- 向外 +sequī 跟随（西语 seguir），对照英语 execution】

f. 实行，实施，履行；处死刑；演奏

- **ejecutar**｛二级三级四级｝

  【ejecut- 见 ejecución 实行】

  tr. 实行，实施，履行；处决；演奏（乐曲等）

- **ejecutivo, va**｛二级三级四级｝

  【-ivo 表相关】

  adj. 执行的，实施的、行政的 >>> *s.* 行政官，执行官 >>> *f.* 执行委员会

  adj. 刻不容缓的

- **obsequio**｛二级三级四级｝

【拉丁语 obsequī 应允、遵照→ obsequium：ob- 向着，逆着，越过 +secu- 跟随→ sequ-+-io 名词后缀⇒跟在某人后面献殷勤，并给他送礼物】

m. 招待，款待；礼物，赠品

- **obsequiar**｛二级三级四级｝

  【-ar 动词后缀】

  tr. 招待，款待；赠礼

- **secuestrar**｛二级三级四级 B 级｝

【和本栏词根同印欧词源 简化记忆 + 联想：secu- 跟随 +est-=estar 处在 +r →人 +-ar 动词后缀⇒劫匪跟踪在某地的富豪】

tr. 绑架；劫持（飞机、车辆等）；查封

- **secuestro**｛二级八级 B 级｝

  m. 绑架；劫持；查封

- **secuestrador, ra**｛B 级｝

  【-dor 表主动】

  adj. 绑架的，劫持的 >>> *s.* 绑架者，劫持者

  adj. 查封的

133. sent-，sens- 感觉　【拉丁语 sentire，sensus 感觉　注：分词在拉丁语中亦用作名词】

· **sentir** { 二级三级四级 A 级 }

【拉丁语 sentire 感觉：sent- 感觉 +-ir 动词后缀】

m. 看法，意见，见解

tr. 感到 (尤指通过感官察觉到，如感到热、冷、饿等)；听见，听到；感到，觉得 (幸福、快乐，悲伤等表示心理状态的名词)；对 (不好的事) 感到遗憾 (悲伤、难过、抱歉等)；预感 (指主语根据某种迹象做出猜测，所以从句中事情发生的可能性在主语看来很高，因此从句用陈述式)

prnl. 感到疼痛；感到，觉得

· **sentido, da** { 二级三级四级 B 级 }

【西语 sentir 的分词】

adj. 敏感的，多心的，易生气的；真挚的，深切的

m. 感觉，感官；鉴别力，辨识力；(词语) 含义，意义；用途，存在的理由；逻辑性；观点，理解方式；常识、(根据经验的) 判断力；方向

· **sentimiento** { 二级三级四级 B 级 }

【西语 sentir 感觉 +-miento 名词后缀】

m. 感觉；情感，感情；难过，惋惜

m./m.pl. 同情心

· **sentimental** { 二级三级八级 B 级 }

【-al 形容词河后缀 注：ie 变 e】

adj.inv. 感伤的 (引起伤感情绪的)；爱情上的，感情上的

adj.inv. 感情脆弱的，易动感情的 >>> *s.com.* 易动感情的人，多愁善感的人

· **sentencia** { 二级三级四级 B 级 }

【拉丁语 sentīre(西语 sentir 感觉)→现在分词 sentientem → sententia：sent- 感觉 +-encia 名词后缀⇒感觉→判决】

f. 〈律〉判决；裁决 (在有争议的情况下，仲裁者做出的决定)；格言，警句；〈语〉句子

· **sentenciar** { 二级三级八级 }

【-ar 动词后缀】

tr. 〈律〉就……作出判决；〈律〉判决，判刑；决定 (指在体育比赛中，某一刻表明了比赛结果)；说出 (格言、警句等)；〈口〉使用于 (尤指使有不好的下场、作用)

· ***sensual**

【拉丁语 sentire(西语 sentir 感觉)→分词/名词 sensus 感觉 (英语 sense)+-al 表相关】

adj.inv. 感觉的；好色的；性感的，暗示性欲的

· ***sensualidad**

【-idad 名词后缀】

f. 好色，淫荡，纵欲

sensible ﹛二级三级四级 B 级﹜

【-ible 能……的】

adj.inv. 有感觉的；容易动情感的，好动感情的；(事物) 可被感知的，可觉察到的；明显的，显著的 (尤指因变化程度大，而能够轻易被察觉的)；过敏的

· **sensibilidad** ﹛二级三级四级 B 级﹜

【-idad 名词后缀 注：-ble+-idad=-bilidad】

f. 感觉，(感官的) 感知能力；同情心；识别力，鉴赏力；灵敏度

· **insensible** ﹛二级三级八级﹜

【in- 表否定】

adj.inv. (人等) 无感觉的；(变化等) 难以察觉的

· **insensibilidad** ﹛B 级﹜

【-idad 名词后缀】

f. 无感觉；麻木，冷漠

· **sensato, ta** ﹛二级三级八级﹜

【拉丁语 sentire 感觉 (西语 sentir)→分词 / 名词 sensus → sensatus 有感觉的，有理智的：sens- 感觉 +-ato 形容词后缀】

adj. 明智的，谨慎的

· **sensatez**

【-ez 名词后缀】

f. 谨慎，明智，合情合理

· **insensato, ta** ﹛二级三级八级﹜

【in- 否定前缀】

adj. (人、计划等) 不明智的 >>> *s.* 不明智的人

· **sensación** ﹛二级三级四级﹜

【拉丁语 sensatus(西语 sensato 明智的，谨慎的) → sensationem 注：从词源上来讲此词并非 sentir 的名词形式，所以不是 *sensión】

f. 感觉，知觉；震动，轰动，骚动；预感

· **sensacional** ﹛二级八级﹜

【-al 形容词后缀】

adj.inv. 引起轰动的，激起强烈感情的；非常好的，非常喜欢的

· **seso** ﹛二级三级八级﹜

【拉丁语 sentīre 感觉 (西语 sentir)→分词 sēnsus 音变：-ns- 变 s】

m./m.pl. (常用复数) 脑子，脑髓

m. 头脑，理智

· **centinela** ﹛二级三级八级﹜

【拉 丁 语 sentire 感 觉 (西语 sentir) → 古 意 大 利 语 sentina 警 戒 → 意 大 利 语

sentinella 哨兵，对照英语 sentinel】

    s.com. 哨兵；留神观察者 (指正在观察某事物的人)

- **consentir** ｛二级八级｝

  【拉丁语 cōnsentīre，cōnsēnsus: con- 加强语气 + 见西语 sentir 感觉】

  tr. 允许，同意，答应 >>> *intr.* 允许，同意，答应

  tr. 溺爱，纵容

  · **consenso** ｛二级三级八级｝

    【拉丁语分词 cōnsēnsus】

    m. (意见) 一致，共识 (几个人就某件事的看法所达成的一致)

- **presentir** ｛二级三级八级｝

  【拉丁语 praesentīre: pre- 前 + 见西语 sentir 感觉】

  tr. 预料，预感

  · **presentimiento** ｛二级八级｝

    【-miento 名词后缀】

    m. 预感

134. spond-，spons- 许诺，允诺　【拉丁语 spondere，sponsus 许诺、允诺】

· **esposo, sa** ｛二级三级四级｝

【拉丁语 spondere 许诺，发誓→分词 sponsus(对照英语 spouse 配偶) 音变：e 为词首添音；-ns- 变 -s- ⇒被许诺的人】

s. 丈夫，妻子 >>> *m.pl.* 夫妻

f./f.pl. 手铐 (常用复数)

· **esponsales**

  【见 esposo 丈夫 +-al 表相关 +-es 复数　注：词根里保留 n】

  m.pl. 订婚；订婚仪式

· **responder** ｛二级三级四级 A 级｝

【拉丁语 respondēre，respōnsus 以许诺作为回应、回答：re- 返回 +spondere，sponsus 许诺，允诺】

intr./tr. 回答；(打电话、敲门等时) 应答；(对问候或信函) 回复

intr. 符合，适应；反驳，顶嘴 (宾语尤指人)；(行动上) 回应；产生 (预期或相应) 结果；负责

· **responsable** ｛二级三级四级 B 级｝

  【-able……的】

adj.inv. 负有责任的 >>> *s.com.* 责任人，有责任心的人

adj.inv. (对过错、事故等) 承担责任的 >>> *s.com.* (过错、事故等的) 责任人

- **responsabilidad** ﹛二级三级四级 B 级﹜

  【-idad 名词后缀】

  f. 责任 (一个人应对之负责的事情)；(具体) 职责；负责任 (负责任的状态、品质或事实)

- ***responsabilizar**

  【-izar 使动】

  tr. 使……负责 >>> *prnl.* 负责

- **irresponsible** ﹛B 级﹜

  【in- 表否定→ ir-】

  adj.inv. 不负责任的，没有责任感的；不需要承担责任的

  - **irresponsabilidad** ﹛B 级﹜

    【-idad 名词后缀】

    f. 不负责任的行为；不需要负责

- **respuesta** ﹛二级四级 A 级﹜

  【来自"responder 回答"的旧时不规则过去分词 respuesto 注：responder 现在采用的是规则过去分词 haber respondido】

  f. 回答，答复；回信 (表动作)；回答，答复 (回答的内容)；回应，反应

- **corresponder** ﹛二级三级四级﹜

  【拉丁语 correspondēre：com- → cor- 加强语气 +respondēre(见西语 responder 回答)】

  intr./tr. 用……来报答 (某人)，酬答

  intr. 轮到

  intr./prnl. 与……符合，与……一致，与……相称

  - **correspondiente** ﹛二级三级四级﹜

    【-iente 表相关】

    adj.inv. 符合的，一致的，相应的，适合的；通讯的

    - **correspondencia** ﹛二级三级四级 B 级﹜

      【correspondiente 一致的；通讯的 +-ia 名词后缀】

      f. 信件，信函；符合，一致，相应；对应；(不同交通路线等) 相接

    - **corresponsal** ﹛二级三级四级 B 级﹜

      【spond- → spons-+-al 表相关】

      s.com. (新闻) 通讯员，记者；(企业的) 驻外代表

135. suad-, suas- 力劝 　【拉丁语 suādēre，suāsus 力劝】

- **persuadir** ﹛二级三级八级﹜

【拉丁语 persuādēre，persuāsu：per- 完全，加强语气 +suādēre，suāsus 力劝】

tr. 劝导，说服，使信服 >>> *prnl.* 深信，信服

· **disuadir** { 二级三级八级 }

【拉丁语 dissuādēre，dissuāsus：dis- 否定、相反 +suādēre，suāsus 力劝】

tr. 劝阻，劝止

136. tend-，tens-，tent- 延伸，伸展　【拉丁语 tendere，tensus 展开，延伸，延长　注：这个拉丁语动词的阴性分词为 tenta，此外由于历史的原因，在拉丁语中 tender 的派生词的分词词干有的用 tens- 形式，如 extendere、extēnsus、有的用 tent- 形式，如 attendere、attentus，有的两者皆可，如 ostendere，ostēnsus 或 ostēntus】

· **tender** { 二级三级四级 B 级 }

【拉丁语 tendere，tensus 展开、延伸、延长】

tr. 伸展；展开；摊开；铺设，架设；晾晒（衣物等）；倾向，趋向

tr. 使平躺，平放 >>> *prnl.* 平躺

· **tendencia** { 二级三级四级 }

【tender 伸展，趋向 +-encia 名词后缀⇒向某处延伸⇒倾向某处】

f. 趋向，趋势

f./f.pl.（常用复数，政治、宗教、经济、艺术等的）倾向

· **tenso, sa** { 二级三级四级 B 级 }

【拉丁语分词 tensus ⇒被展开的】

adj. 拉紧的，绷紧的；（情绪或局势）紧张的

· **tensión** { 二级三级四级 B 级 }

【-ión 名词后缀】

f. 拉紧，绷紧；〈电〉压力；〈医〉血压；（心情、局势等）紧张

· **hipertensión** { 二级三级八级 }

【hiper- 超，过度】

f. 高血压

· **tienda** { 二级三级四级 A 级 }

【拉丁语 tendere 展开（西语 tender)→阴性分词 tenta →通俗拉丁语 *tenda 音变：e 变 ie、元音间 t 浊化，对照英语 tent ⇒词源：以前很多人在帐篷里开店】

f. 商店，店铺；帐篷；船蓬、车篷

· **atender** { 二级三级四级 B 级 }

【拉丁语 attendēre，attentus：a- 表方向 + 见西语 tender 伸展⇒把心思延伸到某件事

务上】

intr. 注意，倾听；（尤指动物）名叫，名字为

tr./ intr. 考虑，顾及；满足

tr. 照料（某人）；接待，招待（某人）

· **atento, ta** ｛二级三级四级 B 级｝

【拉丁语分词 attentus】

adj. 注意的，专心的；有礼貌的

· **atentamente** ｛B 级｝

【-mente 副词词尾】

adv. 专心地，注意地；有礼貌地

· **atención** ｛二级三级四级 B 级｝

【-ión 名词后缀】

f. 注意，专心 >>> *interj.* 注意

f. 细心；关怀，照顾；尊重；款待

· **contienda** ｛二级三级八级｝

【来自西语 contender 争斗←拉丁语 contendere，contentus：con- 加强语气 + 见西语 tender 伸展⇒把拳头伸到 / 打向敌人】

f. 武力争斗；争吵，争论

· **distender** ｛二级三级八级｝

【拉丁语 distendere，distēnsus：dis- 分离、远离 + 见 tender 伸展】

tr. 松开（指使紧绷的东西松开，如弯弓等）；缓和（气氛等）；使拉伤

· **distensión** ｛二级三级八级｝

【-ión 名词后缀】

f. 缓和；拉伤，肿胀

· **extender** ｛二级三级四级｝

【拉丁语 extendere，extēnsus：ex- 向外 + 见西语 tender 伸展⇒向外延伸】

tr. 使伸展，使蔓延；摊开，展开；签发（文件等）

prnl. 伸直躺着；（消息、疫情等）传开，蔓延；延伸，伸展

· **extenso, sa** ｛二级八级｝

【拉丁语分词 extēnsus ⇒被打开了的】

adj. （田野等）宽阔的，广阔的；（房间）宽敞的；（文章等）冗长的

· **extensión** ｛二级三级四级 A 级｝

【-ión 名词后缀】

f. 伸长，延长；扩展、蔓延、张开，摊开；范围，广度；（大片）面积；电话分机

· **entender** { 二级三级四级 A 级 }

【拉丁语 indendere 意图；注意 (英语 intend 计划，意图)：in- 向内→ en-+ 见西语 tender 伸展⇒试图把自己的想法延伸到别人的脑海里→使他人理解自己】

tr. 理解，领会；了解 (某人)，知道 (某人的内心)；会，懂

tr. 认为 >>> *m.* 意见，看法

intr. 在行，懂行；(职能部门) 负责，处理

prnl. 和睦；搞不正当的男女关系

　· **entendido, da** { 二级三级八级 }

　【西语 entender 的分词】

　　adj. 精通的，内行的 >>> *s.* 行家

　· **entendimiento** { 二级三级八级 }

　【-(i)miento 名词后缀】

　　m. 智力，理解力，聪明，才智；理智；(尤指国家间的) 谅解、协议，融洽关系

　· **sobreentender/sobrentender** { 二级三级八级 }

　【sobre- 在……之上 / 轻微】

　　tr./prnl. 意会，不言而喻

· **intento** { 二级三级四级 }

【拉丁语 indendere 意图；注意 (西语 entender 理解，英语 intend 计划；意图) → 分词 intentus】

　m. 企图，尝试；想法，打算

　· **intención** { 二级三级四级 }

　【-ión 名词后缀】

　　f. 想法，打算，意图；恶意

　　· **intencional** { 二级三级八级 }

　　【-al 表相关】

　　　adj.inv. 企图的，意向的；故意的

　　· **intencionado, da** { 二级三级八级 }

　　【-ado……的】

　　　adj. 故意的，故意的

　· **intentar** { 二级三级四级 B 级 }

　【-ar 动词后缀】

　　tr. 企图，试图

· **intenso, sa** { 二级三级四级 B 级 }

【拉丁语 indendere 意图；注意 (西语 entender 理解) →分词 2intēnsus ⇒ in- 向内 tens 延伸→拉长的、紧绷的】

　adj. 强烈的

· **intensidad** ｛二级三级四级｝

【-idad 名词后缀】

f. 强烈；强度

· **intensivo, va** ｛二级三级八级 B 级｝

【-ivo 表相关】

adj. 加强的，紧张的；强化的

· **intensificar** ｛二级三级八级｝

【-ificar 使动】

tr. 加强（指使程度加深）

· **ostentar** ｛二级三级八级｝

【拉丁语 ostendere 显示：ob- 表方向、相反→ obs- →（在字母 t 前，b 脱落）os-+ 见西语 tender 伸展→分词 ostēntus →反复动词 ostentāre】

tr. 炫耀；显示，显露；拥有（职位、能力等）

· **pretender** ｛二级三级四级｝

【拉丁语 praetendere：pre- 前 + 见 tender 伸展⇒⇒试图延伸到前面】

tr. 试图，企图；假装；求婚

· **pretensión** ｛二级三级四级｝

【拉丁语 praetendere(西语 pretender 企图) →分词 1praetēnsus+-ión 名词后缀】

f. 企图，希望；野心；虚荣

· ***pretencioso, sa**

【拉丁语 praetendere（西语 pretender 企图）→分词 2praetentus → praetentiōnem → 法语 prétention 意图；自负（西语 pretensión 野心）→法语 prétentieux 自负的
注：-ioso……的，多……的，不要把 c 拼写成了 s ⇒企图心很强的】

adj. 自命不凡的，狂妄的

137. ut-，us(u)- 使用　【拉丁语 ūtī，usus 使用】

· **útil** ｛二级三级四级 A 级｝

【拉丁语 ūtī 使用→ ūtilis：ut- 使用 +-il 形容词后缀⇒可用的】

adj.inv. 有用的，有益的，有好处的；合适的

m./ m.pl.(常用复数) 用具，工具

· **utilidad** ｛二级三级四级｝

【-idad 名词后缀】

f. 用途，用处；好处，益处

· **utilizar** ｛二级三级四级 B 级｝

【-izar 动词后缀】

　　tr. 使用，利用

　　· **utilización** ｛二级三级四级｝

　　　【-ción 名词后缀】

　　　f. 使用，利用

· **inútil** ｛二级三级四级 B 级｝

【in- 否定前缀】

　　adj.inv. 没任何助益的；无用的或无效的；无价值的，不起作用的

· **utensilio** ｛二级三级八级｝

【拉丁语 ūtī 使用→ ūtēnsilis 适用的→中性复数 ūtēnsilia】

　　m. 工具，用具，器具

· **uso** ｛二级三级四级 B 级｝

【拉丁语分词 usus】

　　m. 使用；用法；用途

　　m.pl. 习惯，习俗

　　· **usual** ｛二级三级四级｝

　　　【-u-+-al 形容词后缀⇒日常使用的】

　　　adj.inv. 通常的，惯常的、常用的，惯用的

　　· **usuario, ria** ｛二级三级四级 B 级｝

　　　【-u-+-ario 人】

　　　adj. 经常使用……的 >>> *s.* 经常使用……的人、(长期) 用户

　　· **usar** ｛二级三级四级 B 级｝

　　　【-ar 动词后缀】

　　　tr. 使用；消耗，耗费；(经常) 穿戴；经常做，习惯做

　　　prnl. 时兴，流行

　　　· **usanza** ｛八级｝

　　　　【西语 usar 使用、经常做 +-anza 名词后缀】

　　　　f. 习惯；习俗，风俗

　　　· **usado, da** ｛B 级｝

　　　　【西语 usar 的分词】

　　　　adj. 用过的，用旧的；习惯的

· **desuso** ｛二级三级八级｝

【des- 表否定 +uso 使用】

　　m. 不用，废弃；(法律等的) 停止执行

· **usura** ｛二级三级｝

【拉丁语 ūtī 使用→分词 usus(西语 uso 使用) → ūsūra：-ura 名词后缀⇒使用钱赚钱】

　　f. 利息；高利贷；暴利

abuso｛二级三级四级｝

【拉丁语 abuti 错用：ab- 远离 +ūtī 使用→分词 abusus】

m. 滥用，乱用；强暴，强奸；不法的行为

· **abusivo, va**｛二级八级｝

【-ivo……的】

adj. 滥用的，乱用的；不合理的；损人利己的

· **abusar**｛二级三级四级｝

【-ar 动词后缀】

intr. 滥用，乱用；强暴，强奸

138. vad-，vas- 走　【拉丁语 vadere，vasus 走　助记：ir 在西语中的 voy、va、vas 等变位动词可能受此拉丁语动词的影响】

· **evadir**｛二级三级四级｝

【拉丁语 ēvādere，ēvāsus：e- 向外 +vad- 走 +-ir 动词后缀】

tr. 逃避，躲避（伤害、危险）

prnl. 逃走

· **invadir**｛二级三级四级｝

【拉丁语 invādere，invāsus：in- 向内 +vad- 走 +-ir 动词后缀⇒武力走入他国领土】

tr. 侵略，侵入（领土等）；侵犯（权利等）；拥入（某地等）

· **invasión**｛二级三级八级｝

【-ión 名词后缀】

f. 侵犯，侵略；拥入（指人群等一下子进入某地或领域）

· **invasor, ra**｛二级八级｝

【-or 表主动】

adj. 侵略的 >>> *s.* 侵略者

139. vert-，vers- 旋转　【拉丁语 vertere，versus 旋转，转变方向→反复动词 versare】

· **verter**｛二级三级四级｝

【拉丁语 vertere 旋转，转变方向⇒把瓶口朝下】

tr. 倒（使液体等流出容器，直接宾语为液体等物质）>>> *prnl.* 流出，洒落，倒出

tr. 倾倒（使容器口向下倾斜以是装有 液体等流出，直接宾语为容器）；翻译

intr.（河流）流入，注入，汇入

· **vertical**｛二级三级四级 B 级｝

【拉丁语 vertere 旋转（西语 verter）→ vertex 旋转的柱子、顶点（西语 vértice、

英语 vertex) →后期拉丁语 verticālis 上方的，头顶的 简化记忆：vert- 旋转，转移 +-ico+-al……的⇒将平放的木板向上旋转角度，使其垂直于水平线】

adj.inv. 垂直的，直立的 >>> *f.* 垂直线、垂直面

- **vertiente** ｛二级三级八级｝

【"verter 倾倒"的现在分词：vert- 转 +-iente……的⇒转到一半的斜面】

s.amb. (山的) 斜坡、(屋顶的) 斜面；(看待事物的) 方面

- **vértigo** ｛二级八级｝

【拉丁语 vertere 旋转 (西语 verter) → vertīgō：vert- 转 + 此处 -igo 有争议，不少学者认为 ig-=ag- 做⇒转得头晕目眩】

m. 眩晕

- **vertiginoso, sa** ｛二级三级八级｝

【-oso……的，多……的】

adj. 使人头晕目眩的；高速的，快速的

- **vértebra** ｛二级三级八级｝

【拉丁语 vertere 旋转 (西语 verter 倾倒) → vertebra】

f. 〈解〉脊椎，椎骨

- **vertebral** ｛二级八级｝

【al……的】

adj.inv. 〈解〉脊椎的，椎骨的

- **verso** ｛二级三级四级 B 级｝

【拉丁语 vertere 旋转 (西语 verter 倾倒) →分词 versus ⇒把散文转成另一种简短的文体，对照英语 verse】

m. 诗；诗句

- **versión** ｛二级三级四级 B 级｝

【-ión 名词后缀】

f. 翻译；译文；(出版物、电影等的) 版本；(不同人对同一件事情的) 看法，说法，描述

- **viceversa** ｛二级三级八级｝

【拉丁语短语 vice y versa 反之亦然：vix 变化→夺格 vice，在西语中常做前缀表示副、代替等，如 vicepresidente；拉丁语分词 versus(西语 verso 诗句) →夺格 versa】

adv. 反过来也一样，反之同理

- **malversar** ｛二级三级八级｝

【西语 mal 坏 + 西语 versar 旋转←反复动词 versāre ← vertere 旋转⇒把公共财产往自己的口袋倒】

tr. 贪污，挪用 (公款)

- **malversación** ｛二级三级八级｝

【-ción 名词后缀】

f. 贪污，盗用

- **advertir** ｛二级三级四级｝

【拉丁语 advertere，adversus：ad- 表方向 +vertere 转 (西语 verter 倾倒) ⇒把注意力转向某物】

tr. 意识到，注意到，察觉到

tr. 提醒 (告知某个事实)；劝告 (叫某人做某事)

- **advertencia** ｛二级三级四级｝

 【-encia 名词后缀】

 f. 提醒，忠告，劝告；公告，告示

- **adverso, sa** ｛二级八级｝

 【拉丁语分词 adversus ⇒发现不利的事物】

 adj. 不利的，不合心愿的 (注：其表示"(空间上) 相对的，对面的"这个语义已经淘汰，可以用 opuesto 或 contrario 来表示)

 - **adversidad** ｛二级八级｝

  【-idad 名词后缀】

  f. 不好，不利；倒霉，不幸；逆境

 - **adversario, ria** ｛二级三级八级｝

  【-ario 人⇒相对的人】

  s. 对手，敌手 (注：个体名词兼集体名词)

- **convertir** ｛二级三级四级 B 级｝

【拉丁语 convertere，conversus 使……倒转：con- 共同，加强语气 +vertere 转 (西语 verter 倾倒)】

tr. 改变，使变成，使成为 >>> *prnl.* 改变，变成

tr. 使改变信仰 >>> *prnl.* 改变信仰，皈依

- **conversión** ｛二级三级八级｝

 【-ión 名词后缀】

 f. 改变，转化，转换；改变信仰，皈依

- **conversar** ｛二级三级四级｝

 【拉丁语 convertere(西语 convertir 改变)→分词 conversus(英语 converse 交谈)→反复动词 conversāre，conversātus ⇒交换想法的行为】

 intr. 交谈，谈话

 - **conversación** ｛二级三级四级 B 级｝

  【-ión 名词后缀】

  f. 交谈，谈话；谈话方式

· **divertir**｛二级三级四级 B 级｝

【拉丁语 dīvertere，dīversus 使转向，使得到消遣：dis- 远离→ di-=vertere 转（西语 verter 倾倒）⇒转移工作狂的注意力】

tr. 使分心 >>> *prnl.* 心不在焉

tr. 使消遣 >>> *prnl.* 娱乐，消遣

　· **divertido, da** ｛二级三级八级 B 级｝

　　【西语 divertir 的分词】

　　adj. 使开心的，使愉快的；（人）开朗的，风趣的

　· **diverso, sa** ｛二级三级四级｝

　　【拉丁语分词 dīversus ⇒转向另外一个方向】

　　adj. 不同的；另外的

　　adj. pl. 一些

　　· **diversidad** ｛二级三级四级｝

　　　【-idad 名词后缀】

　　　f. 不同，差异；多样性

　　· **diversificar** ｛二级三级八级｝

　　　【-ificar 做】

　　　tr. 使不同，使多样化 >>> *prnl.* 多样化

· **diversión** ｛二级三级四级｝

　【-ión 名词后缀】

　f. 娱乐，消遣；娱乐活动

· **divorcio** ｛二级八级 B 级｝

　【拉丁语 dīvertere 使转向（西语 divertir 使分心、使消遣）→变体 dīvortere 转向→名词 dīvortium 简化记忆：di- 远离 +vert 转 -→ vort-+-io 名词后缀⇒情感转移，情变】

　m. 离婚；脱离

　· **divorciar** ｛二级三级四级 A 级｝

　　【-ar 动词后缀】

　　tr. 使离婚 >>> *prnl.* 离婚

　　tr. 使脱离，使分开 >>> *prnl.* 脱落，分离

　　· **divorciado, da** ｛A 级｝

　　　【divorciar 的分词】

　　　adj. 离了婚的 >>> *s.* 离了婚的人

　　　adj. 脱落……的

· ***extravertido, da/extrovertido, da**

　【extro- 向外 =extra-+vert- 转 +-ido……的⇒倾向于把情感往外倾泻的】

　adj. 外倾性格的 >>> *s.* 外倾性格的人

- **introvertido, da** {B 级 }
  【intro- 向内 +vert- 转 +-ido……的⇒倾向于把情感往内隐藏的】
  adj. 内向的 >>> *s.* 内向的人
- **invertir** { 二级三级四级 B 级 }
  【拉丁语 invertere，inversus 使倒置：in- 向内 +vertere 转 (西语 verter 倾倒)】
  tr. 使翻转，使倒置，使转向；投 (资)，投入，花费 (时间、金钱等)
- **inverso, sa** { 二级三级四级 }
  【拉丁语分词 inversus】
  adj. 相反的，逆向的
  - **inversor, ra** {B 级 }
    【-or 表主动】
    adj. 投资的 >>> *s.com.* 投资者
    m. 换流器
  - **inversión** { 二级三级四级 B 级 }
    【-ión 名词后缀】
    f. 颠倒；倒置，倒转；投资；(时间的) 花费
    - **inversionista** { 二级三级八级 }
      【-ista 人】
      adj.inv. 投资的 >>> *s.com.* 投资者

- **perverso, sa** { 二级三级八级 }
  【拉丁语 pervertere(西语 pervertir 使堕落)：per- 完全 +vertere 转 (西语 verter 倾倒) →
  分词 perversus】
  adj. 邪恶的，狠毒的 >>> *s.* 邪恶的人

- **prosa** { 二级三级八级 B 级 }
  【拉丁语 prōvertere 向前转动：pro- 前 +vertere 转 (西语 verter 倾 倒) → 分 词
  provorsus →形容词 prorsus 直接的→变体 prosus：prosa oratio 直白的叙述，没有
  诗意的话】
  f. 散文；啰嗦，废话
  - **prosista** { 八级 }
    【-ista 表人】
    s.com. 散文作家

- **reverso** { 二级八级 }
  【拉丁语 revertere 向后转 (西语 reverter 溢出)：re- 向后、相反 +vertere 转 (西语
  verter 倾倒) →分词 reversus】
  m. 反面，背面

- **irreversible**｛二级三级八级｝

  【in- 表否定→ ir-+reversible 可逆转的：见 reverso 反面 +-ible 能（被）……的】

  adj.inv. 不可逆转的，无法复原的，无法挽回的

- **revés**｛二级三级四级 B 级｝

  【和 reverso 同源于拉丁语分词 reversus】

  m. 反面，背面；用手背击打；失利，挫折；反手击球

- **rebosar**｛二级三级八级｝

  【拉丁语 revertere 向后转（西语 reverter 溢出）→分词 reversus（西语 reverso、revés）→反复动词 reversāre 简化记忆：re- 加强语气 +vers- 转→bos-+-ar 动词后缀】

  intr.（液体）溢出（指液体流出容器，液体为主语）>>> *intr./prnl.* 外溢，溢出（主语为容器，指容器已装满，流出容器边缘）

  intr. 充满，大量存在

- **subvertir**｛二级三级八级｝

  【拉丁语 subvertere，subversus：sub- 在下 +vertere 转（西语 verter 倾倒）】

  tr. 颠覆，破坏，扰乱；搞乱，改变（价值观念等）

- **transversal**｛二级三级八级｝

  【拉丁语 trānsvertere 翻转：trans- 横 +vertere 转（西语 verter 倾倒）→分词 trānsversus（西语 transverso 横向的）+-al……的】

  adj.inv. 横的，横向的；横切的

  - **través**｛二级三级四级 B 级｝

    【和 "transverso 横向的" 同源于拉丁语 trānsversus 音变：-ns- 变 s；r 脱落】

    m. 倾斜，歪斜

    - **travesía**｛二级三级八级｝

      【-ía 名词后缀】

      f. 横街，横马路（连接两条主干道的小街）；（船舶）横渡，（飞机）穿越；（通过市区的）公路路段；（船或飞机的）航程；路程

    - **atravesar**｛二级三级四级 B 级｝

      【a- 构成派生词 +través+-ar 动词后缀⇒横着过马路】

      tr. 横放；横穿，穿过（某地）；刺穿，穿透；经历；

      prnl. 使反感；干预，干扰，插手（他人之事）

    - **travieso, sa**｛二级八级 B 级｝

      【和 "través 倾斜、transverso 横向的" 同源于拉丁语 transversus 音变：n、s、r 脱落，e 变 ie ⇒横跨马路的小孩子】

      adj.（小孩子）顽皮的，淘气的

universo ｛二级三级四级 B 级｝

【拉丁语 ūniversus 整个的, 完整的: unus(西语 uno 一)+vertere 转 (西语 verter 倾倒) →
分词 versus ⇒万物归一】

m. 宇宙；全世界；(一个人的) 活动范围，大地；(思想、道德等的) 领域

· **universal** ｛二级三级四级 B 级｝

【-al 表相关】

adj.inv. 宇宙的；全世界的；举世闻名的；普遍的

· **universalidad**

【-idad 名词后缀】

f. 普遍性，一般性；万能性；多方面性，广泛性

· **universidad** ｛二级三级四级 A 级｝

【-idad 名词后缀⇒在大学可以学到关于宇宙、世界的知识】

f. 大学；大学校园

· **universitario** ｛二级三级四级 A 级｝

【-ario 表相关，人 注：西语后缀 -dad 的第一个 d 在拉丁语中为清辅音 t，所以其
对应的形容词常保留清辅音】

adj. 大学的 >>> *s.* 大学生，大学毕业生

· **tergiversar** ｛二级三级八级｝

【拉丁语 tergiversārī: terg- 背部 +-i-+ 反复动词 versāre(西语 versar 旋转) ←分词
versus ← vertere 转 (西语 verter 倾倒) ⇒把后背转向事实→逃避事实】

tr. 曲解，歪曲

· **convergencia** ｛二级三级八级｝

【印欧词根 *wer- 转→拉丁语 vergere 弯曲; 转移; 趋向于→ convergere 趋向于汇合 (西
语 convergir 汇合)；-encia 名词后缀】

f. 汇合，集合，聚集；汇合处，聚集处

· **divergencia** ｛二级三级八级｝

【印欧词根 *wer- 转→拉丁语 vergere 弯曲；转移；趋向于→ dīvergere 使弯曲；使
转移 (西语 divergir 有分歧)；-encia 名词后缀】

f. 分歧；分散，散开

140. vid-，vis-；visit-，visitat-；vist- 看见 【拉丁语 videre，visus 看→反复动
词 vīsere 看，参观，拜访→ vīsitāre，vīsitātus 参观 / 检查，上述单词在拉丁语中
产生 vid-，vis-，visit-，visitat- 这四个基本词根。此外语言学家推断在通俗拉丁语
中分词 visus 产生变体 visītus，其在西语中的形式为 visto，不少复合词的分词也

采用这个形式如 prever → previsto】

· **ver** { 二级三级四级 A 级 }

【拉丁语 videre 看 音变：元音间的 d 脱落】

m. 外貌，外表

tr./intr. 看见

tr. 察觉；理解，领会；观察；看过，经历过；观看（节目等）；认为，当成，看作；预料；（地方）见证（事件、历史等）

prnl. （人）处于（状态、状况）

· **vídeo** { 二级三级八级 A 级 }

【拉丁语 videre 看（西语 ver）→陈述式第一人称单数变位 vidĕo（西语 yo veo）注：video- 常做术语前缀表示"电视的，录像的"】

m. 录像，录影；录像片；录像机；录像带

· **videocámara** { 二级三级八级 }

【=cámara de vídeo】

f. 摄像机

· **videocasete/videocasette** { 二级三级八级 }

【video- 录像 +casete 磁带盒】

m. 盒式录像带

· **videojuego** { 二级三级八级 B 级 }

【video- 电视、录像 +juego 游戏】

m. 电子游戏；电子游戏机

· **visa** { 二级三级四级 }

【拉丁语 videre 看（西语 ver）→阴性分词 visa → (carta) vīsa 已被看过的文件→法语 visa 签证】

f. 〈拉〉签证

· **visado** { 二级三级四级 B 级 }

【简化记忆：西语 visa 签证 -+-ado 表相关】

m. 签证（多用于西班牙）

· **visual** { 二级三级八级 }

【拉丁语 videre 看（西语 ver）→分词 visus（转义成名词：视力）→ vīsuālis：vis(u)- 看 +-al……的】

adj.inv. 视力的，视觉的

f. 视线

· **visualizar** { 二级三级八级 }

【见 visual 视线 +-izar 使】

tr. （通过人工手段）使可见；使（抽象概念）形象化；想象

· **visible** ｛二级三级四级 B 级｝

　【vis- 看 +-ible 能被……的】

　adj.inv. 看得见的；能接见客人的；明显的

　· **visibilidad** ｛二级八级｝

　　【-idad 名词后缀】

　　f. 能见度，可见度；能见距离

　· **invisible** ｛二级三级四级 B 级｝

　　【in- 否定前缀】

　　adj.inv. 看不见的，无法看见的

· **visión** ｛二级三级四级 B 级｝

　【vis- 看 +-ión 名词后缀】

　f. 视力；发觉，察觉；眼力，眼光；看法，观点；幻觉，幻象；观看

　· **televisión** ｛二级三级四级 A 级｝

　　【tele- 远，引申出电器 +visión 观看⇒使能看到远方事物的机器】

　　f. 电视 (系统)；电视公司；电视机

　　· **televisor** ｛二级三级四级｝

　　　【-or 名词后缀，可表物体】

　　　m. 电视机

　　· **televisivo, va** ｛二级 B 级｝

　　　【-ivo……的】

　　　adj. 电视的；适合上电视镜头的

　　· **tele** ｛B 级｝

　　　【televisión 的缩写】

　　　f. 〈口〉电视；电视机

　　　· **telebasura** ｛B 级｝

　　　　【basura 垃圾】

　　　　f. 〈口〉垃圾电视节目

· **visitar** ｛二级三级四级 A 级｝

　【拉丁语 videre 看 (西语 ver)→分词 visus →反复动词 vīsere 参观 / 拜访→ vīsitāre,
vīsitātus 参观 / 检查】

　tr. 拜访，访问；参观，游览；看病，出诊 (指医生在诊所或去病人家给病人
看病)；经常到 (某地)；视察

　· **visita** ｛二级三级四级 A 级｝

　　f. 拜访，访问；访客，客人；出访，参观，游览

　· **visitante** ｛二级八级｝

　　【-nte 表主动】

　　adj.inv. 来访的，参观的 >>> *s.com.* 来访者，参观者

　　adj.inv. 〈体〉客场的

· **visto, ta**

【拉丁语 videre，visus 看（西语 ver、viso)→分词在通俗拉丁语中的形式 *visītus 音变：i 脱落】

ver 的过去分词：haber visto

adj. 用过的，过时的；（和 bien 或 mal 连用）被认为好 / 不好的；〈律〉审理过的

· **vista**｛二级三级四级 A 级｝

f. 视力；目光，视线；看到；〈解〉眼睛；（从某点看到的）风景，景色；风景照（画）；视野；眼光；会见，见面；外观，外表

　· **vistazo**｛二级三级八级 B 级｝

　【-azo 名词后缀，常表击打，此处只表动作】

　m. 扫视，一瞥

　· **vistoso, sa**｛二级三级八级｝

　【-oso(多)……的】

　adj. 鲜艳的，耀眼的，鲜艳夺目的

　· **entrevista**｛二级三级四级 A 级｝

　【entre- 在……之间 + 参见 "vista 看"】

　f. 会晤，会见；采访，访谈

　　· **entrevistarse**｛二级三级四级 B 级｝

　　【-ar 动词后缀】

　　tr. 采访；面试（应聘者）

　　prnl. 会见，会晤

　　　· **entrevistador, ra**｛B 级｝

　　　【-dor 表主动】

　　　s. 会晤者、采访者、面试者

　· **revista**｛二级三级四级 A 级｝

　【re- 加强语气，反复 +vista 看⇒反反复复地看】

　f. 杂志；（对戏剧、文学等的）评论，述评；（尤指低俗的）戏剧表演；〈军〉检阅

· **aviso**｛二级四级 B 级｝

【拉丁语短语 ad visum 在我看来：ad 演变成西语前置词 a+vidēre 看（西语 ver)→中性分词 visum 简化记忆：a- 表方向 +vis- 看⇒使看到当时状况⇒告知当时的情况】

m. 通知，告知；警告，告诫（可表动作或用于告知等的纸条等）；征兆

　· **avisar**｛二级三级四级 B 级｝

　tr. 通知，告知；警告，告诫；叫（为了得到某种服务而召唤某人，比如叫医生、汽车等）

· **evidente**｛二级三级四级 **B** 级｝

【拉丁语 ēvidentem：e- 向外 +vidēre(西语 ver) →现在分词 videntem：e- 向外，出 +vid- 看 +-ente……的⇒看得出的】

adj.inv. 明显的，显而易见的

· **evidencia**｛二级三级四级 B 级｝

【-ia 名词后缀】

f. 明显，显著，清楚

· **evidentemente**｛B 级｝

【-mente 副词词尾】

adv. 明显地

· **envidia**｛二级三级四级 **B** 级｝

【拉丁语 invidēre 嫉妒地看：in- 在……内 +vidēre 看 (西语 ver) → invidia：in- → en- 向内 +vid- 看 +-ia 名词后缀⇒眼红地看着别人】

f. 嫉妒；羡慕

· ***envidioso, sa**

【-oso(多)……的】

adj. 嫉妒的

· **envidiar**｛二级八级｝

【-ar 动词后缀】

tr. 嫉妒；羡慕

· ***envidiable**

【-ble 能被……的】

adj.inv. 令人嫉妒的；令人羡慕的

· **prever**｛二级三级四级｝

【拉丁语 praevidēre，praevisus：pre- 前 + 见西语 ver 看⇒提前看到结果】

tr. 预见，预料；预备，预先准备

· **previsión**｛B 级｝

【-ión 名词后缀】

f. 预见，先见之明；预防措施；估计，预估

· **previsto, ta**｛二级三级八级 B 级｝

【prever 的不规则分词，可能是受到 ver 的分词 visto 的影响】

prever 的过去分词，haber previsto

adj. 预见到的，预料到的；预先确定好的，预先规划好的

· **imprevisto, ta**｛二级三级八级｝

【in- 表否定→ im-】

adj. 未预见到的，出乎意外的

proveer ｛二级三级四级｝

【拉丁语 providere，prōvīsus 提供：pro- 向前 +vidēre 看（古西语 veer →现代西语 ver)⇒向前看，看向未来，做好准备，对照英语 provide】

tr. 预备，准备（必需品）>>> *prnl.* 备有，获得（必需品）；满足（必要条件）

tr. 解决，处理

· **proveedor** ｛二级三级 B 级｝

　【-dor 表主动】

　adj. 提供的，供应的 >>> *s.* 提供者，供应者

· **provisional** ｛二级三级八级｝

　【拉丁语 providere(西语 proveer 准备、供应) →分词 prōvīsus → prōvīsiōnem(西语 provisión 供应)；-al……的⇒临时供应的】

　adj. 临时的，暂时的

· **provisto, ta** ｛二级三级八级｝

　【proveer 的不规则分词，可能是受到 ver 的分词 visto 的影响】

　adj. 备有……的（具有某物以便做某事的）

· **improvisar** ｛二级八级｝

　【in- 表否定→ im-+ 拉丁语 providere(西语 proveer 准备) 的分词 provisus= 拉丁语 imprōvīsus(西语 improviso 出乎意料的，意外的)+-ar 动词后缀】

　tr. 临时准备；即兴创作（无准备地创作、背诵等）

· **prudente** ｛二级三级四级 B 级｝

　【拉丁语 providere(西语 proveer 准备、供应) →现在分词 providentem(西语 providente 谨慎的) →缩约词 prudentem 注：省略或结合一个较长短音中的某些音素后形成的词为缩约词，如 a+el=al 等 音变较为复杂，可以采用联想法：pro- 向前→ pru-+ 把 dente 看做 diente 牙齿⇒笑的时候露出虎牙的小孩子看起来很机灵⇒精明的】

　adj.inv. 谨慎的，慎重的；有分寸的，适度的

　· **prudencia** ｛二级三级四级｝

　　【-ia 名词后缀】

　　f. 谨慎，慎重；分寸，适度

　· **imprudente** ｛二级三级八级｝

　　【in- 否定→ im-】

　　adj.inv. 不明智的，不谨慎的，轻率的 >>> *s.com.* 不明智的人，不谨慎的人，轻率的人

　　· **imprudencia** ｛二级八级 B 级｝

　　　【-ia 名词后缀】

　　　f. 轻率，鲁莽；轻率的言行

revisión ｛二级三级四级 **B** 级｝

【拉丁语 revidēre 再次看 (西语 rever 再看，复查)：re- 再次 +vidēre 看 (西语 ver) →分词 revīsus → revīsiōnem：re- 反复，加强语气 +vis- 看 +-ión 名词后缀⇒反反复复地看】

f. 检查，复查，检修；修改，校订

· **revisar** ｛二级三级四级 **B** 级｝

【-ar 动词后缀】

tr. 检查 (门票等)；再检查，复查；检修 (器械等)

supervisar ｛二级三级八级｝

【拉丁语 supervidēre 监督 →分词 supervīsus：super- 在 …… 上方 +vidēre(西语 ver)；+-ar 动词后缀】

tr. 检查，视察，监督

· **supervisor, ra** ｛二级八级｝

【-or 表主动】

adj. 检查的，视察的，监督的 >>> *s.* 检查员、监督员

141. vid-，vis- 分，分开　【印欧词根 *weidh- 分开→拉丁语 - videre，- visus 分开　注：语言学家推断词动词在拉丁语中只用于复合词，所以前面加上连字符；→拉丁语 viduus 鳏夫、vidua 寡妇】

· **dividir** ｛二级三级四级 **B** 级｝

【拉丁语 dīvidere，dīvīsus 分开：di- 分开，远离 +-videre，-visus 分开】

tr. 使分开；分配 (财产等)；分裂 (国家等)；〈数〉除

· **dividendo** ｛二级三级八级 ｝

【拉丁语中性副动词 dīvidendum】

m. 〈数〉被除数；股息

· **división** ｛二级三级四级 ｝

【-ión 名词后缀】

f. 分开，划分；分配；〈数〉除法；不和，分歧；科，处，部门

· **divisa** ｛二级三级四级 ｝

【拉丁语阴性分词 divisa ⇒被分开的事物，显而易见的事物】

f. 标记，标志

f./f.pl. (常用复数) 外币，外汇

· **divisar** ｛二级八级 ｝

【拉丁语 dīvidere(西语 dividir 使分开) →分词 dīvīsus →通俗拉丁语 *dīvīsāre ⇒看被分开的物体】

tr. 眺望，遥见

· **subdividir** ｛二级三级八级｝

【拉丁语 subdividĕre：sub- 在下、次】

tr. 把……再分 >>> *prnl.* 再分为

· **individuo** ｛二级三级四级｝

【拉丁语 indīviduus 不能再被分的：in- 否定 + 拉丁语 dīviduus 可分的 ← dīvidere(西语 dividir 使分开) ⇒不能再被划分的个体】

m. 个人，个体；成员

s.com. 〈口〉某人，家伙 (指不知道名字或不想说出名字的人)

· **individual** ｛二级三级四级 A 级｝

【-al 表相关】

adj.inv. 个人的，个体的；单人使用的；突出的，独特的

· **individualismo** ｛二级三级八级｝

【-ismo 主义】

m. 个人主义，利己主义

· **viudo, da** ｛二级三级四级 A 级｝

【印欧词根 *weidh- 分开→拉丁语 viduus 鳏夫、vidua 寡妇　音变：第一个 u 发生字母移位、-us → -o ⇒配偶因死亡而离开自己的人】

adj. 丧偶 (不再婚) 的 >>> *s.* 鳏夫，寡妇

· ***viudal**

【-al 表相关】

adj.inv. 鳏夫的，寡妇的

· ***viudez**

【-ez 名词后缀】

f. 鳏居，寡居

h. 现在词干：以 ct 结尾→分词词干：ct 变成 x

142. flect-，flex- 弯曲，折　【拉丁语 flectere，flexus 弯曲，折叠】

· **flexible** ｛二级八级 B 级｝

【拉丁语 flectere 弯曲，折叠→分词 flexus → flexibilis：flex- 弯曲，折 +-ible……的】

adj.inv. (物体) 柔韧的；(计划等) 可变通的；(人) 易适应的，随和的；(性格等) 温顺的

· **flexibilidad** ｛二级三级八级 B 级｝

【-idad 名词后缀】

f. 柔韧性；变通性，灵活性

· **inflexible** { 二级三级八级 }

【in- 表否定】

adj.inv. (物质等) 不可弯曲的；(人、意志等) 坚定的

· **reflejo, ja** { 二级三级四级 }

【拉丁语 reflectere 折回→分词 reflexus：re- 返回 +flex- → (音变：x 变 j)flej- 弯曲，折⇒折射回去的东西】

adj. 反射的 >>> *m.* 反射光，反光；映像，倒影；反映，表现

adj. 本能反应的 >>> *m.* 本能反应 >>> *m.pl.* 快速反应能力 (能快速做出反应的能力)

· **reflejar** { 二级三级八级 }

【-ar 动词后缀】

tr. 使 (光、声、热等) 反射 >>> *prnl.* (光、声、热等) 反射

tr. 反映，表现 >>> *prnl.* 呈现出

prnl. (疼痛) 反射 (指在身体某处感到疼痛，而疼痛的根源在身体的另一个部位)

· **reflexivo, va** { 二级三级八级 B 级 }

【拉丁语 reflectere 折回→分词 reflexus(西语 reflejo 反射的)；+-ivo……的⇒来回想的】

adj. 深思熟虑的；（动词、句子等）自复的

· **reflexión** { 二级三级四级 B 级 }

【-ión 名词后缀】

f. 思索，仔细考虑；劝告，警告；反射

· **reflexionar** { 八级 B 级 }·

【-ar 动词后缀】

intr./tr. 思索，仔细考虑

143. nect, nex- 连接 【拉丁语 nectere, nexus 连接】

· **nexo** { 二级八级 }

【拉丁语 nectere 连接→分词 nexus】

m. 连接，联系；〈语〉关联词

· **anexo, a** { 二级三级八级 }

【拉丁语 annectere，annexus 连接：a- 表方向 +nex- 连接⇒连接在另一物上的】

adj. 附加的，附属的 >>> *m.* 附件，附录，附属物

· **conectar** { 二级三级四级 B 级 }

【拉丁语 connectere →英语 connect：co- 共同，加强语气 +nect- 连接 +-ar 动词后缀】

tr. 连接，接上；使接通电源

tr. 使联系 >>> *intr.* 联系

　· **conexión** { 二级三级四级 B 级 }

　【connectere(见西语 conectar 联系) →分词 connexus；+-ión 名词后缀】

　　f. 联系；关系 (器具零件的) 连接；(器具零件的) 连接点

　· ***conectivo, va**

　【西语构词法：西语 conectar 和后缀 -ivo 直接派生】

　　adj. 连接的

　· **desconectar** { 二级三级八级 }

　【des- 否定】

　　tr. 切断 (电源)

　　prnl. 分离，分开 (和某人或某事不再有关联)

· **nudo, da** { 二级三级八级 }

【同印欧词根 *ned- 绑→拉丁语 nodus 结】

m. (绳子等的) 结；(路) 交汇处，枢纽；联系，结合；症结，难点

adj. 裸体的 (来自另外一个词根)

　· **nudista** {B 级 }

　【-ista... 的 / 者】

　　adj.inv. 裸体主义的 >>> *s. com.* 裸体主义者

　· ***anudar**

　【简化记忆：a- 表方式 +nudo 结 +-ar 动词后缀】

　　tr. 给……打结 >>> *prnl.* (绳子等) 打结

　　tr. 结上 (友谊等)；继续 (中断的事情)

　　· **reanudar** { 二级三级四级 }

　　【re- 再次，加强语气】

　　　tr. 继续进行，继续做 (中断的事情)>>> *prnl.* (中断的事情) 继续进行

> **i. 以流音加 c 或 g 结尾的现在词干，需把 c/g 变成 s, 即：**
> **现在词干 r/l+c/g →分词词干 r/l+s**

144. merg-，mers- 沉没，浸泡　【拉丁语 mergere，mersus 浸】

· **emerger** { 二级三级八级 }

【拉丁语 ēmergere：e- 向外 +merg- 沉没，浸泡 +-er 动词后缀】

intr. 露出水面；出现

· **emergente** ｛二级三级八级｝

【-ente……的】

adj.inv. 露出水面的；（突然）浮现的，出现的

· **emergencia** ｛二级三级四级 A 级｝

【-ia 名词后缀】

f. 浮现，浮出水面；紧急情况，突发事件；急事

· **sumergir** ｛二级三级四级｝

【拉丁语 submergere: su- 在下 +merg- 沉没，浸泡 +-ir ⇒向下沉没】

tr. 使浸没，使陷入（水或其它液体中）>>> *prnl.* 沉入，陷入（水或其它液体中）

tr. 使陷入（某种状态）>>> *prnl.* 陷入（某种状态）

· ***inmerso, sa**

【拉丁语 immergere 淹没→分词 immersus: in- 向内 +merg- 沉没，浸泡→ mers-】

adj. 浸没的，沉浸的；陷入（某种状态）的

· ***inmersión**

【-ión 名词后缀】

f. 浸没，沉浸

j. 现在词干中鼻音 m/n 在分词词干中脱落

145. cern-，cert- /cret- 分开 【拉丁语 cernere，certus/cretus 分开，筛选】

· **cierto, ta** ｛二级三级四级 B 级｝

【cernere 筛选，分开（西语 cerner 筛选）→分词 certus 音变：e 变 ie ⇒区分真假的】

adj. （用在名词后面）确实的，确信的，无疑的；（位于名词前表示）某一，某个，一些

adv. 当然（用于回答表示同意）

· **certeza** ｛二级三级四级 B 级｝

【-eza 抽象名词后缀】

f. 确定性，确实性；确信，肯定

· **incertidumbre** ｛二级三级八级 B 级｝

【in- 表否定 +certidumbre 确定，确信: cert- 见 cierto 确实的 +-i-+-dumbre 名词后缀】

f. 不确定，无把握；犹豫，踌躇

· **acertar** ｛二级三级八级 B 级｝

【a- 构成派生词⇒说出确信的答案】

tr./intr. 猜中

tr. 射中，击中

intr. 〈口〉(在寻找后) 找到，遇到；作对，选对；碰巧，恰巧

· **acierto** ｛二级八级｝

　m. 答案正确；猜中，命中，击中熟巧；做对的事

· **acertado, da** ｛二级八级｝

　【acertar 的分词】

　adj. 适宜的，适当的，得当的

certificar ｛二级三级八级 B 级｝

【拉丁语 certificāre，certificātus：cert- 见 "cierto 确信的" +-ificar 做⇒因为相信某事，才会和别人说明】

tr. 确认，证实；给 (邮件) 挂号

· **certificación** ｛二级八级｝

　【-ción 名词后缀】

　f. 证明书，证书；(邮件) 挂号；确认；证明；证实

· **certificado, da** ｛二级三级八级 A 级｝

　【certificar 的分词】

　adj. 挂号的 >>> *m.* 挂号邮件

　m. 证明书，证书

· **concernir**

【con-+cernere 筛选→拉丁语 concernere 混合，参照英语 concern 涉及】

intr. 与……有关，涉及

· **concerniente** ｛二级三级八级｝

　【-iente……的】

　adj.inv. 和……有关的，关于……的

· **concertar** ｛二级三级八级｝

　【拉丁语 concernere 混合 (西语 concernir) → 分词 concertus → 反复动词 concertāre 同意：con- 共同，加强语气 +cert- 筛选 +-ar 动词后缀⇒筛选多方意见，最终达成协议】

　tr. 达成 (协议)，议定 (价格)

　tr. 使一致 >>> *intr./prnl.* 一致

　· **concierto** ｛二级三级四级 A 级｝

　　m. 协调，整齐 (指多个事物和谐、协调在一起地状况)；协议；协奏曲；音乐会，演奏会

　· ***desconcertar**

　　【des- 否定前缀】

tr. 使不知所措，使惊慌失措 >>> *prnl.* 不知所措，惊慌失措

· **desconcertado, da** { 二级八级 }

【desconcertar 的分词】

adj. 不知所措的，惊慌失措的

· **secreto, ta** { 二级三级四级 }

【拉丁语 secernere 分离（英语 secern 区别）→分词 secretus 分开的】

adj. 秘密的 >>> *m.* 秘密

adj. 隐秘的；机密的

· **secretario, ria** { 二级三级四级 }

【-ario 表示人⇒掌握公司，部门等机密的人】

s. 秘书，书记；部长

· **secretaría** { 二级三级八级 B 级 }

【-ía 名词后缀】

f. 秘书（书记、部长）职务；秘书处，书记处；（一个单位的）行政管理部门

· **decreto** { 二级三级四级 }

【拉丁语 dēcernere 决定→变体分词 dēcrētus ⇒离开中央，下达到地方的文件】

m. 法令，政令；（法律）判决，审判；教谕

· **decretar** { 二级八级 }

【-ar 动词后缀】

tr. 颁布（命令、决定等）；（法律）判决

· **discreto, ta** { 二级八级 B 级 }

【拉丁语 discernere 分开，辨别（西语 discernir 识别，辨别）→分词 discrētus：dis-
远离 +cern- 筛选 =cret- ⇒识别相似事物的】

adj. 谨慎的，慎重的；机智的，机敏的；适度的

· **discreción** { 二级三级八级 }

【-ión 名词后缀】

f. 谨慎，慎重；合情合理

· **indiscreto, ta** { 二级八级 B 级 }

【in- 否定】

adj. （人、问题等）不谨慎的，轻率的，不慎重的

s. 冒失鬼

· **indiscreción** { 二级三级八级 }

【-ión 名词后缀】

f. 冒失，轻率；冒失的言行

· **excremento** ｛二级三级八级｝

【拉丁语 excernere 排泄→ excrēmentum: ex- 向外 +cre- 筛选，分开 +-mento 名词后缀 注：不少英语词源词典标明此处 cre- 来自分词词干，但牛津拉丁语词典和法语词源词典都标明其为现在词干 cern- 的变体: n 在 m 前脱落，r 发生位移】

m. 粪便，排泄物

· **crimen** ｛二级三级四级｝

【cri- 和本栏词根同印欧词根 *krei- 筛选→拉丁语 crimen 罪 简化记忆: cre- 筛选、分开→ cri-+-men 名词后缀⇒区分好坏】

m. 罪行，重罪 (多指造成严重伤亡的罪行 =delito grave)

· **criminal** ｛二级三级八级 B 级｝

【-al 表相关 注: e 变 i】

adj.inv. 犯罪的 (与罪行有关的或有犯罪性质的)；刑事上的 (与刑法实施有关的)；〈口〉极坏的 (指处于非常糟糕的状态的)

adj.inv. 犯罪的 (指有犯罪倾向的或已经犯罪了的)>>> *s.com.* 罪犯，犯人

· **criminalista** ｛B 级｝

【-ista 人】

adj.inv. 刑法学的

s.com. 刑法学家，刑法律师

· **discriminar** ｛二级八级｝

【拉丁语 discrīmināre, discrīminātus: dis- 远离 +crimin- 见 crimen 罪行 +-ar ⇒区别是非，远离罪行】

tr. 区别，辨别；歧视，有差别地对待

· **discriminación** ｛二级三级八级 B 级｝

【-ión 名词后缀】

f. 区别，辨别；歧视

· **discriminatorio, ria** ｛二级八级 B 级｝

【-orio……的】

adj. 歧视的

146. fig-, fing-, fict- 塑造 【拉丁语 figura 外形，轮廓；fingere, fictus 使成型】

· **figura** ｛二级三级四级 B 级｝

【拉丁语 figura 外形，轮廓: fig-=fing- 塑造 +-ura 名词后缀】

f. 体形，身材，体型；(人或动物的) 塑像，画像；(作品中) 人物

· **figurar** ｛二级三级四级｝

【-ar 动词后缀】

tr. 假装；代表，象征

intr. 出现，在场；出众，有名望；扮演，担当

prnl. 相像，以为

· **figurado, da** ﹛二级三级八级﹜

﹙figurar 的分词﹚

adj. 比喻的

· **desfigurar** ﹛二级三级八级﹜

﹙des- 表否定 +figura 外形 +-ar 动词后缀﹚

tr. 使变丑，使毁容 >>> *prnl.* 毁容

tr. 歪曲

· **configurar** ﹛二级三级八级 B 级﹜

﹙拉丁语 cōnfigūrāre，cōnfigūrātus：con- 加强语气 + 见 figura 外形 +-ar 动词后缀﹚

tr. 使形成，使有一定的形状 >>> *prnl.* 形成

· **configuración** ﹛二级八级 B 级﹜

﹙-ión 名词后缀﹚

f. 形成 (表动作、过程)；外形，形状；(计算机的) 配置，设置

· **fingir** ﹛二级三级四级﹜

﹙拉丁语 fingere 使成型：fing- 塑造 +-ir 动词后缀﹚

tr. 伪造

tr. 假装 >>> *prnl.* 假装

· **ficticio, cia** ﹛二级八级 B 级﹜

﹙拉丁语 fingere 使成型 (西语 fingir 伪造) →分词 fictus；+-icio 名词后缀﹚

adj. 虚构的

· **ficción** ﹛二级三级八级 B 级﹜

﹙拉丁语 fingere 使成型 (西语 fingir 伪造) →分词 fictus；+ión 名词后缀﹚

f. 假装，伪装；杜撰，虚构；科幻作品

147. frang-，frag-，fract- 折断　﹙拉丁语 frangere，fractus 打破　注：鼻音 n 在现在词干也可能脱落，此外其常发生元音转换，所以现在词干 frang- 在西语中常以 frag- 和 fring- 的形式出现。﹚

· **frágil** ﹛二级三级八级 B 级﹜

﹙拉丁语 frangere，frāctus 打破→ fragilis：frag- 折断 +-il(易)……的﹚

adj.inv. 易碎的；弱的，虚弱的

· **fragilidad** ﹛B 级﹜

﹙-idad 名词后缀﹚

f. 易碎性；弱，虚弱

- **fragmento** ｛二级三级四级｝

【拉丁语 frangere 打破→ fragmentum: frag- 折断，损坏 +-mento 名词后缀】

m. 碎片；（文章或书籍的）片断

- **fracción** ｛二级三级四级｝

【fract- 折断 +-ión 名词后缀】

f. 分割（表动作）；（分割出的）部分，碎片；派，派系；〈数〉分数

- **infringir** ｛二级三级八级｝

【拉丁语 īnfringere，īnfrāctus: in- 向内，加强语气 +frag- 折断→（元音转换：a 变 i）→ fring-+-ir 动词后缀⇒损坏公共财产】

tr. 违反，违犯（法律等）

- **infracción** ｛二级三级八级｝

【fract- 折断 +-ión 名词后缀】

f. 违反，违犯，违法

- **sufragio** ｛二级三级八级｝

【拉丁语 suffrāgārī 投票: sub- 在下→ suf-+frag- 和 frangere，见西语 "frangir 打碎" 同源于印欧词根 *bhreg- 打破⇒用碎瓦片来投票】

m. 〈政〉投票选举制度；选举，投票；（尤指团体用经济手段给需要的人，如 受灾的人提供的）帮助，救助

148. fund-, fus- 灌入，流入 　【拉丁语 fundere, fusus 倒 / 倾泻】

- **fundir** ｛二级三级四级｝

【拉丁语 fundere 倒，倾泻: fund- 灌入，流入 +-ir 动词后缀⇒流入→使固体能够流动】

tr. 使（玻璃、金属等）熔化，使（冰雪等）融化（指使固体变成液体）>>>

intr./ prnl.（玻璃、金属等）熔化，（冰雪等）融化

tr. 使融合（指使不同的人事物合为一体）>>> *prnl.* 融合

tr. 使（电器等）烧坏 >>> *prnl.*（电器等）烧坏

tr./ prnl. 浪费，挥霍

- **fusión** ｛二级三级八级｝

【-ión 名词后缀】

f.（金属的）熔化，（冰雪的）溶化；（机构等的）联合，合并；〈物〉聚变

- **fusible** ｛二级三级八级｝

【-ible 能（被）……的】

adj.inv.（金属等）可熔化的，易熔的 >>> *m.* 熔丝，保险丝

- **hundir** ｛二级三级四级｝

  【和 "fundir 使熔化" 同源于拉丁语 fundere 倒，倾泻 音变：词首 f 变 h】

  tr. 使 (房屋等) 倒塌，使坍塌 >>> *prnl.* 倒塌，坍塌

  tr. 使下沉，使陷入 >>> *prnl.* 下沉，陷入

  tr. 使泄气，使沮丧 >>> *prnl.* 泄气，沮丧

  tr. 使失败，使破产 >>> *prnl.* 失败，破产

- **transfusión** ｛B 级｝

  【trans- 横跨 +fus- 灌入，流入 +-ión 名词后缀】

  f. 灌入，注入；传播；〈医〉输血

- **confundir** ｛二级三级四级 B 级｝

  【拉丁语 cōnfundere，cōnfūsus：con- 共同，加强语气 +fund- 灌入，流入 +-ir 动词后缀⇒不同的液体流入一个容器中】

  tr. 混合 (把某物和另一物混在一起，使难以区分)>>> *prnl.* 混合

  tr. 搞错，混淆 >>> *prnl.* 搞错，混淆

  tr. 弄混，弄乱 (搞乱物体的顺序)；使茫然，使糊涂，使不知所措；使难堪，使难为情

  - **confuso, sa** ｛二级三级四级｝

    【拉丁语分词 cōnfūsus】

    adj. 混乱的，难分辨的；茫然的，不知所措的

  - **confusión** ｛二级三级四级｝

    【-ión 名词后缀】

    f. 搞错，混淆；混乱；茫然，不知所措

- **difundir** ｛二级三级四级｝

  【拉丁语 diffundere，diffūsus：di- 分离，远离 +fund- 灌入，流入 +-ir ⇒流 / 传向不同地方】

  tr. 使扩散 >>> *prnl.* (物质等) 散开

  tr. 传播，散布 (消息等)>>> *prnl.* (消息等) 传播

  - **difusión** ｛二级三级四级｝

    【-ión 名词后缀】

    f. 扩散；传播

- **infundir** ｛二级三级八级｝

  【拉丁语 īnfundere，īnfūsus：in- 向内 +fund- 灌入，流入 +-ir ⇒流入内部引起效应】

  tr. 引起，产生 (某种感情)；注入，灌入 (此语义较为少用，可用 verter 等词代替)

  - **infusión** ｛A 级｝

【-ión 名词后缀】

f. (情感等的) 引起，产生；泡制

149. lincu- 离开，抛弃　【拉丁语 linquere，lictus 离开，抛弃】

· **delincuente** ｛二级三级八级 **B** 级｝

【拉丁语 dēlinquere，dēlictus 冒犯 (西语 delinquir 犯罪)：de- 加强语气、远离 +linquere 离开，抛弃；+-ente 表主动 注：为保证动词 -qu- 的音值，需变成 -cu-】

adj.inv. 犯罪的 >>> *s.com.* 犯人，罪犯

　· **delincuencia** ｛二级八级｝

　【-ia 名词后缀】

　　f. 犯罪，犯罪行为

　· **delito** ｛二级三级四级 B 级｝

　【拉丁语分词 dēlictus 音变：ct 变 c】

　　m. 坏事；犯罪，犯法，罪行

· **reliquia** ｛二级三级八级｝

【拉丁语 relinquere 遗留：re- 加强语气 +linquere 离开、抛弃 → reliquus 遗留的 → reliquiae 遗留 注：词根中的 n 脱落】

· *f.* 圣徒遗物，圣物；遗物 (泛指过往事物遗留下的痕迹)；(受伤或生病后的) 后遗症

150. pis-，pist- 重击　【拉丁语 pīnsere，pistus 反复重击】

· **pisar** ｛二级三级四级｝

【拉丁语 pīnsere 反复重击→通俗拉丁语 pinsāre 音变：-ns- 变 -s-】

tr. 踩，踏；踩紧，踩实；进入，出现在；〈口〉抢先 (争取到)；践踏，侮辱；按 (琴键)，拨 (琴弦)；盖住 (一部分)

　· **piso** ｛二级三级四级 A 级｝

　　m. 鞋底；地板，地面，路面；(物体的) 层；(楼房的) 层，楼；(楼房内的) 套间

　· **pisotear** ｛二级三级八级｝

　【西语 pisar 踩，踏 +-ote-+-ar 动词后缀】

　　tr. 踩踏；践踏，侮辱

· **pista** ｛二级三级四级 **B** 级｝

【拉丁语 pīnsere，pistus 反复重击→反复动词 *pistāre →古意大利语 pistare 踩，踏

→ pista】

f. 脚印，足迹；线索；(体育活动的) 场地；(飞机) 跑道

- **autopista** { 二级 B 级 }

  【auto 汽车】

  f. 高速公路

151. pig-，pict-，pint- 画　【拉丁语 pingere，pictus 画　注：现在词干 ping- 主要以 pig- 形式出现在西语中；分词词干 pict- 在西语中的音变形式为 pint-，详见 pintar】

- ***pigmento**

  【拉丁语 pingere 画→ pigmentum：pig- 画 +-mento 名词后缀可表示工具】

  m. 颜料，涂料；色素

  - **pimienta** { 二级三级四级 A 级 }

    【pigmentum(西语 pigmento 颜料)→复数 pigmenta 音变：g 脱落；变 ie】

    f. 胡椒 (果实)

    - **pimiento** { 二级三级八级 }

      【和 pigmento 为同源对偶词，音变和语义见 pimienta】

      m. 辣椒 (植物或其果实)；辣椒 (果实)

- **pictórico, ca** {B 级 }

  【拉丁语 pingere 画→分词 pictus →拉丁语 pictor 画家→ pictōricus：pict- 画 +-or 表人 +-ico 表相关】

  adj. 绘画的；(风景等) 值得一画的

  - **pictograma** { 二级八级 }

    【拉丁语分词 pictus 绘画 +-grama 书写】

    m. 象形文字，象形符号

  - ***pictografía**

    【拉丁语分词 pictus 绘画 +-grafía 书写】

    f. 象形文字，象形符号

- **pintar** { 二级三级四级 B 级 }

  【拉丁语 pingere 画→分词 pictus →通俗拉丁语 *pinctār(此处 n 可能受 pingere 的影响) 音变：-ct- 变 -t- 简化记忆：pint- 画 +-ar 动词后缀】

  tr. 画，绘 (画、图等)；油漆，着色 (颜色)；描绘；夸张，夸大

  intr. (笔) 出笔墨，能书写；(多用于否定句或问句中) 起作用，有用

  intr./prnl. (果实成熟时) 泛出颜色

  prnl. 化妆

· **pintor, ra** ｛二级三级四级 A 级｝

【-or 人】

s. 画家；油漆工，粉刷工

· **pintoresco, ca** ｛二级三级四级｝

【-esco……的】

adj. (景色等) 优美的，如画的，有画意的；(语言等) 生动的；奇特的，怪异的

· **pintura** ｛二级三级四级 B 级｝

【-ura 名词后缀】

f. 绘画，绘画艺术；画，绘画作品；绘画颜料，涂料，油漆

152. scind-，scis- 分割，分裂　【拉丁语 scindere，scissus 分割，分裂】

· **escisión** ｛二级三级八级｝

【拉丁语 scindere 分割，分裂 (西语 escindir 分割) →分词 cissus → scissiōnem：e- 词首添音 +scis- 分裂 +-ión 名词后缀】

f. 分裂，决裂，裂开

· **prescindir** ｛二级三级四级｝

【拉丁语 praescindere 切断：prae 在……之前→ pre-+scindere 分割】

intr. 抛弃，舍弃 (决定不再拥有某物，决定放弃)；放弃 (使人或物远离某事，在一定语境下可以翻译成开除，解除职务，使不再担任某职务等)

· **imprescindible** ｛二级三级八级 B 级｝

【in- 表否定→ im-+prescindible 可以放弃的：prescindir+-ble 能 (被)……的】

adj.inv. 必不可少的

153. string-，strict- 拉紧，限制　【拉丁语 stringere，strictus 拉紧】

· **estricto, ta** ｛二级三级四级｝

【拉丁语 stringere 拉紧→分词 strictus 音变：e- 为词首添音⇒拉紧脸的，绷着脸的】

adj. 严厉的，严格的

· **estrecho, cha** ｛二级三级八级 A 级｝

【和 estricto 为同源对偶词 音变：e 为词首添音；-ct- 腭化成 -ch-，并使前面的 i 变 e，发生类似音变的单词如 directo，derecho】

adj. 挤的，狭窄的；(衣服等) 紧的；(关系等) 紧密的；严厉的，严格的

m. 海峡

· **estrechar** ｛二级三级四级｝

【-ar 动词后缀】

tr. 使变窄，使变小 >>> *prnl.* 变窄，变小；挤在一起

tr. 抱住，握住；使亲密，使团结

· **distrito** ｛二级三级四级 B 级｝

【拉丁语 distringere，districtus 妨碍，阻碍：di- 分开，远离 +stringere，strictus 拉紧⇒把整体拉成多个部分⇒一个地方的几个部分 音变 -ct- 变 c，对照英语 district】

m. 地区，行政区，区，县

· **restringir** ｛二级三级四级｝

【拉丁语 restringere，restrictus：re- 加强语气 +stringere，strictus 拉紧】

tr. 限制，限定，缩减 >>> *prnl.* 受限

· **restricción** ｛二级八级｝

【-ión 名词后缀】

f. 限制，限定，缩减

f./ f.pl. (常用复数) 限量 (尤指对使用的限制)

· **prestigio** ｛二级三级四级｝

【praestringere 触动；使迟钝：prae- 前 +stringere 拉 紧 → *praestrīgiae → 变 体 praestīgiae 戏法；技巧→法语 prestige 错觉 由于这个词的词形和词义变化较复杂，建议简化记忆：pre- 前 +string- → stig- 拉紧，限制，约束 +-io 名词后缀⇒拉紧他人的嘴→捂住说自己坏话的嘴，以保住自己的名声】

m. 威望，声望

· **prestigioso, sa** ｛二级三级八级｝

【-oso……的，多……的】

adj. 有威望的，有声望的

· **prestigiar**

【-ar 动词后缀】

tr. 使有威望，使有声望

· **prestigiado, da** ｛二级八级｝

【prestigiar 的分词】

adj. 有威望的，有声望的

· **desprestigiar** ｛二级三级八级｝

【des- 表否定】

tr. 使失去威望，使失去名声 >>> *prnl.* 失去威望，声名狼藉

· **estrés/stress** {二级三级八级 B 级 }

【来自英语 stress，最终源于拉丁语 stringere 拉紧 注: e 为词首添音; 复数为 estreses】

m. 紧张状态，应激反应

· **estresar** {B 级 }

【-ar 动词后缀】

tr. 使精神紧张 >>> *prnl.* 紧张

· **estresado, da** {B 级 }

【estresar 的分词】

adj. (人等) 紧张的

154. tang-，tag-，tact- 触摸 【拉丁语 tangere，tactus 接触 注: 现在词干 tang- 中的鼻音 n 有可能脱落】

· ***tañer**

【拉丁语 tangere，tāctus 摸，接触 音变: -ng- 腭化成 ñ ⇒接触乐器，演奏乐器】

tr. 演奏，敲打 (乐器)

· **tangible**

【-ible 能被……的】

adj.inv. 可感知的 (指可以通过触摸而感到的)；确实的，明显的，(可以清楚感受到的)

· **tacto** {二级八级 B 级 }

【拉丁语分词 tāctus】

m. 触摸；触觉；手感，触感；圆滑，有分寸

· **intacto, ta** {二级三级八级 }

【拉丁语 intactus: in- 表否定 + 见 tacto 触摸】

adj. 没被碰过的；完整的，未用过的；未涉及到的

· **tasa** {二级三级四级 }

【拉丁语 tangere，tactus 接触 (西语 tañer 演奏) →反复动词为 taxare 轻触、定价→西语 tasar 定价】

f. 定价；费用 (尤指享受公共服务，给有关部门的费用，如学费、电费等)；率，比率；官方价格；限制

· **contagiar** {二级三级四级 B 级 }

【拉丁语 contingere、contactus 接触: con- 共同、加强语气 +tangere 接触 (西语 tañer 演奏) →名词 contāgiō 接触 (西语 contagio 传染病)】

tr. 传染，使感染 (疾病)>>> *prnl.* 感染 (疾病)

tr. 感染，影响 (使有某种习惯或恶习)

· **contagioso, sa** ｛二级三级八级 B 级｝

　【-oso……的】

　adj. (疾病) 传染 (性) 的；(微笑等) 有感染力的

· **contingente** ｛二级三级八级｝

　【拉丁语 contingere 接触 (西语 contagiar) →现在分词 contingentem】

　adj.inv. 意外的，可能的 >>> *m.* 意外事件

　m. (生产、进出口的) 配额，定额；兵力，部队

· **contacto** ｛二级三级四级 B 级｝

　【拉丁语分词 contactus 对照英语 contact 接触】

　m. 接触，接触点；连接；接触器；联络人，交通员

· **contiguo, gua** ｛二级八级｝

　【拉丁语 contingere 接触 (见西语 contagiar 传染) → contiguus 相邻的】

　adj. 邻近的，紧挨的

· **acontecer** ｛二级三级四级｝

　【拉丁语 contingere 接触、发生 (见 contagiar 传染) →通俗拉丁语 *contigere →

　古西语 contir(音变：元音间 g 脱落) →古西语 contecer(-ecer 表开始)：a- 构成派

　生词 +contecer=acontecer 简化记忆：a- 表方向 +con- 加强语气 +tag- 接触→ t-+-

　ecer 动词后缀⇒触摸开关，使机器开始运行】

　intr. 发生 (只用于第三人称变位和无人称形式)

　· **acontecimiento** ｛二级三级四级 B 级｝

　　【-imiento 表动作，结果】

　　m. 要事，大事 (尤指重要的事情)

· **contaminar** ｛二级三级四级 **B** 级｝

【拉丁语 contāmināre，contāminātus：con- 加强语气 +tamin- 为拉丁语 tangere 的

异体词根 +-are ⇒接触过→污染】

tr. (使) 污染 >>> *prnl.* (被) 污染

tr. 传染 (疾病)，(疾病) 传播 >>> *prnl.* 感染 (疾病)

· **contaminante** ｛B 级 ｝

　【-nte……的，表主动】

　adj.inv. 造成污染的 >>> *m.* 污染物

· **contaminación** ｛二级三级四级 B 级 ｝

　【-ión 名词后缀】

　f. 污染；(疾病的) 传染、(疾病的) 感染

· **íntegro, gra** ｛二级三级八级｝

【拉丁语：integer 完整的，完全的 (英语 integer 整数) →宾格 integrum：in- 表否定

+ 印欧词根 *tag- 接触】

adj. 完整的，全部的；（人）正直的，公正的

· **integral** ｛二级三级八级 B 级｝

　【-al 表相关】

　adj. 完整的，整个的，整体的

· **integrar** ｛二级三级四级｝

　【-ar 动词后缀】

　tr. 使结合，使融入 >>> *prnl.* 与……结合一体

　tr. 使一体化 >>> *prnl.* 与……合为

　· **integrante** ｛二级三级四级｝

　　【-nte……的】

　　adj.inv. 组成的，构成整体的

　　s.com. 成员

　· **integración** ｛二级三级四级 B 级｝

　　【-ión 名词后缀】

　　f. 结合，一体化

　· **desintegrar** ｛二级三级八级｝

　　【des- 表否定】

　　tr. 使分裂，瓦解 >>> *prnl.* (组织等) 分裂，瓦解

· **entero, ra** ｛二级三级四级 B 级｝

　【和 "íntegro 完整的" 同源于拉丁语 integer，integrum 完整的 音变：in- → en-；
　g 脱落】

　adj. 整个的，完整的，完全的；（人）坚强的，顽强的，沉着镇静的；（人）
　健壮的，身体状况好的

　m. 整数

　· **enterar** ｛二级三级四级 B 级｝

　　【entero 完整的 +-ar ⇒把事情完完整整地告诉了他人】

　　tr. 通知，告知 >>> *prnl.* 获悉，得知；

　　prnl. 明白，理解

　　· **enterado, da** ｛二级三级八级｝

　　　【enterar 的分词】

　　　adj. 〈贬〉自认为内行的，自认为通晓的 >>> *s.* 自认为的行家

　　　adj. 知道的，了解的

· **entregar** ｛二级三级四级 B 级｝

　【和 "integrar 使成一体，组成" 同源于拉丁语 integrare，详见 íntegro 和 entero 音变：
　in- → en-、r 发生位移⇒把所有的东西给别人】

　tr. 把 (物体等) 交给，把 (事情等) 委托给，授予 (奖项等)

prnl. 投降；自首；沉溺于

· **entrega** ｛二级三级四级 B 级｝

　f. 交给，交付；授奖仪式；(分期出版的) 分册，分卷

155. vinc-, vict- 战胜 【拉丁语 vincere, victus 战胜，征服】

· **vencer** ｛二级三级四级 B 级｝

【拉丁语 vincere 战胜，征服 音变：i 变 e】

tr. 战胜，打败 (敌人等)；制伏；胜过，占优势 (他人)；战胜 (情感)；克服 (困难等)；压弯 (指重量使人或物倾斜)

intr. (合同等) 到期

· **vencido, da** ｛二级八级｝

【vencer 的分词】

　adj. 被征服的 >>> *s.* 被征服者

　adj. 到期的，过期的

· **vencimiento** ｛二级八级｝

【-imiento 名词后缀】

　m. 战胜；被战胜，战败；弯曲，倾斜；到期，期满

· **vencedor, ra** ｛二级八级｝

【-dor 表主动】

　adj. 获胜的 >>> *s.* 获胜者

· **invencible** ｛二级三级四级｝

【in- 否定前缀 +vencible 可战胜的：venc- 战胜 +-ible……能被……的】

　adj.inv. 不可战胜的，不能征服的；(困难等) 不能克服的

· **victoria** ｛二级三级四级 B 级｝

【拉丁语 vincere 战胜，征服 (西语 vencer) →分词 victus → victor 胜利者 (英语 victor、西语 Víctor) → victōria 胜利，胜利女神】

　f. 胜利，成功；克服

　· **victorioso, sa** ｛二级八级｝

　【-oso……的】

　　adj. 胜利的 (和胜利有关的，表达胜利之情的)；获胜的，得胜的

· **convencer** ｛二级三级四级｝

【拉丁语 convincere, convictus(英语 convince)：con- 共同，加强语气 + 见 vencer 战胜⇒用言语战胜他人的犹豫】

tr. 说服 >>> *prnl.* 信服，确信，对……感到有把握

tr. (用于否定句或疑问句) 使高兴，使满意

· **convencido, da** ｛二级三级八级 B 级｝

【convencer 的分词】

adj. 确认的，信服的

· **convincente** ｛二级三级八级｝

【-ente…… 注：注意词根中的元音】

adj.inv. 有说服力的

· **convicción** ｛二级三级八级｝

【-ión 名词后缀 注：注意词根中的元音⇒战胜恐惧或消极心态的思想】

f. 坚信，确信

f.pl. 信仰，信念

· **provincia** ｛二级三级四级 B 级｝

【拉丁语 prōvincia 古罗马帝国帝国除意大利本土之外所有征服地区中最大的行政单位：pro- 前 +vincere 战胜（西语 vencer）】

f. 省，州

f.pl. 外省（指首都外的地方）

· **provincial** ｛二级三级八级 B 级｝

【-al 表相关】

adj.inv. 省的，州的

· **interprovincial** ｛B 级｝

【inter- 在……之间】

adj.inv. 省际的，州际的

· **provinciano, na** ｛二级三级八级｝

【-ano 表相关，常表人】

adj. 地方上的，乡下的

adj. 〈口，贬〉乡土的 >>> *s.* 乡巴佬

k. 其它

156. bat- 打 【拉丁语 battuere 击打→晚期拉丁语 battere】

· **batir** ｛二级三级四级 B 级｝

【拉丁语 battuere 击打→晚期拉丁语 battere：bat- 打 +-ir 动词后缀】

tr. 击打，敲打（锣鼓等）；搅拌（多指液状物体，如鸡蛋）；打破，刷新（记录）；战胜，击败（对手、困难等）；拍打，挥打（翅膀等）

· **batidora** ｛B 级｝

【-dor →阴性 -dora 表主动，具体可以指机器或人等】

f. 搅拌器，粉碎器

- **batería** ｛二级三级四级 B 级｝

  【拉丁语 battuere 击打→晚期拉丁语 battere(西语 batir 击打) →法语 batre 击，打→名词 baterie: bat- 打→武器→炮 +-ería 名词后缀】

  f. 〈军〉炮台，排炮；一组打击乐器；(乐队里的) 打击乐器手；一系列；(整套) 金属炊具；蓄电池

- **batalla** ｛二级三级四级 B 级｝

  【bat- 打 +-alla 联想成名词后缀】

  f. 战役，战斗；(人与人之间的) 争斗，搏斗，斗争；(思想) 斗争；(特指讲述人为故事主人翁的) 故事

  - **batallón** ｛二级三级八级｝

    【-ón 指大词后缀】

    m. (人) 群；(军队的) 营

- **abatir** ｛二级三级四级｝

  【a- 构成派生词 +batir ⇒打倒→弄到】

  tr. 使下降；使倾斜，弄弯

  tr. 弄倒，推倒 >>> *prnl.* 倒下

  tr. 使消沉，使沮丧，使气馁 >>> *prnl.* 感到消沉，感到沮丧，感到气馁

  prnl. (猛禽) 扑向，扑下；(飞机) 往下落，俯冲 (sobre)；(不好的事情) 降临，发生 (sobre)

- **combatir** ｛二级三级四级｝

  【拉丁语 combattuere: com- 共同，加强语气 +bat- 打 +-ir 动词后缀⇒夜里攻击敌军军营】

  intr. 战斗，斗争；努力，奋斗

  tr. 攻击，进攻 (要塞等)；与 (疾病等) 斗争；反对，反驳 (建议、主张等)

  - **combate** ｛二级三级四级｝

    m. (军队之间的) 战役，战斗；(人或动物之间的) 打斗；(内心的) 斗争，矛盾；(运动) 格斗

  - **combatiente** ｛二级八级 B 级｝

    【-iente……的】

    adj.inv. 战斗的，斗争的 >>> *s.com.* 〈个〉战士 (参与战争的士兵)

- **debatir** ｛二级三级八级 B 级｝

  【拉丁语 debattŭĕre: de- 向下 +bat- 打 +-ir ⇒想用语言击倒他人】

  tr. 讨论，辩论

prnl. 奋力、挣扎
- **debate** ｛二级三级四级 B 级｝
  m.（正式的）讨论，辩论

157. cand- 照亮，闪耀　【拉丁语 candere 照亮，闪耀→ candidus 白的】

- **candidato, ta** ｛二级三级四级 B 级｝
  【拉丁语 candēre 照亮→ candidus 白的（西语 cándido 洁白的；诚实的；纯洁的）→ candidare 使变白，使明亮→分词 candidatus 穿白衣服的　词源：那些想获得一官半职的古罗马人都会穿着白色的宽长袍到处演说，白色代表象征他们清白，穿宽长袍是为了让公众看到自己的立下战功的证据——伤痕】
  s. 候选人，候补者；申请者，竞选人
  - **candidatura** ｛二级八级｝
    【-ura 名词后缀】
    f.（通过选举的）竞选；申请（职位、职称等）候选人；（印有候选人名字的）选票；（集合名词）候选人
  - **candela** ｛二级八级｝
    【拉丁语 candēre 闪耀，照亮→ candela 蜡烛，对照英语 candle】
    f. 蜡烛；〈口〉火（泛指能点火的物体）
  - **candente** ｛二级三级八级｝
    【拉丁语 candere 闪耀→现在分词 candentem: cand- 照亮，闪耀 +-ente……的】
    adj.inv.（金属、矿物）烧红的，白热的；白热化的；迫切的

- **encender** ｛二级三级四级 B 级｝
  【拉丁语 incendere 点燃：in- 向内，加强语气 +candere 照亮　注：前缀变位 en；词根发生元音转换】
  tr. 点燃，点着；（食物等）使（身体部位）产生辣感；挑起，引起（争论、战争等）；激起，激发（使情感更加强烈）
  tr. 使接通电源 >>> *prnl.*（电器等）通电运作
  prnl. 脸红
  - **encendedor** ｛二级三级八级｝
    【-dor 表主动】
    m. 打火机，点火器
  - **incendio** ｛二级三级四级 B 级｝
    【见 encender+-io 名词后缀】
    m. 火灾；激动，激情
    - **incendiar** ｛二级八级 B 级｝
      【-ar 动词后缀】

tr. 放火烧，纵火 (补语尤指非燃烧物，如房子等)>>> *prnl.* 燃烧

· **incienso** { 二级八级 }

　　【拉丁语中性分词 incensum ⇒用来点燃的东西】

　　m. 香，熏香 >>> *m.* 焚香时的烟

　　m. 阿谀奉承

158. dol- 悲伤 　【拉丁语 dolere 悲伤】

· **doler** { 二级三级四级 A 级 }

　【拉丁语 dolere 悲伤】

　intr. 使疼痛；使不悦；使难过

　prnl. 诉苦，抱怨；同情；后悔，悔恨

　· **dolido, da** { B 级 }

　　【doler 的分词】

　　adj. 伤心的

　· **dolor** { 二级三级四级 A 级 }

　　【拉丁语 dolere 悲伤→ dolor：dol- 悲伤 +-or 名词后缀，表抽象、概念时和分词词干搭配使用】

　　m. 疼痛；痛苦

　　· **doloroso, sa** { 二级三级八级 }

　　　【-oso……的】

　　　adj. 使感到疼痛的；使痛苦的

　· **adolecer** { 二级三级八级 }

　　【a- 构成派生词 + 西语 doler 使疼痛 +-ecer 动词后缀】

　　intr. 患有 (某种慢性疾病)；缺乏 (加意志等表示积极的单词)，有……缺点 (加消极或贬义单词)

· **condolencia** { 二级三级八级 }

　【拉丁语 condolēre 同情：con- 共同，加强语气 +dolere 悲伤 (西语 doler 使难过)；+-encia 名词后缀】

　f. 同情；哀悼；吊唁

· **indolencia** { 二级八级 }

　【in- 表否定 + 西语 dolencia 小病，微恙← dolentia ← (+-ia 名词后缀) ←现在分词 dolentem ←拉丁语 dolere 悲伤 (西语 doler 使难过)】

　f. 冷漠，冷淡；懒散，怠惰

159. med-, mens- 测量 【拉丁语 metiri, mensus 测量 注：现在词干 met- 常以 med- 形式出现在西语中】

· **medir** { 二级三级四级 B 级 }
【拉丁语 metiri 测量 音变：元音间 t 浊化成 d】
tr. 量，测量；斟酌，衡量，权衡
intr. (身高、长度、宽度等) 达到
tr. 比较 >>> *prnl.* 相互较量
tr./prnl. (讲话、做事时) 谨慎，有分寸，有节制
· **medida** { 二级三级四级 B 级 }
【-ida 表动作、结果】
f. 测量，计量；(量得的) 尺寸，大小；度量单位；程度；(言行上) 分寸
f./f.pl. (常用复数) 措施，方法；
· **medición** { 二级三级四级 }
【- 西语名词后缀 -ción】
f. 量，测量
· **medidor, ra** { 二级三级八级 }
【-dor 表主动】
adj. 测量的，度量的 >>> *m.* 测量器，计量器
· **mesa** { 二级三级四级 A 级 }
【拉丁语 metiri(西语 medir 测量) →阴性分词 mensa 音变：-ns- 变 -s-⇒用测量过的木板制作的家具】
f. 桌子，饭桌；饭菜
· **meseta** { 二级三级八级 }
【-eta 指小词后缀】
f. 高原；(楼梯的) 平台
· **mesilla** {B 级 }
【-illa 指小词后缀】
f. 小桌；楼梯平台；床头柜
· **comensal**
【co- 共同 + 拉丁语 mensa(西语 mesa 桌子)+-al 名词后缀】
s.com. 同桌共餐的人
· **mesura**
【拉丁语 metiri(medir 测量) →分词 mensus → mensūra 测量：-ura 名词后缀 音变：-ns- 变 -s-】
f. 克制，有分寸；谦恭，有教养；庄重，严肃
· **mesurar**

【-ar 动词后缀】

tr. 使节制 >>> *prnl.* 克制，有分寸

· **desmesurar**

【des- 否定】

tr. 夸大

prnl. 过分，恣意妄为

· **desmesurado, da** ｛二级三级八级｝

【desmesurar 的分词】

adj. (言行举止) 无节制的，放肆无礼的；过大的，过分大的

· **inmenso, sa** ｛二级三级四级 B 级｝

【拉丁语 immēnsus: in- 否定 + 分词 mensus ← 拉丁语 metiri(西语 medir 测量)⇒无法被测量的】

adj. 广大的，辽阔的，无边际的；巨大的、无数的；(做到) 及时的；非常好的

· **dimensión** ｛二级三级四级 B 级｝

【dīmītīrī 量出→分词 dīmēnsus: di- 远离，分开 +mens- 测量 +-ión 名词后缀】

f. 尺寸，大小

f.pl. 面积；规模，重要性

· **tridimensional** ｛二级三级八级｝

【tri- 三 + 见 dimensión 尺寸 +-al……的】

adj.inv. 三维的，立体的

· **metro** ｛二级三级四级 A 级｝

【印欧词根 *mē-2 测量→希腊语 metron 希腊古典诗歌韵律的最小单位】

m. 米；地铁 (Ferrocarril Metropolitano 的缩写词)

· **métrico, ca** ｛二级三级八级｝

【-ico……的】

adj. 公制的

160. nac-，nat-，gnat- 生，出生 【拉丁语 nasci, natus 出生 注：在分词词干在西语中常以 nac- 形式出现，yod 使分词词干 nat- 中的 t 腭化成 c，使其看起来同现在词干；分词 natus 的古拉丁语形式为 gnatus，所以分词词干其中一个异体形式为 gnat- 】

· **nacer** ｛二级三级四级 A 级｝

【拉丁语 nāscī，nātus 生：nac- 出生 +-er 动词后缀】

intr. 出生，诞生；孵化；发芽；(动物)长毛，(植物)长叶，开花；出身于；(太阳、月亮等)升起；源于，源自；生来具有；开始(某项活动)

· **nacimiento** ｛二级三级四级 B 级｝

【-imiento 名词后缀】

m. 出生，诞生；(人的)出生地，来源地；(河流的)发源地，水源；耶稣诞生(图)

nación ｛二级三级四级 B 级｝

【-ión 名词后缀⇒生育我们的地方】

f. 民族；国家

· **nacional** ｛二级三级四级 A 级｝

【-al 表相关】

adj.inv. 民族的，国家的

s.com. 本国人，国民

· **nacionalidad** ｛二级三级八级 A 级｝

【-idad 名词后缀】

f. 国籍

· **nacionalismo** ｛二级三级八级｝

【-ismo……主义】

m. 民族主义，民族优越感；国家主义

· **nacionalista** ｛二级三级四级 B 级｝

【-ista……的(人)】

adj.inv. 民族主义的、国家主义的 >>> *s.com.* 民族主义者、国家主义者

· **nacionalizar** ｛二级三级八级｝

【-izar 使动】

tr. 使取得某国国籍 >>> *prnl.* 取得某国国籍

· **nacionalización** ｛二级三级八级｝

f. 入籍；国有化

· **internacional** ｛二级三级四级 B 级｝

【inter- 在……之间⇒国与国之间的】

adj.inv. 国际的

f. (首字母大写)国际；(首字母大写)国际歌

· **internacionalismo** ｛二级八级｝

【-ismo 名词后缀，可表主义】

m. 国际主义

· **multinacional** ｛二级三级八级 A 级｝

【multi- 多】

adj.inv. 多国的，多民族的

adj.inv.（企业）多国家的 >>> *f.* 跨国公司

　・**transnacional** ｛二级三级八级｝

　　【trans- 穿过，横跨】

　　adj.inv.（机构）跨国的 >>> *f.* 跨国公司

・**natal** ｛二级三级八级｝

【拉丁语 nāscī(西语 nacer 出生)→分词 nātus；+-al 表相关】

adj.inv. 出生的，诞生的；出生地的

　・**natalidad** ｛二级三级八级 B 级｝

　　【-idad 名词后缀】

　　f. 出生率

　・**natalicio, cia** ｛二级三级八级｝

　　【-icio 表相关】

　　adj. 生日的，诞辰的 >>> *m.*（正式用语）生日，诞辰

・**nativo, va** ｛二级三级四级｝

【-ivo 表相关】

adj. 本地的 >>> *s.* 本地人

adj. 出生地的

　・**navidad** ｛二级三级四级 A 级｝

　　【见 nativo 出生的 +-idad 名词后缀→ natividad(耶稣等的) 诞生→缩合形式
　　navida】

　　f. 圣诞节

　　・**navideño, ña** ｛二级八级｝

　　　【-eño 表相关】

　　　adj. 圣诞节的

・**natural** ｛二级三级四级 B 级｝

【nat- 出生 +ura 名词后缀 +-al 表相关】

adj.inv. 大自然的；天然的，未经过加工的；自然的，不做作的；自然的，
正常的，合乎规律的；本地人；固有的，天生的

　・**naturaleza** ｛二级三级四级 A 级｝

　　【-eza 名词后缀】

　　f. 大自然，自然界；天性，本性，属性，性质，特点；种类

　・**naturalidad** ｛二级八级｝

　　【-idad 名词后缀】

　　f. 自然，不做作

・**renacer** ｛二级三级八级｝

【拉丁语 renasci：re- 再次 + 见 nacer 生】

intr.（人、动物）再生，复活、（植物）重新长出；重获精力，重新振作

· **renacimiento** ｛二级三级八级｝

【-imiento 表动作】

m.（首字母大写）文艺复兴（时期）；再生，复活，复兴

· ***renacentista**

【见 renacer 复活；re- 再次 +nac- 生 +-ente……的 +-ista……的】

adj.inv. 文艺复兴的

· **innato, ta** ｛二级三级八级｝

【拉丁语 innāscī 生于→分词 innātus：in- 在内 + 分词词干 nat-，对照英语 innate】

adj. 天生的，先天的

· **cuñado, da** ｛二级三级四级 B 级｝

【拉丁语 cognātus：co- 共同，加强语气 + 分词词干古体形式 gnat- 生 音变：o 变 u；-gn- 腭化为 ñ；元音间的 t 浊化】

s. 内兄，内弟；大伯，小叔；姐夫，妹夫，姑子，姨子，嫂子，弟媳（即配偶的兄弟姐妹或兄弟姐妹的配偶）

· **nada** ｛二级三级四级 A 级｝

【来自本词根，简化记忆：nad-=nat- ⇒生灵涂炭】

pron.（用于否定句中）任何事物；没有什么

pron. 少，少量的东西（或时间)>>> *f.* 很少的数量、微不足道

· **nadie** ｛二级三级四级 B 级｝

【来自本词根，简化记忆：nad-=nat- ⇒生灵涂炭】

pron. 无人

m. 无足轻重的人

161. noc- 伤害　【拉丁语 nocere 伤害】

· **nocivo, va** ｛二级三级八级｝

【拉丁语 nocēr 伤害→ nocīvus：-ivo……的】

adj. 有害的

· **inocente** ｛二级三级四级 B 级｝

【in- 否定→ i-+noc- 伤害 +-ente……的⇒没有伤害过别人的】

adj.inv. 清白的，无罪的 >>> *s.com.* 无罪的人

adj.inv.（人、玩笑等）天真的，无恶意的 >>> *s.com.* 天真的人

adj.inv. 头脑简单的 >>> *s.com.* 头脑简单的人

· **inocencia** ｛二级八级｝

【-ia 名词后缀】

f. 天真，单纯；无罪，无辜，清白

· **pernicioso, sa** ｛二级三级八级｝

【拉丁语 perniciōsus，同源于印欧词根 *nek- 死　简化记忆：per- 加强语气 +noc- → (元音转化：o 变 i) → nic- 伤害 +-ioso(多)……的】

adj. 有严重危害的

162. pon-，posit-，post- 放　【拉丁语 ponere, positus 放→变体分词为 postus　注：分词词干 posit- 、post- 的元音 o 在西语中常变成双重元音 ue；post- 有可能来自拉丁语变体分词 postus，也有可能来自分词 positus 向西语演变的过程中发生的音变形式】

· **poner** ｛二级三级四级 A 级｝

【拉丁语 ponere 放】

tr. 放，摆放；打赌；(禽类) 下蛋；开设，设立；布置，安装

tr. 使处于某种状态 >>> *prnl.* 处于某种状态

tr. 为……穿衣服 >>> *prnl.* 穿，戴；打扮

prnl. 开始；(太阳) 落山

· **poniente** ｛二级八级｝

【pon- 放 +-iente 名词后缀⇒太阳东升西落】

m. 西，西部；西风

· **ponente** ｛二级三级八级｝

【见 poner 放、提出 +-ente 可表人】

s.com. 科研报告人；提案人

· **ponencia** ｛二级三级八级｝

【-ia 名词后缀】

f. (科研报告人提交讨论的) 报告，提案；提案人、提案组

· **posición** ｛二级三级四级 B 级｝

【拉丁语分词 positus；+-ión 名词后缀】

f. (所处的) 位置；(在社会上或经济等方面享有的) 地位；姿势，姿态；立场，态度；〈军〉阵地

· **positivo, va** ｛二级三级四级 B 级｝

【拉丁语分词 positus；+-ivo……的⇒放下的→确立好了的】

adj. 确实的，实在的；正面的，积极的；有用的，有益的；乐观的；〈摄〉正片的；〈医〉阳性的；〈电〉正极的

· **diapositiva** ｛二级三级四级 B 级｝

【dia- 透过，穿过 + 西语 positivo 正像的，正片的】

f. 幻灯片

· **postura** ｛二级三级四级 B 级｝

【拉丁语 ponere 放（西语 poner 放）→分词 positus → positūra 位置 音变：i 脱落
简化记忆：post- 放 +-ura 名词后缀⇒摆放身体的样子】

f. 姿势，姿态；立场，态度；（拍卖品时的）竞价；（猎人的）狩猎点

· **puesto** ｛二级三级四级 B 级｝

【拉丁语变体分词 postus 音变：o 变 ue】

poner 的过去分词，haber puesto

adj.（和 bien 或 mal 连用）穿戴得体的 / 不得体的；（在某方面）有丰富知识
的

f. 着手，准备；放置；（太阳等等）落山；（鸡等）下蛋，产卵；（在一段时
期内下的）蛋

m. 职位，岗位；位置；名次；货摊，摊位

· ***posta**

【拉丁语 ponere 放（西语 poner) →阴性分词 posita ⇒放→古意大利语 posta：古
代长途旅行中用来暂时安置、休息的地方】

f. 驿站

· **postal** ｛二级三级四级 A 级｝

【-al 表相关】

adj.inv. 邮政的，邮局的

f. 明信片

· **anteponer** ｛二级八级｝

【拉丁语 anteponĕre：ante- 前 + 见 poner 放】

tr. 把……放在前面 >>> *prnl.* 位于前面

tr. 使优先，更看重

· **apostar** ｛二级三级四级 B 级｝

【拉丁语 apponĕre 放到旁边→ apposĭtum：a- 表方向 +post- 放 +-ar 动词后缀⇒把钱
放到赌桌上】

tr./prnl. 打赌

tr. 押（赌注）

intr. 竞争，争夺，竞赛；寄希望于

· **apuesta** ｛二级三级八级 B 级｝

【西语 apostar 打赌：o → ue】

f. 打赌；赌资，赌注

· **aposición** ｛二级八级｝

【拉丁语 apponĕre 放到旁边→分词 appositus → appositiōnem: a- 表方向 +-posit- 放 +-ión 名词后缀】

f. 〈语〉同位语

· **postizo, za** ｛二级三级八级｝

【最终源于拉丁语 app.onĕre 放到旁边 音变较为复杂，简化记忆: post- 放 +-izo······ 的⇒人工安放、安装上的】

adj. 人造的，装上去的 >>> *m.* 假发

adj. 虚假的，做作的 (非发自内心的，非顺其自然发生的)

· **componer** ｛二级三级四级 **B** 级｝

【拉丁语 compōnere，compositus 组成: com- 共同 + 见西语 poner 放⇒放到一块】

tr. 构成，组成; 修理，修整; 打扮，收拾，整理 (使人或物看起来整齐、好看等); 创作 (文学或音乐作品); 改善外表

· **componente** ｛二级三级四级｝

【-nte······的】

adj.inv. 组成的，构成的 >>> *amb.* (组成) 部分; *s.com.* 成员

· **composición** ｛二级三级八级｝

【-ión 名词后缀】

f. 组成，构成; 成分; (音乐、科学、文学等的) 作品; 造句 (练习)

· **compositor, ra** ｛二级三级四级 **B** 级｝

【-or 表示人】

s. 作曲家

· **compuesto, ta** ｛二级三级四级 **B** 级｝

【拉丁语分词 compositus 音变: o 变 ue; i 脱落】

componer 的不规则过去分词

adj. 混合的，复合的 >>> *m.* 混合物，化合物

adj. (建筑物) 混合的; 复合的

adj. 菊科的 >>> *f.* 菊科植物

· **compota**

【拉丁语阴性分词 composita →古法语 composte 混合→法语 compot 果酱】

f. 糖水水果 (罐头)

· ***compotera**

【-era 地方⇒盛放蜜饯的东西】

f. 果盘

· **descomponer** ｛二级三级四级｝

【des- 否定】

tr. 拆开 (把一个整体分成几部分)

tr. 分解 (物质等) >>> *prnl.* (物质等) 分解

tr. 使腐烂，使变质 >>> *prnl.* 腐烂，变质

tr. 弄坏 (机械) >>> *prnl.* (机械) 损坏

tr. 弄乱 >>> *prnl.* 变乱

tr. 使 (肚子) 不适 >>> *prnl.* (肚子) 不舒服

tr. 使变脸色，使生气 >>> *prnl.* 变脸色，生气

prnl. 脱臼 (=dislocarse)

prnl. 出故障

· **descompuesto, ta** ｛二级三级八级｝

　【des- 否定 +compuesto】

　descomponer 的不规则过去分词

　adj. 分解的；腐烂的；损坏的，毁坏的；生气的；〈拉〉喝醉的

depósito ｛二级三级八级｝

【拉丁语 deponere →分词 dēpositus →中性分词 depositum：de- 向下 +posit- 放】

m. 寄存 (表动作)；存款；押金；寄存物，储藏品；仓库，储藏室；沉积，沉淀；沉淀物

· **depositar** ｛二级三级四级｝

　【-ar 动词后缀】

　tr. 安放，放置；把……存入 (尤指把钱财等贵重物交给某人、机构保管，或放到安全的地方)；寄托 (希望、信任等)

　prnl. 沉淀

disponer ｛四级｝二级三级 B 级｝

【拉丁语 disponĕre，dispositus 安排，布置：dis- 分开，远离 + 见西语 poner 放⇒分开放，使各司其职】

tr. 安排，布置；分配；准备；命令

intr. 拥有；支配

prnl. 打算

· **disposición** ｛二级三级四级｝

　【-ión 名词后缀】

　f. 安排，布置；分配，支配；准备；命令；才能

· **dispositivo** ｛二级八级｝

　【-ivo 表相关】

　m. 装备，设施；方案

· **dispuesto, ta** ｛二级三级八级 B 级｝

　【拉丁语分词 dispositus 音变：o 变 ue；i 脱落】

　adj. 准备就绪的；打算好的；聪明的，能干的

- **indispuesto, ta** ｛二级三级八级｝

  【indisponer 使不和：in- 表否定 + 见"disponer 安排"或 dispuesto 准备就绪的⇒没有安排好的→乱的→不和谐的】

  indisponer 的不规则分词

  adj. 与……不和的，和……关系不好的；不舒服的

- **disponible** ｛二级三级八级 B 级｝

  【-ible 能被……的】

  adj.inv. 可支配的，可自由使用的

  - **disponibilidad** ｛B 级｝

    【-idad 名词后缀】

    f. 可自由使用性

    f./f.pl. (常用复数) 可支配的钱、物

- **exponer** ｛二级三级四级 **B** 级｝

  【拉丁语 expōnere，expositus：ex- 向外 + 见西语 poner 放⇒放在外面展览】

  tr. 陈列，展览 (画画、珠宝等)；陈述，讲述 (事实等)

  tr. 使暴露在 (太阳等) 之下 >>> *prnl.* (物体) 暴露

  tr. 使……遭受危险 >>> *prnl.* 使自己处于 (危险)，冒着……的危险

  - **exposición** ｛二级三级四级 A 级｝

    【-ión 名词后缀】

    f. 陈列，展览；展览会；陈列品；陈述，讲述；冒险，风险

  - **expuesto, ta** ｛二级三级八级｝

    【拉丁语分词 expositus 音变：o 变 ue；i 脱落】

    adj. 会遭受……的，无掩蔽的；危险的，冒险的

- **imponer** ｛二级三级四级｝

  【拉丁语 impōnere，impositus：in → im- 向内 + 见西语 poner 放⇒把自己的想法强加于他人】

  tr. 把 (罚款、意志力等) 强加给；使敬畏，使害怕；起名，命名

  prnl. 盛行，占上风

  - **imponente** ｛二级三级四级｝

    【-nte……的】

    adj.inv. 威武的，庄严的，令人敬畏的

  - **impuesto, ta** ｛二级三级四级 B 级｝

    【拉丁语分词 impositus 音变：o 变 ue；i 脱落】

    imponer 的不规则过去分词

    adj. 学会……的，了解……的

    m. 税

oponer{二级三级四级}

【拉丁语 oppōnere，opposītus 反对：ob- 相反 → op-+见西语 poner 放⇒放到相反位置】

tr. 以……来对抗……

prnl. 反对；相对，对立；面对面，相对

· **oposición**{二级三级四级 B 级}

【-ión 名词后缀】

f. 相对；相反，反对，对立；反对党，反对派

f./f.pl.（常用复数）应聘考试

· **opositor, ra**{二级三级八级}

【-or 表人】

s. 反对者；参加招聘（资格）考试的人

· **opuesto, ta**{二级三级八级}

【拉丁语分词 opposītus 音变：o 变 ue；i 脱落】

adj. 反对的；对立的，不一样的；对面的

· **preposición**{二级三级四级}

【pre- 前 +posit- 放 +-ión 名词后缀⇒放在名词前面的词类】

f. 前置词，介词

proponer{二级三级四级 B 级}

【拉丁语 prōpōnere，prōpositus：pro- 向前 + 见西语 poner 放⇒把内心的想法放到他人面前】

tr. 提议，建议；提名，推荐

prnl. 打算

· **propósito**{二级三级四级}

【拉丁语中性分词 proposītum】

m. 打算，企图；目的，目标

· **proposición**{二级三级四级}

【-ión 名词后缀】

f. 建议，提议；提名

· **propuesta**{二级三级四级 B 级}

【拉丁语阴性分词 prōposita 音变：o 变 ue；i 脱落】

f. 建议，提议；提名

· **posponer**{二级三级八级}

【pos- 后 + 见西语 poner 放】

tr. 推迟；把（人或物）放在……的后面；贬低（认为某人或某物的价值比另外的人或物低）

· **reponer** { 二级三级四级 **B** 级 }

【拉丁语 reponĕre, reposǐtus 放回；储藏：re- 返回，加强语气 + 见西语 poner 放】

tr. 使复职；添加，补上 (尤指补上已经消耗完或者坏的同样的东西，比如补上卖完的货物，换上破裂的玻璃窗)；重新上演 (节目)，重新播放 (电影等)；反驳，辩驳

prnl. (从疾病或困境中) 痊愈，康复；平静下来，镇静

· **repuesto** { 二级三级八级 B 级 }

【拉丁语分词 reposǐtus 音变：o 变 ue、i 脱落】

reponer 的过去分词，haber repuesto

adj. 康复的 (从疾病或情绪中走出来的)

m. 备件 (机器的备用件)；储备

· **suponer** { 二级三级四级 **B** 级 }

【拉丁语 supponĕre, supposǐtus 放在……下面：sub- 下，在下面 → su-+ 见西语 poner 放⇒放在某种认知、设想之下】

tr. 认为；意味着；推测，估计

tr. 假设 >>> *m.* 假设

intr. (人、事、物) 有重要性，有权威

· **suposición** { 二级八级 }

【-ión 名词后缀】

f. 猜想，猜测，推测；假设

· **supositorio** {B 级 }

【-orio 表相关】

m. 栓剂 (塞入肛门、尿道或阴道等的外用药)

· **supuesto, ta** { 二级三级四级 B 级 }

【拉丁语分词 supposǐtus 音变：o 变 ue；i 脱落】

suponer 的不规则过去分词

adj. 假设的 (放在名词前)>>> *m.* 假设，推测

· ***supuestamente**

【-mente 副词后缀】

adv. 据称

· ***presuponer**

【pre- 先前】

tr. 预想，假定；以……为前提；制定预算

· **presupuesto, ta** { 二级三级四级 B 级 }

presuponer 的过去分词，haber presupuesto

m. 预算；预算金额；前提，假设

163. pos-，pot- 能力，能够 【拉丁语 posse 能够→通俗拉丁语 *potere；potis 有能力的】

· **posible** {四级 A 级}

【拉丁语 posse 能够→ possibilis：pos- 能力 +-ible……的】

adj.inv. 可能的，可能发生的，可能做到的

m.pl. 财产

· **posibilidad** {二级三级八级 B 级}

【-idad 名词后缀】

f. 可能性

f./ f.pl. (常用复数)(做某事的) 选择

f.pl. 财力

· **posiblemente** {B 级}

【-mente 副词词尾】

adv. 可能，也许

· **imposible** {二级三级四级 B 级}

【in- 表否定→ im-】

adj.inv. 不可能的，不可能完成的；难以对付的，不能容忍的

· **imposibilidad** {二级三级四级}

【-idad 名词后缀】

f. 不可能

· **poseer** {二级三级四级}

【拉丁语 possidēre：有可能是拉丁语 potis 有能力的和 sidēre 坐 (西语 ser) 的复合字 简化记忆：pos- 能力 +sid- 坐 音变：元音间的 d 脱落；i 变 e ⇒有能力者可以坐拥很 多财富】

tr. 拥有，占有；掌握 (指通晓技能、语言等)

prnl. 控制 (主语为情感)

· **poseído, da** {二级三级八级}

【西语 poseer 的分词】

adj. 被 (某种感情) 控制的；骄傲的；狠毒的

· **posesión** {二级三级四级}

【拉丁语 possidēre(西语 poseer 拥有) →分词 possessus；+ión 名词后缀】

f. 拥有，具有

f./ f.pl. (常用复数) 所有物 (尤指庄园)

· **poder** {二级三级四级 A 级}

【拉丁语 posse 能够→通俗拉丁语 *potere 音变：元音间的 t 浊化成 d】

tr. 能够

impers. 有可能，可能发生

m. (人做某事的) 能力；(物的) 效力；政权，权利

- **poderío** ｛二级三级八级｝

  【-ío 名词后缀】

  m. 实力，大力气；势力，权势；财富

- **poderoso, sa** ｛二级三级四级｝

  【-oso……的】

  adj. 强大的；(理由、原因等) 强而有力的；(药物等) 强效的

  adj. (人) 有权势的、(人) 富有的 >>> *s.* 有权势的人、富豪

- **apoderarse** ｛二级三级四级｝

  【a- 构成派生词 +poder 权限 +-ar 动词后缀】

  tr. 授权

  prnl. (指通过暴力或非法等手段) 占有，占领；(感觉、情绪等) 占领 (某人)

- **potente** ｛二级三级八级｝

  【拉丁语 posse 能够→现在分词 potentem：pot- 能够，能力 +-ente……的】

  adj.inv. 强而有力的、大功率的；实力强大的；十分富有的；〈口〉大的 (指体积大的或程度深的)

  - **potencia** ｛二级三级四级｝

    【-ia 名词后缀】

    f. 力，能力 (可以做某事的能力)；大国；军事强国；功率；〈数学〉幂，乘方

    - **potencial** ｛二级三级四级｝

      【-al……的】

      adj.inv. 潜在的，有可能的 >>> *m.* 潜力

      m. 条件时

      - ***potencialmente**

        【-mente 副词词尾】

        adv. 潜在地

  - **impotente** ｛二级三级八级｝

    【in- 表否定→ im-】

    adj.inv. 无力的，无能为力的

    adj.inv. 阳痿的 >>> *m.* 阳痿患者

  - **omnipotente** ｛二级三级八级｝

    【omni- 全】

    adj.inv. 全能的，万能的；至高无上的

164. prim-, pres- 压　【拉丁语 premere, pressus 压　注: 现在词干 prem- 在复合词中多发生元音转换变成 prim-; prent- 和 prent- 由加泰罗尼亚语进入西语词, 建议简化记忆】

· **presión** ｛二级三级四级 B 级｝
【拉丁语 premere 压→分词 pressus+-ión 名词后缀】
f. 按, 压, 挤压; 〈物理〉压力; 压力, 压迫, 逼迫; (体育比赛中的) 人盯人防守

　· **presionar** ｛二级三级八级｝
　【-ar 动词后缀】
　tr. 按, 压, 挤压; 压迫, 逼迫; 盯 (在体育比赛中, 死防着某一个对手)

　· ***presura**
　【拉丁语 premĕre 压→分词 pressus →阴性分词 pressura: pres- 压 +-ura 名词后缀
　⇒被挤压, 被推】
　f. 迅速, 匆忙; (时间上的) 紧迫

　　· **apresurar** ｛二级三级八级｝
　　【a- 构成派生词 +presura+-ar 动词后缀】
　　tr. 加快 (加快做某事的速度) >>> *prnl.* 赶快, 赶紧
　　tr. 催促

　　　· **apresurado, da** ｛二级三级八级｝
　　　【apresurar 的分词】
　　　adj. (指在做某事时) 仓促的, 急忙的; 性急的

　· **prensa** ｛二级三级四级 B 级｝
　【拉丁语 premere 压→加泰罗尼亚语 premer →阴性分词 premsa　简化记忆: pres-
　压→ prens-】
　f. 压机, 压力机; 印刷机; 印刷厂; 报纸 (尤指日报); 〈集〉记者

　· **prisa** ｛二级三级四级 B 级｝
　【拉丁语 premĕre 压→阴性分词 pressa →古西语 priesa】
　f. 急忙, 匆忙、快速; 急事

　　· **aprisa** ｛二级八级｝
　　【a- 构成派生词】
　　adv. 迅速地

　　· **deprisa** ｛二级三级八级 B 级｝
　　【de- 加强语气】
　　adv. 快, 赶紧

· **comprimir** ｛二级三级八级｝

【拉丁语 comprimere，compressus：com- 共同，加强语气 +premere 压】

tr. 压缩；抑制 (眼泪、笑容等)；压迫

- **compresor** { 二级八级 }

  【-or 表主动】

  m. 压缩机，压气机

- **deprimir** {B 级 }

  【拉丁语 dēprimere，dēpressus 压下：de- 向下 +premere 压】

  tr. 使凹陷 >>> *prnl.* 凹陷

  tr. 使消沉，使沮丧 >>> *prnl.* 消沉，沮丧

  - **deprimido, da** { 二级三级八级 B 级 }

    【deprimir 的分词】

    adj. 郁郁寡欢的，意志消沉的；贫困落后的

  - **depresión** { 二级三级八级 B 级 }

    【-ión 名词后缀】

    f. 抑郁症 (口语中常做 depre)；(地面等的) 下陷；凹洼，洼地；(价格等的) 下降；不景气 (指经济萧条期)

- **exprimir** {B 级 }

  【拉丁语 exprimere，expressus 压出：ex- 向外 +premere 压】

  tr. 榨出 (果汁等)；压榨 (员工等)；尽量利用

  prnl. 绞尽 (脑汁)

  - **exprimidor** {B 级 }

    【-dor 表主动，常表示人或机器】

    m. 榨汁机

  - **expreso, sa** { 二级三级八级 }

    【拉丁语分词 expressus ⇒压出的；说出的】

    adj. 明白的，明确的 (指已经说明清楚的)

    m. (火车) 快车；(邮件) 快件

    adv. 特意地

    - **expresión** { 二级三级四级 B 级 }

      【拉丁语分词 expressus(西语 expreso 明白的)+-ar 动词后缀⇒使明白的话语】

      f. 表示，表达；短语，词语；表达方式、表达能力；(艺术上的) 表现 (力)；表情，神情

      - **expresionista** {B 级 }

        【-ista 人】

        adj.inv. 表现主义的 >>> *s.com.* 表现主义者

· **expresivo, va** ｛二级三级八级｝

【-ivo……的】

adj. 富有表情的，有含义的

· **expresar** ｛二级三级四级｝

【-ar 动词后缀】

tr. 表达，表示 (某种情感等)

prnl. 表达，表现出 (自己的情感、思想等)

· **imprimir** ｛二级三级四级 **B** 级｝

【拉丁语 imprimere，impressus：im- 向内 +premere 压⇒把字体压入纸张上】

tr. 印刷，印制；留下 (痕迹等)；使具有 (某种特点、性子)；把……留在 (在
脑海里等)

· **impreso, sa** ｛二级三级四级｝

【拉丁语分词 impressus】

adj. 印刷出来的 >>> *m.* 印刷品

m. 表格

· **impresor, ra** ｛二级三级八级 A 级｝

【-or 表主动】

s. 印刷工人、老板

f. 打印机

· **impresión** ｛二级三级四级｝

【-ión 名词后缀】

f. 印刷；出版；痕迹，印记；印象

· **impresionismo** ｛二级三级八级｝

【-ismo 名词后缀，可表主义】

m. 印象派，印象主义

· **impresionista** ｛B 级｝

【-ista……的，表人】

adj.inv. 印象派的，印象主义的

s.com. 印象派画家

· **impresionar** ｛二级三级八级｝

【-ar 动词后缀】

tr. 给……以深刻印象

tr. 打动，使深受感动 >>> *prnl.* 感动

tr. 〈摄〉使 (底片等) 感光

· **impresionante** ｛二级三级八级 A 级｝

【-nte……的】

　　　　adj.inv. 给人以印象深刻的

· **imprenta** ｛二级三级四级｝

【拉丁语 imprimere(西语 imprimir 印刷) →古加泰罗尼亚语 emprémer →阴性分
词 empremta 简化记忆: in- 向内→ im-+prim- 压→ prent-】

　　f. 印刷术；印刷厂；印刷物

· **oprimir** ｛二级三级四级｝

【拉丁语 opprimere，oppressus: ob- 反对→ op-+premere 压⇒往相反的方向压】

tr. 压，挤压；压迫

　· **oprimido, da** ｛二级三级八级｝

　　【oprimir 的分词】

　　adj. 受压迫的 >>> *s.* 被压迫者

　· **opresión** ｛二级三级四级｝

　　【-ión 名词后缀】

　　f. 挤压；压迫

　· **opresivo, va** ｛二级三级八级｝

　　【-ivo……的】

　　adj. 压迫的；令人窒息的

　· **opresor, ra** ｛二级三级八级｝

　　【-or 表主动】

　　adj. 压迫的 (人过度使用自己权利的)>>> *s.* 压迫者

· **reprimir** ｛二级三级四级｝

【拉丁语 reprimere，repressus: re- 返回 +premere 压⇒压回】

tr. 抑制，克制 >>> *prnl.* (自我) 克制，忍住

tr. 镇压

　· **represión** ｛二级三级八级｝

　　【-ión 名词后缀】

　　f. (尤指情感的) 抑制，克制；(政治) 镇压

· **suprimir** ｛二级三级四级｝

【拉丁语 supprimere: su- 下，在下 +prim- 压 +-ir ⇒从下往上压→把前面的挤压掉】

　　tr. 取消，废除；删去，删除

165. quir-，quisit-，quist-；cuest 想；寻觅　【拉丁语 quaerere，quaesitus 想，
寻觅　注: quist- 可能来自异体分词 *quaestus，也有可能是分词词干 quisit- 发生
音变得来；ae 在拉丁语中发音既不接近 e 也和 i 不相像；cuest- 经法语进入西语】

querer ｛二级三级四级 **B 级**｝

【拉丁语 quaerere 想，寻觅：quir- → quer- 想，寻求】

tr. 喜欢，爱 >>> *m.* 爱，爱情

tr. 希望，想要 (希望得到或完成)；决定

- **querido, da** ｛二级三级四级｝

  【querer 的分词】

  s. 〈贬〉情人，情妇，情夫 (一方或双方处于结婚状态的恋人)

adquirir ｛二级三级四级｝

【拉丁语 adquīrere，adquīsītus：ad- 表方向 +quir- 想，寻觅 +-ir 动词后缀⇒追寻目标、猎物】

tr. 取得，获得；买到

- **adquisición** ｛二级三级四级｝

  【-ión 名词后缀】

  f. 获得；获得物；购买；购买物

- **adquisitivo, va** ｛二级八级｝

  【-ivo 形容词后缀】

  adj. 用以获取的；购买的

conquistar ｛二级三级四级｝

【通俗拉丁语 conquīrere 获得 (英语 conquer 征服)：con- 加强语气 +quaerere 想；寻觅 (西语 querer) →分词 conquistus →反复动词 *conquīsītāre 简化记忆：con- 加强语气 +quist- 想 +-ar ⇒寻找垦地】

tr. 争得，获得 (奖牌、荣耀等)；攻克，占领 (用尤指用军事力量击败或征服，如城池)；博得……人心 (欢心)；赢得，争取 (人心)

- **conquistador, ra** ｛二级八级｝

  【-dor 表主动】

  adj. 征服的 >>> *s.* 征服者

  adj. (人) 轻易博取他人欢心的 >>> *s.* 轻易博取他人欢心的人

  m. (特指西班牙去美洲的) 征服者

- **conquista** ｛二级三级四级｝

  f. 赢得，获取、获得物；征服、征服的领土；赢得爱情、爱情的俘虏

- **reconquista** ｛二级三级八级｝

  【来自西语动词 reconquistar 光复，收复：re- 再次 +conquistar 征服】

  f. 收复；(首字母大写) 西班牙光复战争

- **exquisito, ta** ｛二级三级八级 **B 级**｝

【拉丁语 exquirere，exquisitus 彻底搜查：ex 向外 +quaerere 想；寻觅（西语 querer)】

adj. 精美的，精致的；（人）情趣高雅的；（食物）美味的

· ***inquirir**

【拉丁语 inquīrere，inquīsītus 搜索，检查：in- 内，加强语气 +quaerere 想；寻觅（西语 querer)⇒在事件内寻找原因】

tr. 调查，弄清楚

· **inquisición** ｛二级三级八级｝

【-ión 名词后缀】

f. 调查，询问

· **encuesta** ｛二级三级八级｝

【来自法语 enquête 调查，其和"inquirir 调查"同源于拉丁语 inquirere 搜索】

f. 民意测验；民意调查问卷

· ***encuestar**

【-ar 动词后缀】

tr. 调查；进行民意测验

· ***encuestador, ra**

【-dor 表主动】

s. 民意调查者；民意测验者

· **cuestión** ｛二级三级四级｝

【拉丁语 quaerere 想，寻觅（西语 querer 喜欢，爱）→异体分词：*quaestus → quaestio，-onis 简化记忆：quist- 想，寻觅→ cuest-+-ión 名词后缀】

f. （提出的）问题，疑问；（有争论）事情，问题、纠纷

· **cuestionario** ｛二级三级八级｝

【-ario 名词后缀】

m. 问题单，问题表

· **cuestionar** ｛二级八级｝

【-ar 动词后缀⇒讨论问题】

tr. 争论，讨论；质疑，怀疑

· **incuestionable** ｛二级三级四级｝

【in- 否定 +cuestionar+-ble 能被……的】

adj.inv. 无疑的，毋庸置疑的

· **requerir** ｛二级三级四级｝

【拉丁语 requīrere，requīsītus 寻求，要求：re- 再次，加强语气 +quaerere 想；寻觅（西

语 querer)⇒因为需要所以寻求】

tr. 需要

tr. 〈律〉责令，敦促

· **requisito**｛二级三级四级｝

【拉丁语分词 requīsītus】

m. 必要条件、手续

166. sist-, stat- 站　【拉丁语 sistere, status 使站立】

· **asistir**｛二级三级四级 B 级｝

【拉丁语 assistere：a- 表方向 +sist- 站 +-ir 动词后缀⇒站在某人旁边，陪同某人出席某场合】

intr. 出席，参加

tr. 伺候，侍候；帮助；护理，照料（病人）；（主语为 derecho、razón 等）站在（某人）一边

intr./tr. 帮佣

· **asistente, ta**｛二级八级 B 级｝

【-ente 表主动】

adj. 出席的 >>> *s.com.*〈个〉出席者

adj. 助理的 >>> *s.com.* 助手

· **asistencia**｛二级三级四级 B 级｝

【-ia 名词后缀】

f. 出席，参加；〈集〉出席者；帮助

· **consistir**｛二级三级四级 B 级｝

【拉丁语 cōnsistere：con- 加强语气，共同 +sist- 站 +-ir 动词后缀⇒站在一块组成队伍】

intr. 在于，就是；由……所组成

· **consistente**｛二级三级八级｝

【-ente……的】

adj.inv. 由……组成的；坚固的，牢固的

· **consistencia**｛B 级｝

【-ia 名词后缀】

f. 坚固（性）；浓度，稠度；结实

· **desistir**｛二级三级八级｝

【拉丁语 dēsistere：de- 向下 +sist- 站 +-ir 动词后缀⇒消除蠢蠢欲动的念头】

intr. 打消（念头等）；放弃（做某事）

· **existir** ｛二级三级四级 **B** 级｝

【拉丁语 existere: ex- 往外，在外 +sist- 站 +-ir 动词后缀⇒站着众人在外，使自己很显眼，让人感到自己的存在 注：前缀中的 x 包含词根首字母 s 的音素，所以去掉 s】

intr. 存在（指真实存在或者出现在某地）；（人、动物等）生存，活着

　· **existente** ｛二级三级四级｝

　【-ente 表主动】

　adj.inv. 存在的，现存的，目前的

　　· **existencia** ｛二级三级四级｝

　　【-ia 名词后缀】

　　f. 生存，生命，生活；存货；实在，存在

　　　· **existencial** ｛二级八级｝

　　　【-al 表相关】

　　　adj.inv. 存在的，实在的

　　　　· **existencialismo** ｛八级｝

　　　　【-ismo 名词后缀，可表主义】

　　　　m. 存在主义

　　· **inexistente** ｛B 级｝

　　【in- 表否定 +existente 存在的】

　　adj.inv. 不存在的；有名无实的

　· **coexistir** ｛二级八级｝

　【co- 共同 +existir】

　intr. 同时存在；共存（指人事物同时出现，发生在某地）

　　· **coexistencia** ｛二级三级八级｝

　　【co- 共同 +existencia】

　　f. 同时存在，共存

· **insistir** ｛二级三级四级 **B** 级｝

【拉丁语 īnsistere: in- 在……上 +sist- 站 +-ir 动词后缀⇒站在某个角度、立场上】

intr. 坚持，坚决；强调；不断地做

　· **insistente** ｛二级八级｝

　【-ente 表主动】

　adj.inv. 坚持的，固执的

　　· **insistencia** ｛二级八级｝

　　【-ia 名词后缀】

　　f. 坚持，固执

· **persistir** ｛二级三级四级｝

【拉丁语 persistere: per- 完全 +sist- 站 +-ir 动词后缀⇒自始至终地站在某个角度看待

问题】

intr. 坚持，执著；持久

· **resistir** ｛二级三级四级 **B** 级｝

【拉丁语 resistere: re- 相反，加强语气 +sist- 站 +-ir 动词后缀⇒站在相反的位置→对立】

tr./ intr. (人) 反抗，抵抗 (进攻)；(人) 抵制，克制 (欲望等)；(事物、人) 经得起 >>> *prnl.* (人) 自我克制

tr. 遭受，经受，忍受 (令人不快的人事物)

intr. (物) 还能用，(人) 仍然活着 (指人或物受到伤害或损坏，经过一定的时间后其还活着或其作用还在)

prnl. 挣扎；不愿意，拒绝 (做某事)；〈口〉使费劲 (对……而言很困难，主语为事物)

· **resistente** ｛二级三级四级 B 级｝

【-ente……的⇒能够抵抗的】

adj.inv. 结实的，坚固的，坚韧的；抗……的；有抗药性的

· **resistencia** ｛二级三级四级 B 级｝

【-ia 名词后缀】

f. 抵抗；反对，抵制；耐力；〈物理〉阻力；电阻 (器)

· **irresistible** ｛二级三级八级｝

【in- 表否定→ ir-+resistir 抵抗 +-ble 能被……的】

adj.inv. 不可阻挡的，不可抗拒的；(欲望等) 不可抑制的；(人等) 叫人无法忍受的

· **transistor** ｛二级三级八级｝

【来自英语 transistor: transfer 转移 +resistor 电阻器: resist 抵制 +-or 表主动】

m. 晶体管，半导体管；晶体管收音机

· **subsistir** ｛二级三级四级｝

【拉丁语 subsistere: sub- 在……在下 +sist- 站 +-ir 动词后缀⇒站在困难之下】

intr. (事物) 依旧存在；(动植物) 依然生存，还活着；仍然有效

· **subsistencia** ｛二级八级｝

【-encia 名词后缀】

f. 生活，生存，生计

167. her-，hes- 黏贴　【拉丁语 haerere，haesus 粘贴】

· **herencia** ｛二级三级四级｝

【her- 黏贴 +-encia 名词后缀⇒语义受 "heredar 继承" 的影响】

f. 继承权；遗产，继承物；〈生〉遗传

· **coherente** ｛二级三级八级｝

【co- 加强语气 +her- 黏着 +-ente……的】

adj.inv. (态度、思想等) 一致性的，连贯性的，条理清楚的，前后一致的

· **coherencia** ｛二级八级｝

【-ia 名词后缀】

f. 一致性，连贯性，条理清楚

· **incoherente** ｛二级三级八级｝

【in- 否定前缀】

adj.inv. 前后不一致的，不连贯的；无条理的，紊乱的

· **cohesión** ｛二级三级八级｝

【-ión 名词后缀】

f. 连接，联系、连贯；团结；(物理学上的) 内聚力

· **adherir** ｛二级三级四级｝

【ad- 表方向 +her- 黏着 +-ir 动词后缀】

tr. 黏贴，把……黏在 >>> *intr./prnl.* (面团等) 粘着，贴着

intr./prnl. (常用连代动词形式) 拥护 (党派等)；加入 (党派等)；支持、赞同 (建议)

· **adhesivo, va** ｛二级三级四级｝

【-ivo 形容词后缀】

adj. 有黏性的 >>> *m.* 粘贴纸，黏合剂

· **adhesión** ｛二级八级｝

【-ión 名词后缀】

f. 黏，贴；支持，拥护

168. fart- 填塞　【拉丁语 farcīre，fartus 填塞】

· **harto, ta** ｛二级三级八级 **B** 级｝

【farcīre 填塞→分词 fartus 音变：词首 f 变 h】

adj. 吃饱的，喝足的；感到厌倦的

adv. 太，相当，过分地

· **infarto** ｛二级三级八级 **B** 级｝

【拉丁语 īnfarcīre 塞满→分词 īnfarctus：in- 向内 +fart- 填塞】

m. (血管) 堵塞，栓塞

二、名词性词根

169. acu(a)- 水 　【拉丁语 aqua 水　注：- qu- 在西语中对应的形式为 - cu- 】

- **agua** {二级三级四级 **A** 级}
  【拉丁语 aqua　音变：-qu-/k/ 在元音间浊化】
  f. 水 >>> *f.pl.* (多指靠近海岸的) 海域
  f. 雨水；汁液
  f.pl. (多指布料的) 光泽
  - **aguacero** {二级八级}
    【简化记忆：agua 水 +-cero 名词后缀】
    m. (持续时间较短的) 暴雨
  - **aguardiente** {二级三级四级}
    【agua- 水→酒 +ard- 烧 +-iente 名词后缀】
    m. 白酒，烧酒
  - **desagüe** {二级八级}
    【西语 desaguar 排水：des- 表否定、远离 +agua 水 +-ar 动词后缀】
    m. 排水；排水管，下水道

- **acuario** {二级八级}
  【acu- 水 +-ario 表地方】
  m. 养鱼缸；水族馆
  - **acuático, ca** {二级三级八级 **B** 级}
    【acua- 水 +-tico 表相关】
    adj. (动物、植物等) 水生的，水栖的；水上的，水中的
    - **acuatizar** {二级}
      【-izar 动词后缀】
      intr. (水上飞机在水上) 溅落，停泊
      - **acuatizaje** {二级}
        【-aje 名词后缀】
        m. (水上飞机在水上的) 溅落，停泊
  - **acueducto** {二级八级 **B** 级}
    【acu- 水 +-e-+duct- 引导】
    m. (尤指给某地居民提供水而修建的) 导水管
  - **acuarela** {二级八级 **B** 级}
    【古意大利语 acquarella：acqua(西语 agua 水) 的指小词 +-r-+-ella 指小词后缀】
    f. 水彩画

170. agr(i)- 田地，田野 【拉丁语 ager, agri 原野】

· **agrario, ria**｛二级三级四级｝
【agr- 田地，田野 +-ario 形容词后缀，表相关】
adj. 土地的，耕地的
· **agricultor, ra**｛二级三级四级 A 级｝
【agri- 田地，田野 +cult- 耕种，培养 +-or 名词后缀，表示人⇒耕种土地的人】
s. 农民
· **agricultura**｛二级三级四级 B 级｝
【-ura 名词后缀】
f. 农业；农学；农艺
· **agrícola**｛二级三级四级 B 级｝
【agri- 田地，田野 +col-=cult- 耕种，培养】
adj.inv. 农业的
adj.inv. 务农的 >>> *s.com.* 农民
· **agropecuario, ria**｛二级三级八级｝
【agr- 农业的 +-o-+pecuario 牲畜的】
adj. 农牧业的

· **peregrino, na**｛二级三级八级｝
【per- 完全 +agr- → egr- 田野 +-ino……的】
adj. (在异国他乡) 旅行的；奇异的，奇特的
adj. 朝拜的，朝圣的 >>> *s.* 朝圣者
· **peregrinar**｛八级｝
【拉丁语 peregrīnārī, peregrīnātus: 见 peregrino 旅行的、朝拜的 +-ar 动词后缀】
intr. 朝拜，朝圣；(为某事) 张罗，奔走；(在异国他乡) 旅行
· **peregrinación**｛二级三级八级｝
【-ión 名词后缀】
f. 朝拜，朝圣；(为某事的) 张罗，奔走

171. ant(e)- 在……之前 【拉丁语 ante 在……在前】

· **ante**｛二级三级四级 B 级｝
【拉丁语 ante 在……在前】
prep. 在……面前，当……的面；与……相比
· **antes**｛二级三级四级 A 级｝
【来自西语 ante 在……面前，s 可能是受到 tras, después 等词的影响】

adv.（指时间或空间上）在……之前；刚刚，不久前；宁愿

· **anteayer**｛二级三级四级 B 级｝

【ayer 昨天⇒在昨天之前】

adv. 前天

· **antesala**｛二级八级｝

【sala 厅】

f. 前厅，会客厅，接待室；前奏，前兆（比喻事物出现的先声）

· **anterior**｛二级三级四级 B 级｝

【-ero 比较级 +-ior 拉丁语较高比较级⇒在最前面的】

adj.inv.（时间或空间上）在……之前的

 · **anteriormente**｛B 级｝

 【-mente 副词词尾】

 adv. 在……之前；一会儿之前

 · **anterioridad**｛二级八级｝

 【-idad 名词后缀】

 f.（时间上的）先，前

· **anciano, na**｛二级三级四级 B 级｝

【拉丁语 *antiānus: ant- 前，在前 +-iano=-ano……的 音变：yod 使 t 腭化为 c ⇒ 很久以前出生的】

adj. 年老的，上了年纪的 >>> *s.* 老年人

· **antiguo, gua**｛二级三级四级 A 级｝

【ant- 在前 +ig- 做 +-uo 形容词后缀⇒很久以前就做好的 注：ig- 的词源有争议，而且很有可能和 "ag- 做" 无关】

adj. 古老的，古代的（指存在了很久的）；从前有过的

adj. 工龄长的，任职时间久的 >>> *s.* 老员工

adj. 过时的 >>> *s.* 过时的人

m.pl. 古人

· **antigüedad**｛二级三级四级 B 级｝

【-edad 名词后缀】

f. 古老；工龄

f. 古代 >>> *f.pl.* 古董，古物

 · **antiguamente**｛B 级｝

 【-mente 副词词尾】

 adv. 从前，古时

 · **anticuado, da**｛二级三级四级｝

 【见 antiguo 过时的、古代的 +-ado 注意区分这两个词中的清浊辅音 c 和 g】

 adj. 过时的，过时不用的

· **delante** ｛二级三级四级 **A** 级｝

【拉丁语 denante：de+in+ante ⇒在前的】

adv. 在前面，在前方；在……面前，在……对面

· **delantero, ra** ｛二级三级八级 B 级｝

【-ero……的】

adj. 前面的，在前的

s. (足球，篮球等) 前锋

· **delantal** ｛二级八级 B 级｝

【-al 表相关】

m. 围裙；工作裙

· **adelante** ｛二级三级四级｝

【a- 构成派生词 +delante】

adv. 向前 >>> *interj.* 前进；请进，进来

adv. 迎面，对面

· **adelantar** ｛二级三级四级 B 级｝

【-ar 动词后缀】

tr. 使……向前移动 >>> *prnl.* (人) 向前移动，走向前

tr. (在空间上) 超过；预付

tr. (在学习等行为上超过) 胜过 >>> *intr.* 进步，有所进展

tr. 提前 (使动作提前)>>> *prnl.* 提前发生

tr. 拨快 (钟表)>>> *intr./prnl.* (钟表) 走得快

· **adelanto** ｛二级八级｝

m. (时间上的) 提前；预付款项；进步，成就

· **adelantado, da** ｛二级八级 B 级｝

【西语 adelantar 的分词】

adj. (尤指人) 早熟的；先进的，优秀的

· **avanzar** ｛二级三级四级 **B** 级｝

【拉丁语 abantiare(对照英语 advance)：ab- 表方向→ av-+ant- 前：t+/j/(双重或多重元音中的 i)+-ar 动词后缀】

tr. 使向前移动；提前推送 (消息)

intr. (一段时间) 即将走完，即将结束；发展，进步

· **avance** ｛二级三级四级 B 级｝

m. (空间上的) 前进，前移；进步，发展；预付 (款)

· **avanzado, da** ｛二级八级｝

【avanzar 的分词】

adj. 先进的，进步的；(指在一个进程或时间段中) 接近尾声的，晚期的

f. (军队中的) 前哨，先头部队；先锋

ventaja｛二级三级四级｝

【来自古西语 avantaja 简化记忆: ab- → av-(本词中 a 脱落) → v-+ant- 前 → ent-+-aja 名词后缀⇒站在前方的位置 注: 不要受英语 vantage 影响而拼写错误】

f. 有利条件, 优势; 优点; 便利; (比赛中让给对方的) 差距; 好处, 利益

· **ventajoso, sa**｛二级三级八级｝

【-oso……的】

adj. 有优势的; 有利的, 有益的

· **desventaja**｛二级三级八级｝

【des- 表否定】

f. 不利, 不利之处

· **aventajar**｛二级｝

【a- 构成派生词 +ventaja+-ar 动词后缀】

tr. 赶上, 超过; 胜过

172. an-, anu- 年 【拉丁语 annus 年】

año｛二级三级四级 A 级｝

【拉丁语 annus: ann- 年→ (音变: -nn- 腭化成 ñ) → añ-】

m. 年; 岁

· **antaño**｛二级八级｝

【ant- 前】

adv. 〈文〉从前, 在过去, 古时候; 去年 (这个语义已不用, 可以用 el año pasado 来表示)

· **anuario**｛二级八级｝

【anu- 年 +-ario 表相关】

m. 年刊, 年鉴

· **anual**｛二级三级四级 B 级｝

【anu- 年 +-al 形容词后缀】

adj.inv. 每年的, 一年一度的 (每年发生一次的); 一年的, 持续一年的

· **anualmente**｛B 级｝

【-mente 副词词尾】

adv. 每年, 年年

· **anales**｛二级八级｝

【an- 年 +-al 表相关 +-es 复数】

m.pl. 年刊, 年报; 编年史; 史册

· **analístico, ca**｛二级八级｝

【-tico……的】

adj. 编年史的

- **aniversario** { 二级三级四级 B 级 }

  【an- 年 +-i-+vers- 转动 +-ario 名词后缀⇒每年都会转到某一特定的日子】

  m. 周年纪念日；周年纪念庆祝活动

- **centenario, ria** { 二级三级八级 }

  【cent-=ciento 百 +an- 年→ (元音转换：a 变 e) → en-+-ario……的】

  adj. 百的 >>> *m.* 一百年；百年纪念日

  adj. 百岁的 (指有一百岁的，或一百岁上下的)>>> *s.* 百岁老人

- **milenio** { 二级八级 }

  【mil- 千 +an- 年→ (元音转换：a 变 e) → en-+-io 名词后缀】

  m. 一千年

  - **milenario, ria** { 二级三级八级 }

    【-ario……的】

    adj. 千的；古老的

    adj. 千年的 >>> *m.* 一千年

173. bel- 战争 【拉丁语 bellum 战争】

- **bélico, ca** { 二级三级八级 }

  【bel- 战争 +-ico……的】

  adj. 战争的，军事的

- **rebelarse** { 二级八级 }

  【拉丁语 rebellāre 反叛 (英语 rebel 造反)：re- 加强语气 +bellāre 打仗 ← 战争 bellum】

  prnl. 反叛 (政府等)，反抗 (上级)；反对

  - **rebelión** { 二级三级四级 }

    【拉丁语 rebellāre 反叛 (西语 rebelarse 反叛) → rebelliō，rebelliōnem：+-ión 名词后缀，此处和现在词干搭配使用】

    f. 造反，反抗；叛乱罪

  - **rebelde** { 二级三级四级 }

    【bel- 战争→ beld-】

    adj.inv. 造反的，反抗的 >>> *s.com.* 造反者，反抗者

    adj.inv. 不服从的，难管教的；〈口〉(疾病) 难治的

    - **rebeldía** { 二级三级八级 B 级 }

      【-ía 名词后缀】

      f. 叛逆；〈律〉缺席，不到案

· **duelo** ｛二级三级八级｝

【前两个词义来自拉丁语 bellum 战争，因为受到 duo(西语 dos 二) 的影响而变成 duellum，建议结合英语"duel 决斗"记忆】

m. (两人之间的) 决斗；斗争，争夺；痛苦；丧事 (后两个词义和"dolor 痛苦、悲伤"同源)

174. cap-，capit- 头 【拉丁语 caput，capitis 头】

· **capa** ｛二级三级四级 B 级｝

【后期拉丁语 cappa 带兜帽的斗篷 (对照英语 cap 帽子)，最终可能源于拉丁语 caput 头：cap- 头⇒戴在头上的东西】

f. 斗篷，披风；(斗牛士的) 红披风；覆盖物 (泛指覆盖在物体上的东西)；层，地层；阶层

· **capilla** ｛二级三级四级｝

【拉丁语 cappa 带兜帽的斗篷 (西语 capa 斗篷)→指小词 capella 斗篷 / 小教堂　词源：法国守护圣人圣马丁在暴风雨夜里，把身上的 cappa 斗篷割下一半给受冻的乞丐。这个乞丐是耶稣的化身，他想考验圣马丁，最终圣马丁通过考验而封圣，这半边斗篷 capella 也成为圣物被供奉在教堂】

f. 小教堂，(医院、学校等的) 附属教堂；神殿 (指教堂内设有祭坛的厅堂)；〈口〉帮，小集团 (指一群人听从或坚持某种说法的人，多含有贬义)

· **escapar** ｛二级三级四级 B 级｝

【ex- 向外→ es-+capa 斗篷，披风 +-ar 动词后缀⇒被人追赶时把斗篷、披风等向外扔，以便跑得更快】

intr./prnl. (偷偷地) 溜走；逃，逃走；(气体、液体) 漏出，溢出

prnl. 误车；不理解，不明白

· **escape** ｛八级｝

m. 逃走，逃脱；溢出，漏出；(内燃机等的) 排气；退出键

· **capital** ｛二级三级四级 A 级｝

【capit- 头 +-al 形容词后缀，表相关】

adj.inv. 关于头的；重要的，基本的

m. 资本 (指以货币或其它财产形式存在的财富)；资产 (指用来制造更多财富的物质财富的资产)

f. 首都，首府，省会 (指在一个政治实体如国家、省会、县城中作为其政府正式所在地的一个城市或城镇)；大都市，主要城市 (指为某种活动或工业的中心的一座城市)

· **capitalismo** ｛二级三级四级｝

【-ismo 名词后缀，常常表示主义】

m. 资本主义 (制度)；〈集〉资本，资本家

· **capitalista** { 二级三级四级 }

【-ista……的】

adj.inv. 资本主义的

adj.inv. 有资本的，资本家的 >>> *s.com.* 资本家

s.com. 富豪

· **caudal** { 二级三级八级 B 级 }

【同 "capital 资本" 同源于拉丁语 capitalis → (音变：元音间的 p、t 分别浊化成 b、d) → *cabidalis → (第一个 i 脱落) → *cabdalis → (内爆破音 b 元音化成 u) → caudalis 简化记忆：capit- → caud-+-al】

adj.inv. 流量大的，水量大的 >>> *m.* 流量 (指水的流量)>>> *m.* 大量，丰富

m. 钱财，钱财

adj.inv. 尾巴的，尾部的 (此词义和 cola 同源)

　· **caudaloso, sa** { 二级八级 }

　【-oso(多)……的】

　adj. 水量大的；有钱的，富裕的

　· **acaudalar**

　【a- 构成派生词 +caudal+-ar 动词后缀】

　tr. 聚集 (补语尤指钱财)

　　· **acaudalado, da**

　　【acaudalar 的分词】

　　adj. 富有的，富裕的

· **caudillo** { 二级三级八级 }

【拉丁语 capitellum：capit- 头 → caud-，见 caudal 钱财；-illo 指小词后缀】

m. (尤指战争中的) 首领，头目，指挥官

　· **acaudillar** { 二级 }

　【a- 构成派生词 +caudillo+-ar 动词后缀】

　tr. 指挥，帅领 (军队等)

· **capataz, za** { 二级八级 }

【capit 头 → capat-+-az】

s. 工头，领班 (指在工厂等场合监管一定数量员工的人);(庄园) 总管

· **capitán, tana** { 二级三级四级 B 级 }

【capit- 头 +-án 为 "-ano 表相关、人" 的短尾形式⇒部队里、船上的领导】

s. (尤指驾驶大型船只的) 船长，（飞机）机长

s. 队长（尤指在体育比赛中带领队员的人）

f. 旗舰，舰队指挥舰（多指海军舰队司令所在的军舰)>>> *s.com.* 陆军 / 空军上尉；海军上校

· **capítulo** {二级三级四级 B 级}
【capit- 头 +-ulo 指小词后缀】
m. (书，文章等的) 章，节，回；议题，话题，方面；（为了选出高级神职人员而举行的）教士会议

· **per cápita** {二级三级八级}
【为拉丁语短语，对照西语 por cabeza】
adv. 按人头，每人平均

· **cabello** {二级三级四级}
【拉丁语 capillus: caput 头 +pillus(西语 pelo 毛) 音变: p 在元音间浊化成 b、i 变 e】
m. 〈个〉(一根根的) 头发；〈集〉(长在头上的全部) 头发

· **cabeza** {二级三级四级 A 级}
【拉丁语 caput 头→通俗拉丁语 capitia 音变: 元音间 p 浊化、t+yod(双重或多重元音中的 i)=z，并使前面的 i 变成 e 简化记忆: cap- 头→ cab-+-eza 名词后缀】
f. 头，脑袋；头部；智力，才智；(牲畜的) 头数
s.com. 负责人，首领
　· **cabecera** {二级三级八级}
　　【-era 名词后缀】
　　f. 前端，前头 (泛指物的前端或事物开始部分)；(主席台、餐桌等的) 主位，首席，荣誉席位；床头；(防止枕头掉下床的) 床头板
　· **cabecilla** {二级八级}
　　【cabeza 的指小词: -illa 指小词后缀】
　　m. (造反、暴乱的) 头目
　　s.com. 头目 (指参与政治、文化或其它方面反抗活动团体的领导人)
　· **encabezar** {二级三级四级}
　　【en- 使动 +cabeza 头→人头，首位 +-ar 动词后缀】
　　tr. 居名单首位；放在 (书写材料) 的开头；率领，领导；(掺加烈性酒) 增加酒的度数

· **cabo** {二级三级四级 B 级}

【拉丁语 caput 头 音变：元音间的 p 浊化成 b ⇒头部处于身体的顶端】

m. (物体的) 顶端，头；(事情的) 末尾，尽头；剩头；岬角；(一段) 绳，线

s.com. (指军队里的) 班长

- **cabal** { 二级三级四级 }

 【-al 形容词后缀⇒有始有终的】

 adj.inv. 完整的，完全的 (指在数量等方面不多也不少的)；每人平均的；准确的；(人) 诚实的，完美的

- **acabar** { 二级三级四级 A 级 }

 【a- 构成派生词 +cabo+-ar 动词后缀⇒使走向终点】

 intr./tr. 完成，结束 (人做主语，指完成某事)>>> *prnl.* (事物) 结束

 tr. 用完，用尽 (某物)>>> *intr.* (某物) 耗尽

 tr. 润色，给……做最后的加工

 intr. 消灭，消除；死亡；结束；刚刚；终于

 intr./prnl. 慢慢地消失

  - **acabado, da** { 二级八级 B 级 }

  【acabar 的分词】

   adj. 结束了的

   adj. (人) 衰弱的，衰老的 >>> *adj.* (衣物) 穿旧了的

   m. (为了使已完成的事物变得完美而做的) 润色，最后的加工

- ***recabar**

 【re- 加强语气 +cabo 末端 +-ar 动词后缀⇒要求做事情有头有尾】

  tr. 要求 (权利、自由等认为本应该得到的东西)；求得，要到

- **acaparar** { 二级 }

 【简化记忆：a- 表方向 + 意大利语 caparra 押金、定金←意大利语 capo 头、开始←拉丁语 caput 头 注：这个词经过意大利语和法语进入西语，语义也发生较大的改变，建议简化记忆⇒ a- 表方向 +cap- 头 (多头牲畜→资本)；两个 -ar ⇒用资本买多个物体】

 tr. 囤积、垄断 (商品)；独占，独吞 (指完全占据、占用)；吸引 (注意力、视线等)

- **capricho** { 二级三级八级 }

 【意大利语 capriccio：capo 头 +riccio 刺猬，豪猪⇒人在受到惊吓的时候会像刺猬一样毛骨悚然。因为 capricho 的前半部分 capr- 和意大利语 capra 山羊 (西语 cabra) 相近，所以它的词义后来就和山羊的习性联系到一起。山羊有一个习性就是在吃草的时候突然跳到别的地方，然后又若无其事地继续埋头吃草⇒反复无常】

 m. 怪念头，任性，怪癖 (指一时冲动产生或改变想法)；因任性或怪念头而引出的事物

  - **caprichoso, sa** { 二级八级 }

【-oso……的】

adj. 异想天开的，随心所欲的 (指想法变化无常的)；变幻无常

· **encapricharse**

【en- 使动 +capricho+-ar 动词后缀 +-se】

prnl. 执意要，(出于任性) 迷恋，喜爱；动情，有意

· **precipicio** { 二级三级八级 }

【pre- 前 +capit- 头→ (元音转换 a 变 i) → cipit-+-io 名词后缀⇒陆地的最前端】

m. 悬崖；颓丧，沉沦

· **precipitar** { 二级三级八级 }

【拉丁语 praecipitāre，praecipitātus：见 precipicio 悬崖，猛跌 +-ar 动词后缀】

tr. 从高处抛下 >>> *prnl.* 从高处落下

tr. 使提前或突然发生 >>> *prnl.* 提前或突然发生

tr. 〈化学〉使沉淀 (使固体从溶液中分离出来)

prnl. 仓促行事，轻率，草率

· **precipitación** { 二级三级八级 }

f. 从高处猛然落下或冲下；突如其来，突然发生，提前发生；匆忙，仓促，鲁莽，轻率；〈化〉沉淀 (物质从溶液中分解为固体的过程)

f./ f.pl. (常用复数)(雨、雪、冰雹等的) 降落，降水量

· **jefe, fa** { 二级三级四级 A 级 }

【来自法语 chef(英语 chief)，最终源于拉丁语 caput 头】

s. 上级，领导 (某一职位的上级 })；领袖，首脑，首长 (一个团体的领导人)；〈口〉父亲，母亲，父母，家长；老板，头儿 (对有一定权能的人的称呼)

· **subjefe** { 八级 }

【sub- 副 +jefe 领导】

m. 副首长，副长官 (泛指第二把手)

175. cec- 瞎的，失明的 【拉丁语 caecus 瞎的，失明的】

· **ciego, ga** { 二级三级四级 B 级 }

【拉丁语 caecus 瞎的，失明的：cec- 音变：e 变 ie；元音间 c 浊化】

adj. 失明的，瞎的 >>> *s.* 盲人

adj. 盲肠的 >>> *m.* 盲肠

adj. 不冷静的，失去理智的 (被某种情感所控制而不能理智地做某事的)；(道路、管道等) 堵塞的；〈口〉(在做某事或进餐时) 过量的

m. 〈黑话〉喝醉，吸毒致幻

- **cegar** ｛二级三级八级｝
  【-ar 动词后缀】
  intr. 瞎，失明 >>> *tr.* 弄瞎，使失明
  tr. 使耀眼 (指强光使人睁不开眼，暂时失去视力)>>> *prnl.* 耀眼
  tr. 使失去理智 >>> *intr.* 失去理智
  tr. 堵塞，堵住 (孔、洞、管道、道路等)
- **ceguera** ｛B 级｝
  【-era 名词后缀】
  f. 盲，失明；糊涂
- **murciélago** ｛二级八级｝
  【古西语 murciégalo 蝙蝠：拉丁语 mūs，mūris 老鼠 + 拉丁语指小词 caeculus ← caecus 瞎的 (西语 ciego) 音变：元音间 c 浊化；古西语中 g 和 l 发生位移】
  m. 蝙蝠

176. damn- 损害　【拉丁语 damnum 损害，损失】

- **daño** ｛二级三级四级 B 级｝
  【拉丁语 damnum 损害 音变：-mn- 腭化成 -ñ-】
  m. 损害，伤害，损失；病痛，疾病
  - **dañoso, sa** ｛二级八级｝
    【-oso……的】
    adj. 有害的，有损于……的
  - **dañar** ｛二级三级四级｝
    【共时分析法：daño+-ar 动词后缀】
    tr. 伤害，损坏 (在身体或情感等方面伤害某人)；对……造成不良影响
    - ***dañado, da**
      【共时分析法：dañar 的分词】
      adj. 受伤害的，受损的
- **damnificar** ｛二级三级八级｝
  【拉丁语 damnificāre：damn- 损害 +-ifica 使 (来自词根 fac- 做)】
  tr. 损害，伤害
  - **damnificado, da** ｛二级八级｝
    【damnificar 的分词】
    adj. 受损害的，受灾的
    s. 灾民，难民

- **condenar** ｛二级三级四级 B 级｝

【拉丁语 condemnare，condemnātus: con- 加强语气 +damn- 损害 (元音 转 换 ：a → e) → demn-+-ar 注：此处的辅音字母群 -mn- 在西语中可能是为了方便发音仅保留 -n-】

tr. 判处，处罚；谴责；强迫 (某人做不愿做的事情)；堵死，堵塞 (门、窗等)；(不可避免地) 引向

prnl. 下地狱

· **condenado, da** ｛二级三级八级｝

　【西语 condenar 的分词】

　adj. 被判刑的 >>> *s.* 被判刑的人

　adj. 〈宗〉被判下地狱的 >>> *s.* 被判下地狱的人

　adj. 〈口〉*adj.* 捣蛋的，烦人的 >>> *s.* 捣蛋鬼

　adj. 注定要……的

· **condenación** ｛二级八级｝

　【-ión 名词后缀】

　f. 判刑，判罪；谴责

· ***condena**

　f. 判决；判决书；指责

*indemne

【in- 否定 +damn- → (元音转换：a 变 e) → demn- 损害】

adj.inv. 未受损伤的，未遭伤害的，安然无恙的

· ***indemnidad**

　【-idad 名词后缀】

　f. 未受损，安然无恙

· **indemnizar** ｛二级八级｝

　【-izar 动词后缀⇒使受灾群众在经济上未受损】

　tr. 赔偿

　· **indemnización** ｛二级三级八级 B 级｝

　　【-ción 名词后缀】

　　f. 赔偿；赔偿费，赔偿金

177. fin(i)-, finit- 界限；限定 【拉丁语 finis 界限，末端；结束；finīre, finītus 限定】

· **fin** ｛二级三级四级 **A** 级｝

　【拉丁语 finis 界限，末端；结束】

　m. 结束；尽头，末尾；目的

　· **final** ｛二级三级四级 **A** 级｝

【-al 形容词兼名词后缀，表相关】

adj.inv. 最后的，最终的

m. 最后，最终，结局；末端，尽头

f. 〈体〉决赛

· **finalmente** {B 级 }

　【-mente 副词词尾】

　adv. 最后，最终；总之

· **finalidad** { 二级三级四级 }

　【-idad 名词后缀】

　f. 目的，宗旨

· **finalizar** { 二级三级八级 B 级 }

　【-izar 使动】

　tr. 结束，完结 (指使结束)>>> *intr.* (事物) 结束，完结

· **finalista** { 二级三级八级 }

　【-ista 表人】

　adj.inv. 参加决赛的 >>> *s.com.* 参加决赛的人

· **semifinal** {B 级 }

　【semi- 半】

　f. 半决赛

· **fino, na** { 二级三级四级 B 级 }

【来自西语 fin 结束⇒结束了的，做完了的 对照英语 fine】

adj. (物) 精巧的，精致的；(物体) 薄的，纤细的；(人) 苗条的；(人) 优雅的；(皮肤等) 光滑的

· ***refino, na**

　【re- 加强语气】

　adj. 精炼的，非常纯的 >>> *m.* 精炼，提纯

　· ***refinar**

　　【-ar 动词后缀】

　　tr. 精炼，提纯；改善，使完美

　　prnl. 变得高雅，变得文雅

　　· **refinado, da** { 二级三级八级 }

　　　【refinar 的分词】

　　　adj. 十足的，极端的；精致的，优秀的

　　　m. 精炼，提纯

　　· **refinería** { 二级三级八级 }

　　　【-ería 名词后缀】

　　　f. 精炼厂，提炼厂

· **finanzas** ｛二级三级八级｝

【拉丁语 finis 结束 (西语 fin) →古法语 finer 付赎金→ finance 付款: fin- 结束 +-ance 名词后缀】

f.pl. 财政；资金

· **financiero, ra** ｛二级三级四级 B 级｝

【-iero 表示人】

adj. 财政的，金融的；

s. 财政家，金融家；会过日子的人

· **financiar** ｛二级三级八级｝

tr. 资助，为……提供资金

· **financiación** ｛二级四级 B 级｝

【-ción 名词后缀】

f. 资金；提供资金，融资

· **financiamiento** ｛二级三级四级｝

【-miento 名词后缀】

m. 资助，融资

· **afín** ｛二级三级八级｝

【拉丁语 affinis: a- 表方向 + 拉丁语 finis 界限，末端；结束，见西语 fin 结束，尽头】

adj.inv. (在空间上) 邻近的，毗邻的；(性格、爱好等) 相似的，近似的；有关联的

s.com. 姻亲

· **afinidad** ｛二级｝

【-idad 名词后缀】

f. 相似，类似；姻亲关系

· **infinito, ta** ｛二级三级四级｝

【拉丁语 īnfīnītus: in- 否定 + 分词 fīnītus ← fīnīre 限定←拉丁语 finis 界限，结束 "西语 fin 结束，结尾"】

adj. 无穷的，无限的 >>> *m.* (时间、空间等上的) 无穷，无限

m. 〈数〉无穷大

adj. (指程度) 极大的，巨大的

adv. 〈口〉非常，极其

· **infinidad** ｛二级三级八级｝

【-dad 名词后缀】

f. 无限，无穷；一大群，大量

· **infinitivo, va** ｛二级三级八级｝

【拉丁语 īnfīnītus(西语 infinito) →后期拉丁语 infinitīvus 不限制，不确定】

adj. 〈语〉不定 (式) 的 >>> *m.* 动词不定式

· **definir** {二级三级四级 B 级}

【拉丁语 dēfinīre，dēfinītus：de- 从上往下 + 拉丁语 finis 界限，末端；结束，见西语 fin 结束，尽头⇒从上往下下定义】

tr. 给……下定义，确定……的含义，解释；确定，限定，规定

prnl. 明确表示

· **definitivo, va** {二级三级四级 B 级}

【-ivo……的】

adj. 确定的，最后的，决定性的

· **definición** {二级三级四级}

【-ión 名词后缀】

f. (单词的) 释义，诠释；说明，解说；(照片、电视画面等的) 清晰度

· **indefinido, da** {二级三级八级 B 级}

【in- 否定前缀 +definido 明确的】

adj. 不确定的，不明确的；(时间) 无期限的；〈语〉不定的

· **indefinidamente** {B 级}

【-mente 分词词尾】

adv. 无期限的，无休止地

178. firm- 坚固的　【拉丁语 firmus 固体的，坚固的】

· **firme** {二级三级四级 B 级}

【拉丁语 firmus 固体的，坚固的→通俗拉丁语 firmis：firm- 坚固】

adj.inv. (物体) 稳固的，牢固的 >>> *m.* 地基，路基

adj.inv. (人、信念等) 坚定不移的；(人) 坚强的

· **firmeza** {二级三级四级}

【-eza 名词后缀】

f. (物体等的) 稳固 (性)，牢固 (性)；坚定，坚定不移

· **enfermo, ma** {二级三级四级 A 级}

【拉丁语 infirmus：in- 表否定 +firmus 固体的，坚固的　音变：两个 i 都变成 e ⇒身体变得不坚固，不牢固的】

adj. 生病的 >>> *s.* 病人

· **enfermizo, za** {二级三级八级}

【-izo……的】

adj. 体弱的，容易得病的；能引起疾病的；病态的，不正常的

· **enfermedad** {二级三级四级 A 级}

【-edad 名词后缀】

f. 疾病；毛病，弊端

· **enfermero, ra** ｛二级三级四级 A 级｝

【-ero 人⇒照看病人的人】

s. 护士

· **enfermería** ｛二级八级｝

【-ía 名词后缀，可表地方⇒护士工作的地方】

f. 医务室，医疗站，卫生所；护理；〈集〉(某地、同一时期或患有同一种病的) 病人

· **firmar** ｛二级三级四级 A 级｝

【拉丁语 firmus 固体的，坚固的→ firmāre 使坚固：firm- 坚固的 +-ar 动词后缀⇒坚固→稳固 / 确定所谈之事】

tr. 签署，签订 (文件、条约等)

prnl. 用 (名义、头衔等) 签约，签署

· **firma** ｛二级三级四级 B 级｝

f. 签名，签署 (指动作)；签名，署名；商行，贸易公司

· **afirmar** ｛二级三级四级 B 级｝

【拉丁语 affirmāre，affirmātus：a- 表方向 +firm- 坚固的 +-ar 动词后缀】

tr. 使牢固

tr. 肯定，断言 >>> *intr.* 肯定

prnl. 重申

· **afirmación** ｛二级三级四级 B 级｝

【-ión 名词后缀】

f. 肯定 (表动作)；断言 (用于表示肯定的表达)

· **afirmativo, va** ｛二级三级四级｝

【-ivo……的】

adj. (回答等) 肯定的

· **reafirmar** ｛二级三级八级｝

【re- 再次】

tr. 重新肯定，重申；坚持 (观点)

· **confirmar** ｛二级三级四级 B 级｝

【拉丁语 cōnfirmāre，cōnfirmātus：con- 加强语气 +firm- 坚固的 +-ar 动词后缀】

tr. 证实 (谣言、消息等)；确认；批准

· **confirmación** ｛二级八级｝

【-ión 名词后缀】

f. 证实，证明；确认，批准；(天主教、东正教的) 坚信礼，坚振礼

179. foc- 火，壁炉 【拉丁语 focus 壁炉 / 家→晚期拉丁语 focus 火 注：foc- 有时以 hog- 形式出现在西语中】

· **foco** {二级三级四级}
【拉丁语 focus 壁炉 词源：以前物资匮乏、生活单调，在家里人们都以炉灶为中心，在那里不仅生火做饭、取暖，还做其他事情】
m. 焦点；中心，根源；聚光灯
　· **enfocar** {二级三级四级 B 级}
　【en- 使动】
　tr. 使对焦 (指使相机对准某物，把光源对准某物)；使光线对准；分析，研究 (问题)
　　· **enfoque** {二级三级八级}
　　m. 对焦，聚焦；对焦点；(对问题的) 分析，研究
　· **fuego** {二级三级四级 B 级}
　【和 foco 同源于拉丁语 focus 壁炉、火 音变：o → ue、元音间 c 浊化成 g、-us → -o】
　m. 火；火灾；热情；炮火，火力

· **hogar** {二级三级四级 B 级}
【拉丁语 focus 壁炉、火→ focaris：foc- 火，壁炉→ (音变：词首 f 可能变成 h、元音间 c 浊化 g) → hog-+ar 做名词后缀时可以表地方】
m. 炉，炉灶；家，住宅；家庭

· **hoguera** {二级三级八级}
【简化记忆：foc- 壁炉、或→ hog-+-era 名词后缀 注：为了保证 g 的音值，在 e 前添加 u】
f. 篝火，火堆；激情

· **fusil** {二级三级四级 B 级}
【来自法语 fusil，最终源于拉丁语 focus 壁炉；火 简化记忆：foc- 壁炉，火→ fus-+-il 表相关】
m. 枪，步枪
　· **fusilar** {二级三级八级}
　【-ar 动词后缀】
　tr. 枪杀，枪毙；抄袭

180. fol(i)- 叶子 【拉丁语 folium 叶子】

· **folio** {八级 B 级}
【拉丁语 folium 叶子】

m. 书（册的）页；对折纸

- **hoja** ｛二级三级四级 A 级｝

【拉丁语 folium 叶子（西语 folio)→复数 folia 音变：词首 f 变为 h；l+yod(双重或多重元音中的 i)=j】

f. 叶子；花瓣；（纸、书籍的）张，页；（门窗的）扇；（刀具等的）刀片

- **hojear** ｛二级三级八级｝

【-ear 动词后缀⇒翻书浏览】

tr. 翻（书籍的）书页；浏览

- **deshojar** ｛B 级｝

【des- 表否定 +hoja+-ar 动词后缀】

tr. 摘去……的叶子、花瓣 >>> *prnl.* (叶子、花瓣等）掉落

tr. (一页页地）撕 >>> *prnl.* (书本等）掉页

- **follaje** ｛二级八级｝

【来自普罗旺斯语，最终源于拉丁语 folia(西语 hoja) 简化记忆：fol- 叶子→ foll-+-aje 名词后缀】

m. 〈集〉(树等植物的）叶子，枝叶；赘语，废话

- **folleto** ｛二级三级四级 B 级｝

【拉丁语 folium 叶子→意大利语 foglio(纸张的）页（西语 folio)→指小词 foglietto 纸条 简化记忆：fol- 叶子→ foll-+-eto 指小词后缀】

m. 小册子；宣传印刷品

181. form-, format- 形状 【拉丁语 fōrma 形状；fōrmāre, fōrmātus 使成型】

- **forma** ｛二级三级四级 B 级｝

【拉丁语名词 forma 形状】

f. 外形，形状；形式；方式，方法；表格

- **formal** ｛二级三级四级 B 级｝

【-al 形容词后缀，表相关】

adj.inv. 表面上的，形式（上）的；严肃的；正式的

- **formalidad** ｛二级三级八级｝

【-idad 名词后缀】

f. 认真，严肃

f./f.pl. (常用复数）正式手续，程序

- **formalismo** ｛二级三级八级｝

【-ismo……主义】

m. 形式主义

- **formalizar** ｛二级八级｝

【-izar 使动】

　　tr. 使 (安排、计划、关系等) 成为正式；使 (规章等) 合法化，使有效

· **informal**　{ 二级三级八级 B 级 }

【in- 表否定】

　　adj.inv. 非正式的，不正规的；随便的，不拘礼节的

· **fórmula**　{ 二级三级四级 A 级 }

【见 forma 形状，方式 +-ula 指小词后缀⇒组织内部形成的规则】

　　f. (做事情的) 准则，方案；配方，处方；格式；化学分子式；〈数〉公式，
程式；赛车等级；表达方式

　　· **formulario, ria**　{ 二级三级八级 }

　　【-ario 形容词后缀】

　　　　adj. 例行的，惯例的

　　　　m. 表格

　　· **formular**　{ 二级三级四级 B 级 }

　　【-ar 动词后缀】

　　　　tr. 提出；用公式表述或简述；开 (配方、处方)

　　　　· **formulación**　{ 二级三级四级 B 级 }

　　　　【-ción 名词后缀】

　　　　　　f. 明确提出；列出公式；开配方，开处方

· **formar**　{ 二级三级四级 B 级 }

【拉丁语 fōrma 形状 (西语 forma 外形) → fōrmāre，fōrmātus 使成型】

　　tr. 做成，使成型，使形成；组建 (机构等)；把……编队形

　　tr. 培养，培训 >>> *prnl.* 接受培训

　　· **formato**　{ 二级三级八级 }

　　【拉丁语分词 formatus】

　　　　m. (书籍等出版物的) 开本；(照片等的) 尺寸

　　· **formación**　{ 二级三级四级 B 级 }

　　【-ión 名词后缀】

　　　　f. 形成；构成，组成；教育，培养；〈军〉队形，编队；〈集〉队伍，编
队人员

· **conformar**　{ 二级三级四级 }

【拉丁语 cōnfōrmāre，cōnfōrmātus：con- 加强语气 + 见 formar 使成形】

　　tr. 使成形；使和解

　　tr. 使一致，使相符 >>> *prnl.* 一致，相符

　　prnl. 同意 (指多人取得一致意见)；满足于，甘心于

　　· **conformación**　{ 二级三级八级 }

　　【-ión 名词后缀】

f. 构造，形态；(构成整体的各部分的) 位置，布局

· **conforme** { 二级三级四级 }

adj.inv. 同意的，一致的；适合的，符合……的

adv. 根据，按照

· **conformidad** { 二级八级 }

【-idad 名词后缀】

f. 同意，批准；忍受；一致，符合；和谐

· **deformar** { 二级三级八级 }

【拉丁语 deformāre, defōrmātus: de- 向下；远离 + 见 formar 使成形】

tr. 使变形，使变畸形 >>> *prnl.* 变形，变畸形

tr. 歪曲

· **deforme** { 二级八级 }

adj.inv. 变形的，畸形的

· **deformación** { 二级八级 }

【-ión 名词后缀】

f. (衣物、身材等的) 变形，走样；(身体部位的) 畸形；职业性癖好

· **informar** { 二级三级四级 B 级 }

【拉丁语 īnfōrmāre, īnfōrmātus: in- 向内 + 见 formar 使成形⇒使信息，认知形

成于他人脑海里】

tr. 通知，把……告知 (某人)

intr./tr. (职能机关或官员) 提供情况，发表看法

prnl. 得知，获悉

· **informe** { 二级三级四级 B 级 }

m. 报告，汇报

m./ m.pl. (常用复数) 消息，情报

adj.inv. 不成型的；不完整的

· **información** { 二级三级四级 A 级 }

【-ión 名词后缀】

f. 消息，信息；报道；问讯处，新闻处

· **informativo, va** { 二级三级八级 B 级 }

【-ivo……的】

adj. 提供消息的

m. (电台等的) 节目

· **reformar** { 二级三级四级 B 级 }

【拉丁语 reformāre: re- 再次 + 见 formar 使成形⇒使再次成形⇒使变得更好】

tr. 改革，改良

tr. 改正，纠正 (使某人改掉不好的习惯)>>> *prnl.* 改过自新，改邪归正，

改头换面 (泛指改掉不好的习惯或言行)
- **reforma** { 二级三级四级 B 级 }

  f. 改革，改良；(首字母大写，十六世纪欧洲的) 基督教改革运动
  - **reformista** { 二级八级 }

    【-ista……的】

    adj.inv. 改良主义的 >>> *s.com.* 改良主义者，改良派
  - **reformismo**

    【-ismo……主义】

    m. 改良主义
- **transformar** { 二级三级四级 B 级 }

  【拉丁语 trānsfōrmāre，trānsfōrmātus: trans- 穿过，通过 + 见 formar 使成形 ⇒通过某种手段使其形状发生改变】

  tr. 改变 (指使发生改变)>>> *prnl.* 改变

  tr. 使变成 >>> *prnl.* 变成
  - **transformador, ra** { 二级三级八级 }

    【-dor 表主动】

    adj. 使改变的

    m. 变压器
  - **transformación** { 二级三级四级 B 级 }

    【-ión 名词后缀】

    f. 改变，改造；变为

- **uniforme** { 二级三级四级 A 级 }

  【uni-=un- 单一 +form- 形状⇒形式单一的衣服】

  adj.inv. (形状) 相同的；单一的，无变化的

  m. 制服
  - ***uniformizar**

    【-izar 使动】

    tr. 使一样，使相同

- **hermoso, sa** { 二级三级四级 A 级 }

  【拉丁语 formosus 漂亮的 (和 forma 同印欧词根) 简化记忆：form- 形状 +-oso…… 的 音变：词首 f 变成 h，o → e ⇒一对形状一致的雕刻品】

  adj. (人、物) 美的，美丽的，漂亮的；大的，丰富的；(心灵、行为) 高尚的；(天气) 晴朗的；〈口〉(小孩) 健壮的
  - **hermosura** { 二级八级 }

    【-ura 名词后缀】

    f. 美，美丽，漂亮；美女，帅哥 (指好看的人、物)

- **morfología**｛二级三级八级｝

   【morfo- 来自希腊语"morphe 形态，形状"，和本栏词根同源 +-logía 表学科】

   f. 形态学，词法

182. gel-，gelat- 冰　【拉丁语 gelum 冰→动词 gelāre，gelātus 冻结，结冰】

- **hielo**｛二级三级四级 A 级｝

   【拉丁语 gelum 音变：字母群 ge 位于词首时，g 有可能变成 h、e 变 ie】

   m. 冰；冷漠

   - **helar**｛B 级｝

      【拉丁语 gelum 冰→ gelāre 冻结，结冰】

      tr. 使结冰 >>> *prnl.* 结冰 >>> *impers.* 结冰

      tr. 使惊讶

      tr. 把……冻伤，把……冻死 >>> *prnl.* 冻伤，冻死

      - **helado, da**｛二级三级四级 B 级｝

         adj. 冰冷的 >>> *f.* 冰冻 >>> *m.* 冷饮，冷食（泛指冰冻过的食物或饮料等）

         adj. 冷淡的，不热情的；惊呆的

      - **gelatina**｛二级三级八级｝

         【拉丁语 gelāre 冻结，结冰（西语 helar）→阴性分词 *gelāta →意大利语指小词 gelatina 胶状物，果冻】

         f. 明胶，动物胶；果冻

         - **gel**｛B 级｝

            【为 gelatina 的缩写词】

            m. 凝胶；沐浴露

- **congelar**｛二级三级八级 B 级｝

   【拉丁语 congelāre：con- 共同，加强语气 +gelāre 冻结，结冰（西语 helar 使冻结）】

   tr. 使（液体）冻结，使（液体）结冰 >>> *prnl.*（液体）冻结，结冰

   tr. 冷冻（通过低温保存食物）；冻伤；冻结（工资、银行存款等）

   - **congelador**｛B 级｝

      【-dor 表主动，常表示人或器具】

      m.（冰箱内的）冷冻室；冷冻箱

   - **descongelar**｛二级三级八级 B 级｝

      【des- 表否定】

      tr. 使解冻；解除对（钱财）的冻结；给（冰箱）除霜

183. sign-，signat- 符号，记号　【拉丁语 signum 符号，记号→ signare，signātus 做标记】

· **signo** { 二级三级四级 }

【拉丁语 signum 符号，记号】

m. 符号，记号；标志，象征；示意动作；宫

· **seña** { 二级三级八级 }

【拉丁语 signum 符号，记号 (西语 signo) →复数 signa 音变：-gn- 腭化为 ñ，并使前面的 i 变为 e】

f. 标志，标记，记号；手势，眼色 (尤指示意动作)；〈拉〉押金，定金

f.pl. 特征；住址

· **señal** { 二级三级四级 B 级 }

【-al 表相关】

f. 信号；信号声；手势；押金，定金

· **señalar** { 二级三级四级 B 级 }

【-ar 动词后缀】

tr. 在……上做记号；指明，指出；表明；用手 (指) 指点；给……留下伤疤；确定 (尤指指定日期、地点等)

prnl. 文明，出众

· **contraseña** { 二级三级八级 B 级 }

【contra- 加强语气 +seña】

f. 暗语，暗号；密码

· **reseña** { 二级三级八级 }

【re- 加强语气 +seña】

f. 简介；(报刊上关于文学、科学的) 短评；阅兵

· **significar** { 二级三级四级 }

【拉丁语 significāre: signum 符号，记号 (西语 signo)+-ficare 做⇒使成为标志】

tr. 示意，表示；有……含义

intr. 重要，有意义，有重要性

prnl. 出众，表明 (指人通过言语或行动清楚地表明自己的态度、想法等)

· **significado** { 二级三级四级 }

adj. 著名的，知名的，闻名的

m. 意义；意思，含义

· **significación** { 二级三级八级 }

【-ión 名词后缀】

f. 意义，重要性；意思，含义

· **significativo, va** { 二级三级四级 }

【-ivo……的】

adj. 示意的，有意义的，意味深长的；重要的

· **insignificante** { 二级三级四级 }

【in- 否定 +significante 重要的：significar+-nte……的】

adj.inv. 不重要的，微不足道的；体积或数量小的

- **sino** ｛二级三级四级｝

【和 signo 同源于拉丁语 signum】

m. 天命，命运，天意

conj. 而是 (来自 si no)；仅仅，只是

- **sello** ｛二级三级四级 A 级｝

【拉丁语 signum 符号，记号 (西语 signo) →指小词 sigillum 盖印 音变：元音间 g 脱落 对照英语 seal】

m. 图章，印章；印鉴，印记；图章戒指；邮票；特征，标志，印记；(尤指唱片、影片或图书) 公司；〈拉〉商标；〈拉〉钱币背面

- **sellar** ｛二级三级八级｝

【-ar 动词后缀】

tr. 盖印于，在……上盖印章；封住，封闭；完成，结束

- **sigla** ｛二级三级八级｝

【拉丁语 sigillum 盖印 (见西语 sello 图章，印章、siglo 印，图章) →复数 sigilla →晚期拉丁语 sigla】

f. 缩略 (由词组中每个实词的首字母构成，如 Documento Nacional de Identidad 身份证→ DNI)

f. 首字母 (构成缩略词的每个实词的首字母，如 D、N、I 是缩略词 DNI 的首字母)

- **sigiloso, sa** ｛八级｝

【拉丁语 signum 符号，记号 (西语 signo) →指小词 sigillum 盖印→ sigilo *m.* 印，图章；秘密 +-oso……的】

adj. 悄悄的，偷偷的，秘密的

- **consignar** ｛二级八级｝

【拉丁语 cōnsignāre：con 加强语气 +signāre 做标记 (西语 signar 画押，盖章)：见西语 signo 符号，记号 +-ar 动词后缀→用印章证明】

tr. 记载，写明，注明；拨出 (款项)；〈拉〉把 (钱) 存入

- **consigna** ｛二级三级四级 B 级｝

f. 标语，口号；(尤指军事上的) 命令；(车站、机场的) 行李寄放处

- **asignar** ｛二级三级四级｝

【拉丁语 assignāre，assignātus：a- 表方向 +signāre 做标记 (西语 signar 画押，盖章)：见西语 signo 符号，记号 +-ar：见西语 signo 符号，记号 +-ar 动词后缀】

tr. 分配；指派，委派

- **asignatura** ｛二级三级四级 B 级｝

【-ura 名词后缀⇒学校指派给学生在一个学期内必须完成的任务】

f. 课程，科目

· **designar** ｛二级三级八级｝

【dēsignāre，dēsignātus 指明，指出：de- 从上往下 +signāre 做标记（西语 signar 画押，盖章）：见西语 signo 符号，记号 +-ar 动词后缀⇒从上往下做标志，同英语 designate】

tr. 指定，确定，任命，选定，指派

· **designación** ｛二级三级八级｝

【-ión 名词后缀】

f. 任命，委任；指定，选定；名称，称呼

· **diseñar** ｛二级三级四级 B 级｝

【和 designar 同源于拉丁语 dēsignāre 指明，指出→意大利语 disegnare 画，同英语 design】

tr. 设计；绘制……的设计图，画……的轮廓

· **diseño** ｛二级三级四级｝

m. 设计图；图样，图案；概述；计划，方案

· **diseñador, ra** ｛二级八级 B 级｝

【-dor 表主动】

s. 设计者

· **enseñar** ｛二级三级四级 B 级｝

【拉丁语 īnsignāre 指出：in- 加强语气 +signāre 做标记（西语 signar 画押，盖章）：见西语 signo 符号，记号 +-ar 音变：in- → en-；-gn- 腭化为 -ñ- 并使前面的 i 变 e】

tr. 给……看，出示，指出；露出；教，教授；教育，教训

· **enseñanza** ｛二级三级四级 B 级｝

【-anza 名词后缀】

f. 教学；教学法；教训；教育，教育工作；教导，教诲

· **resignar** ｛二级三级四级 B 级｝

【拉丁语 resignāre，resignātus：re- 向后，加强语气 +signāre 做标记（西语 signar 画押，盖章）：见西语 signo 符号，记号 +-ar 动词后缀⇒拿回任职合同（公司符号）】

tr. 辞去（职务），放弃（头衔）

prnl. 听任，屈从，顺从

· **resignación** ｛二级八级｝

【-ión 名词后缀】

f. 听任，屈从，顺从（尤指认为不可逃避困难或走出逆境而接受）

三、源于其它语言的词根

184. aer(o)- 空气；航空　【希腊语 aer 空气】

aéreo, a { 二级 三级 四级 }
【aer- 空气，航空】
adj. 空气的；航空的
- **antiaéreo, a** { 二级 八级 }
  【anti- 反，抗】
  adj. 防空的

aeropuerto { 二级 三级 四级 A 级 }
【aero- 空气，航空】
m. 飞机场
- **aeroespacial** { 二级 三级 八级 }
  【espacial 空间的，太空的】
  adj.inv. 航天航空的
- **aerolínea** { 二级 八级 }
  【仿照英语 airline 航空公司 (原指航线)：aero- 空气，航空 +línea 线】
  f./ f.pl. 航空公司 (常用复数)
- **aeromozo, za** { 二级 三级 八级 }
  【mozo 年轻的】
  s. 〈拉〉空乘

- **aire** { 二级 三级 四级 A 级 }
  【希腊语 aer 空气→拉丁语 aerem 注：元音连续中的 e 在通俗或后期拉丁语中常发 i】
  m. 空气；风；样子，外观；架子，派头；气氛

185. alfa-，beta- 希腊语字母表前两个字母　【分别来自希腊语字母表中的前两个字母 α、β】

alfabeto { 二级 三级 四级 }
【来自希腊语字母表中的前两个字母 alfa 和 beta】
m. 字母，字母表
- **alfabético, ca** { 二级 八级 B 级 }

【-ico……的】

adj. 字母的；按字母顺序的

- **alfabetización**　{ 二级八级 }

【alfabetizar 按字母顺序排列；扫盲：alfabeto+-izar 使动；-ción 名词后缀】

f. 扫盲；按字母顺序排序

- **analfabeto, ta**　{ 二级三级四级 }

【an- 希腊语否定前缀】

adj. 文盲的，不识字的 >>> *s.* 文盲 (指人)

adj. 无知的 >>> *s.* 无知的人

　- **analfabetismo**　{ 二级八级 }

　【-ismo 名词后缀】

　m. 文盲 (指状态)

186. banc- 板凳　【日耳曼语 bank 板凳】

- **banco**　{ 二级三级四级 A 级 }

【日耳曼语 bank 板凳】

m. 长椅，长凳；〈拉〉小板凳；〈个〉银行 (词源：根据史料记载，最早的埃及银行家和最早的英国货币兑换商坐在长椅上面做贸易)；(医学上用来储存血液、器官等的) 库；(木工用的) 工作台，案子；(特指同种类的) 鱼群

- **banca**　{ 二级八级 B 级 }

【来自 banco】

f. 木凳；银行界，银行业；〈集〉银行；(赌博中的) 庄家；〈拉〉(议会的) 席位；(摊贩的) 货桌

- **banquero, ra**　{ 二级三级四级 }

【-ero 表人】

s. 银行家 (指银行的所有人或高管)；(赌博中的) 庄家

- **bancario, ria**　{ 二级八级 B 级 }

【-ario……的】

adj. 银行 (业) 的

s. 银行工作人员 (区分 banquero 银行家)

- **bancarrota**　{ 二级三级八级 }

【来自意大利语 bancarotta：意大利语 banca(西班牙语 banco 银行)+rotta 和西语动词 "romper 弄破，打碎" 的不规则过去分词 roto 同源：a 阴性形式，双写 r 是为了保证发音不变】

f. 倒闭，破产；垮台，失败

· **banquete** ｛二级三级四级 B 级｝

【-ete 法语指小词后缀⇒很多人坐在椅子上面享用美食】

m. 宴会，盛会；美味佳肴

　· ***banquetear**

　　【-ear 动词后缀】

　　tr. 〈口〉宴请

　　intr. 赴宴

187. fon(e)- **声音**　【希腊语 phone 声音，phonein 说】

· **fonético, ca** ｛二级三级四级｝

【fone- 声音 +-tico 形容词后缀⇒有关声音的学科的】

adj. 语音的，语音学的 >>> *f.* 语音学

adj. 表音的，代表语音的

· **teléfono** ｛二级三级四级 A 级｝

【tele- 远 +fon- 声音 +-o 名词后缀⇒能够让远方的人听到自己声音的电子设备】

m. 电话 (指系统)；电话 (指机器)；电话号码

　· **telefónico, ca** ｛B 级｝

　　【-ico……的】

　　adj. 电话的

　· **telefonista** ｛八级｝

　　【-ista 人】

　　s.com. 电话接线员，话务员

　· **telefonear** ｛八级 B 级｝

　　【-ear 动词后缀】

　　intr. 给……打电话

　　tr. (通过打电话的方式) 告知，传达 (信息)

· **micrófono** ｛二级三级四级｝

【micro- 小的 +fon- 声音 +-o 名词后缀⇒能放大细小声音的设备】

m. 话筒，麦克风，扩音器

· **sinfonía** ｛二级三级四级 B 级｝

【希腊语前缀 sin- 共同 +fon- 声音 +-ía 名词后缀⇒所有乐器都演奏出共同的声音，和谐的声音】

f. 交响乐，交响曲；(色彩等的) 协调，和谐

- **sinfónico, ca** ｛二级八级｝

  【-ico……的】

  adj. 交响乐的，交响曲的

  f. 交响乐队

- **saxofón** ｛B 级｝

  【词源：比利时乐器家族 Adolf Sax 发明了这种乐器：-fon 声音】

  m. 萨克管

四、印欧词根

188. aur- 发光　【印欧词根 *aus- 发光，发亮→ 1. 拉丁语 aurōra 曙光；→ 2. 拉丁语 aurum 金子】

- **aurora** ｛二级三级八级｝

  【印欧词根 *aus- 发光，发亮→ 1 拉丁语 aurōra 曙光　助记：罗马神话和北欧神话中掌管黎明、曙光的女神 Aurora】

  f. 曙光，晨曦；极光；开端，曙光

- **oro** ｛二级三级四级 B 级｝

  【印欧词根 *aus- 发光，发亮→ 2 拉丁语 aurum 金子　音变：-au- 变 o】

  m. 金，黄金；金首饰；金牌；金币；财富

  m. 金黄色 >>> *adj.inv.* 金黄色的

  - **dorar** ｛B 级｝

    【拉丁语 deaurāre，deaurātus：de- 向下 + 拉丁语 aurum 金子 (西语 oro)】

    tr. 给……镀金，给……涂上金色 >>> *prnl.* 呈现金黄色

    tr. 把 (食物等) 烤 / 煎得焦黄 >>> *prnl.* (食物等) 烤 / 煎得焦黄

    tr. 爆炒 (葱、蒜等)

    - **dorado, da** ｛二级三级八级 B 级｝

      adj. 镀金的，金色的 >>> *m.* 镀金 >>> *m.pl.* 镀金饰品 / 器物

      adj. 辉煌的

189. bon- 、ben(e)- 、bell- 好　【印欧词根 *deu- 2. 完成；施恩→ 1. 拉丁语 bonus 好的→ 2. 拉丁语 bene 好地→ 3. 拉丁语 bellus 好看的】

· bueno, na ｛二级三级四级 A 级｝

【拉丁语 bonus 好的 音变：o 变 ue 注：在阳性单数名词前用缩尾形式 buen】

adj. 好的，优质的；（在待人接物方面，人）好的，善良的，品德好的；健康的；（放在名词前）相当的，很多的；(estar) 美味可口的

　· bondad ｛二级三级四级｝

　【-dad 名词后缀】

　f. 好；善良，仁慈

　f.pl. 照顾，关心

　　· bondadoso, sa ｛二级八级｝

　　【-oso……的】

　　adj. 善良的

　· bonito, ta ｛二级三级四级 A 级｝

　【bueno 的指小词：-ito 指小词后缀】

　adj. 好的；好看的，漂亮的；（放名词前）相当大的

　· bonanza ｛二级八级｝

　【-anza 名词后缀】

　f. （海上）风平浪静（常和 hacer，haber 搭配使用）；繁荣，昌盛

　abono ｛二级三级四级｝

　【a- 表方向 +bon- 好⇒改善土地状况，提高产量的产品】

　m. 肥料；

　m. 定期票，月票；支付，缴纳 【来自另一个词根 联想：农民向批发商定期购买肥料】

　　· abonar

　　【-ar 动词后缀】

　　tr. 施肥

　　tr. 给……订购长期票；给……订阅（杂志等）>>> *prnl.* 订阅

　　tr. 支付，缴纳（水电费等）；给……担保

　　　· abonado, da ｛四级｝

　　　【abonar 的分词】

　　　adj. 值得信任的，可靠的

　　　s. 订户，预订者；(水、电、煤气等的) 用户

· bien ｛二级三级四级 A 级｝

【拉丁语 bene 好地 音变：e 变 ie】

adv. 好，出色的；（指身体）健康地；顺利地

m. 好事；好处，利益；善良

m.pl. 财产

- **bienestar** ｛二级三级四级｝

  【bien 好地 +estar 处于⇒让人民觉得处于幸福状态的政策】

  m. 福利；舒适，安逸
- **bienvenido, da** ｛二级三级四级｝

  【bien 好地 +ven- 来 +-ido……的】

  adj. 受欢迎的

  f. 欢迎
- **beneficio** ｛二级三级四级｝

  【bene- 好 +fic- 做 +-io 名词后缀】

  m. 利益，好处；利润；开采
  - **beneficioso, sa** ｛二级八级 B 级｝

    【-oso 多……的】

    adj. 有益的，有利的，有用的
  - **beneficiar** ｛二级三级四级｝

    【-ar 动词后缀】

    tr. 有利于，有益于 >>> *prnl.* 受益，获利

    tr. 开采 (矿物)

    prnl. 〈口〉(含有贬义) 与……发生性关系，与……有性交易
    - **beneficiario, ria** ｛二级三级八级｝

      【-ario 表人】

      adj. 受益的 >>> *s.* 受益的人
- **benigno, na** ｛二级三级八级｝

  【ben- 好地 + 联想：ig- 做 +-no……的 注：-ign 来自 gen- 生】

  adj. 和善的，宽厚的；(指疾病、伤口、肿瘤) 轻微的，良性的；(气候等) 温和的
- **benevolencia** ｛二级八级｝

  【bene- 好地 +vol- 愿望 (如西语 voluntad 意志力)+-encia 名词后缀】

  f. 仁慈，善良，好心

- **bello, lla** ｛二级三级四级｝

  【拉丁语 bellus 好看的】

  adj. (事物) 美好的；(人) 漂亮的
  - **belleza** ｛二级三级四级 B 级｝

    【-eza 名词后缀】

    f. 美，美丽；美女
  - **embellecer** ｛二级三级八级｝

    【en- 使动→ em-+bello+-ecer 动词后缀】

tr. 修饰，美化，使美 (指使人或物变得美丽或更加美丽)>>> *prnl.* 变美，变得更美

190. carn- 、cort- 切　【印欧词根 *sker- 切→ 1. 拉丁语 carō, carnis 肉；→ 2. 拉丁语 curtus 短的；→ 3. 拉丁语 (能被砍、切下的东西⇒)cortex 树皮；→ 拉丁语 4. corium 皮革 (原指切下的一块兽皮)；→ 5. 拉丁语 cēna 一餐 (⇐切下、分割出的一份食物)】

· **carne** { 二级三级四级 A 级 }

【印欧词根 *sker- 切→ 1 拉丁语 carō, carnis 肉】

f. 肉 (指人或动物身体的肌肉组织)；(供食用的) 肉；果肉；(与灵魂、精神相对的) 肉体，肉欲

· **carnal** { 二级八级 }

【-al 表相关】

adj.inv. 肉的，肉体的；肉欲的；嫡亲的

· **carnicero, ra** { A 级 }

【拉丁语 carō, carnis 肉 (西语 carne) →拉丁语 *carniceus(西语 carniza 内脏，下水)+-ero……的】

adj. (动物) 食肉的 >>> *m.pl.* 肉食动物

adj. (人) 残酷的 >>> *s.* 凶残的人

adj. (人) 经常吃肉的，爱吃肉的

s. 卖肉的人

· **carnicería** { A 级 }

【-ía 表地方】

m. 肉铺；屠杀

· **carnívoro, ra** { 二级八级 B 级 }

【carni- 见 carne+-voro 食……的】

adj. (动物) 食肉的；(植物) 食虫的；食肉目

· ***encarnar**

【拉丁语 incarnāre, incarnātus: en- 使动 +carne 肉 +-ar 动词后缀⇒肉体的对立面是精神，精神是抽象概念】

tr. 使 (想法等) 具体化 >>> *prnl.* (想法等) 具体化

tr. (在电影中) 扮演 (角色)

prnl. (指甲) 嵌入肉内

intr. (伤口) 愈合

· **encarnación** { 二级八级 }

【-ión 名词后缀】

f. 化为肉身；（抽象概念的）体现

　　　· **reencarnación** ｛A 级｝

　　　　【re- 再次】

　　　　　f. 重生化身，轮回转身

· **carnaval** ｛二级三级八级｝

　【来自意大利语 carnelevare 的单词简化形式（两个临近的音节因为发音相似，省略其中一个）→意大利 carnevale；carne 肉 +levare 移开（同西语 levar 源于拉丁语 levare 举起）。carnelevare 的字面意思就是：把肉拿走。　词源：天主教国家在四旬斋期间禁止食肉，因此人们在此之前的一个星期内进行狂欢，这期间在意大利语中就叫做 carnevale】

　　m. 狂欢节，谢肉节，嘉年华会

corto, ta ｛二级三级四级 A 级｝

【印欧词根 *sker- 切→2 拉丁语 curtus 短的　音变：u 变 o，对照英语 curt 简短而失礼的，唐突无礼的】

adj.（指长度）短的；时间短的；不足的，缺少的；距离短的；愚钝的，愚笨的；胆小的，腼腆的；（衣服等在膝盖或腰部之上）短的

m.（电影）短片

· **acortar** ｛二级三级八级｝

　【a- 构成派生词 +corto+-ar 动词后缀】

　　tr. 弄短，缩减（指缩减时长、长度、量等)>>> *intr./ prnl.* 变短

· **cortometraje** ｛B 级｝

　【corto 短的 +metraje 电影长度】

　　m.（电影）短片

· **cortar** ｛二级三级四级 A 级｝

　【拉丁语 curtus 短的（西语 corto）→ curtāre】

　　tr. 切，割，砍；切断，中断；理（发），剪（指甲）

　　tr. 切断（肢体），把……弄伤 >>> *prnl.* 弄伤自己

　　intr.（刀刃）锋利

　　· **cortaúñas** ｛二级三级八级 B 级｝（单复数同形）

　　　【uña 指甲】

　　　　m. 指甲刀

　　· **corte** ｛二级三级四级 B 级｝

　　　　m. 切下的部分；刀刃；刀伤，割伤

　　　　f. 宫廷，王室 【源于另一个词根】

　　　　f.pl. 国会

　　· **recortarse** ｛B 级｝

【re- 加强语气 +cortar+-se】

tr. 减去 (多余的部分)；缩减 (工资等)

tr. 勾出……的轮廓 >>> *prnl.* 显出轮廓

- **recorte** ｛二级八级｝

  m. (多余的部分的) 剪去；缩小，缩减

  m.pl. 剪后剩下的部分

- **corteza** ｛二级三级八级｝

  【印欧词根 *sker- 切→(能被砍 / 切下的 东西⇒)→3 拉丁语 cortex 树皮 简化记忆："cortar 切，割"→ cort-+-eza 名词后缀】

  f. 树皮 (树或其枝干的表皮)；皮 (尤指一些水果，食物表面质地较硬的皮或层，如柠檬皮、南瓜皮、面包、干奶酪的表面等)；地壳；炸猪皮

- **cuero** ｛二级三级八级 **B** 级｝

  【印欧词根 *sker- 切→4 拉丁语 corium 皮革 (原指切下的一块兽皮) 音变：o 变 ue】

  m. 兽皮；熟皮 (加工后用来制作皮具等的动物皮)；(盛液体用的) 皮囊；〈拉〉妓女；丑女人

  - **acorazado, da** ｛二级八级｝

    【acorazar 给……安装铁架：a- 构成派生词 +coraza 胸甲 / 铁甲：cor- 皮革 +-aza 简化记忆为名词后缀】

    adj. 装甲的 >>> *m.* 装甲舰

    adj. 硬心肠的

- **cena** ｛二级三级四级 A 级｝

  【印欧词根 *sker- 切→5 拉丁语 cēna 一餐 (⇐切下、分割出的一份食物) 简化记忆：晚餐吃肉 carne】

  f. 晚饭，晚餐 (指食物)；吃晚饭 (表动作)

  - **cenar** ｛二级三级四级 A 级｝

    【-ar 动词后缀】

    intr. 吃晚饭 >>> *tr.* 晚饭吃……

191. dent-；odont- 牙 ｛印欧词根 *dent- 牙齿→拉丁语 dēns，dentis 牙齿→希腊语 odōn，odontos 牙齿｝

- **diente** ｛二级三级四级 A 级｝

  【印欧词根 *dent- 牙齿→拉丁语 dēns，dentis 牙齿 音变：e 变 ie】

  m. 牙齿；齿状物

- **dentadura** ｛二级八级｝

  【-dura 名词后缀，可表集体】

  f. 一副牙齿
- **dental** ｛二级三级八级 B 级｝

  【-al 表相关】

  adj.inv. 牙齿的

  adj.inv. 齿音的 >>> *f.* 齿音 (如 t，d 等)
  - **dentista** ｛二级三级八级 B 级｝

    【-ista】

    s. com 牙科医生

- **odontología** ｛二级三级八级｝

  【印欧词根 *dent- 牙齿→希腊语 odōn，odontos 牙齿 +-logía 学科】

  f. 牙科学

192. cast-，castr- 切　【印欧词根 *kes- 2. 切 → 1. 拉丁语 castrāre 切 → 2. 拉丁语 castus 纯净的 → 3. 拉丁语 castrum 筑军事防御的地方 → 4. 拉丁语 carēre 缺乏】

- **castrar** ｛二级八级｝

  【印欧词根 *kes-2. 切→ 1 拉丁语 castrāre 切】

  tr. 阉割；削弱，减弱；从 (蜂巢上) 割蜜

- **casto, ta** ｛二级八级｝

  【印欧词根 *kes-2. 切→ (切除不纯的事物后⇒) → 2 拉丁语 castus 纯净的】

  adj. 贞节的，贞洁的；纯洁的，正派的 (指不包含性意味的，没有性挑逗的)
  - **casta** ｛二级三级八级｝

    【casto 的阴性形式】

    f. 门第，出身；阶级，阶层；种姓 (尤指根据印度教仪式的纯洁性划分的无数个世袭的、内部通婚的次等级之一)；(昆虫的) 类，(动物的) 种
  - **castigar** ｛二级三级四级 B 级｝

    【拉丁语 castīgāre：见 casto 贞洁的 +ag- 做→ (元音转换：a 变 i) → ig-+-ar 动词后缀⇒使贞洁→让犯人进监狱，弥补所犯的罪恶】

    tr. 罚，惩罚；(在精神或肉体上) 折磨；(自然灾害等) 伤害，损坏；〈口〉(在体育比赛中) 赢，打败，战胜；〈口〉调情
    - **castigo** ｛二级三级四级｝

      m. 惩罚，处罚；苦恼 (指使人感到痛苦、苦恼的人或事物)；(体育比赛中的) 赢，打败，战胜

*castro

【印欧词根 *kes-2. 切→（用护城河等把城内和城外分开的地方⇒）→ 3 拉丁语 castrum 筑军事防御的地方】

m. 古城堡

· **castrense** ｛二级三级八级｝

【拉丁语 castrum(西语 castro 古城堡)→ castrensis 和驻军有关的】

adj.inv. 军队的，军职的 (指和军人有关的或生活、职业等)

· **castillo** ｛二级三级四级 A 级｝

【castro 古城堡→ cast-+-illo 指小词后缀】

m. 城堡，要塞；船楼甲板

· ***Castilla**

【词源：Castilla 王国为了抵抗摩尔人的进攻，而修建了很多 castillo 城堡】

f. 卡斯蒂利亚 (中世纪西班牙西北部的老卡斯蒂利亚和中部的新卡斯蒂利亚组成王国)

· **castellano, na** ｛二级三级四级｝

【见 Castilla 卡斯蒂利亚 +-ano 表相关】

adj. 卡斯蒂利亚的，卡斯蒂利亚人 (语) 的

adj. 卡斯蒂利亚人的 >>> *s.* 卡斯蒂利亚人

adj. 卡斯蒂利亚语的 >>> *m.* 卡斯蒂利亚语，西班牙语

m. 城堡堡主

carecer ｛二级三级四级｝

【印欧词根 *kes-2. 切→ 4 拉丁语 carēre 缺乏→通俗拉丁语起始动词 carescere：-ecer 动词后缀】

intr. 缺少，缺乏

· **carente** ｛二级八级｝

【-ente 形容词后缀】

adj. 缺少……的，……不足的

· **carencia** ｛二级八级｝

【-ia 名词后缀】

f. 缺少，缺乏；(银行贷款暂不还本金的) 付息期

· **cariño** ｛二级三级四级 B 级｝

【拉丁语 carēre 缺乏；远ском→阿拉贡语 cariño 思乡⇒距离产生美，距离产生爱】

m. 爱，喜爱，热爱；(昵称，用作呼语) 宝贝

· **cariñoso, sa** ｛二级三级八级｝

【-oso……的】

adj. 亲切的，和蔼可亲的

193. di-, div- 明亮 【印欧词根 *deiw- 发光，发亮→ 1. 拉丁语 diēs 天，白天；→ 2. 拉丁语 deus 神；→ 3. 拉丁语 dīvus 神】

· **día** { 二级三级四级 A 级 }
【印欧词根 *deiw- 发光，发亮→ 1 拉丁语 diēs 天，白天】
m. 天；白天；节日；天气；时刻
  · **diario, ria** { 二级三级四级 B 级 }
  【-ario 表相关】
  adj. 每日的，日常的
  m. 日报；日记；(家庭的) 每日开支
    · **diariamente** { B 级 }
    【-mente 副词词尾】
    adv. 每天，天天
    · **telediario** { 八级 B 级 }
    【tele 〈口〉电视】
    m. 电视新闻
  · **diurno, na** { 二级八级 }
  【拉丁语 diēs(西语 día) → diurnus 一天的：-urno 表相关】
  adj. 白天的；(动物) 日间活动的；(植物) 白天开花的
    · **jornal** { 二级三级八级 }
    【普罗旺斯语 jornal: jorn- 和 diurno 同源于拉丁语 diurnus+-al 表相关】
    m. 日工资
      · **jornada** { 二级三级四级 B 级 }
      【jorn- 见 jornal+-ada 名词后缀】
      f. (一天的) 工作时长，工作日；天，一整天；日行程

· **dios, sa** { 二级三级四级 A 级 }
【印欧词根 *deiw- 发光，发亮→ 2 拉丁语 deus 神 注：元音连续中的 e 在通俗或后期拉丁语中常发 i；u 变 o】
s. 神
m. (首字母大写) 上帝
  · **deidad** { 二级八级 }
  【拉丁语 deus 神 (西语 dios) → deitās, deitātem: -idad 名词后缀】
  f. 神，神明；神性

· **adiós** { 二级三级四级 }
【拉丁语 ad deus= 西语 a Diós 词源：人们以前会对出远门的人给予祝福，说：ad

deus 我把你托福给神，愿神保佑你】

interj. 再见；你好（用于见面就分离时的打招呼）；（表示惊讶或不满等）天啊！

- **divo, va**
【印欧词根 *deiw- 发光，发亮→3 拉丁语 dīvus 神】
adj. 〈书〉神的
  - **divino, na**｛二级三级四级｝
  【-ino 表相关】
  adj. 与神有关的；美妙的
    - **divinidad**｛二级八级｝
    【-idad 名词后缀】
    f. 神性；神
    - **adivinar**｛二级三级四级 A 级｝
    【拉丁语 addivināre：a- 表方向 + 见 divino 与神有关的 +-ar 动词后缀】
    tr. 占卜，预测；推测；猜中（谜语）
    tr. 隐约看到（某物）>>>（事物）隐隐约约被看到
      - **adivino, na**｛二级八级｝
      s. 占卜者，算命先生；预言者
      - **adivinación**｛二级三级四级｝
      【-ción 名词后缀】
      f. 占卜；猜中
      - **adivinanza**｛二级三级四级｝
      【-anza 名词后缀】
      f. 谜，谜语

194. fa-，fat- 讲　【印欧词根 *bhā- 2. 讲，说→ 1. 拉丁语 fari，fatus 讲 → 2. 拉丁语 fatērī 承认 → 3. 拉丁语 fāma 名誉 → 4. 希腊语 phēmē 言语，话语】

- **fábula**｛二级三级八级｝
【拉丁语 fārī 讲→ fabula 寓言：fa- 说 +-bula 名词后缀】
f. 寓言；流言蜚语；神话
  - **fabuloso, sa**｛二级三级八级｝
  【-oso……的】
  adj. 虚构的；惊人的，令人难以置信的
  - **hablar**｛二级三级四级 A 级｝
  【拉丁语 fabulari 讲寓言故事（西语 fabular 虚构，杜撰，见 fábula 寓言）音变：词首 f 变 h、u 脱落】

intr. 说话，讲话；谈论；讲述

tr. 会说 (某种语言)

· **habla** { 二级三级四级 }

  f. 说话能力；说话；讲述的方式；语言，方言

· **hablador, ra** { 二级八级 B 级 }

  【-dor 表主动】

  adj. (人) 话多的 >>> *s.* 话多的人

  adj. (人) 多嘴的 >>> *s.* 多嘴的人

· **confabular** { 二级八级 }

【cōnfābulārī, cōnfābulātus 说寓言：con- 共同，加强语气 +fābulārī 讲寓言故事，见西语 "fábula 寓言" 或 "hablar 说"】

intr. 〈古〉讲寓言

prnl. 勾结，密谋

  · **confabulación** { 二级三级八级 }

    【-ión 名词后缀】

    f. 勾结，密谋

· ***hado**

【拉丁语 fari, fatus 讲→中性分词 fatum 预言；注定 音变：词首 f 变成 h、元音间的 t 浊化成 d，对照英语 fate ⇒被上帝说好、安排好的一生】

m. 命运，天意；法多 (葡萄牙的一种悲伤民歌，此词义写作 fado)

  · **hada** { 二级三级八级 }

    【拉丁语 fatum 预言、命运 (西语 hado) →通俗拉丁语 fata 女神 音变同 hado】

    f. 仙女

  · **fatal** { 二级三级八级 B 级 }

    【拉丁语 fatum 预言、命运 (西语 hado、英语 fate) → fātālis: -al 表相关 注：这个词没有发生音变】

    adj.inv. 不幸的，灾难性的；极坏的，非常糟糕的；命运的，命中注定的，不可避免的；很坏，很糟

    · **fatalidad** { 二级八级 }

      【-idad 名词后缀】

      f. 不幸，厄运；天命，命运

    · **fatalismo** { 二级三级八级 }

      【-ismo 表理论，学说等】

      m. 宿命论；听天由命的态度 (或思想)

      · ***fatalista**

        【-ista……的，支持……的】

        adj.inv. 宿命论的 >>> *s.com.* 宿命论者

　　　　adj.inv. 听天由命的

- **enfadar**｛二级三级四级 B 级｝

　【en- 使动 +fado 命运 (现代西语形式为 hado)+-ar 动词后缀⇒命中注定，无法改变困境】

　tr. 激怒，惹怒，使生气 >>> *prnl.* 恼怒，生气

　prnl. 〈拉〉〈口〉厌倦

- **enfado**｛B 级｝

　m. 火气，怒气；不快，烦恼

- **enfadado, da**｛二级三级八级 A 级｝

　【enfadar 的分词】

　adj. 生气的

- **desenfadar**｛二级三级｝

　【des- 表否定】

　tr. 使消气，使息怒 >>> *prnl.* 消气，息怒

- **prefacio**｛二级三级八级｝

【拉丁语 praefārī 提前说→分词 praefātus → prefātiō: pre- 前 +fat- 说 +-io 名词后缀，对照英语 preface】

　m. (书本的) 前言，序言

- **infante, ta**｛二级三级八级｝

【拉丁语 īnfantem 不会说话的: in- 否定 +fa- 讲 +-nte 人⇒还不怎么会说话的人】

　s. (未满岁的) 小孩；(太子除外的) 王子，公主；步兵

- **infancia**｛二级三级四级 B 级｝

　【-ia 名词后缀】

　f. 童年；〈集〉儿童；(事物存在的) 初期

- **infantil**｛二级三级四级｝

　【-il 形容词后缀】

　adj.inv. 儿童的，幼儿的；(人、行为) 幼稚的

　adj.inv. (运动员) 少年的 >>> *s.com.* 少年运动员

- **infantería**｛二级八级｝

　【infante 小孩 +-ero+-ía 词源：旧时的国王会派遣自己的孩子 infante 进入军营锻炼，他们一般率领年龄相仿的年轻人。由于这些年轻人多数未取得骑士称号，所以常步行训练和作战，因此他们组成的部队称之为步兵部队 infantería】

　f. 步兵，步兵部队

- **confesar**｛二级三级四级 B 级｝

【拉丁语 com- 加强语气 +fatērī 承认 =cōnfitērī 承认→分词 cōnfessus(西语 confeso 〈法〉坦白的) 简化记忆: con- 全部，共同 +fes- 说 +-ar ⇒向警察 / 神父道出一切】

tr. 承认，坦白 >>> *prnl.* 承认，坦白

tr. 忏悔；(神父) 听取……忏悔

· **confesión** ｛二级三级四级｝

【-ión 名词后缀】

f. 坦白，承认；招认，招供；(宗教) 忏悔，告罪；宗教团体；(宗教) 信仰

· **profesar** ｛二级三级八级｝

【拉丁语 prō- 向前，向外 +fatērī 承认 =profatērī 公开宣布→分词 professus(西语 profeso 出家的)+-ar 简化记忆：pro- 向前 +fes- 说 +-ar ⇒对众人说出自己的宗教信仰】

tr. 信奉，信仰 (宗教、信仰、学说等)；怀有 (对某人抱有某种情感)；从事 (职业)；教授 (尤指在大学里传授知识)

　· **profesión** ｛二级三级四级 A 级｝

　【-ión 名词后缀】

　f. 入教；公开接受 (某种信仰或主张)；职业

　　· **profesional** ｛二级三级四级 B 级｝

　　【-al 表相关】

　　adj.inv. 职业的 (和从事的职业有关的)；职业性的，非业余的

　　· **profesionalidad** ｛B 级｝

　　【-idad 名词后缀】

　　f. 敬业，职业责任性；职业化

　· **profesor, ra** ｛二级三级四级 A 级｝

　【-or 人】

　s. 教师

　　· **profesorado** ｛B 级｝

　　【-ado 名词后缀，可表集体等】

　　m. 教师职务

　　m. 〈集〉教师

· **profeta** ｛二级三级八级｝

【来自希腊语，和本栏词根同印欧词根：pro- 向前 +fe- 说 +-ta 希腊语后缀，表人】

m. 〈宗教〉先知；预言者

· **fama** ｛二级三级四级 B 级｝

【印欧词根 *bhā-2 . 讲，说→拉丁语 fama 名誉 注：阴性名词⇒享有 fama 的人才能在重要场合说话】

f. 名声，声望

　· **famoso, sa** ｛二级三级四级｝

【-oso（多）……的】

adj. 闻名的，著名的，出名的；著名的，出名的

s. 名人

· **infame** ｛二级八级｝

【in- 否定】

adj.inv. 〈口〉极坏的，极其糟糕的

adj.inv. 无耻的，声名狼藉的 >>> *s.com.* 无耻之徒，声名狼藉的人

· **difamar** ｛二级三级八级｝

【di- 否定 + 见 fama 名声 +-ar 动词后缀】

tr. 诽谤，破坏……的名声

· **eufemismo** ｛二级八级｝

【希腊语前缀 eu- 好 +fem- ←希腊语 phēmē 言语，话语←印欧词根 *bhā-2. 讲，说 +-ismo 名词后缀】

m. 委婉

195. gen-，gener-，gent- 生，生育 【印欧词根 *genə- 生育→1. 希腊语 genesis 生，起源；→2. 希腊语 genos 家族，后代→3. 拉丁语 genus，generis 起源；种类；种族；→4. 拉丁语 gens，gentis 家族，部落…… 注：为了方便记忆，我们将从印欧词根角度介绍单词，词根的语义不再具体到拉丁语或希腊语，而以印欧词汇的语义"生育"出发讲解单词】

· **gen** ｛二级三级八级｝

【gen- 生，对照英语 gene】

m. 基因

· **genético, ca** ｛二级三级八级 B 级｝

【gen- 生（见西语 gen= 英语 gene 基因）+-tico……的】

adj. 基因的，遗传学的 >>> *f.* 遗传学

adj. 形成的，起源的

· **transgénico, ca** ｛B 级｝

【trans- 横跨→引申：变化 +gen 基因 +-ico……的】

adj. 转基因的

· **génesis** ｛二级八级｝

【gene- 见 gen 基因 +-sis 名词后缀⇒基因是生命的起源 注：单复数同形】

m. 起源，创始；（事物的）形成，起因；（圣经的）创世纪

· **heterogéneo, a** ｛二级八级｝

【hétero- 不同的 +gene- 生 +-o……的】

adj. 混杂的，异质的 (指由不同成分或部分组成的)；各种各样的

- **homogéneo, a** ｛二级三级八级｝

  【homo- 同的】

  adj. 同种的，同质的 (指由类似成分、部分组成的)

gente ｛二级三级四级 A 级｝

【印欧词根 *genə- 生育→拉丁语 gens，gentis 家族，部落：gent-=gen- 生】

f. 〈集〉人，人们；阶层；〈口〉亲属；〈口〉个人

- **gentil** ｛二级八级｝

  【拉丁语 gens，gentis 家族，部落 (西语 gente 人) → gentīlis 同一家族的：-il……的 简化记忆：gente 人性本善的，对照英语 gentle】

  adj.inv. 和蔼可亲的；优雅的，英俊的，潇洒的

  - **gentileza** ｛二级三级八级｝

    【-eza 名词后缀】

    f. 好意，客气；潇洒；馈赠之物

- **gendarme** ｛二级三级八级｝

  【来自法语 gens d'armes= 西语 gente de armas】

  m. 宪兵

- **genealogía** ｛二级八级｝

  【印欧词根 *genə- 生育→希腊语 geneā 家族 +-logía 名词后缀，表学科、研究】

  f. 家系 (从一个祖先传下来的直接世系)；家谱

- **genocidio** ｛二级三级八级｝

  【印欧词根 *genə- 生育→希腊语 genos 家族，后代 +cid- 切→杀 +-io 名词后缀】

  m. 种族灭绝

género ｛二级三级四级｝

【印欧词根 *genə- 生育→拉丁语 genus，generis 起源，种类，种族：gener- 生⇒生产出不同的类型】

m. 种类，类型；方式，样式；(文学、艺术作品的) 体裁；商品；纺织物；(动植物的) 属；〈语〉性

- **genérico, ca** ｛B 级｝

  【-ico……的】

  adv. 〈语〉性的；普通的，通用的

- **generar** ｛二级三级四级｝

  【拉丁语 genus，generis 起源，种类，种族 (西语 género 种类；〈语〉性) → generāre， generātus: gener- 生 +-ar 动词后缀】

tr. 产生，引起，导致；繁殖

· **generación** ｛二级三级四级 B 级｝

【-ión 名词后缀】

f. 同代人，一代人 (指出生或生活在同一时代的一批人)；同时代人 (指具有共同文化特点的一批人)；(家族中的) 一代，一辈；(动物的) 繁殖；(事物的) 产生，出现；(尤指在技术、产品发展的) 代

· **generador, ra** ｛二级三级四级｝

【来自拉丁语 generātor 共时分析法：generar 生育，繁殖 +-dor 表主动】

adj. 生产……的，发生……的

m. 发电机

· **engendrar** ｛二级三级八级｝

【拉丁语 ingenerāre：in- 在……里 +generāre 产生 (西语 generar 产生) 音变：in- → en-；d 为插音】

tr. 生育；产生，引起

· **general** ｛二级三级四级 B 级｝

【见 género 种类 +-al 表相关⇒和所有的种类有关的】

adj.inv. 一般的，普遍的；大体的，笼统的；(职位、机构等) 级别最高的；(会议等) 全体参加的

· **generalmente** ｛B 级｝

【-mente 副词词尾】

adv. 通常，一般来说

· **generalidad** ｛二级三级八级｝

【-idad 名词后缀】

f. 大部分，大多数 (指一个整体内的大部分人、物等)；含糊，不确切；含糊的话

f.pl. (某一学科的) 概论，概况

· **generalizar** ｛二级三级八级 B 级｝

【-izar 使动】

tr. 推广，普及 (使得到普及)>>> *prnl.* (事物等) 得到普及

tr. 归纳出，概括出

· **generoso, sa** ｛二级三级四级 A 级｝

【拉丁语 genus，generis 起源，种类，种族 (西语 género 种类；〈语〉性) → generōsus：gener- 生 +-oso……的，多……的⇒天生大方的】

adj. (人等) 大方的，慷慨的；(精神等) 高尚的；优秀的，出类拔萃的

· **generosidad** ｛二级八级 B 级｝

【-idad 名词后缀】

f. 大方，慷慨；高尚，宽宏大量

· **degeneración** ｛二级三级八级｝

【de- 向下 +genus, generis 起源、种类、种族（西语 género 种类、〈语〉性）⇒
远离/脱离同类→拉丁语 dēgenerāre 退化、恶化（西语 degenerar 退化）→分词
dēgenerātus → dēgenerātiōnem】

f. （机体等的）退化；衰退，堕落

· **genio** ｛二级三级四级 B 级｝

【印欧词根 *genə- 生育→拉丁语 genius 守护精灵，后引申为欢快的 简化记忆：gen-
生 +-io 名词后缀⇒天生的才能】

m. 天才；天资，天赋；性格，脾气；坏脾气；心情，情绪

· **genial** ｛二级三级四级 B 级｝

【-al 形容词后缀，表相关】

adj.inv. 天才的，有才华的；（作品等）出众的

adv. 〈口〉非常好，非常棒

· **ingenio** ｛二级三级四级 B 级｝

【拉丁语 ingenium 天赋，天才 简化记忆：in- 在内 + 见 genio 天才⇒天才体内的属性】

m. 聪明，才智；机灵；机器，机械

· **ingenioso, sa** ｛二级三级八级｝

【-oso……的】

adj. （人）聪明的；（器械等）精巧的，巧妙的

· **ingeniero, ra** ｛二级三级四级 A 级｝

【-ero 人】

s. 工程师

· **ingeniería** ｛二级三级四级｝

【-ía 名词后缀】

f. 工程，工程学

· **genuino, na** ｛二级三级八级｝

【genu- 生 +-ino……的⇒天生的，纯正的】

adj. 纯正的，地道的；典型的

· **ingenuo, nua** ｛二级三级四级｝

【in- 向内 +genu-=gen- 生 +-o 形容词后缀⇒天生的，天真无邪的】

adj. 天真的，无邪的

· **ingenuidad** ｛二级八级｝

【-idad 名词后缀】

f. 单纯，天真 >>> *f.* 天真的言行

· **indígena** ｛二级三级四级｝

【拉丁语 indigena 生在某地的人：indi-=in- 在 +gen- 生】

adj.inv. 当地的，本土的，土著的 >>> *s.com.* 当地人，本土人，土著人

· **nitrógeno** ｛二级三级四级 **B** 级｝

【nitro- 硝石 +gen- 产生 +-o 名词后缀】

m. 氮气 (化学气体)

　· **hidrógeno** ｛二级三级四级｝

　【hidro- 水 +gen- 产生 +-o 名词后缀⇒产生水的气体】

　　m. 氢

· **progenitor, ra** ｛八级｝

【简化记忆：pro- 向前 +gen- 生 +-it-+-or 表人　注：-it- 在词源上来说属于分词词干】

s. (直系的) 长辈

m.pl. 父亲，母亲

196. luc-, lust-, lum-, lumin-, lumbr- 光　【印欧词根 *leuk- 光，明亮→拉丁语 lux，lucis 光→拉丁语 lūmen 光，luminare 点亮→拉丁语 luna 月亮→拉丁语 lūstrum 净化，lustrare 使明亮】

· **luz** ｛二级三级四级 **A** 级｝

【印欧词根 *leuk- 光，明亮→拉丁语 lux, lucis 光】

f. 光，光线；亮光，光亮；灯，灯火，灯具

　· ***contraluz**

　【contra- 相反】

　　f. 逆光，背光；逆光照片

　· **lucir** ｛二级三级四级｝

　【拉丁语 lux, lucis 光 (西语 luz) → lūcēre 闪烁】

　　intr. 发光，发亮；带来好处，产生效果，见成效

　　intr./prnl. 突出，出众

　　tr. 炫耀；粉刷 (墙壁)

　　prnl. 精心打扮；出洋相

　　· **lucido, da** ｛八级｝

　　【西语 lucir 的分词　区分：lúcido 发亮的】

　　　adj. 华丽的，辉煌的；成功的

　　· **lúcido, da** ｛二级三级八级｝

　　【拉丁语 lūcēre 闪烁 (西语 lucir) → lūcidus 发光的】

　　　adj. 〈诗〉发光的，发亮的；头脑清醒的；(文体) 清晰的

lumen

【印欧词根 *leuk- 光，明亮→拉丁语 lūmen 光光】

m.〈物〉流明 (光通量单位)

· **luminoso, sa** { 二级三级八级 B 级 }

【-oso(多)……的】

adj. 发光的，发亮的；自然光线充足的；(想法、解释等) 明晰的，明白的

· **luminosidad** {B 级 }

【-idad 名词后缀】

f. 发光，发亮；光明，鲜明

· **iluminar** { 二级三级四级 B 级 }

【拉丁语 illūmināre, illūminātus: in- 向内→ il- → i-+lumin- 光 (见西语 lumen 流明)+-ar 动词后缀】

tr. 照明，照亮 >>> *prnl.* 发亮

tr. 给 (街道等) 装上彩灯；启发，使明白

· **iluminación** { 二级三级八级 B 级 }

【-ión 名词后缀】

f. 照明，照亮

f.pl. 灯饰，彩灯

· **lumbre** { 二级三级四级 }

【拉丁语 lūmen 光 (西语 lumen 流明)→宾格 lūminem 简化记忆: lum- 光 +-bre 名词后缀】

f. (尤指人为点燃用于烹饪、取暖等的) 火；点火物；光芒，灯火，烛火 (泛指物体发出的光)

· **alumbrar** { 二级八级 }

【和西语 "iluminar 照亮" 同源于拉丁语 allūmināre 简化记忆: a- 构成派生词 +lumbre 火 +-ar 动词后缀】

intr. 照亮；分娩

tr. 给 (某地) 安装照明设备；启发，开导

· **alumbrado, da** { 二级八级 }

【alumbrar 的分词】

adj. 照明的 >>> *m.*〈集〉照明，灯光 (指照在某地的全部光线)

adj. 含明矾的

· **deslumbrar** { 二级三级八级 }

【des- 表否定 + 西语 lumbre 火光，灯光 +-ar 动词后缀】

tr. 使目眩，使眼花缭乱；使惊奇

· **deslumbrante** { 二级八级 }

【-nte 表主动】

adj.inv. 炫目的，使眼花缭乱的

- **vislumbrar** ｛二级三级八级｝

【vix 几乎不 +lumināre 照亮← lūmen 光 联想 + 简化记忆：vis- 看 +lumbre 火 +-ar 动词后缀⇒在深夜中点火看远处】

tr. 隐约看见；推测，猜测，看到……有一点可能性

- **lustrar** ｛二级八级｝

【印欧词根 *leuk- 光，明亮→拉丁语 lūstrum 净化→拉丁语 lūstrāre，lūstrātus 使明亮 简化记忆：lustr- 光 +-ar 动词后缀】

tr. 擦光，使光亮，使有光泽

- **lustre**

    m. (物体表面的) 光泽，光亮；荣誉，显赫

- **ilustrar** ｛二级三级四级｝

【拉丁语 illūstrāre，illūstrātus 使辉煌：in- 向内→ i-+lustr- 光 (见 lustrar 擦光，使光亮)+-ar 动词后缀⇒向内照亮→使清楚】

    tr. 说明，举例说明；启迪，开导；教育，使有文化知识；给……加插图

    - **ilustrado, da** ｛二级三级八级｝

    【ilustrar 的分词】

        adj. 有插图的；有文化的，有知识的；启蒙运动的

    - **ilustración** ｛二级三级四级｝

    【-ión 名词后缀】

        f. 说明，解释；图解，图示；文化知识；(首字母大写) 启蒙运动

    - **ilustre** ｛二级八级｝

    【拉丁语 illūstrāre 是辉煌 (ilustrar 说明、教育) → illustris】

        adj.inv. 著名的，有名望的；尊贵的

- **luna** ｛二级三级四级 A 级｝

【印欧词根 *leuk- 光，明亮→拉丁语 luna 月亮】

f. 月亮，月球；月色，月光；(橱窗的) 玻璃

- **lunar** ｛二级三级八级｝

【-ar 表相关】

    adj.inv. 月亮的，月球的

    m. 痣；(衣服等上的) 圆形图案

- **lunes** ｛二级三级四级｝

【拉丁语 luna 月亮→古罗马月亮女神 lunae ⇒星期一为月亮日】

    m. 星期一

197. mater-, matr(i)- 母亲 【印欧词根 *māter- 母亲 → 1. 拉丁语 mater, matris 母亲; → 2. 拉丁语 matrix, mātrīcis 母体, 子宫→ (树叶之母⇒) → 3. 拉丁语 māteriēs, māteria 树干】

· **madre**｛二级三级四级 **A** 级｝
【拉丁语 māter 母亲 音变: 元音间 t 浊化成 d; r 发生字母移位】
f. 母亲; 根源; 河床, 河道
· **madrina**｛二级三级四级｝
【拉丁语 *matrīna 简化记忆: 见 madre 母亲 +-ina 表相关】
f. 教母; 女保护人
· **madrastra**｛二级八级｝
【-astra 表贬义】
f. 后妈, 继母; 虐待子女的母亲
· **materno, na**｛二级三级八级｝
【拉丁语 māter 母亲 (西语 madre) → māternus: mater- 母亲 +-no 表相关】
adj. 母亲的, 母方的
· **maternidad**｛B 级｝
【-idad 名词后缀】
f. 母性; 产科医院
· **matriarcal**｛二级八级｝
【matri-(西语 madre)+-arc- 统治 +-al 表相关】
adj.inv. 母系氏族制的, 母权制的
· **matrimonio**｛二级三级四级 B 级｝
【matri-(西语 madre)+-monio 名词后缀⇒少女成为人母的过程】
m. 结婚, 婚姻; 夫妻, 夫妇
· **matrimonial**｛二级八级｝
【-al 表相关】
adj.inv. 婚姻的, 夫妻的

· **materia**｛二级三级四级 **B** 级｝
【印欧词根 *māter 母亲→ (树叶之母⇒) →拉丁语 māteriēs, māteria 树干】
f. 物质; 原料, 材料; 事情, 问题; 课程, 学科
· **material**｛二级三级四级 B 级｝
【-al 表相关】
adj.inv. 物质的 >>> *m.* (具体的) 物质, 材料
adj.inv. 身体上的, 肉体的
m. 〈集〉用具, 器材

┌ **materialismo** ｛二级三级八级｝

│ 【-ismo 主义】

│ *m.* 唯物主义

│ · **materialista**

│ 　【-ista……的 (人)】

│ 　*adj.inv.* 唯物论的 >>> *s.com.* 唯物论者

· **inmaterial** ｛B 级｝

　【in- 表否定 +material 物质的】

　adj.inv. 非物质的；无形的

· **madera** ｛二级四级 A 级｝

　【和 materia 同源于拉丁语 māteriēs，māteria 树干 音变：元音间 t 浊化成 d】

　f. 木质；(用于加工的) 木材，木料；天资，资质

· **matriz** ｛二级三级八级｝

【印欧词根 *māter- 母亲→拉丁语 matrix，mātrīcis 母体，子宫】

f. 子宫；模子，铸模

adj.inv. 母体的，主体的

· **matrícula** ｛二级三级八级 A 级｝

　【拉丁语 matrix，mātrīcis 母体，子宫 (西语 matriz) →后期拉丁语指小词 mātrīcula

　名单：-ula 指小词后缀⇒子宫→孩子→家庭成员名单】

　f. 名册，注册薄；登记证，注册证；注册学生；(汽车的) 牌照

　· **matricular** ｛二级三级八级 B 级｝

　　【-ar 动词后缀】

　　tr. 给 (某人) 登记 (注册)，录取 >>> *prnl.* 登记、注册，被录取

· **metrópoli** ｛二级三级四级｝

【印欧词根 *māter- 母亲→希腊语 mētēr，mētros 母亲 +polis 城市 = 希腊语 mētropolis

宗主城市】

　f. (国家级 }) 大城市；(殖民地的) 宗主国

· **metropolitano, na** ｛二级三级八级｝

　【希腊语 mētropolis 宗主城市 (西语 metrópoli) → mētropolītēs 大城市居民

　→ mētropolītānus 大城市的 简化记忆：metrópoli 大城市 +-t-+-ano……的】

　adj. 大城市的

　m. 地下铁道

198. mas-，max-，magn-，mag-，maj- 很大的，更多的　【印欧词根 *meg- 大
的→拉丁语 magnus 大的，maior 更大的→拉丁语 magis 更多，更大→拉丁语
māiestās 大 注：本栏词根从印欧角度分析，仅需从语音上感受它们的相似处】

magno, na ｛二级八级｝

【印欧词根 *meg- 大的→拉丁语 magnus 大的】

adj. 伟大的，宏伟的，雄伟的

· **magnitud** ｛二级三级四级｝

　【-itud 名词后缀】

　f. 规模，程度，体积，重量；重要性

· **magnate** ｛二级三级八级｝

　【-ante 人⇒伟大的人，杰出的人】

　s.com. 达官，权贵；（工商业的）巨头

· **magnífico, ca** ｛二级三级四级 B 级｝

　【-i-+fic- 做⇒建造出的巨大建筑物】

　adj. （景色等）壮丽的，（建筑物）豪华的；（人、物等）优秀的

· **tamaño, ña** ｛二级三级四级 B 级｝

　【拉丁语 tam magnus →古西语 tamanno 拉丁语 tam=tan 如此 拉丁语 magnus 大的 音变: -nn- 腭化成 ñ】

　adj. （体积上）同样大的，同样小的；非常大的，如此的（放在名词前）

　m. 大小，体积；重要性

majestad ｛二级三级四级｝

【简化记忆: majes- 大的 +-tad 名词后缀，表状态】

f. 威严，威风，庄严；（首字母大写）陛下

· **majestuoso, sa** ｛二级三级四级｝

　【-u-+-oso(多)……的】

　adj. 威严的，庄严的

mayor ｛二级三级四级 A 级｝

【拉丁语 magnus 大的 (西语 magno 伟大的)→比较级 maior: -ior 比较级词尾 西语正字法: 元音间的 i 变 y】

adj.inv. (grande 的比较级) 比较大的，更大的；主要的，重要的

adj.inv. 年龄较大的 >>> *s.com.* 成年人

adj.inv. 上年纪的 >>> *m.pl.* 先辈，先人

· **mayoría** ｛二级三级四级 B 级｝

　【-ía 名词后缀】

　f. 较大，较多；大部分，大多数；多数票；法定年龄

· **mayorista** ｛二级三级八级｝

　【-ista……的 (人)】

　adj. 批发的

s.com. 批发商

- **mayoritario, ria** ｛二级三级八级 B 级｝

【法语 majoritaire：mayor 更大的 +-it-+-ario……的】

adj. 多数的

- **mayordomo** ｛二级三级八级｝

【拉丁语 maior(西语 mayor)+ 拉丁语 domūs 房屋 (派生词有 domicilio 住址等)】

m. 总管，管家

- **mayúscula** ｛二级三级四级｝

【拉丁语 maior(西语 mayor) →指小词 māiusculus：-cula 指小词后缀⇒书写相对大的字母】

f. 大写字母

- **más** ｛二级三级四级 A 级｝

【印欧词根 *meg- 大的 →拉丁语 magis 更多→ (音变：元音间 g 脱落) →古西语 maes】

adj. 更多、大的

adv. 更，更加；比……更，比……更多；最……

- **mas** ｛二级三级四级｝

【为西语 más 的非重读形式⇒阐述观点时，我们要补充更多的信息，我们会说 mas……】

conj. 然而，但是

- **demás** ｛二级三级四级｝

【拉丁语 de magis(西语前置词表所属 +más 更多) ⇒来自更多事务的】

adj. 另外的，其余的，其他的

- **demasía**

【-ía 名词后缀】

f. 过度，过分；胡作非为

- **demasiado, da** ｛二级三级四级 A 级｝

【-ado……的】

adj. 过度的，过分的

adv. 太，过度地，过分地

- **además** ｛二级三级四级｝

【a- 构成派生词】

adv. 此外，而且

- **jamás** ｛二级三级四级｝

【拉丁语 iam magis 或 jam magis= 西语 ya más ⇒原来指永远，后来取其反义】

adv. 决不，永不，从来没有

- **máximo, ma** {二级三级四级 **B** 级}
【印欧词根 *meg- 大的→ maximum 最大的: -imum 最高级词尾】
adj. 最大的，最多的，最高的（泛指极限的）
m. 最大值，极限 (=máximum)
f. 格言；最高温度
  - **maximizar** {B 级}
  【-izar 动词后缀】
    tr. 〈数〉求最大值

- **maestro, tra** {二级三级四级 **B** 级}
【印欧词根 *meg- 大的→拉丁语 magis 更多（西语 más）→ magister 大师，老师，首领: -ter 比较级 注: 建议结合英语同源对偶词 master 记忆 简化＋联想记忆: mas- 很大的，更多的→ maes-＋联想变体后缀: -tro ← -tor 人⇒拥有更多知识的人】
s. 老师；（精通某一手艺的）能手；（在某一行业带学徒的）师傅
adj.（建筑物的部件）重要的；（作品）杰出的
  - **maestría** {二级三级八级}
  【-ía 名词后缀】
    f. 熟练，熟巧；（教师、技师等的）头衔，职称
  - **máster** {二级三级八级 B 级}
  【来自英语 master 男老师、硕士学位，见 maestro 老师】
    m. 硕士学位
  - **magistrado** {二级三级八级}
  【拉丁语 magister 大师，老师，首领（西语 maestro 老师）→ magistrātus 官吏 简化记忆: magistr- 见 +-ado 名词后缀】
    s. 法庭成员；高级法官，司法长官

199. nos-, not-, gnos- 知道，认识 【印欧词根 *gnō- 知道 → 1. 拉丁语 gnoscere, notus 知道; → 2. 拉丁语 .nobilis 出名的; → 3. 希腊语 gignoskein 知道 注: 从印欧词根角度介绍单词，此外不少词根变化较大，为了方便记忆，多数单词不再详细列举派生过程】

- **nota** {二级三级四级 **A** 级}
【拉丁语 gnoscere 知道→分词 notus → nota 注释⇒知道后做记录】
f./f.pl.（多用复数）（简短的）笔记，记录
f. 注释；便条
  - **notar** {二级三级四级}
  【-ar 动词后缀⇒对某事有所察觉才做笔记】

tr. 标明；察觉；感觉

prnl. 可看到，可察觉到

- **notable** ｛二级三级四级 B 级｝

  【-ble 能（被）……的】

  adj.inv. 引人注目的；突出的，优秀的

  m. （考试成绩）良好

  m.pl. 显要人物

  - **anotar** ｛二级三级四级｝

    【拉丁语 annotāre，annotātus: a- 表方向 + 见 notar 标明】

    tr. 记录；批注，注解；（在体育比赛中）得分

    prnl. （和表示胜利或 c 失败的单词连用）取得 (victoria, triunfo...)；遭受 (fracaso...)

    - **anotación** ｛二级八级｝

      f. 记录，登记；笔记；批注

- **denotar** ｛二级八级｝

  【拉丁语 dēnotāre，dēnotātus: de- 完全，加强语气 + 见 notar 标明】

  tr. 指明，表明（主语多为物，非人）

- **noción** ｛二级八级｝

  【gnoscere 知道→分词 notus → nōtiōnem: not- 知道 +-ión 名词后缀】

  f. 概念，见解

  f./f.pl. （常用复数）常识，基本知识

- **notario, ria** ｛二级三级八级｝

  【nota 笔记，注释 +-ario 表人时常指从事某个职业的人⇒在公证处做笔记的人 注意区分 notorio 清楚的】

  s. 公证人；见证人

  - **notarial** ｛二级三级八级｝

    【-al……的】

    adj.inv. 公证的；经过公证人确认的

  - **notaría** ｛二级三级八级｝

    【-ía 名词后缀】

    f. 公证人职务；公证人办公室，公证处

- **notorio, ria** ｛二级八级｝

  【gnoscere 知道→分词 notus+-orio 形容词后缀 注：注意区别 notario 公证人】

  adj. 清楚的，明显的，显而易见的；著名的，众所周知的

- **noticia** ｛二级三级四级 B 级｝

  【拉丁语 gnoscere 知道→分词 notus+-icia 名词后缀】

  f. 消息；新闻，报道

f.pl. 新闻节目

· **noticiario** ｛二级三级八级｝

【-ario 此处表相关】

m. 新闻节目；新闻纪录片

· **noticiero** ｛二级三级八级｝

【-ero……的】

adj. 提供新闻的

m.〈拉〉新闻节目

· **notificar** ｛二级三级八级｝

【not- 知道 +-i-+ficar 做，使】

tr. 通知，通告，告知

· **incógnito, ta** ｛二级三级八级｝

【in- 否定 +-cognitus 知道的：co- 共同 +gn- 知道 +-ito……的】

adj. 未知的，不认识的 >>> *f.* 未知数

adj. 匿名的，隐姓埋名的

· **conocer** ｛二级三级四级 B 级｝

【拉丁语 cognoscĕre 简化记忆：co- 加强语气 +noc- 知道 +-er 动词后缀】

tr. 了解，知道

tr. 认识，相识

tr./intr. 懂，会

· **conocido, da** ｛二级三级四级｝

【conocer 的分词】

adj. 众所周知的，为人所熟悉的，著名的

s. 熟人

· **conocimiento** ｛二级三级四级 B 级｝

【-imiento 名词后缀，表动作、结果】

m. 认识，了解；知觉；理智

m.pl. 学问，学识

· **desconocer** ｛二级三级四级｝

【des- 否定】

tr. 不知道，不了解；认不出来

· **desconocido, da** ｛二级三级四级 B 级｝

【desconocer 的分词⇒不为人所知的】

adj. 不认识的，陌生的 >>> *s.* 不认识的人，陌生的人

adj. 变化很大的，变了样的；不出名的

· **reconocer** ﹛二级三级四级﹜

【re- 再次，加强语气 + 见 conocer】

tr. 认出，辨认；勘察；承认，认可；检查

· **reconocimiento** ﹛二级三级四级﹜

【-imiento 名词后缀】

m. 辨认，识别；侦察；承认，认可；(尤指医学) 检查；感激

· **noble** ﹛二级三级四级 B 级﹜

【印欧词根 *gnō- 知道→ nōbilis 出名的 简化记忆：not- 知道→ no-+-ble 能 (被)……的⇒应该被认识的】

adj.inv. 贵族的 >>> *s.com.* 贵族

adj.inv. (人、品行等) 高尚的，崇高的

adj.inv. 名贵的

· **nobleza** ﹛二级八级﹜

【-eza 名词后缀】

f. 〈集〉贵族；名贵；高尚，崇高

· **ignorar** ﹛二级三级四级 B 级﹜

【i- 否定 +not- 知道→ gnor-+-ar 动词后缀】

tr. 不知道；无视，不顾

· **ignorante** ﹛二级三级四级﹜

【-nte 形容词后缀】

adj.inv. 愚昧的，无知的 >>> *s.com.* 愚昧的人，无知的人

adj.inv. 不知道……的

· **ignorancia** ﹛二级三级四级﹜

【-ia 名词后缀】

f. 愚昧，无知；不知道

· **añorar** ﹛二级八级﹜

【和 "ignorar 不知道" 同源于拉丁语 ignorare 不知道 简化记忆：a- 表方向 +gnor-知道→ (音变：-gn- 腭化为 -ñ-) → ñor-+-ar ⇒因为不清楚某人的下落而思念他】

tr./intr. 怀念，思念

· **narrar** ﹛二级三级八级 B 级﹜

【印欧词根 *gnō- 知道→ narrāre，narrātus 讲述 注：词根中的元音为 a ⇒因为知道所以讲述】

tr. 叙述，讲述

· **narración** ﹛二级三级四级 B 级﹜

【-ión 名词后缀】

f. 讲述，叙述；故事
- **narrador, ra** ｛二级八级 B 级｝
  【拉丁语 narrātor；-or 表主动的 音变：元音间 t 浊化成 d】
  adj. 叙述的，讲述的 >>> *s.* 叙述者，讲述者
- **narrativo, va** ｛二级三级八级｝
  【-ivo……的】
  adj. 叙述的，讲述的
  f. 小说 (指文学体裁)

- **agnóstico, ca** ｛B 级｝
  【a- 表否定 + 希腊语 gnos- 知道 +-tico】
  adj. 不可知论的 >>> *s.* 不可知论者
  - **diagnóstico, ca** ｛二级三级四级 B 级｝
    【dia- 通过 + 希腊语 gnos- 知道 +-tico ⇒通过把脉知道某人的身体状况】
    adj. 诊断的 >>> *m.* 诊断
    - **diagnosticar** ｛二级八级 B 级｝
      【-ar 动词后缀】
      tr. 诊断
  - **pronóstico** ｛二级三级八级｝
    【pro- 前 + 希腊语 gnos- 知道→ nos-+-tico……的⇒提前知道，提前说出】
    m. 预测，预报；迹象；预后 (对疾病的发作及结果的预言)
    - **pronosticar** ｛二级三级八级｝
      【-ar 动词后缀】
      tr. 预测，预报

200. plan-，plant- 平的 【印欧词根 *pelə2- (*plat- 、*pletə- 、*plāk-) 平的，展开→拉丁语 planus 平的→拉丁语 planta 脚底；新芽→希腊语 platus 平的→希腊语 plassein 展开，形成、plastikos 塑造，其派生词西语 plato、plata 等，下文不再详细分析构词成分】

- **plano, na** ｛二级三级四级 A 级｝
  【印欧词根 *pelə2-(*plat-、*pletə-、*plāk-) 平的，展开→拉丁语 planus 平的】
  adj. 平的，平坦的，无起伏的
  m. 平面图，设计图；(图片、画面、照片等的) 景，(电影的) 镜头；(看待问题的) 角度，方面；平面，(同一) 高度；社会地位
  - **plana** ｛B 级｝
    【拉丁语 planus 平的 (西语 plano) →阴性 plana】
    f. (纸张的) 面、页；平原；(建筑工等用的) 抹刀

· **planicie** ｛二级三级八级｝

【拉丁语 plānitiēs：见西语 plano+-icie 名词后缀】

f. 平原，平川

· **altiplanicie** ｛二级八级｝

【ant- 高的 +-i-】

m. 高原

· **llano, na** ｛二级三级四级｝

【和 plano 同源于拉丁语 planus 音变：词首 -pl- 腭化为 -ll-】

adj. 平的，平坦的；平易近人的；（讲话、写作）朴实的，简洁的

m. 平地；平原

· **llanura** ｛二级三级四级 B 级｝

【-ura 名词后缀】

f. 平坦，平整；平原，平川

· **piano** ｛二级三级四级 A 级｝

【拉丁语 plānus 平的（同西语 plano、llano)→意大利语 piano 平的】

m. 钢琴

adv. （弹奏、演唱时）轻轻地

· **pianista** ｛二级八级 B 级｝

【-ista 表人】

s.com. 弹钢琴的人，钢琴家

s.com. 钢琴制造师，钢琴商

· **plan** ｛二级三级四级 A 级｝

【来自西语 plano 平的⇒平面图→计划 注：这个词的几个词义和"planta 植物"同源】

m. 计划，规划，方案；打算，意图，企图；规定的饮食，饮食制度；〈口〉消遣，娱乐；〈口〉方式，态度；短暂的恋爱关系；短暂的恋爱对象

· **planear** ｛二级三级四级｝

【-ear 动词后缀】

tr. 筹备，安排，构思；想要做，打算

intr. （飞机）滑翔；（鸟）滑翔

· **planificación** ｛二级八级｝

【planificar 使有计划：plan 计划 +ificar 使】

f. （详细的）计划，规划

· **planeta** ｛二级三级四级 A 级｝

【印欧词根 *pelə2-(*plat-、*pletə-、*plāk-) 平的；展开→希腊语 planāsthai 漫游→ (asteres) planētai 漫游的星星→后期拉丁语 planēta 简化记忆：plan- 平的；展开（西语 plano)+-eta 名词后缀⇒平的→平行→行星】

m. 行星；卫星

· **planta** ｛二级三级四级 A 级｝

【印欧词根 *pelə2-(*plat-、*pletə-、*plāk-) 平的，展开→拉丁语 planta 脚底；新芽】

f. 植物；脚掌；(楼房的) 层；(建筑物的) 平面图，设计图；(人的) 外貌；工厂

· **plantilla** ｛二级三级八级 B 级｝

【-illa 指小词后缀】

f. 鞋垫；模板，样板；(一个单位的) 人员 (名单)，编制；(体育中) 全体队员

· **plantar** ｛二级三级八级 B 级｝

【拉丁语 plantāre, plantātus: 见 planta 植物 +-ar 动词后缀】

tr. 种植；〈口〉抛弃 (某人)；安放，安置 (把某物半部分插入某地)；设立，建立 (机构、制度、信仰等)；〈口〉给，打 (耳光、拳击等)；(粗暴地或作为惩罚地) 把……放到 (某地)；说 (粗话、无礼话)

prnl. (人) 站立，自立；(在很短的时间内) 到达；〈口〉站住，停住；不肯 (做)；不再要牌

· **plantación** ｛二级三级八级｝

【-ión 名词后缀】

f. (种植同一种作物的) 土地，种植园

· **trasplantar** ｛二级三级八级 B 级｝

【tras- 通过、横过】

tr. 移植，移栽 (植物)；移植 (器官)；把 (思想、风俗习惯等) 带到

· **trasplante** ｛二级八级｝

m. (植物的) 移植，移栽；(器官的) 移植

· **implantar**

【in- 向内→ im-+ 西语 plantar】

tr. 植入，插入；实行，执行

· **plantear** ｛二级三级四级 B 级｝

【西语 planta 植物，计划 +-ar 动词后缀】

tr. 提出 (问题、任务、口号等)；挑起，引起 (争端、问题等)；向……阐明 (问题)

prnl. (开始) 考虑

· **planteamiento** ｛二级三级四级｝

【-miento 名词后缀，表动作、结果】

m. 筹划，提出 (问题等)；阐明

· **clan** ｛二级三级八级｝

【拉丁语 planta 植物→古爱尔兰语 cland 后代→盖尔语 clann 家庭】

m. 氏族，部族；集团，帮派 (有共同利益、兴趣的人)；家族

· **plato** ｛二级三级四级 A 级｝

【印欧词根 *pelə2-(*plat-、*pletə-、*plāk-) 平的；展开→希腊语 platus 平的，宽的→通俗拉丁语 *plattus 平的⇒盘子的面是平的】

m. 盘子；盘，碟，道（量词）；道菜，菜肴；称盘；（抛入空中作为射击目标的）碟形飞靶

- **platillo** ｛二级三级八级｝

  【-illo 指小词后缀】

  m. 秤盘，天平盘；碟，小盘子

- **plata** ｛二级三级四级 B 级｝

  【通俗拉丁语 *plattus(西语 plato 盘子)→阴 *platta 金属板条，对照英语 plate 金属板，薄板】

  f. 银；银器；银牌；〈口〉钱，钱财

  adj.inv. 银色的，银亮的

  - **platear** ｛B 级｝

    【-ear 动词后缀】

    tr. 镀银

  - **platino** ｛二级三级八级｝

    【plata 银 +-ina 表相关 =platina，现用阳性形式⇒颜色和银相似的金属】

    m. 铂金，白金

- **plataforma** ｛二级三级八级｝

  【法语 plate-forme 平台：法语 plat 平的（西语 plato、英语 plate 金属板）→阴性 plata+forme(= 西语 forma 形状)】

  f. 台，坛；门口，进出口处（指车头或车尾等处没有座位的地方）；（有共同目的的）政治组织；手段，途径

- **plátano** ｛二级三级四级 A 级｝

  【希腊语 platus 平的，宽的（西语 plato)→（叶子扁平的植物）→ platanus 香蕉树→拉丁语 platanus 香蕉树】

  m. 香蕉；香蕉树

- **plaza** ｛二级三级四级 A 级｝

  【希腊语 platus 平的，宽的→阴性 plateia(hodos) 宽的（街道)→拉丁语 platea 宽阔的街道→通俗拉丁语 *plattĕa 音变：t+yod=z 简化记忆：plat- 平的（西语 plato 盘)→ plaz- ⇒在广场的地摊买盘子】

  f. 广场；市场，集市；位置，座位（指提供给人或物的地方）；职位，工作岗位；要塞

  - **desplazar** ｛二级三级四级｝

    【des- 远离 +plaza+-ar 动词后缀⇒使离开原来的位置】

    tr. 移动，挪动 >>> *prnl.* 移动；出行；迁移

    tr. 取代，代替

· **desplazamiento** ｛二级八级｝

【-miento 名词后缀】

m. 移动；出行，旅行；更换，取代

· **chatear** ｛A 级｝

【希腊语 platus 平的，宽的 (西语 plato 盘子)→通俗拉丁语 *plattus →（音变：词首 pl 可能腭化成 ch)→西语 chato(鼻子) 扁平的；小酒杯 +-ear 动词后缀 联想：在 "chat 闲谈" 时 chatear】

intr. 〈口〉(用小酒杯) 喝上几杯

· **playa** ｛二级三级四级 A 级｝

【印欧词根 *pelə2-(*plat-、*pletə-、*plāk-) 平的；展开→ (扁平物体⇒) 希腊语 plagos 面→ plagios 往一侧→中性复数 plagia 坡→拉丁语 plagia 联想记忆：playa 旁有个广场 plaza】

f. 沙滩，海滩，河滩；海滨 (紧挨着海滩的海域)

· **plaga** ｛二级三级八级｝

【印欧词根 *pelə2-(*plat-、*pletə-、*plāk-) 平的；展开→ (展开的东西⇒) → plaga 捕网；空间】

f. 气候带

f. 溃疡；灾害，祸害；大量有害的动 (植) 物；大量 (不好的人事物)【和西语 "llaga 溃疡" 同源于同形异义拉丁语 plaga 伤】

· **llaga** ｛二级三级八级｝

【拉丁语 plaga 伤】

f. 溃疡，烂疮；(精神上的) 痛苦，创伤

· **plagio** ｛八级｝

【拉丁语 plaga 捕网、空间 (西语 plaga 气候带) → plagium 绑架】

m. (尤指对他人的想法或著作的) 抄袭，剽窃

· **plagiar** ｛二级三级八级｝

【-ar 动词后缀】

tr. 抄袭，剽窃 (宾语尤指他人的想法或著作)

tr. 〈拉〉劫持，绑架

201. plic-，plica-；plej- 折叠，卷 【印欧词根 *pel- 折叠→ 1. 拉丁语 plicāre 折叠，plicātus；→ 2. 拉丁语 plectere，plexus 编织】

· **plegar** ｛二级三级八级｝

【拉丁语 plicāre 折叠 音变：i 变 e；元音间 c 浊化成 g】

tr. 折叠

tr. 使有皱褶 >>> *prnl.* 起褶皱

prnl. 屈服，迁就

· **plegable** { 二级三级八级 }

【-ble 能被……的】

adj.inv. 可折叠的

· **desplegar** { 二级三级八级 }

【des- 表否定】

tr. 展开，打开；开展 (运动等)；发挥，发扬 (精神等)

llegar { 二级三级四级 A 级 }

【和 plegar 同源于拉丁语 plicare 折叠 音变：词首 -pl- 可能会颚化成 -ll-；元音间 c 浊化成 g；i 变 e ⇒对角折叠，使一个角到达另一个角原本所在的位置】

intr. 到达，抵达；达到 (某一点)；终于成为，终于做到

prnl. 去，到

· **llegada** { 二级三级四级 B 级 }

f. 到达；(体育比赛的) 终点

· **allegado, da** { 二级八级 }

【allegar 使靠近，聚拢，和 aplicar 为同源对偶词，均来自拉丁语 applicāre 简化 + 联想记忆：a- 构成派生词 +llegar 到达】

adj. (指在人际关系方面) 亲近的；追随的，拥护的

adj. 亲属的 >>> *s.* 亲属

aplicar { 二级三级四级 B 级 }

【拉丁语 applicāre, applicātus 贴上：ap- 表方向→ a-+plicāre 卷 (西语 plegar 折叠)⇒ 使纸张的一面覆盖在另一面上】

tr. 涂上，敷上，贴上；采用，应用；指派，分配

prnl. (多指在学业上) 勤奋，用功；专注于

· **aplicado, da** { 二级三级四级 }

【aplicar 的分词】

adj. (多指在学业上) 勤奋的，用功的；(相对于理论而言) 应用的

· **aplicación** { 二级三级四级 }

【-ión 名词后缀】

f. 敷上，敷用；用途；应用，运用 (某事物被使用的某种确定用途)；(多指学业上的) 勤奋，用工；(多指用于保护的主体物体的) 装饰，饰物；应用程序 (助记：手机上的 APP 为本词对应的英语单词 application 的缩写)；指派，分配

complicar { 二级三级四级 **B** 级 }

【拉丁语 complicāre，complicātus 折叠到一起：com- 共同，加强语气 +plicāre 卷（西语 plegar 折叠）⇒多次折叠，使一变多】

tr. 使复杂 >>> *prnl.* 变得复杂

tr. 牵连（指使人卷入某事中）

· **complicado, da** { 二级三级四级 B 级 }

【complicar 的分词】

adj. 错综复杂的；难解的，难懂的（指难以解决或难以理解的）

· **complicación** { 二级八级 }

【-ión 名词后缀】

f. 使复杂化；复杂，复杂情况，困难；（医学）并发症；混杂，过多

· **cómplice** { 二级三级八级 }

【拉丁语 complicāre 折叠到一起（西语 complicar 使复杂 / 牵连）→ complex 关系密切的人】

adj.inv. 同谋的 >>> *s.com.* 同犯

explicar { 二级三级四级 **B** 级 }

【拉丁语 explicāre，explicātus：ex- 向外 +plicāre 卷（西语 plegar 折叠）⇒展开→陈述→把真实想法向外陈述】

tr. 给……辩解 >>> *prnl.* 自我辩解

tr. 教授，讲解（课文等）

prnl. 表达自己的想法；理解，明白

· **explicación** { 二级三级四级 B 级 }

【-ión 名词后缀】

f. 解释，说明；讲解；说明（原因）的理由

· **explícito, ta** { 二级三级八级 }

【拉丁语 explicāre（西语 explicar 辩解）→分词 explicātus →异体形式 explicitus】

adj. 清楚的，明确的（指已清楚解释了的）

duplicar { 二级三级八级 **B** 级 }

【du- 二 +plic- 卷 +-ar 动词后缀】

tr. 使加倍 >>> *prnl.* 翻倍

tr. 复制

· **duplicado** { 二级八级 }

【duplicar 的分词】

m. 复制品；副本

· **triplicar** {B 级 }

【tri- 三 +plic- 卷 +-ar 动词后缀】

tr. 使成三倍，使乘以三 >>> *prnl.* 翻三倍

· **multiplicar** ｛二级三级四级 B 级｝

【multi- 多 +plic- 卷 +-ar 动词后缀】

tr. 使增加 >>> *prnl.* (得到) 增加

tr. 使相乘

prnl. 繁殖；〈口〉努力

· **múltiple** ｛二级三级四级｝

【见 multiplicar 使增加，ple- 和 plic- 同印欧词根】

adj.inv. 复合的，多重的；多种的

replicar ｛二级三级四级｝

【replicāre 折返：re- 向后 -+plicāre 卷 (西语 plegar 折叠)】

intr./tr. 反驳，辩驳

intr. 回答

· **réplica** ｛二级三级八级｝

f. 反驳，辩驳；回答，答复；复制品，摹本，副本

suplicar ｛二级三级四级｝

【拉丁语 supplicāre 哀求：sup- 在下 +plicāre 卷 (西语 plegar 折叠) ⇒折叠身体→向某人弯腰】

tr. 恳求，哀求；〈律〉上诉

· **súplica** ｛二级八级｝

f. 恳求，哀求，乞求；请求书

implicar ｛二级三级四级｝

【拉丁语 implicāre，implicātus 使纠缠：in- 向内，在内 → im-+plicāre 卷 (西语 plegar 折叠)】

tr. 使卷入，使牵连 >>> *prnl.* 卷入，有牵连

tr. 意味着，含有……之意

intr. (多用在否定句中) 阻碍，妨碍

· **implícito, ta** ｛二级三级八级｝

【拉丁语异体分词 implicītus】

adj. 含蓄的，不讲明的

· **emplear** ｛二级三级四级 B 级｝

【拉丁语 implicāre 使纠缠 (西语 implicar 牵连) → 古法语 empleier → 法语 employer 简化记忆：对照英语同源词 employ 雇佣】

tr. 用，使用，采用 (工具等)；花费 (金钱、时间、精力等)

tr. 雇用，任用 (员工等)>>> *prnl.* 就业，任职

- **empleado, da** { 二级三级四级 A 级 }

  【emplear 的分词】

  s. 雇员，职员

- **empleo** { 二级三级四级 B 级 }

  m. 用，使用，采用；工作，职务；花费；军衔

  - **subempleo** { 二级三级八级 }

    【sub- 在……下】

    m. 就业不足

  - **desempleo** { 二级三级八级 B 级 }

    【des- 否定前缀】

    m. 失业

    - **desempleado，da** {B 级 }

      【-ado 形容词后缀】

      adj. 失业的 >>> *s.* 失业者

- **complejo, ja** { 二级三级四级 **B** 级 }

  【拉丁语 complectī，complexus 使…… 缠绕：com- 共同，加强语气 + 拉丁语 plectere 编织，见词根栏讲解 音变：x 变 j 对照英语 complex】

  adj. 复杂的，难以理解的

  adj. 由部分合成的，复合的 >>> *m.* 复合体，合成物

  m. 综合企业；(心理) 情节

  - **complejidad** {B 级 }

    【-idad 名词后缀】

    f. 复杂 (性)；困难

  - **acomplejado** {B 级 }

    【acomplejar 使复杂：a- 构成派生词 +complejo 复杂的】

    adj. 有情结的 >>> *s.* 有情结的人

    adj. 心理受到压抑的 >>> *s.* 心理受到压抑的人

- **perplejo, ja** { 二级三级八级 }

  【per- 加强语气 +plej- 编织 (见 complejo 复杂的) ⇒编织的→复杂的】

  adj. 困惑的，茫然的

- **doble** { 二级三级四级 **A** 级 }

  【拉丁语副词 duple：du- 二 +ple- 卷，和本栏词根同印欧词根 音变：u 变 o；流音中清辅音 p 有可能浊化 b】

  adj.inv. 两倍的 >>> *m.* 两倍 >>> *adv.* 加倍地

adj.inv. 双的，双重的 >>> *m./m.pl.* (常用复数)〈体〉双打

adj.inv. 虚伪的 >>> *adv.* 虚伪地

- **doblar** ｛二级三级四级 B 级｝

  【-ar 动词后缀】

  tr. 使翻倍，使增加一倍；是……的两倍；折叠；译制 (电影)；为 (演员等) 配音；做 (演员的) 替身

  tr. 使弯曲 >>> *prnl.* 弯曲

  intr./tr. 拐弯

  prnl. 屈服

  - **doblado, da** ｛B 级｝

    【doblar 的分词】

    adj. 矮胖的；虚伪的

  - **doblaje** ｛二级三级八级｝

    【来自法语 doublage: doubler(西语 doblar 使翻倍)+ 法语名词后缀 -age →西语后缀 -aje】

    m. (影片的) 译制

  - **redoblar** ｛二级三级八级｝

    【re- 加强语气】

    tr. 使翻倍 >>> *prnl.* 翻倍

    tr. 加倍，加强 (强度等非物质名词)

- **dúplex** ｛B 级｝

  【和 doble 同印欧词根】

  m. 连栋式的两栋住宅 (常放在名词后做同位语)

  adj.inv.〈电〉双工的，双向的 (在两个方向同时提供传递和接收的通信模式的)

- **diploma** ｛二级三级四级 A 级｝

  【di- 二 +plo-=ple- 卷 +-ma 名词后缀 注：来自希腊语，和本词根同印欧词根，原指对折的信函】

  m. 证书，文凭；奖状

  - **diplomacia** ｛二级三级八级｝

    f. 外交 (学)；外交界；(处理人际关系的) 手腕，手段，策略

    - **diplomático, ca** ｛二级三级四级 B 级｝

      【-tico……的】

      adj. 证书的，文凭的；老练的，有手段的，圆滑的

      adj. 外交 (上) 的 >>> *s.* 外交官

  - **diplomatura** ｛B 级｝

    【-tura 名词后缀】

    f. 大三学士学位 (西班牙大三学生在攻读 licenciatura 之前需要获得的学位)

202. rect-, reg- 笔直；领导　【印欧词根 *reg- 使变直；领导→1. 拉丁语 regere, rectuse 使变直；领导 → 2. 拉丁语 rex, regis 国王→3. 拉丁语 rēgula 木棒，尺子】

· **regir** {二级八级}
【拉丁语 regere，rectus 使变直；领导】
tr. 统治，管理 >>> *prnl.* 由……主导
intr. (尤指法律、法规等) 生效，有效；头脑正常，思维正常
　· **regimiento** {二级三级八级}
　【-miento 表动作、结果及相关】
　　m. 团 (由至少两个营组成的地面部队的军队单位)；〈口〉大批 (人 / 物)，一群 (人 / 物)
　· **régimen** {二级三级四级 B 级 }(复数为 regímenes)
　【-men=-miento/-mento 名词后缀】
　　m. 规章制度，管理规定；特种饮食，特定食谱；政体，政权；变化规律；〈语〉搭配词
　· **recto, ta** {二级三级四级 A 级 }
　【拉丁语分词 rectus】
　　adj. 直的，笔直的 >>> *f.* 直线；直线形的事物　*m.* 直肠
　　adj. 直线的，直接的；正直的，公正的；本义的
　　· **rectitud** {二级三级八级}
　　【-itud 名词后缀】
　　　f. 直，笔直；正直，公正
　　· **rector, ra** {二级三级四级 B 级 }
　　【-or 表主动】
　　　adj. 指导的
　　　s. 负责人 (某些机构的负责人，尤指大学校长)
　　　· **rectoría** {八级}
　　　【-ía 名词后缀】
　　　　f. 校长职务；教区长的住宅
· **rectificar** {二级三级八级}
【-ificar 使】
　tr. 纠正，改正 (使之正确)；矫正，补正 (修正机器以达到要求的标准或条件)
　intr./prnl. (对自己言行举止) 纠正，改过
　· **rectificación** {二级八级}
　【-ción 名词后缀】
　　f. 纠正，改正；(对机器的) 矫正，补正

· **rectángulo, la** { 二级三级八级 B 级 }

【ángulo 角】

adj. 直角的

m. 矩形，长方形

　· **rectangular** { 二级三级 B 级 }

　【-ar 表相关】

　adj.inv. 直角的；矩形的，长方形的

· **región** { 二级三级四级 A 级 }

【拉丁语 regere，rectus 使变直；领导（西语 regir 统治、recto 直的）注：按照拉丁语构词法 -ión 需要和分词词干搭配使用，但存在几个特例，región 为其中一个⇒统治之地】

f. 地区，区域；（身体表面的）部位

· **regional** { 二级三级四级 B 级 }

【-al 表相关】

adj.inv. 地方（性）的，区域（性）的

· **corregir** { 二级三级四级 B 级 }

【拉丁语 corrigere，corrēctus 纠正：con- 共同，加强语气→ cor-+regere 使变直；领导（西语 regir 统治）⇒领导、引导走正确的道路】

tr. 修正，改正；批改（作业等）；管教（改掉某人的毛病）

· **correcto, ta** { 二级三级四级 B 级 }

【拉丁语分词 corrēctus ⇒被修正过后的】

adj. 正确的，没有错误的；正当的；有礼貌的，有教养的

　· **correctamente** {B 级 }

　【-mente 副词词尾】

　adv. 正确地；文明地，礼貌地

　· **corrección** { 二级三级四级 B 级 }

　【-ión 名词后缀】

　f.（对作业、试卷等）批改，（对文章等的）修改；矫正；正确；礼貌，行为端正

　· **incorrecto, ta** { 二级三级八级 }

　【in- 表否定】

　adj. 错误的，不正确的

· **dirigir** { 二级三级四级 B 级 }

【拉丁语 dīrigere，dīrēctus: di- 远离，分开 +regere 使变直；领导（西语 corregir 修正）注：原形动词发生元音转换：e 变 i；分词没有发生元音转换⇒引导直线往另一个方向】

tr. 使朝向，使（目标、目光等）引向 >>> *prnl.*（物体等）朝向；（人）走向

tr. 对……说；寄……给 >>> *prnl.* 向……说话；和……通信

tr. 给……指路；指挥，指导，引导；指导；导演；把 (努力等) 引向

· **teledirigido, da** ｛二级三级八级｝

【tele- 远；电视 +dirigir 的分词】

adj. (设备、交通工具等) 遥控的

· **dirigente** ｛二级三级四级｝

【见 dirigir 引导，指导 +-ente 人】

adj.inv. 领导的 >>> *s.com.* 领导人

· **director, ra** ｛二级三级四级 A 级｝

【-or 人⇒引导别人的人】

s. 领导人；导演

· **subdirector, ra** ｛八级 B 级｝

【sub- 副，次】

s. 副职领导人 (泛指副领导人，如副校长、副主任、副经理、副导演)

· **directorio, ria** ｛八级｝

【-orio……的】

adj. 指导 (性) 的

m. 指导、规范；领导机构；姓名地址录

· **directivo, va** ｛二级三级八级 B 级｝

【-ivo 表相关】

adj. 领导的

s. 领导人

· **dirección** ｛二级三级四级 A 级｝

【-ión 名词后缀】

f. 领导，指导 (指动作)；领导 (指人)；方向；地址

· **directo, ta** ｛二级三级四级 B 级｝

【拉丁语分词 dīrēctus(英语 direct) ⇒被引导的→使变直的】

adj. 笔直的；直接的，直截了当的；〈语〉直接的

· **indirecto, ta** ｛二级三级四级 B 级｝

【in- 否定】

adj. 间接的；(公路等) 迂回的，(问题等) 拐弯抹角的

· **derecho, cha** ｛二级三级四级 A 级｝

【和 directo 同源于拉丁语 directus 音变: -ct- 腭化为 -ch- 并使前面的 i 变位 e】

adj. 直的，笔直的；直立的，竖立的 >>> *adv.* 直接地

adj. 右边的，右手边的 >>> *f.* 右边；右手；(政治上的) 右翼，右派

adj. 合法的 >>> *m.* 公正，公理；权力；法，法律；法学

m. (布、纸等) 正面

m.pl. 税金；关税；(付给某些行业或机构的) 费用

- **derechista** ｛二级三级八级｝

  【-ista……的（人）】

  adj.inv.（观点等）右派的，右翼的

  adj.inv. 持右翼观点的 >>> *s.com.* 〈个〉右翼分子，右派分子

- **ultraderecha** ｛二级八级｝

  【ultra- 极端、超过】

  f. 极右派，极右翼

erigir ｛二级三级八级｝

【拉丁语 erigere，ērēctus 建立：e- 向外 +regere 使变直；统治（西语 regir 统治）注：原形动词发生元音转换，分词派生出英语 erect】

tr. 建立，建设

tr. 使升格，使升为；把……封为 >>> *prnl.* 自封，自视为

- **erguir** ｛二级三级八级｝

  【和 erigir 同源于拉丁语 erigere 音变：i 脱落；添加 u 以便发音 注：西语中存在大量含有 rgi 的单词，如 alergia、marginal 等，所以 u 的出现为笔者的猜测】

  tr. 使竖立，竖起 >>> *prnl.*（物体）竖立，耸立，（人）站立

- **alerta** ｛二级三级八级｝

  【来自意大利语 all'erta 到高处去，用于命令士兵到瞭望塔守备：all=a el、erta 瞭望塔为 erigir 建立的拉丁语阴性分词 注：该词构词成分较为复杂，建议结合英语 alert 记忆】

  adv. 警觉地，警惕地，注意地，留心地

  f. 警戒状态

  interj. 小心，当心

surgir ｛二级三级四级｝

【拉丁语 surgere 起来，其为 sub-regere 的缩写：sub- 在下 → su- 在下，从下 +regere 使变直、统治（西语 regir 统治）⇒引导从下往上出】

intr.（泉水等）涌出；（人、事、物）出现，产生；突出，耸立（指某物比参照物高）

- **surgimiento** ｛二级八级｝

  【-miento 名词后缀】

  m. 涌出；出现，产生；突出，耸立

- **resurgir** ｛四级｝

  【拉丁语 resurgere，resurrēctus：re- 再次 + 见 surgir 冒出】

  tr. 重现，复苏，复活，振作

resurrección ｛二级三级八级｝

【-ión 名词后缀】

f. 复活，起死回生；复兴，恢复

- **insurgente** ｛二级三级八级｝

  【拉丁语 īnsurgere, īnsurrēctus 起义: in- 加强语气 + 见 surgir 冒出; -ente 表主动】

  adj.inv. 起义的，造反的 >>> *s.com.* 起义者，造反者

  - **insurrección** ｛二级三级八级｝

    【-ión 名词后缀】

    f. 起义，造反

regla ｛二级三级四级 A 级｝

【印欧词根 *reg- 使变直；领导→拉丁语 rēgula 木棒，尺子: reg- 使变直 +-ula 指小词后缀⇒帮助画直线的工具 音变: 字母 u 脱落】

f. 尺，尺子；规则，准则，规章；教规；规律；惯例；〈数学〉运算，运算法；〈口〉月经

- **reglamento** ｛二级三级四级｝

  【-mento 名词后缀】

  m. 〈集〉规则，规章，章程

- ***reglar**

  【-ar 动词后缀】

  tr. 划线；使符合要求

  - ***reglado, da**

    【西语 reglar 的分词】

    adj. (饮食等) 不过分的，适中的

- **regular** ｛二级三级四级 A 级｝

  【regul- 见 regla 尺子；规律 +-ar 动词兼形容词后缀】

  adj.inv. (有) 规律的，(有) 规则的；中等的，一般的，适中的，适度的；规则的，规范的；正则的；等边 (角、面) 的；正规的

  tr. 调节，校准，调整；使有规律，使有秩序；给……作出规定

  - **regularidad** ｛二级三级八级｝

    【-idad 名词后缀】

    f. 规律性，规则性；定期，准时，按时

  - **irregular** ｛二级三级四级 B 级｝

    【in- 表否定→ ir-】

    adj.inv. (变化等) 不规则的，无规律的；参差不齐的；(行为、关系等) 不正当的，不符合规矩的

    - **irregularidad** ｛二级三级四级｝

      【-idad 名词后缀】

      f. 不规则性，无规律性；参差不齐；不正当的行为；〈语〉不规则变化

- **arreglar** ｛二级三级四级 B 级｝

【a- 构成派生词→ -ar 动词后缀 +regla 尺子、规律 +-ar 动词后缀】

tr. 整理，收拾 (房间等)；处理，安排 (事物等)；修理；(给食物必要的调料来) 调味；修理，惩罚 (宾语为人，用在将来时态表威胁)；改编乐曲

tr. 给……打扮 >>> *prnl.* 梳妆打扮

prnl. 〈口〉和睦相处

- **arreglo** ｛二级三级四级 B 级｝

  m. 收拾、整齐；修理；梳洗打扮；协议；调味；(乐曲的) 改编

- **renglón** ｛二级三级八级｝

  【regla 尺子；规则→ reglón 大尺子，可能受到 "ringlera 行，排" 的影响添加 n】

  m. (文字的) 行；(纸张上的) 横格线；〈口〉(收入或开支的) 项目

  m.pl. 文字，文章

- **reja** ｛二级三级八级｝

  【和 regla 同源于拉丁语 rēgula 木棒，尺子 音变：gul → j】

  f. 铧，犁铧 (一种耕地用的农具)；犁地；铁栅栏，木栅栏 (来自另一个词根)

- **rey** ｛二级三级四级 A 级｝

【印欧词根 *reg- 使变直；领导→拉丁语 rex, regis 国王→ (元音间 g 脱落) → *reis → (s 脱落) → *rei → rey】

m. 王，国王 (其阴性形式为 reina 女皇)；(国际象棋中) 王；(纸牌中的)K；巨头

- **virrey** ｛二级三级八级｝

  【vi- 副→ vir- 复数为 virreyes，阴性为 virreina】

  m. 总督

- **reino** ｛二级四级｝

  【拉丁语 rex, regis 国王 (西语 rey 国王) → regnum 王国：reg- 统治 音变：g 元音化成 i】

  m. 王国；领域，范畴；界 (自然的生物体和物体〈被分类的动物、植物和矿物三大类中的一类〉)

  - **reina** ｛二级三级四级 A 级｝

    【构词成分类比 "reino 王国" 简化记忆：reg- 统治→ re-+-ina 表相关】

    f. 女王，女皇；王后，皇后；选美王后；(国际象棋中的) 王后

  - **reinar** ｛二级三级四级｝

    【-ar 动词后缀】

    intr. (君主等) 统治；居支配地位，主导；盛行

    - **reinado** ｛二级八级｝

      【西语 reinar 的分词】

      m. 国王统治时期；(人或事物的) 盛行期，鼎盛时期

· **rico, ca**｛二级三级四级 **A** 级｝

【印欧词根 *reg- 使变直；领导→日耳曼语 *rīkja 注：英语 rich 和 rico 同源⇒统治者 →拥有大量财富的人】

adj. 富有的，有钱的 >>> *s.* 富人，有钱人

adj. 美味可口的；大量存在、拥有……的，丰富的；（土地）肥沃的，富饶的；〈口〉帅气的，美丽的、可爱的

· **riqueza**｛二级三级四级 **B** 级｝

【-eza 名词后缀】

f. 财富，财产；丰富，富有

· **enriquecer**｛二级三级四级｝

【en-+rico+-ecer 动词后缀】

tr. 使富裕 >>> *prnl.* 富有，发财

tr. 使丰富

· **enriquecimiento**｛二级八级｝

【-miento 表动作】

m. 发财致富；丰富，充实

· ***enriquecedor, ra**

【-dor 表主动】

adj. 致富的，使丰富的

203. rump-，rupt- 打破，破裂　【印欧词根 *reu- 粉碎→ 1. 拉丁语 rumpere，ruptus 打破；→ 2. 拉丁语 rudis 粗糙的（破裂后变得不光滑的）；3. 拉丁语 ruere 使倒塌，ruina 倒塌；→ 4. 拉丁语 rupes 岩石，悬崖　注：分词词干 rupt 常以 rot- 或 rut- 形式出现在西语中；本词根栏将出现不少同印欧词根的单词，请从语音上感受它们的相似之处】

· **romper**｛二级三级四级 **B** 级｝

【拉丁语 rumpere，ruptus 打破　音变：u 变 o】

tr. 折断，弄断 >>> *prnl.* 断裂，断开

tr. 打碎 >>> *prnl.* 碎裂

tr. 弄坏，毁坏 >>> *prnl.*（物体）损坏

tr. 弄破（使出现裂缝或破口）>>> *prnl.* 产生裂缝／破口

tr. 打断（中断进程或打破某种状况）

tr./intr./prnl. 违背，违反（没有遵守法律或实现承诺）

intr. 开始，出现；获得巨大成功，（因成功而）出众；（花）绽开；突然开始（做）

· **rompecabezas**｛B 级｝

【复合构词法：动词 romper 陈述式第三人称单数 + 名词复数 cabeza 头⇒难得要使

头要爆炸的游戏】

　　m. 七巧图，拼图游戏；难题

· **roto, ta** ｛二级三级四级 B 级｝

　　【拉丁语分词 ruptus 音变：u → o；pt → t】

　　romper 的过去分词，haber roto

　　adj. 破裂的，破碎的，弄断的；十分疲劳的

　　m. 家伙；下层社会的人，边缘社会的人；（衣物上的）破洞

　　· **ruta** ｛二级三级四级 B 级｝

　　　　【拉丁语 rupta via 开辟出的道路：rupta 为 ruptus 的阴性形式（西语 roto）；via=
　　　　西语 vía】

　　　　f. 旅途，路线，航路；道路；途经

　　　　· **rutina** ｛二级三级四级 B 级｝

　　　　　　【-ina 名词后缀⇒走别人走过的路，跟着别人的脚步走】

　　　　　　f. 常规，惯例

　　　　　　· **rutinario, ria** ｛二级三级八级 B 级｝

　　　　　　　　【-ario……的】

　　　　　　　　adj. 常规的，例行的

　　　　　　　　adj. 墨守成规的，按常规办事的 >>> *s.* 墨守成规的

　　· **ruptura** ｛二级三级八级｝

　　　　【拉丁语分词 ruptus(西语 roto) → ruptura：rupt- 打破 +-ura 名词后缀】

　　　　f. 破裂；（关系）破裂，决裂

　　　　· ***rotura**

　　　　　　【和 ruptura 为同源对偶词 简化记忆：rot- 打破 +-ura 名词后缀】

　　　　　　f. 破，破裂；中断

　　　　　　· ***roturar**

　　　　　　　　【-ar 动词后缀】

　　　　　　　　tr. 开垦

· ***rozar**

　　【拉丁语 rumpere 打破（西语 romper）→ 通俗拉丁语 ruptiare 音变：pt 变 t；
　　t+yod=z 简化记忆：rupt- 打破，破裂→ roz-+-ar 动词后缀】

　　tr. 擦，蹭

　　prnl. 磨损；〈口〉和……有来往

　　· **roce** ｛二级三级八级｝

　　　　m. 摩擦；擦痕；接触（尤指人与人之间经常性的来往）；争执

· **corromper** ｛二级三级八级｝

　　【拉丁语 corrumpĕre，corruptus：com- 共同，加强语气→ cor-+ 见 romper 打破】

　　tr. 使腐烂变质 >>> *prnl.* 腐烂变质

tr. 带坏，败坏，使堕落 (使人的品行、社会风气等变坏)>>> *prnl.* 变坏，堕落

tr. 贿赂

- **corrupto, ta** ｛二级三级八级｝

  【拉丁语分词 corruptus】

  adj. 腐烂的；贪污的，受贿的；腐化堕落的，沾染恶习的

  - **corrupción** ｛二级三级八级｝

    【-ión 名词后缀】

    f. 变质，腐烂；行贿，受贿、腐败；带坏，败坏、引诱堕落

- **derrota** ｛二级三级四级｝

  【这个词的多个词义都来自本词根，但是构词过程有所不同，简化记忆：de- 远离，加强语气 +rot- 打破，破裂】

  f. 失败；(军事上的) 战败；航向，航线

  - **derrotar** ｛二级三级八级｝

    【-ar 动词后缀】

    tr. 打败 (在竞争中战胜对手)；击溃 (在军事上打败敌军)

    tr. 使 (船只) 偏航 >>> *prnl.* (船只) 偏航

- **erupción** ｛二级三级八级｝

  【e- 向外 +rupt- 破裂的 +-ión 名词后缀⇒地表破裂，火山爆发】

  f. 发疹；疹，(皮肤上的) 小疙瘩；喷出，冒出 爆发

- **irrumpir** ｛二级八级｝

  【拉丁语 irrumpere：in- 向内→ ir-+rump- 打破 +-ir 动词后缀⇒破门而入】

  intr. (人等) 闯入，冲入；(潮流等) 突然出现

- **vinterrumpir** ｛二级三级四级｝

  【拉丁语 interrumpere，interruptus 中断：inter- 在……之间 +rump- 打破 +-ir 动词后缀⇒从中间打破】

  tr. 中止，中断；打断 (他人的话语)

  - **interrupción** ｛二级八级｝

    【-ión 名词后缀】

    f. 中止，中断；打断，插嘴

  - **interruptor** ｛二级三级四级 B 级｝

    【-or 名词后缀⇒断开电源的器物】

    m. 开关，断路器

- **erudito, ta** ｛二级三级八级｝

  【ērudīre，ērudītus 教导：e- 向外 +rudis 粗糙的，未成形的 (西语 rudo) ⇒打破思想束缚的】

  adj. 博学的，知识渊博的 >>> *s.* 博学者

· ***erudición**

【-ión 名词后缀】

f. 博学，学识

· **rudimentario, ria** ｛二级三级八级｝

【拉丁语 rudis 粗糙的，未成形的 (西语 rudo) → rudīmentum(西语 rudimento 胚芽 /pl. 初步知识)+-ario……的】

adj. 基本的，初步的

ruina ｛二级三级｝二级三级四级｝

【拉丁语 ruina 倒塌，其和本栏词根"rump- 打破"同印欧词源】

f. 崩溃，衰落，垮台；垮台的原因；倒塌；破产

f.pl. 废墟，遗迹

· **arruinar** ｛二级三级八级｝

【a- 构成派生词 +ruina+-ar 动词后缀：双写 r 是为了保证双颤】

tr. 使破产 >>> *prnl.* 破产

tr. 使成为废墟、毁坏 >>> *prnl.* 变成废墟、毁坏

robar ｛二级三级四级 B 级｝

【来自日耳曼语，和"rump- 打破"同印欧词源 简化记忆：rob-=rump- 破⇒弄破别人的包，把里面的物品抢走】

tr. 偷；抢；迷住；使失去 (注意力、时间等)

· **robo** ｛二级三级四级 B 级｝

m. 偷盗、抢劫；赃物；索价过高、低工资

derrumbar ｛二级三级八级｝

【简化记忆：de- 向下 +rumb- 和"rump- 打破"同印欧词源 +-ar 动词后缀：双写 r 是为了保证双颤】

tr. 使 (建筑物) 倒塌 >>> *prnl.* (建筑物) 倒塌

tr. 把……从高处落下 >>> *prnl.* 从高处落下

tr. 使精神崩溃 >>> *prnl.* 精神崩溃，变得消沉

· **derrumbe** ｛二级三级｝

m. (楼房等的) 倒塌，(经济等的) 崩溃

m. 悬崖，峭壁

204. ven- 渴望　【印欧词根 *wen- 欲望，爱→ (想要获得某物⇒) →拉丁语 vēnārī，vēnātus 打猎；→拉丁语 venus，veneris 爱；→拉丁语 venēnum 毒药；→拉丁语 venia 宽恕】

· **venado** ｛二级三级八级｝

【印欧词根 *wen- 欲望，爱→（想要获得某物⇒）→拉丁语 vēnārī 打猎→分词 vēnātus 音变：元音间 t 浊化成 d】

m. 鹿

· **veneno** ｛二级三级四级｝

【印欧词根 *wen- 欲望，爱→（中毒使人产生幻觉⇒）→拉丁语 venēnum 毒药】

m. 毒，毒药；对健康有害的东西；对精神有害的事物；（流露在言语中的）恶意，恶毒

· **venenoso, sa** ｛二级三级四级 B 级｝

【-oso……的】

adj. 有毒的（产生毒素的）；有害的（含有毒素的）；恶意伤人的，诋毁性的

· **envenenar** ｛二级三级八级｝

【en- 使动 + 西语 veneno+-ar 动词后缀】

tr. 使中毒，使毒死 >>> *prnl.* 中毒，服毒自杀

tr. 毒害（灵魂等）；歪曲（言语等）

· **venus** ｛B 级｝

【印欧词根 *wen- 欲望，爱→拉丁语 venus, veneris 爱】

f. 维纳斯（首字母大写 V-，罗马神话中性爱和形体美的女神）；维纳斯雕像；美女

m. 金星（首字母大写 V-，金星以维纳斯命名）

· **venerar** ｛二级八级｝

【拉丁语 Venus 维纳斯（性爱和形体美的女神）→ venus, veneris 爱，性爱→ venerārī 尊敬】

tr. 尊敬，崇拜；〈宗〉崇拜

· **venia**

【印欧词根 *wen- 欲望、爱→拉丁语 venia 宽恕】

f. 宽恕（此语义较为少用）；（上级｝或官方的）批准、准许

205. vit- 生命；viv- 活 【印欧词根 *gwei- 活→拉丁语 vīta 生命；→拉丁语 vivere 活；拉丁语→拉丁语 vīvus 活着的】

· **vida** ｛二级三级四级 A 级｝

【印欧词根 *gwei- 活→拉丁语 vīta 生命 音变：元音间的 t 浊化成 d】

f. 生命；生命，一生（从出生到死亡的这一段时间）；生计，生活；（具体领域的）

活动，生活
- **vital** ｛二级三级四级｝

  【拉丁语 vīta(西语 vida 生命) → vītālis: vit- 生命 +-al 形容词后缀，表相关】

  adj.inv. 生命的；生死攸关的，极其重要的；生气勃勃的，充满活力的
  - **vitalidad** ｛二级三级八级｝

    【-idad 名词后缀】

    f. 生命力，生气；充满活力，富有表现力；至关重要
  - **vitalicio, cia** ｛二级三级八级｝

    【-icio 表相关】

    adj. (职务、荣誉、年金等) 终身的

    m. 终生年金
- **vitamina** ｛二级三级八级 B 级｝

  【拉丁语 vita(西语 vida 生命)+amina 胺 词源: 维生素最初被错误地认为是胺类物质】

  f. 维生素

vivo, va ｛二级三级四级｝

【印欧词根 *gwei- 活→拉丁语 vīvus 活着的】

adj. 活着的，有生命的 >>> *s.* 活着的人

adj. 精明的 >>> *s* 精明的人

adj. 强烈的，极大的 (泛指程度深的)；聪明的；现行的，依然存在的；留在记忆中的；生动的
- **vivero** ｛二级三级八级｝

  【拉丁语 vīvus(西语 vivo 活着的) → vivārium: viv- 活 +-ero 表地方】

  m. 苗圃，苗床；(水产品) 养殖场；发源地
- **víbora** ｛二级三级八级｝

  【拉丁语 vīvus 活着 (西语 vivo)+parere 生产 (西语 parir)= 拉丁语 *vīvipera 蛇→缩约词 vīpera(英语 viper)】

  f. 蝰蛇；居心不良的人

vivir ｛二级三级四级 A 级｝

【印欧词根 *gwei- 活→拉丁语 vivere 活: vīv- 活 +-ir 动词后缀】

m. (与形容词连用) 生活

intr. 活，生存 (相较于死亡)；(以某种方式) 生活；居住；靠……生活，维持生计；留在记忆中；同居，共同生活

tr. 经历
- **vivienda** ｛二级三级四级 B 级｝

  【拉丁语中性副动词复数 vīvenda ⇒将要入住的地方】

f. 住所，住宅，住处

· **víveres** ｛二级三级八级｝

　m.pl. 口粮，粮食

· **convivir** ｛二级三级八级 B 级｝

　【拉丁语 convīvĭre：con- 共同 + 见 vivir 活】

　intr. 共同生活 (几人同时住、生活在某地)；和睦相处

　· **convivencia** ｛二级八级 B 级｝

　　【-encia 名词后缀】

　　f. 共同生活，同居；和睦相处

· **sobrevivir** ｛二级三级四级 B 级｝

　【拉丁语 supervivĕre：super- 在……之上→ sobre-+ 见 vivir 活，生存⇒活在危难之
上→在灾难后还活着】

　intr. 幸存，还活着 (指在其他人死亡或事故后依然存活)；勉强过活

　· **sobreviviente** ｛二级三级八级｝

　　【-ente 表主动】

　　adj.inv. (在事故中) 幸存的 >>> *s.com.* 幸存者

206. vig-，veg- 精力，活力　【印欧词根 *weg- 强壮，有活力→ 1. 拉丁语 vegēre
使有生气 → 2. 拉丁语 vigere 有活力 3. 拉丁语 vigil 醒的，警惕的】

· **vegetal** ｛二级三级四级｝

【印欧词根 *weg- 强壮，有活力→拉丁语 vegēre 使有生气→ vegetus 有活力的→后期
拉丁语 vegetāre，vegetātus 使有生气 (西语 vegetar (植物) 生长、发芽)+-al 表相关
简化记忆：veg- 精力，活力 +-et-+-al 表相关⇒能使饥肠辘辘的人有精神的东西】

adj.inv. 植物的 >>> *m.* 植物

adj.inv. 具有植物特性的 >>> *s.* 植物人

　· **vegetariano, na** ｛二级三级八级 A 级｝

　　【法语 végétarien：veget- 见 vegetal 植物的 +-ariano……的】

　　adj. 素 (食) 的；(动物) 食草的

　　adj. 素食主义 (者) 的 >>> *s.* 素食主义者

　· **vegetación** ｛二级三级八级｝

　　【见 vegetal 植物、vegetar(植物) 生长，发芽 +-ión 名词后缀】

　　f. 〈集〉植物，植被

· **vigor** ｛二级三级四级｝

【印欧词根 *weg- 强壮，有活力→拉丁语 vigere 有活力→ vigor 活力：vig- 精力，活力
+-or 名词后缀，表示抽象概念等时和现在词干搭配使用】

m. (人的) 体力，精力；(机构等的) 活力；生长，茁壮；魄力，气势；(法律、习俗等的) 效力

- **vigoroso, sa** { 二级三级八级 }

  【-oso……的】

  adj. 精力充沛的，生机勃勃的

- **vigente** { 二级三级八级 }

  【拉丁语 vigere 有活力→现在分词 vigentem：vig- 精力，活力 +-ente……的】

  adj.inv. (法律等) 有效的，生效的；(风尚、习俗等) 流行的，时兴的

  - **vigencia** { 二级三级四级 }

    【-ia 名词后缀】

    f. (法律等的) 有效，生效；流行；流行期

- **vigilia** { 二级八级 }

  【印欧词根 *weg- 强壮，有活力→拉丁语 vigil 醒的，警惕的→拉丁语 vigilia 不眠，监视 简化记忆：vig- 精力、活力→ vigil-+-ia 名词后缀】

  f. 醒，不眠；(尤指智力非体力劳动的) 夜间工作；〈宗〉斋戒，吃素；(尤指宗教节日的) 前夜

  - **vigilar** { 二级三级四级 }

    【印欧词根 *weg- 强壮，有活力→拉丁语 vigil 醒的，警惕的 (见西语 vigilia 不眠) → vigilāre 简化记忆：vig- 精力，活力→ vigil-+-ar 动词后缀⇒打起精神看管财物】

    tr./intr. 看守 (地方、犯人等)，看管 (物品)，监督 (人等)(这个词表示高度集中注意力在某人、某物上，在不同语境下有不同的翻译)

    - **vigilante** { 二级三级八级 B 级 }

      【-nte……的】

      adj.inv. 警惕着的，警备着的

      s.com. 警卫，看守

      - **vigilancia** { 二级三级四级 B 级 }

        【-ia 名词后缀】

        f. 警惕，警戒；警戒机构，警卫工作，警戒措施

    - **velar** { 二级三级四级 }

      【和 "vigilar 看管，看守" 同源于拉丁语 vigilare 音变：元音间的 g 脱落、两个 i 变 e】

      intr. 不眠；熬夜；关心，注意；上夜班

      tr. 夜间看护 (病人)；为 (死者) 守灵

      tr. (用面纱、帐、幔等) 盖住 >>> *prnl.* (某物被纱、帐、幔等) 盖着 (和 vela、velo 同源)

      tr. 掩藏，掩饰

· **velada** ｛二级三级四级｝

【-ada 表动作、结果】

f. 晚会

· **vela** ｛二级三级四级 B 级｝

f. 不眠、熬夜；蜡烛

f. 帆；帆船 【复数 vela ←拉丁语 vēlum 覆盖物 (西语 velo 幕、面纱，对照英语 veil 面纱)】

f.pl. (尤指小孩拖在外面的) 鼻涕

· **desvelar** ｛二级三级八级｝

【des- 表否定】

tr. 使失眠，使没有睡意 >>> *prnl.* 失眠，无睡意

tr. 披露 (秘密)

prnl. 操劳

· **velo** ｛二级三级八级｝

【拉丁语 vēlum 覆盖物，还派生出西语 vela 帆】

m. 幕，帷，幔；面纱，面罩

· **velero** ｛二级八级｝

【-ero……的 / 人】

adj. 有帆的 >>> *s.* 制 (卖) 帆的人

m. 帆船；滑翔机

· **revelar** ｛二级三级四级 B 级｝

【拉丁语 revelāre：re- 向后，加强语气 + 见 velar(用纱、幔等) 遮，罩，盖 ⇒把盖住的布往后移开】

tr. 揭露，披露，透露；显露，显示 (反映出之前不知道的信息)；冲洗 (胶片)